# 俄罗斯之路30年

## 国家变革与制度选择

张树华◎著

中信出版集团　中国社会科学出版社

· 北京 ·

图书在版编目（ＣＩＰ）数据

俄罗斯之路 30 年：国家变革与制度选择 / 张树华著 .
-- 北京 : 中信出版社 : 中国社会科学出版社，
2018.7
（中国道路丛书）
ISBN 978-7-5086-8683-7

Ⅰ . ①俄... Ⅱ . ①张... Ⅲ . ①政治体制改革 - 研究 -
俄罗斯 Ⅳ . ① D751.221

中国版本图书馆 CIP 数据核字 (2018) 第 037452 号

俄罗斯之路 30 年： 国家变革与制度选择

著　　者：张树华
出版发行：中信出版集团股份有限公司
　　　　　 （北京市朝阳区惠新东街甲 4 号富盛大厦 2 座　邮编 100029）
承 印 者：北京达利顺捷印务有限公司

开　　本：787mm×1092mm　1/16　　　印　　张：24.5　　　字　　数：312 千字
版　　次：2018 年 7 月第 1 版　　　　　印　　次：2018 年 7 月第 1 次印刷
广告经营许可证：京朝工商广字第 8087 号
书　　号：ISBN 978-7-5086-8683-7
定　　价：78.00 元

# 《中国道路丛书》学术委员会

# 《中国道路丛书》编辑委员会

# 《中国道路丛书》总序言

新中国成立 60 多年以来，中国一直在探索自己的发展道路。特别是在改革开放 30 多年的实践中，努力寻求既发挥市场活力，又充分发挥社会主义优势的发展道路。

改革开放推动了中国的崛起。怎样将中国的发展经验进行系统梳理，构建中国特色的社会主义发展理论体系，让世界理解中国的发展模式？怎样正确总结改革与转型中的经验和教训？怎样正确判断和应对当代世界的诸多问题和未来的挑战，实现中华民族的伟大复兴？这都是对中国理论界的重大挑战。

为此，我们关注并支持有关中国发展道路的学术中一些有价值的前瞻性研究，并邀集各领域的专家学者，深入研究中国发展与改革中的重大问题。我们将组织编辑和出版反映与中国道路研究有关的成果，用中国理论阐释中国实践的系列丛书。

《中国道路丛书》的定位是：致力于推动中国特色社会主义道路、制度、模式的研究和理论创新，以此凝聚社会共识，弘扬社会主义核心价值观，促进立足中国实践、通达历史与现实、具有全球视野的中国学派的形成；鼓励和支持跨学科的研究和交流，加大对中国学者原创性理论的推动和传播。

本《丛书》的宗旨是：坚持实事求是，践行中国道路，发展中国学派。

　　始终如一地坚持实事求是的认识论和方法论。总结中国经验、探讨中国模式，应注重从中国现实而不是从教条出发。正确认识中国的国情，正确认识中国的发展方向，都离不开实事求是的认识论和方法论。一切从实际出发，以实践作为检验真理的标准，通过实践推动认识的发展，这是中国共产党的世纪奋斗历程中反复证明了的正确认识路线。违背它就会挫折失败，遵循它就能攻坚克难。

　　毛泽东、邓小平是中国道路的探索者和中国学派的开创者，他们的理论创新始终立足于中国的实际，同时因应世界的变化。理论是行动的指南，他们从来不生搬硬套经典理论，而是在中国建设和改革的实践中丰富和发展社会主义理论。我们要继承和发扬这种精神，摒弃无所作为的思想，拒绝照抄照搬的教条主义，只有实践才是真知的源头。本《丛书》将更加注重理论的实践性品格，体现理论与实际紧密结合的鲜明特点。

　　坚定不移地践行中国道路，也就是在中国共产党领导下的中国特色社会主义道路。我们在经济高速增长的同时，也遇到了来自各方面的理论挑战，例如将新中国改革开放前后两个历史时期彼此割裂和截然对立的评价；例如极力推行西方所谓"普世价值"和新自由主义经济理论等错误思潮。道路问题是大是大非问题，我们的改革目标和道路是高度一致的，因而，要始终坚持正确的改革方向。历史和现实都告诉我们，只有社会主义才能救中国，只有社会主义才能发展中国。在百年兴衰、大国博弈的历史背景下，中国从积贫积弱的状态中奋然崛起，成为世界上举足轻重的大国，成就斐然，道路独特。既不走封闭僵化的老路，也不走改旗易帜的邪路，一定要走中国特色的社会主义正路，这是我们唯一正确的选择。

　　推动社会科学各领域中国学派的建立，应该成为致力于中国道路探讨的有识之士的宏大追求。正确认识历史，正确认识现实，积极促进中国学者原创性理论的研究，那些对西方理论和价值观原教旨式的顶礼膜拜的学风，应当受到鄙夷。古今中外的所有优秀文明成果，我们都应该兼收并蓄，但绝不可泥古不化、泥洋不化，而要在中国道路的实践中融会贯通。以实践创新推动理论创新，以理论创新引导实践创新，从内容到形式，从理论架构到话语体系，一以贯之地奉行这种学术新风。我们相信，通过艰苦探索、努力创新得来的丰硕成果，将会在世界话语体系的竞争中造就立足本土的中国学派。

本《丛书》具有跨学科及综合性强的特点，内容覆盖面较宽，开放性、系统性、包容性较强。分为学术、智库、纪实专访、实务、译丛等类型，每种类型又涵盖不同类别，例如在学术类中就涵盖文学、历史学、哲学、经济学、政治学、社会学、法学、战略学、传播学等领域。

这是一项需要进行长期努力的理论基础建设工作，这又是一项极其艰巨的系统工程。基础理论建设严重滞后，学术界理论创新观念不足等现状是制约因素之一。然而，当下中国的舆论场，存在思想乱象、理论乱象、舆论乱象，流行着种种不利于社会主义现代化事业和安定团结的错误思潮，迫切需要正面发声。

经过 60 多年的社会主义道路奠基和 30 多年改革开放，我们积累了丰富的实践经验，迫切需要形成中国本土的理论创新和中国话语体系创新，这是树立道路自信、制度自信、理论自信，在国际上争取话语权所必须面对的挑战。我们将与了解中国国情，认同中国改革开放发展道路，有担当精神的中国学派，共同推动这项富有战略意义的出版工程。

中信集团在中国改革开放和现代化建设中曾经发挥了独特的作用，它不仅勇于承担大型国有企业经济责任和社会责任，同时也勇于承担政治责任。它不仅是改革开放的先行者，同时也是中国道路的践行者。中信将以历史担当的使命感，来持续推动中国道路出版工程。

2014 年 8 月，中信集团成立了中信改革发展研究基金会，构建平台，凝聚力量，致力于推动中国改革发展问题的研究，并携手中信出版社共同进行《中国道路丛书》的顶层设计。

本《丛书》的学术委员会和编辑委员会，由多学科多领域的专家组成。我们将进行长期的、系统性的工作，努力使《丛书》成为中国理论创新的孵化器，中国学派的探讨与交流平台，研究问题、建言献策的智库，传播思想、凝聚人心的讲坛。

孔丹

2015 年 10 月 25 日

# 目录
# Contents

引　言

**第一篇　自由化迷途**

# 第二篇 私有化困境

# 引　言

## 一

　　苏联解体、苏共败亡已经过去近 30 年了。30 年间，世界政治版图和俄罗斯社会发生了翻天覆地的变化。20 世纪 80 年代末 90 年代初，苏联、东欧国家相继发生了一系列政治突变。这些突变直接导致共产党下台、国家政权更迭、发展道路改弦易辙、社会制度改变"颜色"。苏东剧变是国际共产主义运动史上的大事。苏联解体、冷战结束，在很大程度上改变了第二次世界大战后的世界政治版图。苏共垮台、东欧社会主义阵营的瓦解给国际共产主义运动带来了严重挫折，使得世界社会主义运动陷入低潮。

　　苏联曾是世界上两个超级大国之一，苏共是国际共产主义运动中的第一大党。苏共、苏联也曾经是对新中国革命和建设帮助最大、影响最深的。东欧剧变、苏联解体与苏联共产党的命运密不可分。苏共政治思想变质、苏共内部组织上的瓦解是导致国家分裂、苏共败亡的直接原因。今天，以苏共为代表的苏联、东欧地区共产党的兴衰史仍然是我们的一面"镜子"。为保持我们党永续执政和维护国家的长治久安，有必要深入研究苏东剧变和苏共败亡的原因，总结共产党"掌好权""执好政"的经验和失败的教训,以防重蹈苏共覆辙。

二十多年前,由意识形态同源、历史经历相近的共产主义大党执政的中苏两国,有着相同政治、经济、文化制度背景的社会主义国家为什么选择了截然相反的道路?如今,一个在世界东方巍然屹立,一个业已分崩离析——是什么原因导致苏共走向瓦解?苏联瓦解后,俄罗斯又选择了一条什么道路?在风云变幻的国际背景下,近 30 年来俄罗斯内政外交又是如何跌宕起伏的?在苏联大地上新生的俄罗斯社会发生了哪些深刻的变化? 21 世纪开启后,普京又是如何披荆斩棘、以非凡的胆识和超常的洞察力带领俄罗斯勇敢地迎接挑战、走出困境的?

## 二

研究苏共败亡和苏联瓦解既是一项严肃的、跨学科的学术课题,也是一项政治性和思想性很强的研究项目。多年来,苏共兴衰史始终是一面很好的"镜子",我们要时刻对照检查,引以为鉴。国际共产主义运动中的苏共大党有着悠久的光荣革命历史,取得过辉煌的社会主义建设成就,却在成立九十多年、执政七十多年之后失去了政权。有人形象地讲,苏联共产党在拥有 20 万党员的时候夺取了政权,在拥有 200 万党员的时候打败了凶悍的德国法西斯,却在拥有近 2 000 万党员的时候丢掉了政权,国家分崩离析。其中原因令人深思。

苏东剧变二十多年来,国内外政治界、学术界对苏共亡党、苏联解体的原因进行了多视角、多方法的探讨和研究,结论各异、众说纷纭。对于苏联解体的原因国内外学者先后总结出 50 多种说法,如"体制僵化说""经济落后说""民族矛盾说"等。苏东剧变不仅指通常意义上的统一多民族国家瓦解、社会主义阵营的垮塌,还包含了社会制度改变"颜色"、道路改弦易辙、共产党的衰亡、国家政权更迭等含义。由此看来，导致苏东剧变的原因和因素复杂而繁多，可以罗列出政治性、经济性、社会的、思想的、历史的、现实的、军事的、民族的、体制性、主观性、内部的、外部的诸多因素。

毛泽东同志指出："任何过程如果有多数矛盾存在的话，其中必定有一种是主要的，起着领导的、决定的作用，其他则处于次要和服从的地位。因此，研究任何过程，如果是存在着两个以上矛盾的复杂过程的话，就要用全力找出它的主要矛盾。捉住了这个主要矛盾，一切问题就迎刃而解了。"① 进入 20 世纪 80 年代后，面对经济社会发展的困境，苏联和东欧国家想进行一些调整，但在西方等各种势力的强大攻势下，这种调整偏离了正确方向，历史和现实的原因交织，推波助澜，终于导致在 1989 年东欧国家先后发生剧变，1991 年苏联解体、苏共解散，世界社会主义事业遭受重大挫折。

苏联的教训让我们看到，党的理论正确与否，政权是否牢固，直接关系着党的兴衰存亡和国家的前途命运。第一个社会主义国家苏联之所以会解体，具有光荣斗争历史的苏联共产党之所以会顷刻失去政权并瓦解，原因是多方面的，其中很重要的一条，就是在理论上、政治上出了问题。从赫鲁晓夫对斯大林进行"挖坟掘墓"，到戈尔巴乔夫公开背叛马克思列宁主义，前后经过三十多年，指导思想上的多元化导致党内思想混乱，思想政治被彻底解除武装。苏联共产党从思想涣散走到组织瓦解，教训十分深刻。研究和反思苏共垮台这一惊心动魄的历史事件之后，我们认为，苏联剧变关键在苏共，而导致苏共蜕变的关键问题又出在苏共内部。

俄罗斯有句谚语，鱼从头上开始烂。而苏共蜕变正是先从党内高层开始的，

---

① 毛泽东.毛泽东选集：第 1 卷 [M].北京：人民出版社，1991：322.

苏共高层的蜕变又是以思想理论的蜕变为先导的。

## 三

　　党的领导是社会主义事业之基。党的领导关键是确立正确的路线与方向。路线是纲,纲举目张。党的正确领导是社会主义建设与改革成败的关键。在戈尔巴乔夫担任总书记的 6 年多时间里,推行了一条"由削弱到放弃苏共领导地位"的错误路线。戈尔巴乔夫通过修改苏联宪法,取消了关于苏共作为领导核心的规定,盲目推行西式的多党制和三权分立,削弱了国家力量,搞乱了社会,结果导致地区分离主义和民族分裂势力甚嚣尘上。苏共在境内外反共势力的合力进攻下被攻击、被瓦解、被摧毁。苏共作为国家政权的核心,作为凝聚苏联各民族的政治领导核心被动摇了、被打垮了、被推翻了,完整的苏联被瓦解也就不可避免了。没有党的正确领导,就没有苏联,也就没有社会主义事业。

　　坚持党的领导必须高度重视无产阶级革命事业接班人的问题,使党的最高领导权始终掌握在忠于马克思主义、忠于党、忠于国家和民族的人的手里,必须制定正确的组织路线,高度重视培养党的事业接班人,必须坚持党的民主集中制,加强对各级权力机关的监督。苏共的失败不是发生在战争中,而是在和平的条件下;苏共不是被基层群众起义推翻的,而是由党的领导人自己解散的。苏东国家共产党自己培养了"掘墓人",并将党推进了"火葬场"。正是苏共执政后期,高层领导人在思想上的背弃、在路线上的背离、在政治上的背叛导致苏共的败亡。

　　苏联的问题关键在党,关键在路线,关键在党的最高领导集体,关键在思想理论武装。思想理论之于党,就像人有无精气神。生命后期失去了精气神的苏联共产党犹如失魂落魄的泥足巨人,土崩瓦解,轰然倒下。苏联为什么解体?苏共为什么垮台？习近平总书记指出，一个重要原因就是意识形态领域的斗争十分激烈，全面否定苏联历史、苏共历史，否定列宁，否定斯大林，搞历史虚无主义，思想搞乱了，各级党组织几乎没任何作用了，连军队都不在党的领导之下了。苏联共产党偌大一个党作鸟兽散，苏联偌大一个社会主义国家就分崩离析了。

## 四

意识形态指的是代表社会中统治阶级根本利益的信仰和一整套思想观念体系。它体现为人们对所在世界和社会的系统看法、见解、信仰、追求，对哲学、政治学、社会学、新闻学、法学、史学、宗教学、伦理学等学科的思考。意识形态工作就是以主导思想观念体系为基础而进行的宣传、解释、研究、传播、教育等活动，通常涉及理论研究、文化艺术、宣传鼓动、政治教育、大众传媒等众多领域。

在阶级社会里，意识形态领域历来是各种政治势力争夺和较量的战场。在意识形态领域，无产阶级政党不去占领，甚至拱手让与他人，无异于思想上自动解除武装，无异于政治上的投降。

意识形态工作关乎旗帜、关乎道路、关乎政治安全。党的十八大以来，习近平总书记对意识形态工作做出了一系列重要论述。2013 年 8 月 19 日，习近平总书记在全国宣传思想工作会议上指出，经济建设是党的中心工作，意识形态工作是党的一项极端重要的工作。历史和现实反复证明，能否做好意识形态工作，事关党的前途命运，事关国家长治久安，事关民族凝聚力和向心力。①

---

① 习近平：胸怀大局把握大势着眼大事 努力把宣传思想工作做得更好 [N]. 人民日报，2013-08-21(1).

与某些资产阶级政党蓄意隐瞒或模糊意识形态工作不同，无产阶级政党始终鲜明地紧抓意识形态工作，重视思想理论建设，关注政治教育工作，时时刻刻防御西方敌对势力的"心理战"和"信息战"。在长期党建和执政过程中，苏共已经在意识形态领域的工作形成了一些经验，末期却犯了严重的错误。在 74 年执政的中后期，苏共意识形态工作由教条、保守、僵化演变成意识形态自由化、多元化、西化等，脱离、背离、背叛了马克思主义的基本原理，造成党员丧失信仰、思想分裂，成为失魂落魄的"泥足巨人"，思想方向上摇摆不定，社会随之一盘散沙。面对内外敌对思潮的侵袭，苏共毫无还手之力，最终被送进了"火葬场"。因此，研究苏共败亡和苏联解体的思想根源和舆论原因，有助于科学地总结苏共在意识形态工作中的失误和教训。前车之鉴，应引以为戒。

# 第一篇

## 自由化迷途

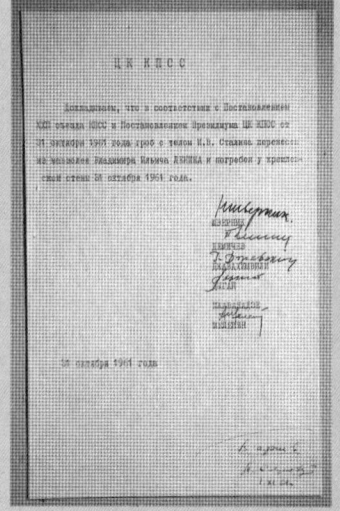

① 1961 年 10 月 31 日, 给苏共中央的报告, 称根据苏共 22 大决议和苏共中央主席团的决定, 已经将斯大林的遗体从列宁墓迁出, 埋葬在克里姆林宫墙边。
（原件藏于俄罗斯当代历史国家博物馆, 作者查于 2014 年夏）

② 自称是列宁思想的"好学生"戈尔巴乔夫
（原件藏于俄罗斯当代历史国家博物馆, 作者查于 2014 年 7 月）

③ 在戈尔巴乔夫"公开性"运动的推动下, 1989 年苏联电视频道政论性节目《观点》正在热播
（俄罗斯当代历史国家博物馆藏, 作者查于 2014 年 7 月）

④ 苏共后期, 戈尔巴乔夫推动历史反思和平反, 导致历史虚无主义泛滥。列宁和斯大林都成了抹黑和攻击的对象。苏共意识形态危在旦夕, 苏联摇摇欲坠。
（图片为作者提供）

# 第一章  失去灵魂——指导思想的动摇

正确的思想路线是马克思主义政党保持生命力的灵魂。20 世纪 80 年代中后期，苏共在思想路线上出现严重偏移，先是教条式地对待马克思主义，将其教条化、片面化、绝对化、凝固化，并机械地加以搬用，不能够把马克思主义与本国实际相结合。而当社会发展中积累了大量问题需要加以改革的时候，苏共不是与时俱进地发展马克思主义，而是放弃了马克思主义的指导地位，由原来的把马克思主义教条化、思想严重僵化的一个极端，转向了否定社会主义的历史、走资产阶级自由主义道路的另一个极端。从思想信仰上的动摇发展到在历史方面搞自我否定，导致民众思想混乱，信仰缺失，从而使庞大的苏共变成失去思想灵魂的"泥足巨人"，土崩瓦解。

马克思主义揭示了人类社会发展的客观规律，是认识世界、改造世界的强大思想武器。无产阶级政党必须始终将马克思主义作为自己的理论指导和行动指南。但马克思主义需要在实践中不断检验和发展。进行社会主义建设的探索，就必须将马克思列宁主义的基本原理与本国的具体实践相结合，创造性地运用和发展马克思列宁主义，那些要么教条地理解和盲目迷信，要么完全抛弃的做法，都不是对待马克思主义的科学态度。

邓小平曾说道："东欧、苏联的事件从反面教育了我们，坏事变成了好事。问题是我们要善于把坏事变成好事，再把这样的好事变成传统，永远丢不得祖宗，这个祖宗就是马克思主义。"① 苏东剧变告诉我们，无产阶级政党必须始终坚持马克思主义，在实践中发展马克思主义，结合本国实际进行理论创新。

## 一、缺钙与失魂：理想的丧失

恩格斯指出："我们党有个很大的优点，就是有一个新的科学的世界观作为理论的基础。"② 一个无产阶级政党是否坚持马克思主义的主导地位，是否坚守共产主义的信仰，是否坚守党的意识形态阵地，在这些关键问题上苏共所留下的教训是深刻的。苏共垮台的思想原因是什么？首先就是苏联领导人从自身就丧失了共产主义信仰。

在坚持和发展马克思主义方面，布尔什维克党的领袖列宁堪称典范。十月革命前后，列宁在坚持马克思主义基本原则的同时，十分注意把马克思主义基本原理与俄国革命和建设的具体实际相结合，在实践中创造性地丰富和发展马克思主义。③ 十月革命是列宁坚持将马克思主义原则与俄国实际相结合的成果和典范。在列宁率领的布尔什维克党领导下，建立了世界上第一个社会主义国家，从而使布尔什维克党在人民心目中享有崇高威望。在全党和全社会人民心中，列宁作为革命的领袖具有无可置疑的思想和理论权威。列宁强调指出，无产阶级政党如果不愿意落后于实际生活，就不应当把"马克思主义理论看作某种一成不变的和神

---

① 邓小平年谱：下册 [M].北京：中央文献出版社，2004：1332.
② 马克思，恩格斯.马克思恩格斯文集：第 2 卷 [M].北京：人民出版社，2009：599.
③ 李慎明.列宁新经济政策浅析 [M]// 李慎明.战争、和平与社会主义.北京：社会科学文献出版社，2000：268—271.

圣不可侵犯的东西"，而"应当在各个方面把这门科学推向前进"。<sup>①</sup>

列宁逝世后，在俄共（布）内部，思想和路线的斗争日趋激烈。以斯大林为代表的俄共（布）和以托派为代表的"不断革命论者"之间发生了尖锐的思想和政治对立。双方都在为"马克思列宁主义学说"的纯洁性而战，但目的却不同。而且他们利用列宁针对各个完全不同时期的著述，找出相应的引文来论证自己的观点。这个时期，党的内部出现了一些意识形态"看风使舵者"。<sup>②</sup>在苏维埃政权巩固以后，国内斗争形势依然严峻，西方敌对势力加紧对新生苏维埃政权进行攻击和封锁，新的世界大战即将到来。面对如此形势，斯大林十分重视全党的思想信仰和马克思主义理论武装问题。斯大林不仅多次过问，而且经常亲自撰写总结和宣传马克思列宁主义的理论文章。他先后撰写和指导了《论列宁主义基础》《苏联社会主义经济问题》《联共（布）党史简明教程》等著作。

在分析苏共失败的原因时，俄罗斯一些学者认为，苏共是自赫鲁晓夫上台后开始"脱离真正的马克思主义理论"，实际上奉行的是"右倾修正主义"。在2000年，俄罗斯著名政论家、历史人物传记作家，原"持不同政见者"罗伊·麦德维杰夫对记者表示，赫鲁晓夫在苏联和国际共运史上的作用很大，苏联后期领导人的政治意识其实是在他领导苏共的11年内形成的。赫鲁晓夫当政时，开展了全盘否定斯大林的运动，提出了完全不切实际的"二十年建成共产主义"的冒进口号。赫鲁晓夫揭批斯大林大搞个人崇拜的行为，被西方情报部门迅速利用。西方的反苏、反共势力如获至宝，他们利用赫鲁晓夫对斯大林的攻击，大肆鼓噪，推波助澜，严重削弱了苏联社会主义的根基。苏共和苏联思想理论界开始动摇和怀疑，党内一些领导人

---

① 列宁.列宁选集：第1卷[M].北京：人民出版社，1995：274.
② 弗·亚·利西齐金，列·亚·谢列平.第三次世界大战：信息心理战[M].徐昌翰，等，译.北京：社会科学文献出版社，2003：62.

甚至变得不知所措，开始怀疑马克思列宁主义，怀疑苏联社会主义模式，对国际共产主义运动和社会主义事业产生动摇。此时，苏共内部的一些理论权威摇身一变、改弦易辙，将笔锋转向了对斯大林的"揭露"和"批判"上，结果引发了全国上下思想上的混乱，给苏共党员队伍带来分裂，产生巨大的冲击。

20 世纪 70 年代之后，为了纠正赫鲁晓夫的理论偏差，勃列日涅夫提出了"发达社会主义"的概念。他认为，苏联已经建成了发达的社会主义社会，并引用经典文本对这一概念进行宣传和阐释。在勃列日涅夫时期，苏共在与帝国主义和资本主义世界做斗争方面，依旧发挥了积极作用。但其大国沙文主义和"老子党"的作风也损害了国际共产主义运动的团结和苏联的国际形象。在苏联内部，苏共在积极宣传、阐释马克思列宁主义的同时，也出现了马列主义教条化的倾向。勃列日涅夫执政后期，党的领导人在理论上鲜见创新和突破，多数情况下只是满足于采用马列主义个别言辞和论断，以作为判断是非的唯一标准和根据。这种僵化、凝固的思想氛围使意识形态工作更加教条化、简单化、庸俗化，阉割了马克思主义认识社会和改造社会的强大功能，使马克思主义的权威性和影响力在人们心目中逐渐下降。

20 世纪 80 年代中期，戈尔巴乔夫出任苏共中央总书记。以戈尔巴乔夫、雅科夫列夫为代表的苏共领导人开始背弃共产主义的信仰，思想上逐渐背离了马克思主义的基本原则，在理论上推行西方社会民主主义模式，在社会发展中期望和依赖西方的经济援助，最后导致"改革"误入歧途，瓦解了国家，埋葬了苏联共产党，也葬送了苏联社会主义事业。

## 二、失去信仰、背弃信念

20 世纪七八十年代，苏共在对待马克思主义基本原理问题上越来越僵化、教条化，而到了苏共后期则开始批判马克思主义信仰，最后乃至背叛。正如原苏共中央政治局委员、中央书记处书记叶·利加乔夫所言，戈尔巴乔夫、雅科夫列夫、谢瓦尔德纳泽等一伙人在内外因素的作用下，改变了自己的立场和政治观点，政治蜕化了。

**（一）戈尔巴乔夫的思想转变**

20 世纪 80 年代后期，苏联改革刚刚起步，身为苏共中央总书记的戈尔巴乔夫的思想就发生了根本转变。戈尔巴乔夫提出："我们肯定舆论多元化，摈弃精神垄断的做法。""1988 年我们意识到，必须对制度本身进行根本改革。由此进入了内容丰富的第二阶段的改革，这应立足于另一些意识形态观点，其基础就是社会民主思想。"[①]

戈尔巴乔夫所谓破除精神垄断和推行多元化的说法实际上就是放弃对意识形态工作的领导，搞思想自由化。作为苏联共产党的总书记，他说"共产主义"是"激进的、革命的专制思想，是绝对的、完全的平均主义"。他居然攻击共产主义是"在马克思晚年已经死去的思想"，认为共产主义被引入俄罗斯是一个错误。他在同日本作家池田大作对话时称，共产主义是一种绝对性、极权性的空想社会改良说，是一种不可能实现的口号。戈尔巴乔夫曾经极力将自己打扮成一个赤诚的"列宁主义者"，后来却发生 180 度大转变，指责"列宁，特别是年轻时的列宁，却比马克思的战友恩格斯显得更为教条"。[②]

据戈尔巴乔夫最亲近的一位助手阿·切尔尼亚耶夫回忆，"戈尔巴乔夫早

---

① 李兴耕. 前车之鉴：俄罗斯关于苏联剧变问题的各种观点综述 [M]. 北京：人民出版社，2003：38.
② 戈尔巴乔夫与池田大作对谈 二十世纪的精神教训（摘编）[J]. 世界社会主义研究动态，2004(5)：22—23.

在赴莫斯科任职前，内心深处就做好要摧毁马列主义正统思想的准备"，<sup>①</sup>为达到此目的，他认真阅读了各种地下出版物及由助手们挑选和推荐的一些不同意见的内部读物和翻译作品。戈尔巴乔夫的这位亲密助手坦言，戈尔巴乔夫掌权时转而求助于那些自由化的、国外的思想是自然而然的。1988 年 6 月，戈尔巴乔夫在苏共召开的第十九次代表会议上公开宣扬"公开性"、"民主化"和"多元化"。他认为，社会主义社会是一个多元的社会，社会结构、经济成分、社会利益应当是多元的，意识形态也要与此相适应。搞多元化，必须废除苏联传统上的"意识形态专制主义""精神垄断"，从而实现马克思主义以外各种思想和意见的自由存在与传播。在这之后几年的时间里，戈尔巴乔夫发起的"公开性""民主化""多元化"运动给苏联社会带来严重思想混乱，使苏共逐渐丧失了主流意识形态领域的阵地。各种攻击、谩骂苏共和社会主义制度的言论、文章纷纷出笼，反马克思主义思潮泛滥。1990 年《苏联出版法》的出台，进一步使得苏共失去了对一些新闻报刊的控制权。过去是苏共宣传阵地的很多报刊的编辑、记者掉转枪口，不少报刊热衷于宣传西方制度和西方价值观，贬损苏联社会主义价值观，全盘否定苏联社会主义历史。由此可见，苏共总书记思想上的背离成为苏共领导层和思想理论界蜕变的催化剂并最终导致全党思想混乱，理想发生动摇，党员失去信仰，激进的西方自由主义思潮迅速在苏联泛滥起来。

（二）雅科夫列夫的公开背叛

20 世纪 80 年代中期以后，苏共高层背弃马克思列宁主义的另一代表人物是戈尔巴乔夫政治上的左膀右臂，原苏共中央政治局委员、中央书记处书记亚·尼·雅科夫列夫，他曾主管苏共的意识形态工作。然而正是这位苏共意识形态领导人，

① 阿·切尔尼亚耶夫.在戈尔巴乔夫身边六年 [M].徐葵，等，译.北京：世界知识出版社，2001：209.

比戈尔巴乔夫更进一步，露骨地诋毁马克思主义、恶毒攻击十月革命、献媚西方资本主义制度。

戈尔巴乔夫上台伊始，亚·尼·雅科夫列夫便肆无忌惮地攻击马克思主义。1985 年 12 月，作为当时戈尔巴乔夫的亲信，雅科夫列夫进言："在我国的实践中，马克思主义不是别的，而是一种新的宗教，它屈从于专制政权的利益和它任性的要求。马克思列宁主义的教条主义的阐释，其危险足以使任何创造思维甚至经典思维都毁灭殆尽。魔王，它就是魔王……必须在理论上做出这样的突破，才能制止极权主义和对自由、创造的蔑视，才能结束意识形态的单一化……不仅仅要拆除斯大林主义，还要替换掉千年沿袭下来的那个国家模式。"[①]

对于马克思主义，雅科夫列夫公开宣称："我个人并不相信布尔什维克马克思主义学说的'生命力'，尤其要批判反人类的斯大林社会主义模式。"[②] 雅科夫列夫声称，历史进程已经将马克思主义关于社会存在的单维性、普遍性和物质的同一性等谬误学说抛到生活的一边了。他在 1991 年 10 月自白："马克思主义最终使我们陷入灭亡、落后和良心泯灭。" 长期在苏共中央宣传部门工作的雅科夫列夫竟称，布尔什维克主义的犯罪世界除了无道德和犯罪行为以外不可能产生别的什么。他对十月革命怨恨不已，要彻底肃清布尔什维克主义，公开叫嚣要对布尔什维克主义斩草除根。雅科夫列夫说：马克思主义在俄国降临时，就落在这样充满暴力和极端仇恨情绪的土壤上。马克思主义从一开始就充塞烦琐哲学、解决问题的简单处方、迷惑人心的乌托邦观点。[③] 雅科夫列夫在肆意诋毁苏联历史和苏联制度的同时，对资本主义的观念却赞不绝口、顶礼膜拜。他曾说："资

---

① 亚·尼·雅科夫列夫.一杯苦酒——俄罗斯的布尔什维克主义和改革运动 [M].徐葵，等，译.北京：新华出版社，1999：28—30，286.

② 同上 286.

③ 同上 104—109.

本主义带来了实用主义的伦理。在资本主义的自由、平等、博爱的口号中体现了崇高的理想主义，它依据的是清醒的、脚踏实地的现实考虑。"①

20 世纪 80 年代中期以后，苏联共产党的最高领导人对党的事业失去了信心，不仅在思想上背叛党，而且在组织上瓦解党，拱手让出意识形态阵地，思想教育工作放任自流，苏共意识形态领导人言行不一、口是心非，党的领导人和广大党员与党离心离德。不难想象，这样的党还能存在和发展下去吗？离自掘坟墓、分崩离析已经不远了。

---

① 业·尼·雅科夫列夫.一杯苦酒——俄罗斯的布尔什维主义和改革运动 [M].徐葵，等，译.北京：新华出版社，1999：28—30，339.

# 第二章　失去领导权——体制的失灵

## 一、组织领导弱化

十月革命胜利后，列宁十分重视无产阶级在意识形态领域的领导权问题。在列宁领导下，苏维埃政权在思想、理论、文学艺术以及教育等领域对沙俄及资产阶级旧文化残余展开了全面的进攻。为确立马克思主义在意识形态工作中的领导地位，保证文化事业的社会主义方向，列宁领导的布尔什维克党坚决摈弃了国家不能干涉文化的错误论点，全面实现对思想文化领域的领导。

列宁逝世后，斯大林十分重视理论武装和开展思想领域的斗争。当时的苏联党和政府也积极利用无产阶级政党掌握国家政权的有利条件，在国内外广泛搜集、整理和出版马克思、恩格斯、列宁的著作。随着政治思想工作的推进，斯大林逐步确立了自己在党内外不可置疑的理论权威地位，与此同时，社会中也形成了一种旗帜鲜明、面面俱到的意识形态工作体制。现今的俄罗斯学者评论道，当时的苏联社会"在思想理论方面，在社会意识领域可以用一个词来形容——'铁板一块'。人们相信社会公正，相信自己的幸福未来和国家的美好未来。当时看来，不用说消灭这样一个社会，甚至连撼动它也

绝无可能"。<sup>①</sup>

斯大林逝世后，苏共高层领导丢掉了列宁、斯大林时期的传统，思想停滞不前，工作安于现状，不善于独立思考和战略谋划，经常满足于顾问班子、专家和助手们"万金油式"的套话和千篇一律的官话。苏共内部几乎再没有出现一个既具备远见卓识的理论家才能，又具备开阔视野和高超组织能力的领导者。

苏共执政后期，在组织和领导意识形态工作的机制和方式、方法上出现了不少失误，但关键性的错误就是苏共领导人将意识形态领导权拱手让给了苏共叛逆者。20 世纪 80 年代中后期，苏共最高领导层内部就已冒出分裂的苗头，苏共灭亡的命运早已注定。1990 年夏，苏共的最后一次代表大会——苏共二十八大期间，戈尔巴乔夫向跟随自己多年的助手阿·切尔尼亚耶夫坦言："听着，托利亚，别以为我看不见……我看到了……你们的信也看了。阿尔巴托夫、什梅廖夫<sup>②</sup>……许多人像是商量好了一样，都劝说我甩掉总书记一职。可你要明白：不能松开绳索，放开这只可恶的疯狗（指苏共）。如果我这样干了，那这个庞然大物就会反对我。"

有关戈尔巴乔夫要摆脱党的思想的表现，身为亲密助手的阿·切尔尼亚耶夫在 1993 年和 1998 年两次出版的回忆录中均有透露。只是害怕授人以柄，在 1998 年书籍再版时用"怪物"一词代替了"狗"。<sup>③</sup>可以想象，一个党的总书记，

---

① 弗·亚·利西齐金，列·亚·谢列平.第三次世界大战：信息心理战 [M].徐昌翰，等，译.北京：社会科学文献出版社，2003：76.

② 格·阿·阿尔巴托夫，现俄罗斯科学院美国和加拿大研究所名誉所长，俄罗斯科学院院士。曾多年担任苏联科学院美国和加拿大研究所所长职务，20 世纪 60 年代后曾为赫鲁晓夫直至戈尔巴乔夫、叶利钦等苏共领导人的政治外交问题"智囊"和"笔杆子"；尼·什梅廖夫，作家、经济学家，曾任苏联科学院欧洲研究所副所长，是戈尔巴乔夫改革时期思想理论界的领潮人物之一。

③ 阿·切尔尼亚耶夫.在戈尔巴乔夫身边六年 [M].莫斯科，1993：356；苏联总统助手日记 [M].莫斯科，1998：326；阿·切尔尼亚耶夫.在戈尔巴乔夫身边六年 [M].徐葵，等，译.北京：世界知识出版社，2001：425.

在最后的关头，竟然想弃之而去，苏共悲惨的命运实难避免。果不其然，一年之后，就是在"8·19"事件之后，在外休假时被叶利钦挟持回来的戈尔巴乔夫，回到莫斯科之后，在众目睽睽之下，第一个签署的命令就是辞去苏共中央总书记的职务，勒令苏共中央自行解散。

## （一）由思想分野到组织分裂

苏共末期，戈尔巴乔夫重用了西化改革派旗帜性人物雅科夫列夫，取代"保守"的叶·利加乔夫主管苏共意识形态工作。雅科夫列夫作为一个隐藏在苏共高层内部的"两面人"，深谙思想斗争的技巧，也熟知苏共的软肋。为从思想上瓦解苏共，达到消灭布尔什维克主义的目的，他出谋划策，或通过提交报告、演讲文稿等途径，利用一切机会灌输这些主张。雅科夫列夫成功地利用了戈尔巴乔夫理想信念不坚定、意志薄弱、爱好虚荣、习惯于信口开河、夸夸其谈等弱点，不断渗透控制其头脑，利用其嘴巴和权力，从而达到自己的政治目的。

1985 年 3 月，戈尔巴乔夫上台任苏共中央总书记，12 月，雅科夫列夫就以苏共中央宣传部长的身份上书苏共中央总书记，提出实行"民主化"、"公开性"、多党制和总统制等一系列全面政治改革建议，甚至公开提出了在组织上将"苏共一分为二"的建议：把苏共分成社会党和人民民主党，全民投票选举总统，任期10年，政府由在全民选举中获胜的党的总书记领导，等等。[①]据苏联科学院原美国和加拿大研究所所长、60 年代以后苏共几任总书记顾问格·阿·阿尔巴托夫院士证实："的确，苏共最高领导人在一个小圈子里也曾讨论过这一方案。"院士本人也认为是可行的，"党可以分裂成两个或三个，包括一个强大的社会民主派。"[②]雅

---

① 亚·尼·雅科夫列夫 . 一杯苦酒——俄罗斯的布尔什维主义和改革运动 [M]. 徐葵，等，译 . 北京：新华出版社，1999：182.
② 格·阿·阿尔巴托夫 . 苏联政治内幕：知情者的见证 [M]. 徐葵，张达楠，等，译 . 北京：新华出版社，1998：462.

科夫列夫向戈尔巴乔夫建议分裂苏共时说："生活在迅速地赶超理论、赶超构思。"①
他认为，应该赶在事件发生的前头。也许，将党分成两个部分是明智之举。那样
就可以给现有的分歧以组织上的出路。

由于雅科夫列夫长期在苏共宣传思想部门工作，深谙思想斗争和开展内部
瓦解工程的手段。他写道，在当时的条件下，要彻底肃清布尔什维克主义、打
碎苏联机构，不能采取像叶利钦那样的正面直线进攻的方式进行。他认为，要
避免失败，就应当讲策略，对有些事情缄默不言，有些问题要绕着走，这样才
能达到目的。雅科夫列夫一方面利用作为戈尔巴乔夫"心腹和亲信"的身份，
直接进言或采取适当迂回策略，另一方面，还积极借助长期负责意识形态和宣
传工作的机会，网罗了一批变质的苏共报刊舆论领导人，有意识地放纵和引导
舆论。

1986 年至 1988 年苏联一批有影响的报刊先后被雅科夫列夫安插的"新人"
接管：《消息报》《星火》《莫斯科新闻》《共青团真理报》《论据与事实》《莫
斯科真理报》《莫斯科共青团员报》《青春》《新世界》等报纸杂志的总编辑纷
纷换人。苏共《真理报》《共产党人》《经济报》等报刊的编辑部也大幅度调整。
其中苏共机关最重要的理论刊物《共产党人》杂志的主编科索拉波夫被解除职务，
调往莫斯科大学任教。由戈尔巴乔夫亲自挑选的，戈尔巴乔夫夫人赖莎的同窗好
友弗罗洛夫先后出任《共产党人》和《真理报》的主编。② 在雅科夫列夫的纵容
和支持下，1987 年至 1991 年苏联解体前，这些苏共中央办的全国性主流报刊到
处煽风点火、左右舆论，成为"公开性"运动和搞乱舆论的急先锋。

---

① 亚·尼·雅科夫列夫.一杯苦酒——俄罗斯的布尔什维克主义和改革运动 [M].徐葵，等，译.
北京：新华出版社1999：33.
② 戈尔巴乔夫.真相与自白——戈尔巴乔夫回忆录 [M].述弢，等，译.北京：社会科学文献
出版社，2002：154—155.

在 20 世纪 80 年代末期短短的几年内，雅科夫列夫成功地领导着瓦解苏共的内部工程：1985 年他提出"苏共一分为二"的建议，把苏共分成社会党和人民民主党，让全民投票选举总统；他利用纪念十月革命讲话推销自由化思想；撤换异己，安插和怂恿激进自由报刊主编，领导对苏共历史的翻案；他压制和打击党内不同声音等。

1990 年之后，随着政治形势的变化，雅科夫列夫眼见戈尔巴乔夫已经日薄西山，政治影响力每况愈下，他开始与戈尔巴乔夫拉开距离。看到戈尔巴乔夫在政治上摇摆不定，雅科夫列夫深表不满，他决定丢下多年的面具，直接宣布退党，迈出了分裂苏共的步子。随着苏共垮台，他成功地躲进了苏共另一叛逆者——原苏共中央政治局候补委员叶利钦为首的民主派阵营，成为苏联和苏共的"掘墓人"。

**（二）随波逐流与不敢担当**

在苏共生命后期，负责党的意识形态工作的雅科夫列夫在戈尔巴乔夫的默许和纵容下，为所欲为，从内部、从思想上搞乱了全党。到了 1988 年，戈尔巴乔夫又进行了一次"政治改组"，让"保守"的中央书记处书记利加乔夫主管农业，"激进"的中央书记处书记雅科夫列夫主管国际问题，而起用另一"中庸"的中央书记处书记瓦·安·梅德韦杰夫主管意识形态工作。苏共最后一位主管思想理论工作的瓦·安·梅德韦杰夫平庸无能，但在思想政治上与戈尔巴乔夫、雅科夫列夫却是一脉相承。

20 世纪 80 年代末苏联社会舆论界，在"公开性"和"新思维"的搅动下，浊浪滔天，一片乌烟瘴气。诋毁历史，否定社会主义，甚至公开号召推翻苏共的声音此起彼伏。1988 年身为苏共主管意识形态工作的中央书记处书记梅德韦杰夫，作为苏联科学院的经济学通讯院士，在由他领导编撰的新版《政治经济学》教科书中抹杀政治经济学的阶级性和党性：删除了向共产主义过渡的内容，抛弃了马克思主义的指导地位，美化资本主义制度。①苏共丢失了一个又一个思想舆论阵地。此时，那个辉煌的、拥有近 2 000 万党员的苏联共产党大势已去，穷于应付，难以招架。梅德韦杰夫自己承认，任凭他怎样打招呼，一些出版社和杂志社仍然我行我素，公开发行包括索尔仁尼琴等作家的"禁书"。②1989 年，为应付四面袭来的攻击，在舆论上已是四面楚歌的苏共中央不得不最后出面，决定由软弱的梅德韦杰夫领导的苏共中央宣传部成立所谓的"快速反应小组"，以应付舆论界暴露出的一系列问题，包括对历史的歪曲等。然而，事与愿违，苏联理论界、社会科学界对此反应平淡。因为在颠倒是非的情况下，一些学者正确的、理智的观点往往被贴上"保守""教条""过时"等标签。苏共已经失去了社会中坚力量的支持，大多数人文和社会科学专家成了苏共被埋葬的"看客"。

1990 年至 1991 年初，在苏共意识形态领导人和敌对势力的两面夹击下，长期"缺钙"的苏共犹如失去灵魂的"泥足巨人"，只留下一个外壳，内部已经成为空洞并开始瓦解和坍塌。苏联共产党领导人已经和广大党员离心离德，庞大的党员队伍不但横向分裂出左、中、右三派，而且纵向也出现了三级断裂：中央委员、各级地方党委和党的基层组织。③苏共最后一次党代会——第二十八次代表大会在政治纲领问题上的严重分裂就是明显的例证。④苏共思想上的蜕变和瓦解成了组织上分裂的导火索和助燃剂。

① 曹长盛，张捷，樊建新.苏联演变进程中的意识形态研究 [M].北京：人民出版社，2004：123.
② 瓦·安·梅德韦杰夫.洞察、神话还是背叛？[M].莫斯科：欧亚出版社，1998：275.
③ 弗·亚·利西齐金，列·亚·谢列平.第三次世界大战：信息心理战 [M].徐昌翰，等，译.北京：社会科学文献出版社，2003：254.
④ 列·阿巴尔金.社会替代理论永远不变 [M]// 李慎明.亲历苏联解体：二十年后的回忆与反思.张树华，等，译.北京：社会科学文献出版社，2012：114.

## 二、思想钝化与队伍弱化

十月革命胜利后，面对国内外敌对势力攻势，如何培养自己的宣传和教育队伍，如何转化旧知识分子的思想，是摆在苏维埃政权面前的一项重要任务。列宁十分重视无产阶级知识队伍的培养和建设：对于旧知识分子，一方面批判他们的唯心主义世界观，另一方面用同志合作的气氛来影响他们，积极吸引他们参与到新生活的建设中来。在哲学界和理论界，通过几轮思想和观点的交锋，人们逐渐明确了马克思主义的哲学含义，树立了辩证唯物主义和历史唯物主义的指导地位；在文化艺术方面，通过批判各种宗派主义、虚无主义，加强了队伍统一，保证了文学艺术的社会主义方向。

列宁逝世后，斯大林在坚持政治斗争的同时，十分重视意识形态领域的斗争，重视苏共思想理论队伍的培养。卫国战争期间，为加强对意识形态工作的领导，扩大宣传和思想政治工作者队伍，专门设立了联共（布）中央委员会科学处。除此之外，负责宣传和思想文化工作的还有中央宣传鼓动部、红军总政治部、各加盟共和国教育人民委员部、苏联人民政府委员会下属的艺术事业委员会、全苏高校事务委员会和全苏工会中央理事会文化处等。可以说，战争不仅是对苏联经济和军事实力的严峻考验，也是对苏联人民精神的严峻考验。战争的胜利提升了苏联文化的威望，培养和锻炼了一批思想教育干部。战后一个时期，他们一度成为苏共意识形态工作的骨干。

习近平总书记指出，党员领导干部不应"爱惜自己的羽毛"，面对错误思潮和言行，应敢于"亮剑"。在从事宣传思想工作的领导岗位上，不应论资排辈，安排照顾，意识形态工作的领导要会"两把刷子"。"二战"胜利后，苏共内部就出现了某些打着"马克思主义"旗号的虚伪的"假思想家和理论家"。正是这些打着马克思主义旗号的假马列主义者后来逐渐占据了苏共意识形态领域的领导层，腐蚀了思想理论队伍。早在"二战"前，这些号称意识形态领域的行家里手在苏联政治生活中便身居高位，其中一些人已接近权力金字塔的顶峰，他们当中存有不少毫无原则、不学无术、口是心非、只想尽快升官的人，这些人往往言行不一，经常利用自己的地位极力攫取特殊的物质福利待遇。他们善于钻营，许多人先后通过各种途径成了科学院院士。例如，20 世纪 60 年代主管意识形态工作的中央书记伊利乔夫，一辈子不但连小册子都没写过一本，甚至连报上的文章都是由部下代劳，却得到了博士、教授及其他显赫终生的头衔。[①]

苏共内部的"意识形态行家"不是专心于思考具体的理论工作，而是善于制造并挑拨社会矛盾，发动反对米丘林生物学、反物理学唯心主义、反控制论、反共振理论、反巴甫洛夫学说等运动。他们将马克思主义同现代科学隔绝并对立起来，破坏社会主义意识形态的威信，将马克思和列宁的某些言论绝对化，阻碍马克思主义科学的进一步发展。他们甚至将意识形态斗争的矛头指向包括苏联朋友如爱因斯坦、狄拉克、贝尔纳、玻尔等在内的著名西方学者，谴责他们是"唯心主义"，使西方进步学者同苏联之间产生隔阂。

80 年代末期，伴随着苏共意识形态领导人的背叛，苏共思想领域的一些异己分子也乘势反戈一击，与西方反苏政治力量遥相呼应。原先的"列宁主义者"摇身一变成为反对"苏联体制或极权主义"的斗士。1988 年中期，苏联出版了一本风行一时的文集——《别无选择》。这部书当时在苏联被称为"改革力量的宣言书"，也很快在中国翻译出版。文集的作者是当时苏联知识界的名人：他们多是以批判斯大林体制，批判苏联高度集中计划体制的哲学家、社会学家、经济

---

① 弗·亚·利西齐金，列·亚·谢列平.第三次世界大战：信息心理战 [M].徐昌翰，等，译.北京：社会科学文献出版社，2003：77.

学家，如社会学家扎斯拉夫斯卡娅院士、经济学家波波夫、经济学家谢留宁、政治学家布尔拉斯基、哲学家伏罗洛夫、历史学家尤·阿法纳西耶夫、作家格拉宁等。①

其后，戈尔巴乔夫重用了一些人，他们都是所谓的经济学领域、社会学领域、法学领域的院士专家。现在看来这些满腹经纶的院士看出了某些社会问题，但却开错了医治的药方，或者说他们的处方已经无益于病入膏肓的苏共。这些处方可以粗略地归结为两种：一是抛弃高度集中的计划体制，经济全盘市场化、私有化；二是打碎苏共和苏联的官僚特权机构，搞政治自由化、民主化。如莫斯科大学经济学教授波波夫②，他曾当选首届苏联人民代表，曾与叶利钦、萨哈罗夫等成为"民主派"的领头羊。在苏联后期，他与苏联知识界的一些精英一起，对摧毁苏联制度起了很大作用。波波夫当时提出，苏联经济的根本问题就在于计划体制，因此必须打破官僚机构，苏联应当分成50个"旧俄省"或"郡"，之后再组成"邦联"。他曾经提出"三非"理论，为苏联改革开出药方：非国有化、非苏维埃化、非联邦化。③

在上述"民主化"精英的带领下，苏联部分激进的知识分子，特别是一些记者、编辑和作家纷纷撰文，无情揭露和指责苏共的过去，诋毁苏联的历史及其英雄人物，于是去红色化、去苏化、去苏共化愈演愈烈，苏联社会知识分子队伍中的激

---

① 亚·谢·巴尔辛科夫.当代俄罗斯历史导论（1985—1991）[M].莫斯科：角度出版社，2002：95—96.

② 加夫里尔·哈里托诺维奇·波波夫，经济学博士，教授，现任莫斯科国际大学校长。原为国立莫斯科大学经济系教授。1989年3月起任苏联人民代表，1989年6月起任跨地区议员小组共同主席，1990年3月起任莫斯科市议会"民主俄罗斯"联盟议员，同年4月20日赢得选举，任莫斯科市苏维埃主席，1991年6月至1992年6月任莫斯科市首任市长。戈尔巴乔夫执政时期，波波夫与叶利钦等人一起，引领了苏联"民主化、反苏共"的浪潮。

③ 加·波波夫.前景与现实[J].星火，1990（50、51）.

进思潮急速蔓延。西方观察家指出，1989—1990 年，苏联社会中任何形式的社会主义信仰都在知识分子当中迅速地消失。苏联的知识分子思想愈发激进，令人难以置信的是，苏共精心培养的一些社会学家、经济学家转而去信仰西方式的资本主义。[①] 一些人文知识分子，对西方模式顶礼膜拜，对苏联历史和现状心存不满。后来有一部名为《20 世纪的俄罗斯》的历史"教材"，其内容充斥着"极权政治制度的形成""大规模镇压""农业中的困难""民族矛盾""新的镇压浪潮"等词汇，十月革命、列宁、斯大林等已经成为暴力和罪恶的代名词。苏联卫国战争被描述成"斯大林和希特勒两个法西斯之间的战争"。一时间，市场、民主、自由、私有制、西方文明国家成了激进知识分子的口头禅。他们认为，社会主义的劳动生产率极低，"平等"在苏联的表现就是"同等贫穷"。他们期望在弹指一挥间跨越时代和社会鸿沟，从社会主义必然性的堡垒一下子就跃至西方自由主义的自由王国。

---

① 亚·谢·巴尔辛科夫. 当代俄罗斯历史导论（1985—1991）[M]. 莫斯科：角度出版社，2002：95—96.

# 第三章　失去话语权——舆论阵地的坍塌

## 一、"里应外合"：来自西方的信息战和心理战

1923 年 3 月，列宁在《论战斗唯物主义的意义》一文中指出，意识形态具有阶级性和党性，因此，同资产阶级意识形态进行不妥协的进攻性斗争是共产党人的使命。[①] 十月革命胜利后，为了确保马克思主义思想体系的全面传播，在列宁领导下，苏维埃政权在文化、科学、出版和教育等领域展开了激烈的思想斗争，查封了攻击苏维埃政权的资产阶级报纸，成立了一些传播和宣传共产主义思想和培养意识形态干部的科研和教学机构，如共产主义大学（1919 年）、马克思恩格斯研究院（1921 年）、党史研究会（1920 年）、红色教授研究院（1921 年）、列宁研究院（1923 年）、东方劳动者共产主义大学（1921 年）等。

"二战"之前，社会主义制度刚刚建立，国外敌对势力一直对苏联施加思想高压，在思想教育领域，积极向上的社会主义主流思潮占领了文化阵地。苏联人民相信社会公正，对未来生活充满了信心，面对"二战"前敌对势力的包围圈，

---

[①]　泽齐娜，等，著. 俄罗斯文化史 [M]. 刘文飞，苏玲，译. 上海：上海译文出版社，1999：289.

思想理论上可谓是"铁板一块",坚不可摧。"二战"以后,硝烟未尽,冷战开始了。以美国为首的西方国家在积极进行军备竞赛的同时,大力准备心理战。美国中央情报局一马当先,声称要"调动一切手段,包括精神手段,摧毁敌人意志"。他们广泛招募各学科的专家、学者,利用宣传、互访、侦察、谍报等手段,进行大规模的心理战:通过援助,支持"持不同政见者";利用民族主义矛盾,煽动社会不满情绪;散布政治谣言,丑化领导人的形象,制造对苏联制度的仇恨,培养对西方的向往。

1948 年 8 月 18 日,美国国家安全委员会批准了 20/1 号指令——《美国对俄关系所要达到的目的》。这项指令揭开了一场本质为新型战争的序幕,信息成了武器,作战的目的是操纵和改变苏联的社会意识。战争的任务在于使苏联社会形成对周围世界虚假的认识,以利于进一步操纵并控制该国居民及其管理精英。

应当说,面对西方日益强烈的心理战,在战前和战后的一段时间里,苏联组织了有效的反击。在军队系统,伏龙芝将政治工作视为"补充武器",在军队总政治局下设进行心理战的机构和政治宣传委员会。贝利亚领导的安全情报部在对外侦察和反宣传方面也卓有成效。日丹诺夫在领导反对希特勒法西斯主义思想方面,组织了宣传工作,有力整合了国内宣传机构,统一思想,集中精神,为战争的胜利付出了大量精力,也为后来的意识形态工作打下了坚实的基础。[①]

美国当局认为,意识形态领域是与苏联进行战争的重要战场。为此而兴起的美国苏联学起到了思想库和智囊团的作用。20 世纪 50 年代以后,美国先后成立了一些以苏联和东欧共产主义国家为研究对象的研究所,一些大学开设苏联、东欧历史和政治专业的课程,美国外交政策的"智库"也将关注的重点转到苏联和

---

① 弗·亚·利西齐金,列·亚·谢列平.第三次世界大战:信息心理战 [M].徐昌翰,等,译.北京:社会科学文献出版社,2003:76—86.

华沙条约。这些科研机构的研究活动形成了美国社会科学的一个特殊领域——"苏联学"，在西方也被称为"克里姆林宫学"。与其他社会科学学科明显不同的是，美国苏联学研究具有鲜明的"意识形态色彩"，无论是思想理论基础，还是研究对象和功能，均表现出强烈的政治倾向。总体说来，美国苏联学与美国政治紧密联系，在两种制度和两种意识形态斗争中发挥了以下三种主要功能：其一，在美苏对抗，两种制度的斗争中提供思想理论支持；其二，直接为美国对苏外交政策服务；其三，配合情报部门的反苏工作。

20世纪60年代中期以后，美国和西方的政策制定者和谋士们认为，思想战、信息战、心理战是美苏较量的有力武器。而欲取得效果，进而达到取胜的目的，必须"里应外合"。因此，西方专家非常关注在苏联和其他社会主义国家出现的各种社会思潮和政治流派，并努力与之建立对话的渠道。美国政界和学术界十分希望苏联社会出现一种"内部力量"，使这个国家朝着有利于西方的方向"改革"。布热津斯基曾提醒人们注意多关注苏联的民族问题，认为民族主义在20世纪是强大的政治力量。如果克里姆林宫在非俄罗斯族群日益增强的民族自觉意识的压力下做出让步，那么通向和平演变的大门就打开了。为此，西方专家提出，必须破坏苏共对大众传媒的全面控制体系，在苏联提倡公开的政治竞争，保障选举的自由。共产主义的光环一旦褪色，它的灭亡也就指日可待了。

俄罗斯学者谢·卡拉－穆尔扎在《论意识操纵》一书中指出，苏联在冷战中的失败，与其说是军事上、经济上的原因，不如说是思想上的原因。作者认为，西方对苏联社会的"文化核心"进行了"分子入侵"，先是制造对体制怀疑的情绪，然后逐步否定社会主义制度的合法性，最后直至共产党和国家解体。他认为，这一过程至少在60年代就开始了。产生这种情况，有内部的原因，也有外部的原因。[①]

俄罗斯科学院院士利西齐金在《第三次世界大战：信息心理战》一书中提出，苏联作为一个堪与美国匹敌的世界超级大国，在长达半个世纪之久的一场没有硝烟的战争中失败了，这是信息心理战的结果。西方信息心理战在内外力量的协同配合下，使苏联人民接受了假象，坠入改革的空想，并进一步采取了大规模自我毁灭的行动，最终导致了苏联解体和苏共垮台。

## 二、"放任自流"：舆论阵地拱手让人

习近平总书记指出，舆论历来是影响社会发展的重要力量。新闻舆论工作是党的一项重要工作。做好党的新闻舆论工作，事关举什么旗帜和走什么道路，事关贯彻党的理论和路线方针政策，事关顺利推进党和国家各项事业，事关全党全国各族人民凝聚力和向心力，事关党和国家的前途命运。

苏联解体首先发酵的就是舆论领域。当时苏联主要媒体逐渐脱离了党的领导，舆论领域大面积出现丑化和否定党的历史的现象，把社会和人心搞乱了。

20 世纪 80 年代以后，在戈尔巴乔夫有意识地纵容和雅科夫列夫背叛的情况下，苏共主动打开思想战线的"闸门"，自愿放弃坚守的思想战线，拱手让出舆论阵地，任凭反对派争抢。

（一）报刊电视成为反马列主义、反社会主义的阵地

1990 年 6 月 12 日，《苏联出版法》正式颁布。[②] 该法规定，反对派和私人

---

① 谢·卡拉－穆尔扎. 论意识操纵 [M]. 徐昌翰，译. 北京：社会科学文献出版社，2004：2；反苏计划 [M]. 莫斯科：阿尔戈利特姆出版社，2003：8—9.
② 鲍·伊·瓦列茨基. 书页沙沙、旗帜猎猎——三种政治制度下的俄罗斯报刊 [M]. 莫斯科，2001：191—192.

办报合法化。该法明确提出,对大众传媒禁止进行书报检查; 国家机构、政治组织、社会团体、劳动集体,以及任何年满18周岁的苏联公民均可以获得登记出版资格。

在《苏联出版法》的鼓励下,舆论领域的监管和进入门槛全部放开。一些报刊先后宣布"自主办报",借机摆脱苏共和主管部门的束缚。一些苏共或国有的报刊纷纷"独立",成为社会刊物或为编辑记者集体所有。例如,《论据与事实》周报是苏联"改革"以来至今在俄罗斯十分流行、发行量居首位的报纸。它在1990年10月获得重新登记资格后,马上在头版声明:请读者注意,我们报头上原来标注的由全苏知识协会(相当于"科协")主办,已经变为记者集体自己主办。另外,1990年前后,《消息报》的编辑和记者为获得"财产和报纸的独立和自由",和原所属的苏联最高苏维埃打得不可开交,最后结果却是掌握着权力和证据的最高立法机构惨遭失败,失去了七十多年的报纸主管权。由此,《消息报》变成激进派、西化自由派的舆论阵地,而且一度为外资所控制。

此后,在办理登记手续的报纸中,苏共掌握的仅占1.5%。[1] 许多传播自由、激进思潮的出版物如《论据与事实》周报、《莫斯科新闻》周刊、《星火》画报的印数达到数百万份,而且常常是刚刚出版就被抢购一空。当时的苏联知识分子自嘲"虽然腹内空空如也,但此时却贪婪、如饥似渴地呼吸这'自由'的空气"。以《仇恨的面孔》批判美国而受到赏识的维·科罗季奇成为《星火》画报的主编后,笔锋一转,很快将刊物变成侮辱苏联军队、丑化历史、否定斯大林的阵地。苏联解体后,他"及时"移居美国,并受到隆重的接待和欢迎。[2]

各种非正式出版物纷纷出台,苏共报刊舆论阵地逐渐被蚕食,反对派极力

---

① 苏共的失败及教训 [M]. 北京:中共中央党校出版社,1994:168,171.
② 弗·亚·利西齐金,列·亚·谢列平. 第三次世界大战:信息心理战 [M]. 徐昌翰,等,译. 北京:社会科学文献出版社,2003:211.

挤进电视台并且要求直播，以摆脱控制和剪辑。例如，几个年轻记者在苏联电视一台创办了政论性节目《视点》《第五车轮》，他们要求现场直播。一时间，许多哗众取宠、造谣惑众的信息满天飞。各种攻击、谩骂苏共和社会主义制度的言论、文章纷纷出笼，反马克思主义思潮泛滥。

包括一些学术刊物和书籍在内，将整个苏联历史都冠以"极权主义"的帽子，描述得一团漆黑。有人称，"二战"苏联军队是靠督战队才打赢的，因为士兵害怕背后的子弹。有人声称有确切的证据，说朱可夫曾经用尸体填平壕沟，让军队踩着通过。[①] 此外，宣扬色情、暴力的报刊纷纷出笼。一些本应严肃的报刊，包括莫斯科地区一些畅销的报纸如《莫斯科共青团员报》，也经常刊登色情、乱伦的内容，以吸引眼球。媒体和社会上要求开放妓院和卖淫合法化的呼声此起彼伏。有人甚至公开建议莫斯科市划出专门街道成为"红灯区"。在市场和物欲的影响下，报刊、电视、电台以及出版社纷纷追求利润，不但忘却了社会责任、政治责任，甚至失去了社会良心。苏联时期严肃的学术著作和科普队伍几乎销声匿迹，严肃的学术著作只能依靠内部印刷进行小范围的交流。

苏共执政后期，苏共领导人一方面拱手出让思想舆论阵地，另一方面又巧妙地将苏共一些全苏性质的报刊和苏共中央级出版社变成传播自己背叛思想的工具。为配合"公开性"运动，20 世纪 80 年代末期苏共中央决定出版《苏联共产党中央委员会通报》，由戈尔巴乔夫亲自出任主编。出版这样的刊物原本是向全党和全社会通报每次政治局和书记处会议的材料。然而，就是这样一份重要刊物，却有意回避现实生活问题，反而热衷于揭发斯大林的问题，诋毁和所谓反思1917 年以来苏联历史的文章有时甚至占据 2/3 的篇幅。

---

① 弗·亚·利西齐金，列·亚·谢列平. 第三次世界大战: 信息心理战 [M]. 徐昌翰，等，译. 北京: 社会科学文献出版社，2003: 226.

### （二）党代会和人民代表大会成为传播反对派思想的重要舞台

1988 年以后，苏共领导人掀起了"民主化"浪潮，席卷苏联社会的政治选举热也强烈冲击着苏共思想根基和民众心理。例如，1988 年 6 月召开的苏共第十九次代表会议通过了政治改革构想。苏联最高苏维埃根据第十九次代表会议精神，对 1977 年宪法中关于苏维埃体制和选举方法的条款做了重大修改，通过了《关于修改和补充苏联宪法（根本法）的法律》。1988 年 12 月 3 日，《真理报》公布《关于修改和补充苏联宪法（根本法）的法律》。1989 年春，根据修改后的宪法，全苏社会上下进行人民代表差额选举。对于苏共反对派来说，此时的竞选活动可谓是天赐良机：不仅有了染指权力的机会，而且可以合法地批判苏共，宣传自我。更重要的是将来有机会走上最高议会论坛，通过电视直播将自己的声音传遍全国。

在这期间，为了打败苏共，激进派人士周围聚集起强大的竞选班子，对竞选演说进行了精心设计。他们迎合民众心理，挑选民众最关心也是对苏共领导最不满意的问题，制定和阐述自己的"改革"主张。竞选开始以后，激进的自由民主派积极利用各种讲坛，一方面以富有鼓动性的演说，猛烈抨击苏共的错误；另一方面为激进的改革纲领勾画出一幅诱人的美好蓝图。他们高呼"反对苏共特权，实现'社会公正'；进行激进经济改革、迅速提高生活水平；打击腐败、建立'法制国家'等"。在这种情形下，谁"对当权者的批评愈多，讽刺指责愈激烈，谁选举成功的保障就愈大"；"谁许诺提高生活水平，人们就拥护谁"；"凡是共产党厌恶的人，无论是谁，都一定是英雄、是民主人士"。一些苏共异己分子乘机改换颜色，踏上"自由化"的浪尖，振臂一呼，赢得了百姓近乎狂热的信任和崇拜。

竞选运动进一步加剧了苏共的信任危机，成为思想上和组织上否定苏共的开始。正如美国前驻苏大使、苏联问题专家马特洛克在其回忆录《苏联解体亲历记》中所说：当他看到苏共会议文件时"兴奋不已，新内容比比皆是……我从未在一份共产党官方文件中看到对诸如……权力分散、司法独立……原则给予如此广泛的重视……有些提法似乎是从美国宪法中翻译过来的"。除了"社会主义"这个词外，文件与《共产党宣言》，甚至与《资本论》几乎没有一点联系。有关"社会主义"的那些苏联惯用提法也不见了。从某种程度而言，这些提法更接近于欧洲的社会民主主义。

### （三）20 世纪 80 年代末 90 年代初苏联舆论界的演变

积极的舆论能够为社会提供正能量，从而成为社会进步的推进器、民意晴雨表、社会的黏合剂、道德的风向标。相反，消极的舆论则可能成为一个社会的迷魂汤、分离器、软钉子甚至是社会冲突的催化剂。在苏联演变过程中，新闻舆论充当了马前卒和吹鼓手的角色，成了苏联社会分裂的迷魂汤和催化剂。

第一阶段，20 世纪 80 年代中期，一批高级知识分子开始在报刊上攻击社会主义，神化西方。他们自傲于到过西方国家，认为西方国家完美无缺，连西方街头的垃圾桶都那么漂亮。这些知识分子一般是作家、艺术家、新闻记者，因此报纸、杂志的编辑也很乐意发表这些人的文章。自戈尔巴乔夫"改革"以来，苏联各级会议上差不多一半发言中都用过"文明国家"这个词，而"文明国家"指的就是现在的西方国家。各种派系的杜马代表，包括反对派代表在内，都一再使用这个词，话里话外是在断言自己的国家和第三世界各国不如西方国家文明，有制度缺陷。争论问题时，只要不运用西方的材料，你的论据就不能被对方接受。神化西方使得苏联丧失了自信，丧失了独立思维，丧失了自主评价能力，跟着西方亦步亦趋。

第二阶段，1988 年至 1989 年，报刊等舆论界的"公开性"运动进一步高涨。一些报刊开始虚无苏联的革命历史，积极鼓吹重新评价苏联历史、否定十月革命，美化沙俄历史，流露出对西方露骨的崇拜。一些学者顶着经济学家、哲学家、社会学家等头衔开始宣传："苏联的道路不是文明发展的正路，'西方文明国家'才是社会发展的榜样，应该在各方面都跟着它们走。"他们提出，美国芝加哥学派创始人米尔顿·弗里德曼的学说才是经济科学的基础。《文学报》、《莫斯科新闻》和《共产党人》等报刊杂志经常刊载一些专家的文章，公开号召要抛弃高度集中的计划经济体制，实现经济市场化；要打碎苏共和苏联的官僚特权机构，搞政治"民主化"。

第三阶段，政治家来表演和实施。这些人有的是以知识分子身份从政的"新贵"，也有部分原苏共的高级官员。他们看到了迅速市场化和快速私有化的好处，利用手中掌握的党和政府的权力，捞取了巨额的财富，实现了权力向资本的转变。其结果是：在经济上，摧毁了社会主义经济制度，推行了私有化，造成了两极分化，用国家财富培育和扶植了私人财团；在政治上，摧毁了社会主义政治制度，推翻了苏维埃政权，推翻了共产党，建立起一个代表新资产阶级利益和要求的、同人民的利益和要求相对立的寡头"民主"政治。

苏共党内的叛徒故意拱手出让意识形态阵地，给反对派宣传和传播自己观点的机会。看到苏共大势已去，苏共的异己分子则乘机扔掉自己的党证，忘掉自己的誓言，改旗易帜。自由改革派先锋人物、莫斯科大学经济学教授、人民代表加·波波夫，以及《共产党人》杂志编辑叶·盖达尔公开宣称：抛弃社会主义模式，移植资本主义制度，要用最资本主义的方法改造俄罗斯。[①]一度为叶利钦之后俄罗斯第二号政治人物的根·布尔布利斯宣称，"资本主义"是目前为止人类创造出来的虽不是最理想但却是最好的制度，俄罗斯可以大胆采用，无须任何民

---

① 盖达尔.胜利与失败的日子[M].莫斯科：瓦戈利乌斯出版社，1996：247，365.

族性的修饰。① 叶利钦当选俄罗斯联邦总统后，在就职演说中强调："国家复兴有赖于人的精神解放、真正的信仰自由和完全的放弃任何意识形态的强制。"②

## 三、改旗易帜：信息战下的全面崩溃

20 世纪 80 年代中后期，以戈尔巴乔夫为首的苏共领导人违背了马克思主义新闻观的基本原则，主动放弃对新闻媒体的领导，取消报刊检查制度，在舆论导向上放任自流，任凭各种攻击、造谣和蛊惑人心的言论泛滥，导致苏共丧失了对主要媒体的控制，最终被淹没在反对派汹涌的声浪之中。苏共执政后期，在"公开性"运动的推动下，苏联的新闻舆论主要从以下几个方面搞乱了社会的思想，瓦解了苏共的理论基础。

### （一）挖墙与凿船："公开性"运动与"新思维"倡议

"公开性"一词在列宁时期便开始使用，原意是为了加强党同群众的联系渠道，更畅通地了解社会舆论和劳动人民的意见。1986 年以后，戈尔巴乔夫利用"公开性"的提法，将其与促进信息公开、民主化联系起来，把所谓信息公开、新闻公开视为发扬民主、扩大批评的工具。

1986 年，戈尔巴乔夫在对新闻媒体讲话时说："造成党和国家思想和行动停滞不前的许多保守主义现象、错误和失误，与缺乏反对派、缺乏不同意见有关。在当今社会发展阶段，我们的报刊可以成为独特的反对派。"③ 1987 年召开的苏

---

① 弗·索戈林. 当代俄罗斯政治史：从戈尔巴乔夫到叶利钦（1985—1994）[M]. 莫斯科：全世界出版社，1994：118.

② 李兴耕，等，编. 前车之鉴：俄罗斯关于苏联剧变问题的各种观点综述 [M]. 北京：人民出版社，2003：46.

③ 尼·涅纳舍夫. 时代的人质 [M]. 莫斯科：进步与文化联合出版集团，1993：351.

共一月全会又一次特别强调"公开性"问题。1988 年初，戈尔巴乔夫对宣传舆论界提出，我们主张"毫无保留、毫无限制的公开性"。此后，"公开性"运动一发不可收。

在苏联"公开性"运动的指挥者和急先锋雅科夫列夫的支持下，一些作家、记者、政论编辑热衷于翻历史旧账，寻找污点，肆意放大。在他的组织和领导下，"公开性"已经成为瓦解苏联社会思想的突破口。"公开性"的矛头直接对准苏共要害和软弱之处，攻其一点，不及其余。扩大"公开性"成为暴露苏共和苏联社会消极面、阴暗面以及宣扬西方的富足、民主和自由的思想运动。苏联舆论界终于迎来了自己的"狂欢时节"。一些文人自由地抒发着情感，以解多年积藏在内心的压抑。正如一位俄罗斯学者回忆，某些知识分子贪婪地呼吸着一股股自由新鲜的空气，暂时忘却了空空的货架和腹中的饥饿。[①]雅科夫列夫对此十分满意，他写道："公开性唤醒了社会，使它变得政治化。起初，就想不仅要把公开性用在出版自由上，而且把它看作是打开监督党政机关和社会团体活动的钥匙。我个人赋予它特殊的意义。实现这项任务，就能炸毁作为现行制度最重要支柱的官僚机关的保密系统。"[②]

戈尔巴乔夫时期推崇的新闻和社会生活的"公开化"也被美国苏联问题专家视为赢得思想战的绝好机会。对此，俄共领导人根·久加诺夫深有感触，他在《全球化与人类命运》中写道："在'公开性'这一阴险狡诈的口号下对舆论进行密集加工，这一切在加速苏联和国际社会主义大家庭解体过程中起了首要的作用。巧妙地把我国人民和国家制造成虚拟的'敌人形象'，最终导致社会主义阵

---

① 弗·索戈林.当代俄罗斯政治史：从戈尔巴乔夫到叶利钦（1985—1994）[M].莫斯科：全世界出版社，1994：32—36.
② 亚·尼·雅科夫列夫.一杯苦酒——俄罗斯的布尔什维主义和改革运动[M].徐葵，等，译.北京：新华出版社，1999：184.

营的消亡和苏联的瓦解。"①

在国内积极推行"公开性"的同时，戈尔巴乔夫在苏联境内外积极宣传对外政策的"新思维"。1987 年，戈尔巴乔夫所著的《改革与新思维》一书在苏联和美国同时出版。戈尔巴乔夫在《改革与新思维》一书中倡导"革命性的思维方式"，倡导以所谓全人类的价值代替"阶级观点"。戈尔巴乔夫一方面鼓吹"文明社会价值"和"核时代的文明"，一方面单方面主动对西方让步，这为他在西方赢得了奖赏，也从根本上颠覆了苏联舆论对外部世界的看法。戈尔巴乔夫"良好愿望"最后没能换来西方真正的回应，但他那些国际关系"新思维"的主张却有效解除了苏共思想武装，使西方轻而易举地打赢了多年的攻心战，赢得了冷战。

**（二）从"历史翻案"到"社会复辟"**

在"民主化""公开性"的背景下，20 世纪 80 年代后期，苏联社会掀起了一股"反思历史"的热潮。这股反思浪潮彻底瓦解了苏联，不仅延误了改革时机，还使社会分裂，苏共丧失了威望、失去了凝聚力，苏共被视为"历史罪人"，苏联制度成了"万恶之源"。②

自 1987 年开始，到 1991 年苏共下台前后，苏联社会中的激进势力利用各种"历史问题"大做文章，有些做法可以说是"登峰造极"。他们疯狂地揭批斯大林，提出"十月革命是一场少数人制造的超恐怖的革命"③。列宁也成为被讥讽和批评的对象。例如，经济学家瓦西里·谢留宁在自由派杂志《新世界》上撰文说：苏联对社会主义的歪曲并非从斯大林时期开始的。斯大林的压迫早就有其

---

① 根·久加诺夫．全球化与人类命运 [M].何宏江，等，译．北京：新华出版社，2004：79.
② ［俄］文化报，1994–1–19.
③ 亚·尼·雅科夫列夫．一杯苦酒——俄罗斯的布尔什维主义和改革运动 [M].徐葵，等，译．北京：新华出版社，1999：48.

方法论的先声，而这个粗糙的方法论，始作俑者正是列宁。[①] 这篇文章引发了一场争论。后来思想舆论界开始认为，列宁及其领导的布尔什维克革命从一开始就把俄国引向了悲惨的命运。自由派媒体则开始鼓吹，宣称革命前的俄国已经在朝着西方式的资本主义发展，之后却人为地被布尔什维克掌权阻止，随后的社会主义试验更是把它导向了错误的路径。这里的潜台词就是：如果能够推翻苏联共产党的统治，俄罗斯就会重新回到它革命前的所谓"常态文明"中，意即西方式的资本主义社会。

1991 年 "8·19" 事件过后，莫斯科等地原先矗立着的各种各样的列宁塑像，除莫斯科十月广场上矗立的少数还保留之外，一夜间，或被推倒，或被打碎。其他与苏共和社会主义有关的历史象征也遭此厄运，博物馆中陈列的展品也被搬出。社会上掀起了一股"改名"风潮。城市地名、街道、刊物纷纷改头换面，竞相换掉和原苏联、苏共或社会主义有联系的名称或象征。[②] 一些原苏共领导人急忙扔掉"党证"，以示"洗心革面"。 一些旧势力纷纷回国，末代沙皇遗骸问题被媒体追踪，后来叶利钦亲自主持国葬。同时，自由激进势力大肆叫嚷"把列宁的遗体从红场迁走"。历史沧桑，星移斗转。苏联人民的理想破灭，人们心中的"偶像"坍塌，社会思潮极度情绪化。否定历史引起了社会思想的混乱，社会犹如失去了"路标"，加速了苏共意识形态崩溃的进程。

### （三）文学的解禁与舆论的狂欢

1987 年至 1988 年是苏联社会思潮和舆论导向发生剧烈转变的一年。据戈尔巴乔夫自己称，"公开性"不仅意味着打破禁区，"公开性也意味着重新放映'束

---

① 　瓦·谢留宁. 源泉 [J]. 新世界，1998，5.
② 　如列宁格勒、高尔基、斯维尔德洛夫斯克等大城市相继更名为圣彼得堡、下诺夫格罗德、叶卡婕琳堡等。

之高阁’的被禁影片，公开发表尖锐批判现实的作品，在国内再版几乎所有‘持不同政见者’和侨民文学著作”。①

1987 年是“解禁文学”最为流行的一年，这一年发表的这类文学作品比重大、数量多、反应强烈。其中包括：作家布尔加科夫 1925 年创作的《狗心》，普拉东诺夫 1930 年创作的《地基坑》，伊萨科夫斯基 40 年代创作的长诗《关于真理的童话》，雷巴科夫 1966—1983 年完成的《阿尔巴特大街的孩子们》，等等。1987 年苏联作协代表大会还决定为小说《日瓦戈医生》的作者帕斯捷尔纳克彻底平反，并决定出版他的作品全集。不仅是文学，电影戏剧也如此，几十部被禁影片得以放映。1987 年 7 月，莫斯科电影节闭幕式上，放映了长期被禁映的影片《政委》，影片呈现了情绪激愤的群众与红军发生严重冲突的经过。此后，一些电视台开始放映描写阿富汗战争苏军伤亡和切尔诺贝利核电事故的纪录片，在社会上引起了震动。苏联国家电视台开设的一些政论专栏如《第 5 个车轮》《午夜前后》《视点》等言辞激烈，思想激进。由几位年轻的电视节目主持人创办的《视点》节目为争取摆脱约束还积极争取直播。《视点》节目内容和主持人的言论充满叛逆色彩，善于煽风点火，蛊惑人心，一时间社会影响巨大。②

**（四）从“反特权、反官僚机构”的口号到瓦解苏联、摧毁国家制度**

在许多改革和经济问题争论过程中，苏共“特权”问题和“官僚管理”成为众矢之的。戈尔巴乔夫的“改革”已进行了 3 年多的时间，经济改革丝毫不见成效，各项事业日渐衰败。社会舆论认为，“特权阶层”与群众对立，官僚主义

---

① 戈尔巴乔夫. 真相与自白——戈尔巴乔夫回忆录 [M]. 述弢，等，译. 北京：社会科学文献出版社，2002：150.
② 安·康·索科洛夫，维·斯·佳热丽科娃. 苏联历史教科书（1941—1991）[M]. 莫斯科：高校出版社，1999：348—349.

是苏联落后的"罪魁祸首"，官僚机构是阻碍改革和前进的最大绊脚石。[①]按这种思路，戈尔巴乔夫认定，"改革"政策之所以难以推进，是官僚机构"从中作梗"。他认为，"改革"触及各级官员的切身利益，而官员们害怕失去手中的权力，所以暗中极力地抵制"改革"。苏联社会上上下下的官僚机构形成了一层层网，一堵堵墙。"改革"大船被一种特殊的"阻碍机制"缠绕，航行困难。于是戈尔巴乔夫提出，苏共"当务之急"就是要自下而上地广泛发动群众，在开明的改革派领导人的带领下，向官僚机构施压。莫斯科大学经济系教授波波夫在宣传打碎经济管理机构方面最为出力，也出尽风头。他撰文提出，要彻底摧毁部门和地方上层的官僚管理机构，为改革开道。2010年波波夫在接受俄罗斯《独立报》记者采访时透露，当时萨哈罗夫是如何说服他，希望他们与叶利钦等人联合起来，一起在政治选举中打败苏共。[②]

1988年6月，苏共召开了第十九次全国代表会议，全面拉开了政治变革的大幕。从此，苏联社会的政治热潮更为高涨，经济问题仿佛被遗忘在一旁。1989年的差额选举、苏维埃大会的辩论，引发了苏联社会从未有过的"政治高烧热潮"，电视直播党代会使之变成了"全民的政治节日"。苏联各阶层感受着从未经历过的政治兴奋。全社会仿佛融入滚滚的政治"改革"洪流之中。一方面是社会情绪逐步升温，政治领域"高烧不退"，另一方面则是中央权威丧失殆尽，各地纷纷抗缴税款，经济割据现象严重，地方分离、民族分裂的危险步步逼近，苏联已危在旦夕。

**（五）由"争自主"到"搞分裂、闹独立"**

20世纪80年代末期，由于改革迟迟不见成效，中央权威日渐衰落，苏联和

---

① В·维克多洛娃，А·格利得齐娜.内部最坏的敌人[M].莫斯科：思想出版社，1987；［苏］莫斯科真理报，1987-5-7.

② 加·波波夫.我警告过：谁说转型是轻松的，那他是在欺骗人民[M]// 李慎明.亲历苏联解体：二十年后的回忆与反思.张树华，等，译.北京：社会科学文献出版社，2012：223—224.

苏共成为"众矢之的"。"经互会"组织中的一些东欧国家认为过去是被"强拉硬配"，是"站错了队"，言语中显露出与苏联为伍的极尽埋怨、后悔之意。在苏联内部，政治松动和经济困境促使民族区域的离心倾向也愈发明显。

几经试探后，波罗的海沿岸三国率先打出"主权和独立"的大旗。最开始是三个加盟共和国的共产党中央委员会向戈尔巴乔夫发难，要求在"民主集中"的原则下，扩大党内民主。接着，一些名为"人民阵线"的社会组织在各地纷纷成立，声势日益浩大。"人民阵线"直言"独立于苏联"。一些共和国的党组织对此暗地支持。

除了政治气候的转变以外，许多民族官员开始涂抹"民族主义的色彩"，撇开马克思主义意识形态，借以吸引选民的注意。其中，以叶利钦为首的俄罗斯联邦起了领头羊的作用。20 世纪 80 年代末 90 年代初，苏联边远共和国发出的"脱离"呼声，在首都得到了苏共内部"民主派"和反共势力的积极响应。他们以"俄罗斯"作后盾，反苏共、反中央，举起了"独立""自由"的大旗，形成了对苏共的统一战线。以盖达尔为代表的俄罗斯自由派人士公开提出，俄罗斯应"甩掉落后的加盟共和国这些包袱"，首先"自救"，然后轻装上路，投入西方发达国家的怀抱。

苏联社会大多数的知识分子聚集在"俄罗斯民主、独立"的大旗下。在普通群众的眼里，"苏维埃社会主义联盟"连同"苏共""社会主义"等已失去了旧日的光彩，俄罗斯才是真正民族、国家及传统的象征。俄罗斯人很不情愿听到自己被称为"苏联人"。他们在对"苏联"的象征表现反感的同时，为自己将重新作为"俄罗斯人"而感到欢欣鼓舞，充满自豪。这样，戈尔巴乔夫所代表的苏联和苏共"腹背受敌"，"民族独立"和"民主化"像两把利刃直逼而来。在强烈的社会情绪的裹挟下，戈尔巴乔夫像与风车作战的堂吉诃德，忽左忽右，节节败退。他倡导的"改革"已失去控制，最后"革"到自己头上来了。

不讲政治原则、不坚持党的领导、不顾复杂的国内外客观实际的"民主化"和"公开性"，造成了苏联社会舆论的严重失控和社会不满情绪的大肆发泄，苏共历史和苏联体制受到了质疑。戈尔巴乔夫代表的苏共领导层面临着空前的"信任危机"。大部分人开始认为，苏共将国家领进了"死胡同"，苏共所代表的社会主义模式失败了。在这种社会气氛中，"民族主义、分离主义成为苏联许多地方都吸食的麻醉剂"[①]。作为苏联最大支柱的加盟共和国——俄罗斯宣布，只有"独立"，实现"主权"，才能办好自己的事，必须选择走一条激烈的社会变革之路。

**（六）理想信念的背离**

俄罗斯历史学家指出，在戈尔巴乔夫当政后期，苏共领导人费尽心机，在"道路"、"模式"和"理论"之间摇摆不定。苏共先是坚持"完善社会主义"，后又提出"人道的、民主的社会主义"，倡导"西欧共产主义"思想，主张吸收全人类的文明成果，提倡"新思维"。在改革"模式"的选择上，先是学习匈牙利等东欧国家的经验，转而寻找北欧模式。戈尔巴乔夫当政后期，苏共领导层对瑞典的"福利社会模式"大为推崇，主管意识形态的苏共高层干部纷纷前去访问、取经。1989年以后，戈尔巴乔夫曾打出政治上"中间路线"的旗号，试图改变颓势，避免苏联解体，但已是力不从心。

1989—1990年，"社会主义"开始在苏联知识分子当中失去吸引力。戈尔巴乔夫给社会主义加上如"民主的、人道面孔的"等前缀的企图也宣告失败。例如，戈尔巴乔夫崇信的苏联科学院院士、苏联社会学会会长塔·扎斯拉夫斯卡娅也停止了她"社会主义是可以改革"的研究方向。1990年，她在苏联理论界关

---

① 亚·尼·雅科夫列夫．一杯苦酒——俄罗斯的布尔什维主义和改革运动 [M]．徐葵，等，译．北京：新华出版社，1999：262.

于社会主义的"大型研讨会"上公开宣称,与会者一致认为,资本主义和社会主义两种体制的根本区别,根本就是不存在的。成熟的资本主义具有"社会主义的特征",而这种观点也得到了戈尔巴乔夫另一法学顾问、主管苏联科学院社会科学研究的副院长弗·库德里亚采夫的赞同。一位西方苏联专家曾这样描述当时苏联知识界的情绪和期盼:"社会主义不是以公有制为基础……不会取代资本主义,更不会提供另一番图景。"①

1989年,一些东欧国家风波骤起,苏联社会的激进派受到了强烈的启发。"向西方看齐"的口号极为诱人,反社会主义的旗帜深得人心。1990年前后,转向西方、抛弃社会主义的思潮在苏联社会达到高潮。一项全国性的民意调查结果显示,居民在回答"苏联选择什么样的前进之路"时,有32%的被调查者认为要效仿美国;17%的人选择了德国;11%的人看好瑞典;只有4%的问卷选择了中国方式。②不少政治势力决定走一条"彻底革命"之路,逃离社会主义的"此岸",一步跨入资本主义的"彼岸"。当时的苏共中央意识形态领导人亚·雅科夫列夫写道:"如果社会主义发展道路是条死胡同,那么要从死胡同走出来只有一个办法,那就是退回去,退到由于暴力革命而离开的那条大路上去。"③

### (七)自由谎言和市场神话

戈尔巴乔夫"改革"的失败,使一种逻辑越来越鲜明地浮现在激进派和西方派的头脑中。这个逻辑推理简单而明了:苏联七十年的社会主义制度在与西方的比赛中败北,苏共改革和完善这种制度的努力也未奏效,那么最后只有完全抛

---

① 大卫·科兹,弗雷德·威尔.来自上层的革命:苏联体制的终结[M].曹荣湘,等,译.北京:中国人民大学出版社,2002:91.
② 社会与经济变动:社会舆论调查[J].全俄社会舆论调查通报,1993(6)14.
③ 亚·尼·雅科夫列夫.一杯苦酒——俄罗斯的布尔什维主义和改革运动[M].徐葵,等,译.北京:新华出版社,1999:274.

弃这种制度，全面照搬和推行在西方社会行之有效的体制。这就是当时苏联社会主流思潮的真实写照。1991 年 8 月事件以后，"激进化""空想化"倾向在苏联社会思潮中表现得尤为明显。在苏联激进派领导人眼里，"告别社会主义"，选择一条新的、西方式的发展道路，苏联会在一两年的时间内踏上文明、复兴之路。①

1992 年初夏，叶利钦第二次访问了美国。与上一次出访不同，他已不再是落难的苏共反对派，而是新俄罗斯的最高领导人。在美国的一次演说中，叶利钦宣称，他代表世界上最年轻的"民主国家"，来到了民主传统悠久的"圣地"。自此，共产主义的试验在俄罗斯大地"一去不复返"，所有文明世界具有的东西将会在俄罗斯"开花结果"。在经济生活中，他主张"完全自由的市场"：停止国家对经济工作的干预，认为市场与计划"水火不相容"；让市场的"自然法则"充分发挥作用，"物竞天择"；打破国家所有制，实行私有化，推行纯粹意义上的私有制；等等。

在"胜利情绪"的驱使下，俄罗斯一些人文知识分子和艺术界人士也摇旗呐喊。他们坚信，市场经济能够带来俄罗斯文艺的复兴。他们认为，在自由和市场的条件下，通过市场"优胜劣汰"，可以筛选出优秀的成果或文艺作品。

新一轮激进改革派以西方社会为样板，制造了一系列市场和自由的"神话"，并借此蒙骗急欲摆脱困境的俄罗斯百姓。当时一位自由派的女经济学家、时任莫斯科市政府经济顾问、经济学博士阿·彼娅舍娃的言论，真实地表达了 20 世纪 90 年代初期俄罗斯社会的舆论思潮和社会心态。她写道："社会主义与市场、民主'水火不相容'。俄罗斯应在最短的时间内，以革命的速度实施经济自由化。

---

① 叶利钦总统的讲话 [N]. 消息报，1991–11–28.

取消并禁止共产主义的意识形态。将历史的罪人推上'审判台'。俄罗斯社会要'忏悔',将列宁的遗体迁出埋葬。把所有共产主义的象征物搬进博物馆。俄罗斯人蕴藏的商业意识全部释放出来之时,就是俄罗斯社会的复兴之日。"①

---

① [苏]阿·彼娅舍娃. 靠自由痊愈 [J]. 祖国,1990(5)8.

# 第四章　思想蜕变与理论衰变

## 一、文化建设与科学研究

列宁在世前后很长一段历史时期，苏共和苏联政府是十分重视发展国民教育、思想文化建设问题的。在苏维埃政权初期，俄共（布）第八次代表大会（1918 年）在通过的党纲中提出的一项重大任务就是建立新的社会主义的国民教育制度，把学校由资产阶级的阶级统治工具变为对社会进行共产主义改造的工具。经过多年不懈努力，苏联逐渐消灭了文盲，公民的受教育程度大大提高，国家整体的科学文化水平不断提升，爱国主义教育、无神论教育也取得可观的成就。

勃列日涅夫时期，苏联的文化建设和科学研究取得了一些令人瞩目的成就。20 世纪 70 年代，苏联总体科研潜力占世界的 1/4，而基础科学研究潜力为 1/3。70 年代对科学研究的支出占财政预算的 5％，教育拨款占国民经济总产值的 7％。到 20 世纪 80 年代中期，苏联全体居民的 70％、就业人口的88.3％具有高等和中等教育学历。1960 年到 1980 年苏联的大学生数量翻了一番，从 150 万人升到 300 万人。1980 年每 10 万人口有 219 名大学生，这一比例在世界排名第五位。① 美国历史学家乔治·贝雷蒂在他的著作《苏维埃社会的变化》中写道："众多图书馆的建立、戏剧艺术和电影工业的进步、体育运动的发展、青年组织的活跃——这些是苏联最成功和最明显的成就之一。"②

长期以来，苏共在领导文化建设和科学研究方面取得成绩的同时，在领导体制和管理机制方面也暴露出不少问题，主要表现在以下两方面。

### （一）思想教条和体制僵化倾向

在教条主义的浓厚氛围下，苏联逐渐形成了一种僵化、封闭、保守的思想文化和科研模式。文化建设和社会科学领域中思想僵化，"教条主义""本本主义"严重，苏共建立的文化和学术团体也大多走上了统一化、行政化和国家化的道路，影响了文化事业的百花齐放，百家争鸣。在社会科学领域，领袖人物的几篇著作和讲话就能影响苏联哲学、语言学、经济学、历史学、法学等多年，一些新学科如政治学、社会学被看作是资产阶级的东西，长时间被禁止；恢复并执行严格的书报检查制度，对社会科学研究成果实行复杂的送审和检查、追查制度；将一些社会科学工作者变成"附庸"，将一些持不同观点的专家推向政治对立面。

对文化和科学研究实行高度集中的管理模式，队伍庞大，效率低下。例如，在人文和哲学社会科学领域，除中央马列研究院、科学院、高校等行政隶属关系外，苏共中央还设有专门处室对相关学科和学者进行调控，如管理经济学研究的苏共中央科学部经济学科处。长期以来，苏联社会科学界资源配置不合理，浪费严重，盛行严格的等级和论资排辈之风。其结果是，庞大的哲学社会科学队伍鲜见理论创新，在历史的关头，不仅没能预见到苏联解体的趋势，而且在社会剧变

---

① 弗·亚·利西齐金，列·亚·谢列平. 第三次世界大战：信息心理战 [M]. 徐昌翰，等，译. 北京：社会科学文献出版社，2003：338—344.
② 米·谢·戈尔巴乔夫. 对过去和未来的思考 [M]. 徐葵，等，译. 北京：新华出版社，2002：38.

面前不知所措，毫无立场、观点，成为"看客"。

未能处理好文化、科研对外开放与自我创新的关系，未能把握好"度"。长时间将文化建设和科研工作置于封闭状态，隔离于传统文化和世界文化之外。一段时间里，苏共将十月革命前俄国和当代西方社会的科学文化成果统统视为"资产阶级"的毒素，全盘否定和拒绝，有意识地减少或限制科学家特别是社会科学工作者出国交流，企图在"无菌世界"中建立和发展自己的"崭新体系"，致使苏联社会科学长期处于与外部世界隔离的状态，极大地限制了其生命活力和创新能力。其结果是，削弱了苏联文化特别是社会科学与西方对话的能力。冷战结束后，面对打开的大门，苏联文化和社会科学领域丧失了应有的鉴别力和免疫力，从对西方的恐惧变成对西方的无限崇拜，任凭"病毒"入侵，最终在瞬时泛起的各种思潮的夹击下落得一败涂地。

**（二）后期在思想和方向上的背离和背叛**

20世纪70年代末期苏共的意识形态工作出现了体制僵化、官僚文牍盛行等严重弊端。80年代中期以后，随着戈尔巴乔夫的上台，苏共对文化和社会科学事业的领导又走上了另一个极端。戈尔巴乔夫推动"公开性""民主化"，鼓吹对外关系"新思维"，宣扬"全世界的价值观"。主管意识形态工作的苏共领导人亚·雅科夫列夫、瓦·梅德韦杰夫等人将资产阶级的思想奉为圭臬，公然抛弃马克思主义在意识形态领域的指导地位。①

1987年前后，不顾党内的反对，在戈尔巴乔夫的亲自指示下，《阿尔巴特大街的儿女们》《忏悔》等文艺作品纷纷出版。1988年苏共取消了报刊检查制度，彻底放弃了对文化艺术的领导权。苏共"民主化之父""改革的谋士"雅科夫列夫曾

---

① 亚·尼·雅科夫列夫. 我为什么放弃马克思主义 [N]. 苏维埃俄罗斯报，1991-8-3.

亲自到苏联科学院主席团训话。他言辞激烈，批判苏联的社会科学至今还死死抱着
1930 —1940 年的陈旧格式不放，充满教条主义，他号召苏联的人文和社会科学工作
者要敢于批评，扩大批判对象，直到能够清除所有的垃圾，解放学者们的思维。[1]

在苏共主要领导人的直接纵容和推动下，80 年代后期苏联新闻舆论领域掀
起了层层巨浪，否定自我，美化沙俄，崇拜西方思潮逐渐成为主流。一股股激烈
的政治改组风暴和否定历史热潮使文化界和理论界迷失了方向。思想理论界变得
像一盘散沙，社会科学队伍出现严重分裂。在理论界，受西方化、市场化的影响，
"抛弃马克思主义理论"的声音甚嚣尘上，马克思主义哲学、政治经济学、科学
共产主义等相关学科的研究和教学被终止或被改头换面，变成西方哲学、自由主
义经济学和西方政治学等学科的教学或研究机构。一种简单化、两极化的思维方
式甚为流行：非社即资，非此即彼，非红即白。

短短几年的时间，苏联文化和科学的命运一波三折。苏共的失误加上市场
经济的猛烈冲击使得文化事业和社会科学研究的地位一落千丈。从神圣的殿堂被
抛到市场的边缘，文化艺术和科学院系统被看作"旧极权主义制度的残余"，陷
入被解散的境地。政治动荡加上经济的困境，造成像莫斯科大剧院在内的许多著
名文化机构都难以为继，人才流失严重。文化和科研队伍中的许多人纷纷出国，
投奔美国、德国或以色列，苏联科研潜力损失近半。

## 二、历史虚无主义的泛滥

如何正确对待党的历史，如何公正地评价历史人物，特别是领袖人物的作

---

① 亚·尼·雅科夫列夫 . 记忆的旋涡 [M]. 莫斯科：瓦戈利乌斯出版社，2000：488.

用和功过，是检验一个党是否成熟的重要标志。要评价领袖人物的功过是非，更需要结合具体的历史环境，总结其中的历史经验和教训。反思历史，绝不能心血来潮、一哄而起，或只强调阴暗一面，不去全面、历史地看问题，大搞全盘否定过去，实际只是为迎合当前的政治需要。这在本质上是重复了过去的错误，不仅是有害的，也是可耻的。然而，20 世纪 80 年代后期以戈尔巴乔夫和雅科夫列夫为首的苏共领导人正是扮演了这样全面诋毁苏共历史的角色。

苏联的历史，自 20 世纪 30 年代初苏联史学界的政治批判运动以后，特别是 1938 年《联共（布）党史简明教程》出版以后，已经有了一个固定的解释。但 1956 年苏共二十大上赫鲁晓夫批判斯大林个人迷信，引起了人们思想上的混乱。60 年代中期勃列日涅夫上台后又对赫鲁晓夫及其做法提出了批评。戈尔巴乔夫时期，苏联思想文化领域一些极端势力再次掀起了一股"历史反思热"，把舆论矛头直接指向斯大林和苏共历史。他们无休止地纠缠于历史旧账，肆无忌惮地否定苏共过去的一切，先是否定和诅咒斯大林，随后又否定列宁、否定十月革命、否定苏联体制、否定马克思列宁主义。

20 世纪 80 年代中期以后，苏共执政后期的否定历史运动从内容和形式上看呈现如下几个特点。

### （一）反思历史活动是由苏共最高领导人亲自组织计划进行的

当今一些历史学家在评价戈尔巴乔夫时期掀起的"反思历史"运动时写道，在"改革"初期，戈尔巴乔夫、雅科夫列夫等号召填补"空白点"、改写历史，具有很强的政治性和思想倾向性，并非对历史问题感兴趣，而主要是为推动他的"改革"制造舆论，实现其政治目的。[①]

---

① 玛丽雅·费列蒂. 记忆的紊乱：俄罗斯与斯大林主义 [EB/OL].（2002–11–20）.http://www.polit. Ru.

1986 年 11 月，在全苏社会科学教研室主任会议上，戈尔巴乔夫指责苏联历史教科书存在着公式主义、教条主义和形式主义。他要求重新编写教科书。1987 年苏共中央一月全会之后，戈尔巴乔夫多次向新闻界下令，强调说"历史问题上不应遮遮掩掩"。为保证新闻舆论思维有正确的"宣传口径"，戈尔巴乔夫和雅科夫列夫经常和新闻界领导人"对表"。1987 年 7 月，戈尔巴乔夫在和新闻界、艺术创作领导人座谈会上谈到，1937—1938 年的事件不能也不应原谅和饶恕。[1]

1987 年，苏共召开纪念十月革命 70 周年大会。会前，雅科夫列夫等精心策划和起草了戈尔巴乔夫在纪念大会上的报告。[2] 报告对斯大林主义提出了尖锐的批评。戈尔巴乔夫后来得意地回忆，这个报告的创新之处就是"由揭批斯大林转到批判斯大林体制"[3]。雅科夫列夫坦白，他的目的是借 70 周年大会将"新思想"推向前进。在这份名为《十月革命与改革：革命在继续》的报告中戈尔巴乔夫声称要继续 60 年代未完的事业，恢复历史公正。[4] 雅科夫列夫在纪念大会的吹风会上对记者讲，不应把此次纪念大会上对历史的分析视为最终的结论，不应将报告中的一些结论教条化、固定化。他继续煽风点火，为全面否定历史的势力加油、打气。[5]

应当指出，当时苏共党内领导层中间对待这场"历史热"的态度是不一致的。政治局委员利加乔夫和政治局委员、克格勃主席切布里科夫都反对"意识形态的

① 戈尔巴乔夫. 戈尔巴乔夫言论集：第 5 卷 [M]. 莫斯科：政治出版社，1988：217；亚·谢·巴尔辛科夫. 当代俄罗斯历史导论（1985—1991）[M]. 莫斯科：角度出版社，2002：84.
② 亚·尼·雅科夫列夫. 一杯苦酒——俄罗斯的布尔什维主义和改革运动 [M]. 徐葵，等，译. 北京：新华出版社，1999：185—186.
③ 鲍·斯拉文. 尚未结束的历史：戈尔巴乔夫访谈录 [M]. 孙凌齐，等，译. 北京：中央编译出版社，2002：25.
④ 戈尔巴乔夫. 戈尔巴乔夫言论集：第 5 卷 [M]. 莫斯科：政治出版社，1988：386—436.
⑤ 亚·尼·雅科夫列夫. 看破红尘之苦 [M]. 莫斯科：新闻出版社，1991：93.

多元化"和片面丑化苏联历史。切布里科夫警告说，帝国主义的密探正在赞助一些作家去丑化苏联的历史。[①] 对于"反思历史""翻历史旧账"，苏联历史学界深表担忧，苏共普通党员和群众反对丑化历史的声音也很强烈。1988年3月13日，《苏维埃俄罗斯报》发表了列宁格勒技术学院女教师尼娜·安德烈耶娃的一封读者来信，题为《我不能放弃原则》，批评了社会中涌动的一股股"反思历史潮流"。来信指出，当前报刊上轰动一时的文章只能教人迷失方向，是给社会主义苏联抹黑。文章提出了当时舆论界许多不正常的现象：非正式组织活动，宣扬应该实行西方的议会分权制，否认党和工人阶级的领导地位，恶毒攻击苏联历史等。文章指出，"改革"进行几年了，非但未见成效，反而导致生活水平下降。改革缺乏明确的纲领和目标，隐藏着世界主义的倾向。文章发表后，一些州的报刊纷纷转载，一些党组织开始讨论。

尼娜·安德烈耶娃的信引发了轩然大波，"自由改革派"将其视为"保守势力和苏共旧势力"的反攻倒算。苏共中央政治局接连两天召开紧急会议讨论对策。最后，在雅科夫列夫直接授意下，《真理报》的维·阿法纳西耶夫亲自组织，4月5日发表了反击文章《改革的原则：思维和行动的革命性》，对安德烈耶娃给予全面反击和打压。《真理报》将尼娜·安德烈耶娃的信称为"反改革分子的宣言"，把尼娜·安德烈耶娃称为"改革的敌人、斯大林主义分子、保守派、机关官僚、党的权贵代表"。《真理报》认为，安德烈耶娃是在为斯大林辩护，是苏联社会的保守势力的声音，企图阻止改革的进程。此次争论后，苏共领导人不仅开始揭批斯大林，而且进一步升级，批判马列主义是空想和教条。从此以后，在戈尔巴乔夫和雅科夫列夫的直接参与下，苏共在否定斯大林、否定过去的历史

---

① 　真理报 .1987-9-11.

道路方面走得更远。①

（二）趁报刊"反思历史"之际，掀起平反历史错案运动，制造声讨苏共的舆论氛围

斯大林当政时期，由于当时特殊的历史条件和阶级斗争扩大化的错误，曾出现过一些冤假错案，直至赫鲁晓夫时代起，这些冤假错案才陆续得到纠正。纠正冤假错案是完全应该的，问题在于，自戈尔巴乔夫提倡"民主化""公开性"之后，恢复名誉者或其亲属描述案情的文章在报刊上越登越多，形成强大的舆论冲击力，严重动摇了苏共和苏联制度的根基和基础。

1988 年初，苏共中央成立了 30 年代"大清洗"受害者平反委员会，后由政治局委员、中央书记处书记雅科夫列夫亲自挂帅，对一些历史事件重新审查。更加引人注目的是，1988 年 7 月 4 日，根据戈尔巴乔夫的建议，苏共中央政治局做出决定，在莫斯科为斯大林时期被迫害致死的数百万人建立纪念碑。与此同时，所谓民间的"历史平反"活动也在苏共最高领导人的默许下开展起来。1988 年 11 月 26 日，《星火》周刊举办了大规模群众性"良心周"活动，隆重纪念斯大林时代的受害者。苏联建筑家联合会、电影家联合会、《星火》画报和《文学报》共同组织了名为"纪念"的历史教育协会。该协会的目的就是在全苏范围内促进平反历史案件，还原历史真相，为苏联历史受害者建立纪念碑。1988 年以后，一些"反思历史"的激进报刊如《星火》画报和《莫斯科新闻》逐渐暴露其真面目：借否定过去，否定苏共历史，否定社会主义，进而改变改革的方向，使改革沿着他们设计的道路进行。②

---

① 安·康·索科洛夫，维·斯·佳热丽科娃. 苏联历史教科书（1941—1991）[M]. 莫斯科：高校出版社，1999：349—350.

② 亚·谢·巴尔辛科夫. 当代俄罗斯历史导论（1985—1991）[M]. 莫斯科：角度出版社，2002：93—94.

**（三）在这场"历史反思热"中非历史专业的记者、作家等充当了"急先锋"**

正如苏联科学院通讯院士 и.В.沃罗比耶夫在 1989 年初指出的："唤起人们对历史的兴趣的，不是我们职业历史学家，而是政论家、作家、经济学家。正是他们把历史变成它现在成为的那种社会力量。至于职业历史学家（众所周知，他们在我国有成千上万），积极卷入这项工作的，真是屈指可数。"[①]

不过，还是有少数激进的历史学家投入到"改写历史"的运动中，如尤里·阿法纳西耶夫和德·沃尔科戈诺夫。前者一度被包装成"民主斗士"，20 世纪 90 年代中期以后则偃旗息鼓；后者则由苏军总政治部负责宣传工作的将军变成了叶利钦的御用文人，极力攻击列宁和斯大林，现已不在人世。这股反思历史的潮流造成整部苏联历史都需要改写。1988 年 6 月，苏联有关部门做出决定，取消那一学期的中小学历史课考试，今后中小学历史教科书要重新编写。在苏联官方的鼓励下，以揭露历史真相为主要内容的"历史热"，像一股巨大的龙卷风席卷整个社会，而且越刮越猛。

面对历史领域的混乱状况，1989 年 10 月 3 日，苏共中央召开了历史学家座谈会，会议由苏共中央书记处书记瓦·梅德韦杰夫主持。他在开场白中辩解："当前的社会政治气氛取决于对历史的看法。不应维护那些应当受到揭露的东西。良心不能交易。对过去错误的清算必须进行到底，不能有任何的限制！"[②] 参加此次会议的苏联历史学界的权威、苏联科学院院士格·斯米尔诺夫、尤·库库什金、德·科瓦里钦科等纷纷发言，对当时社会的历史热潮表示忧虑。格·斯米尔诺夫

---

① 苏美历史学家"圆桌会议"材料 [J]. 历史问题，1989（4）100。此处引文转引自陈启能. 苏联解体前的"历史热" [J]. 史学理论研究，1998（4）。

② Историческое сознание общества-на уровень задач перестройки [J/OL]. 历史问题，1990（1）3. http://annales.info/sbo/contens/vi3.htm；亚·谢·巴尔辛科夫. 当代俄罗斯历史导论（1985—1991）[M]. 莫斯科：角度出版社，2002：140.

院士提出，他不赞成对包括卫国战争、战后恢复在内的苏联历史一概抹黑。尤·库库什金院士提出，缺乏对马克思主义的尊重，缺乏理论准备，改革很难指望取得成效；改革不能打着历史虚无主义和非意识形态化的旗号，大众传媒和一些极端势力不能强迫历史科学非意识形态化。尤·库库什金院士和苏联科学院历史学部学术秘书德·科瓦里钦科院士要求苏共中央应该有自己的原则立场。面对院士们的发问，身为中央书记处书记的瓦·梅德韦杰夫轻描淡写、一语带过：列宁、十月革命、社会主义选择。[①]此次苏共中央的座谈会便没有了下文。

**（四）反思历史导致历史虚无主义泛滥，否定苏共历史和社会主义**

自苏共二十大之后，苏联社会始终潜伏着一股全盘否定斯大林的思潮。这股思潮在戈尔巴乔夫的"民主化""公开性"推动下，死灰复燃，很快成为蔓延之势。反对势力有针对性和选择性地公开斯大林时期历史文献档案，借过去的一些所谓历史冤假错案为全盘否定斯大林做准备。

1987 年 6 月，由苏共异己分子把持的《星火》画报[②]第 26 期披露了列宁的战友拉斯科尔尼科夫 1939 年 8 月 17 日给斯大林的公开信，信中严厉谴责斯大林逮捕和杀害无辜的军界和文化界著名人士。不久，《莫斯科新闻》刊载了从未发表过的肖洛霍夫 1927 年写给老党员列维茨卡娅的一封信，批评农业集体化过火，"压制富农，可把中农也压扁了，贫农也在挨饿"，致使"人们狂怒，情绪极端恶劣"。《科学与生活》杂志则刊登了作家西蒙诺夫 20 年前写的《历史的教训与作家的职责》，谴责斯大林在战争开始前和战争初期处决三批高级军事干部，

---

① 亚·谢·巴尔辛科夫.当代俄罗斯历史导论（1985—1991）[M].莫斯科：角度出版社，2002：141.

② 《星火》画报是苏联著名的政治刊物。20 世纪 80 年代中后期，由维·科罗季奇担任主编。此人在 70 年代曾发表揭露美帝国主义的《仇恨的面孔》一文，言辞激烈，受到赏识。担任画报主编后把《星火》变成了揭批苏共、仇恨苏联制度的大本营。后来科罗季奇移居美国长期居住。

给军队带来无法估量的损失和对国家造成的严重危害，等等。

这股清算思潮自 1987 年底开始，到 1988 年达到高潮。批判的矛头已由斯大林主义指向 20—50 年代的社会制度，否定苏联体制，认为斯大林代表的苏联体制是典型的"行政命令"体制，是"极权主义"，是万恶之源。1989 年以后，揭批斯大林的材料开始减少，对斯大林主义的批判逐渐转变为对布尔什维克主义、十月革命的批评。一些文章或明或暗地提出，十月革命与布尔什维克主义，列宁与斯大林实际上有着直接的联系。① 1988—1989 年，苏联意识形态领域最有影响的事件之一就是，哲学博士亚·齐普科在《科学与生活》杂志上发表了长篇文章《斯大林主义的起源》。此文在表面上维护马克思主义，实则否定十月革命，否定苏联社会主义的历史。文章认为，俄国十月革命是激进主义的产物，它中断了俄国历史的正常进程。文章将"好"的列宁思想与斯大林"坏"的社会主义对立起来。作者提出，1917 年到 1988 年，苏联激进主义的思想和实践是当今社会的重要障碍。②

"反思历史"运动从揭批斯大林开始，进而否定十月革命，怀疑十月革命以后的制度，最后导致美化沙俄历史和否定自我，迷信西方道路。丑化苏共历史最终导致了俄罗斯理论界肆意"揭批俄罗斯的历史缺陷、诋毁国家"。有关俄罗斯文明较之西方文明存在着"历史性缺陷"的历史虚无主义和崇拜西方的做法，构成了苏联解体后俄罗斯新自由主义的理论基础和历史哲学基础。在 80 年代末期，苏联舆论界宣扬改革就是要"全面更换俄罗斯的文明模式和民族社会文化习俗"。③ 打开一本当时出版的笑话集，可以读到这样的内容："一辆美国汽车停

---

① 参见 1990 年春由刚刚赢得选举的莫斯科民主派主办的杂志《首都》周刊，或〔苏〕亚·齐普科. 我们的原则好吗？[J]. 新世界，1990（4）。

② 亚·齐普科. 斯大林主义的根源 [J]. 科学与生活，1988（11—12）.

③ 安·米格拉尼扬. 当代俄罗斯的国家意识形态问题 [M]// 俄罗斯现代化与公民社会. 徐葵，等，译. 北京：新华出版社，2003：268—269.

在莫斯科，车身下的泥浆中躺着几位正在扎轮胎的苏联人。过往的人问：你们在那里干什么？他们回答：我们想吸一些来自美国的自由空气。"

在当时学术界的一些讨论会中，经常能听到这样的话："在苏联可以谈论何种经济？只能是原始穴居的野人经济。"有时，甚至可以听到遗憾的叹息："唉！为什么我们没有被德国人占领？"在这一时期，一些"改革"的风云人物，自由民主化的"弄潮儿"的演讲多是从痛斥苏维埃的过去开始，以赞扬西方结束。"如果人们所想的希望落空了，那么对于这个带有一种始自伊凡雷帝的天生极权主义特征的、不合格和未开化的民族来说，有一条简单而自然的出路——在经济、社会和意识形态等各个领域将国家全面引向殖民地状态。"有的报刊文章还证明说，有必要在苏联领土上引入联合国仲裁、引入"维和部队"、实施"人道主义援助"，设立联合国监督员和观察员。[1] 有一家名为《自鸣钟》的报纸曾刊载了这样一句话："我们真诚地期待这样的结局，而且，殖民地状态有什么不好？"于是，该文接下来就讨论怎样才能成为殖民地，并建议向西方商人求助。[2]

正是在苏共领导人戈尔巴乔夫和雅科夫列夫的推动下，以重新评价历史为名，否定苏共，否定社会主义革命和建设的历史，否定苏联社会主义制度，导致社会思想混乱，为从思想上瓦解苏共打开了大门。20 世纪 80 年代末期，某些涉及历史问题的书籍、文章和言论公开全盘否定斯大林，讽刺和挖苦列宁，否定十月革命，否定马克思主义，把苏共视为"官僚障碍机制的物质载体"和"沉湎于谎言和自我欺骗之中的故步自封的组织机构"，就这样一步步把苏共推上

---

[1] 在戈尔巴乔夫执政末期、苏联解体前夕，由于苏联社会商品包括日用消费品极度短缺，西方一些国家特别是欧洲向苏联运送了食品等"人道主义"物资。一些食品包装直接用俄文标注"人道主义援助"。

[2] 弗·亚·利西齐金，列·亚·谢列平.第三次世界大战：信息心理战 [M].徐昌翰，等，译.北京：社会科学文献出版社，2003：264.

历史的审判台。

## 三、崇高与毁灭

十月革命胜利后，特别是国内战争结束后，加强意识形态工作、促进思想文化建设是布尔什维克党的中心工作之一。列宁认为，党的意识形态工作应该面向广大人民群众，通过耐心、细致、说理的思想理论工作，使广大人民群众自觉地接受马克思主义世界观和社会主义意识形态，是意识形态工作和思想文化建设的重点。由此，列宁领导党积极探索各种长久而有效的思想教育形式：倡导要积极利用纪念性的人物开展教育工作，先后有数十座杰出的思想家和革命家、文化活动家的纪念碑落成并揭幕，如莫斯科的马克思和恩格斯纪念碑、马拉纪念碑、苏维埃宪法方尖碑等；与此同时，一系列有纪念意义的革命性节日碑确立下来；各种文化剧目和演出也积极宣传革命精神的历程和优良传统。

20 世纪 30 年代以后，为了维护和加强苏联社会的团结，斯大林领导的联共（布）在思想领域肃清错误思想和流毒的同时，也十分重视思想教育工作，尊重知识及人才，注重社会榜样的作用，强调正面宣传工作。在斯大林时期，苏联在各行业积极开展思想教育和社会主义竞赛活动，激发了人民建设社会主义事业的热情；国家设立奖励和功勋制度，注重发挥榜样和英雄的作用，激励群众，引导群众。例如，1927 年设立了劳动英雄称号（1938 年改为社会主义劳动英雄），1930 年设立列宁奖章。1929 年起，全苏开展社会主义劳动竞赛活动。此后，又先后开展合理化建议、突击队运动、斯达汉诺夫运动等。斯大林时期还拍摄了一些历史题材的电影，教育培养苏联人的国家和民族精神。苏联政府给予"切留斯金号"船员、帕帕宁探险队员和契卡洛夫机组成员<sup>①</sup> 极高荣誉。俄罗斯的军事传统也得到恢复，如肩章、军衔等，对东正教的态度也发生转变。这样，通过制度规范和思想宣传，苏联社会中逐渐形成了一种积极向上、劳动光荣，懒惰、钻营、投机可耻的氛围。

当今俄罗斯学者指出，20 世纪 30—40 年代苏联人民的精神状态现在是难以想象的，但也是可以理解的。"准备用胸膛保卫苏联！""誓死保卫斯大林、誓死保卫莫斯科！""祖国母亲在召唤！"，等等，现在被看作宣传口号的东西，那时却是发自内心的呐喊。

赫鲁晓夫时期是苏共思想教育工作的转折点。赫鲁晓夫上台后对斯大林开展个人崇拜的揭批，在某些程度上有利于缓和紧张的政治生活，舒缓人们的精神压力，但其采用的行事方式特别是"秘密报告"却给国际和苏联国内思想界和群众心理带来了极大的混乱。苏联知识分子心灵震撼，思想受到强烈冲击。国际共运出现分裂，西方期待社会主义的人士掉转方向，赫鲁晓夫对斯大林的否定导致了历史虚无主义的泛滥，造成了巨大的信仰危机，打碎了权威，揭批领袖，实际上是自乱阵脚，给敌人以口实，造就了内部一批思想异己分子和"持不同政见者"。戈尔巴乔夫、雅科夫列夫等人坦言正是赫鲁晓夫的"秘密报告"给他们带来了强烈的思想冲击和心灵震撼。

列宁不仅十分重视党的宣传和鼓动工作，还经常亲力亲为，亲自办报、办刊，自己撰稿或亲临现场发表演说。列宁的文章犹如闪电，刺破夜空；列宁的演说，犹如惊雷，震撼世界。然而到后期，苏共一方面掌握了庞大的宣传工具和文化资

---

① "切留斯金号"为苏联的北极探险船，于 1934 年撞浮冰失事，船员困于冰上，经艰苦卓绝的努力，苏联飞行员将其救出；帕帕宁（1894—1986），苏联北极探险家、地质学家、海军少将，曾率探险队在北极建立了第一个考察站（1937—1938）；契卡洛夫，苏联英雄，其机组多次创造远距离飞行纪录，1936—1937 年完成莫斯科—远东，莫斯科—北极—美洲的不着陆飞行。

源，另一方面宣传文化工作却失去了战斗力、吸引力。勃列日涅夫执政后期，苏共的意识形态工作逐渐失去了针对性和实效性，庞大的宣传机器效率递减，政治教育方式和方法上也鲜有创新。政治宣传工作更加脱离实际，宣传空洞乏味，简单化和套话盛行，不仅无助于加强人民群众对社会主义的热爱和对共产主义的向往，反而引起强烈的逆反心理。苏共领袖勃列日涅夫和契尔年科的一些《言论集》《选集》经常再版并广泛散发，苏共"意识形态行家"的宣讲和空洞文章连篇累牍，但这些都没能抵得住来自西方的侦探小说、移居国外的苏联侨民著作或者抽象派艺术家的绘画作品的冲击。

苏共一些组织的思想政治教育工作方式方法简单，遇到问题不做具体的分析，而是使用行政命令甚至安全特工手段解决。当知识分子被西方社会表面上的物质充足和生活富裕吸引，对苏共和社会主义的信仰产生怀疑，得出苏联落后的结论时，苏共"意识形态行家"既不能给予及时的解答，也不能开展有效的思想政治教育工作，而是仍在空谈资本主义世界发生总危机的理论。

20世纪70年代末期，苏共的意识形态工作越来越脱离实际生活，出现了思想教育和群众心理"两张皮"的状况。在社会意识中，特别是在部分知识分子心中，一方面暗暗滋生对西方社会的崇拜，另一方面也出现不问政治、厌恶政治宣传和教育的观念倾向：什么政治不政治，都见鬼去吧。我们只想好好地生活，挣钱过日子，自由自在地呼吸，享受物质生活。[①]

80年代后期，作为苏共意识形态体系的反叛分子，戈尔巴乔夫、雅科夫列夫十分熟悉也善于利用各种思想政治手段从内部瓦解苏共思想教育体系：利用"公开性"口号，取消报禁，为非马克思主义的作品开禁；利用"新思维"旗帜，堂

① 弗·亚·利西齐金，列·亚·谢列平.第三次世界大战：信息心理战[M].徐昌翰，等，译.北京：社会科学文献出版社，2003：84—85.

而皇之引进西方的价值观；反思历史，否定过去，靠攻击苏共历史，成就自己"自由、民主、开明"的形象，短时间里迅速赢得境内外媒体的关注和观众的"眼球"。戈尔巴乔夫等人不遗余力地利用苏共各种思想教育手段反其道而行之，还常常亲自出马，利用报告、讲话、出书等机会宣传自己的错误主张。

苏联主流的报纸和电视台的转向宣传，极大地影响着群众的意识。多年来，苏联人民有根深蒂固的相信报纸和电视的心理，报纸和电台的影响强烈冲击着多年形成的思想观念。群众的思想和信念发生了动摇。宣传舆论的误导首先引发了民众对苏共的不信任。据来自各方面的民间抽样调查，1988 年前的几年中，人们对苏共的信任率达 70% 左右，而 1990 年则下降到 20%，1991 年初进一步降为百分之十几。1989 年到 1991 年进行的几次"自由选举"，更清楚地反映了这种趋势，苏共推出的候选人往往失败于苏共的对手。

从 1988 年下半年开始，苏共内部出现大批党员退党现象，后来，势头越来越猛。据统计，1990 年 1 月苏共有 19 228 217 名党员，而到 1990 年 10 月，苏共党员人数减少为 17 742 638 人，退党人数接近 150 万。[1] 而 1990 年全年共有 180 万党员退出苏共。1990 年 1 月到 1991 年 6 月，苏共党员人数就减少了 400 万名。[2] 到 1991 年 7 月底，戈尔巴乔夫在苏共二十八大后不久召开的中央全会上不得不承认，苏共党员退党人数达 500 万人，已经由原来最多时候的 2 100 万党员减少到 1 500 万！

苏共领导人的错误言行和舆论导向偏差也严重地影响了苏共党员的思想。部分党员对政治问题和政治斗争感到厌倦，产生了冷漠观望情绪，也有部分党员

---

[1] http://www.yabloko.ru/publ/colobova/in.bounker.html.

[2] 罗伊·麦德维杰夫. 普京总统的第二任期 [M]. 王尊贤，译. 北京：社会科学文献出版社，2007：54.

失去了航标，信仰发生动摇。1988 年 1 月 8 日，《真理报》在《读者论坛》专刊中发表了一封名为《为了不失去信仰》的来信，明斯克市一位名叫韦切尔的居民在信中这样写道："我们这一代人（我三十岁）和许多其他几代人一样，是在社会主义制度下成长起来的，不信上帝。我们的上帝，如果可以这样说的话，就是社会主义、社会主义理想。父母的教育、学校的教育和社会的教育，都是培养对社会主义理想的信仰……我们靠社会主义理想生活了七十年。社会主义理想给过我们并正给予我们生活的目的。但是，由于公开性政策和来自四面八方的没有节制的批评，社会主义理想的威信已在某些方面遭到破坏。别人都怎样，我不谈，但我个人的信仰动摇了。我过去会把任何一个污蔑社会主义制度、吹捧资本主义制度的人的喉咙咬断。可现在连我都动摇了。那些年轻的、还不坚定的心灵会如何呢？假如反面信息的巨流会向我们滚滚涌来的话。"宣传舆论的误导，造成了苏联社会思想混乱，人们对过去的信仰产生怀疑，失去了对苏共的信任和对苏联社会未来的信心。

# 第五章　科学之殇

## 一、政治引领与刻板管控

早期苏共意识形态工作坚持对外舆论一致，有效地反击了国内外各种反苏宣传。但由于苏共具体管理部门和工作人员政治思想水平和治理能力的问题，对科学文化工作的政治引领往往变成了包办代替和层层审批。这种"管卡压"式的领导方式和管理形式，简单粗暴，影响了党和科研文化群体的联系，挫伤了知识分子的积极性。在社会科学界，过度审批和过严过细的审查，干扰了正常的科研创新工作，科研创作变成了对苏共最高领导人言论的诠释。苏共推行严格的书报检查制度，对社会科学研究成果实行严格送审和检查、追查制度。例如，在科学院系统的研究所中，要给杂志寄送一篇文章，必须同时附寄大量证明文件（5—10 种）；这样的附件还要有十来个人签名，学术会议提交报告提纲时，它常常是不可缺少的一页。不仅在报刊上发表文章或在广播电视上发表演讲时需要，有时在各种会议上发言也必须如此。这些过分的禁令常常引起科研人员的不满，人们想方设法绕着它走，或者干脆交出不伤大雅的"白开水"甚至"垃圾式"的科研成果和文化作品。

在社会生活和一些研究领域，苏共那些善于看风使舵的"意识形态行家"经常设置各种清规戒律，层层加码，自行开辟出许多荒唐的禁区：禁止抽象艺术、先锋派音乐、摇摆舞、西方侦探文学、西方的许多哲学和社会学著作、一系列俄罗斯哲学著作，等等。这种粗暴的"禁止"行动不但收效甚微，而且往往会引发更加强烈的"兴趣"。① 过多的管制使得多数社会科学工作者失去了独立思考的能力，变成"政治的附庸"。对一些持不同观点的专家横加批判，直至采取清剿和镇压行动，日渐将其推向政治对立面。

过多地设立"研究禁区"，抑制了社会科学在解决实践问题上发挥的作用，在研究和解决民族问题方面，苏共也犯了类似的错误。在很长的历史过程中，苏共领导人奉行的是一种庸俗的国际主义。为了"尽快消灭民族间的差异"，他们常以最隐蔽的形式，将"庸俗的国际主义"塞入所制定的民族政策中，以便掩盖苏联日益严重的民族矛盾。为解决民族问题，有的学者曾提供过好的理论建议，但是没有被采纳。从勃列日涅夫到戈尔巴乔夫都是如此，他们说，民族问题在苏联已彻底解决了。

不重视发挥社会科学的作用，不仅使得苏共改革失去强有力的理论支持，而且使得改革迷失了方向。苏联社会科学界人员众多，但效率低下，人力和智力资源浪费严重。不少理论工作者在具体的理论研究中缺乏原创性、现实性、思辨性，理论研究浮在表面。苏联哲学家、经济学家、社会学家、历史学家习惯对党和国家的各项决议、领导人的言论进行诠释和注解，八股盛行。许多社会科学研究成果多以苏共领导人的讲话开头，以党代会的决议结尾。苏联哲学研究曾在苏联的国家意识形态中占有举足轻重的地位，是苏联社会和政治变化

---

① 弗·亚·利西齐金，列·亚·谢列平.第三次世界大战：信息心理战 [M].徐昌翰，等，译. 北京：社会科学文献出版社，2003：188.

的缩影和晴雨表。但苏联哲学研究长期被教条主义和形式主义所困扰，缺乏生机和创造性，既没能很好地解释苏联社会，也没能改变社会，甚至没能预见苏联的解体和体制的崩溃。苏联哲学界如此，整个社会科学领域也不例外。苏共掌握的庞大的哲学社会科学队伍鲜见理论创新，在历史的关头，不仅没能预见苏联解体的趋势，而且在社会剧变面前不知所措，成为苏共垮台和苏联解体的"看客"。

改革之前苏联绝大部分知识分子还是官方意识形态的拥护者。正因为如此，他们能过着舒适的生活，享受着较高的社会地位。科学院院士以及一些受到赏识的作家和艺术家，拿着高薪，拥有汽车和助手，可以出入豪华别墅。但实际上苏联知识分子对官方意识形态的信仰并不坚定。即使在改革之前，有些人就在西方朋友面前表达自己的怀疑。由于当时苏共严格的控制，多数知识分子出于工作和生存的需要，还不敢离经叛道。

戈尔巴乔夫的"公开性"运动彻底解放了这些长期受压抑的知识分子，一些人转而批评苏联体制，并获得了媒体的欢迎和舆论的欢呼。作为苏共和苏联体制的对立面，他们很自然地把西方社会奉为佐证，而不管那些例证并非西方社会的本质，只是一些皮毛和表象。20世纪80年代末期以后，苏联某些知识分子特别是年轻一代知识分子的激进特性开始显现。随着戈尔巴乔夫左摇右摆的"改革"尝试屡屡受挫，社会经济生活不见好转反而迅速恶化，知识分子中间的激进思潮愈演愈烈。

在一些苏联知识分子看来，历史总是直线地向前发展，过去永远不如现在，现在不如未来。因此，只要勇敢地打碎旧秩序，抛弃苏联身上的一些包袱，俄罗斯便会跨入美好的明天。苏联部分激进知识分子天真地认为，一旦苏联踏上自由市场的轨道，便会跻身于发达国家之列。当前应想尽一切办法，停止国家对经济工作的干预，放任市场的"自然法则"发挥作用，为社会造福。他们坚信西方经济学教科书上的优胜劣汰法则，主张实行最大限度的自由化和私有化，对病危的苏联经济，采取"休克疗法"，快刀斩乱麻。

对西方模式的青睐，幻想得到西方的援助，这也是苏联部分知识精英选择资本主义模式的一条重要原因。苏联最后一任政府总理瓦连京·帕夫洛夫，曾要求西方金融家提供240亿美元支持苏联的"改革"；后来的盖达尔也曾指望从西方国家和金融中心获得200亿—400亿美元的援助；沙塔林—亚夫林斯基的"500天计划"纲领中，也提出要在5年时间内争取外资向苏联投入1 500亿美元。当然，无论是戈尔巴乔夫的多次卑微的请求，[①]还是苏联知识分子一厢情愿的乞求，西方总是口惠而实不至。最后，即便是有一些资助和借贷，也被部分高官和精英截留，甚至西方支援苏联的智囊也一同参与其中，中饱私囊。[②]

除领导和思想意识方面的原因外，利益的诱惑和商业化的影响也是造成20世纪90年代初期苏联知识分子政治转向的原因之一。苏联体制曾耗费了大量资源，为文化和科研领域的知识分子们创造了优越的条件。而80年代后期，苏联一些知识分子有机会出国到西方社会参观，随后一些文人特别是一些文化界人士开始宣扬，市场化和商业化不仅可以保障文化事业的繁荣，而且能够给知识分子带来致富的机会。在他们眼里，西方社会文艺界包括明星聚敛大量个人财富，在苏联社会主义体制下是不能想象的。而他们的才能丝毫不逊色于西方同行，因此

---

① 戈尔巴乔夫最亲近的助手之一阿·切尔尼亚耶夫回忆道，那时戈尔巴乔夫几乎向会见的每一个外国人反复提出一个问题："波斯湾危机七国集团花费了700亿—1 000亿美元。这笔钱找到了。为什么就找不到帮助苏联改革的钱呢？苏联的改革对世界政治，包括未来整个世界进程具有不是百倍的意义，至少也有几十倍的意义。"参见阿·切尔尼亚耶夫. 在戈尔巴乔夫身边六年 [M]. 徐葵，张达楠，译. 北京：世界知识出版社，2001：438、533.
② 张树华. 私有化是祸？是福？——俄罗斯经济改革透视 [M]. 北京：经济科学出版社，1998：177—184.

他们要突破体制实现自己富足的梦想。①

　　对功名与仕途的追逐也加速了苏联部分知识精英对自己原本信仰的背叛。在苏联"民主化和市场化"的过程中，社会科学中的某些学科曾得到过去没有过的重视，特别是法学、经济学一度成为显学，某些与戈尔巴乔夫意见相投的法学家和经济学家成为"改革"的谋士。一些社会科学工作者由于发表呼吁"改革"的文章，不仅受到苏共领导人的青睐，而且受到媒体的吹捧。一时间，一些社会科学研究者可谓名声大噪，如社会学家扎斯拉夫斯卡娅院士、经济学家波波夫、经济学家谢留宁、经济学家彼得拉科夫、政治学家布尔拉斯基、哲学家弗罗洛夫、历史学家尤·阿法纳西耶夫、作家格拉宁，等等。

　　然而不久后，随着苏联社会激进思潮等愈演愈烈，这些第一拨鼓动"民主化和市场化"的知识界"改革先锋"，逐渐被更为年轻、更激进的西方化的知识精英所代替，如经济学家盖达尔、丘拜斯、亚夫林斯基，哲学家拉齐斯，法学家沙赫莱，等等。这些年轻的知识精英已经不像第一拨的知识精英们一样，只限于发表某些修正马克思主义经典作家的言论，他们开始大胆地将矛头指向苏共、指向社会主义。他们通过媒体逐步地向社会灌输一些从西方教科书中照搬来的词语和概念。例如，他们提出，在政治生活中，必须完成从极权主义向民主的转变，走出"苏维埃野蛮"的死胡同（"历史的黑洞"）。在经济生活中，坚持市场是万能的，反对国家的干预，要求政府彻底退出经济领域，实行价格完全市场化；推崇私有制，推行大规模的私有化政策；坚持货币主义经济理论，实行紧缩的货币财政政策；打开大门，实行经济"世界主义"等。俄罗斯这些年轻的改革派主

---

① 然而，富有讽刺意味的是，后来随着俄罗斯向自由市场的迅速转变，最大的损失者就是知识分子。他们仿佛一夜间掉入自由市场的冰窟窿，因为原先的国家支撑体系转眼间就分崩离析了。参见大卫·科兹，弗雷德·威尔. 来自上层的革命——苏联体制的终结 [M]. 曹荣湘，等，译. 北京：中国人民大学出版社，2002：92.

张"完全自由的市场"，停止国家对经济工作的干预，认为市场与计划"水火不相容"；让市场的"自然法则"充分发挥作用，"物竞天择"；打破国家所有制，实行私有化，推行纯粹意义上的私有制；等等。这些概念和观点让执行了几十年社会主义制度和计划经济体制的苏联社会感到既陌生，又新奇。

这些年轻而又有西方教育背景的知识新人，言语激烈，富于感染力和攻击力。在他们的映衬下，不仅苏共官方理论显得苍白无力，就连拥有众多院士的苏联科学院的学院派经济学界也望而生畏。1990年前后，这些年轻的改革者以简单而蛊惑人心的口号迅速掌握了思想理论界的话语权，后来一些人还扶摇直上，一步登天，副教授级别的学术新人火箭式的变身为掌管经济改革大权的部长、总理。

## 二、地下出版物、"持不同政见者"与非政府组织

社会主义的诞生和发展是一个长期的历史过程，苏联社会主义制度的尝试是在复杂的国内和国际环境下进行的。其中难免出现一些不同的意见或异己的力量。如何发现、准确分辨和判断这些不同的意见或敌对的声音，是摆在苏共意识形态工作中的一个长期而复杂艰难的挑战。苏共后期在文化和科学研究领域的工作方法简单、粗暴，常常以强制、行政命令来解决思想文化领域的特殊性质问题，非但没能解决问题，反而造成新的问题和矛盾。

### （一）地下出版物：从有效监管到遍地开花

对于苏联肌体上的一些伤口或病痛，苏共领导人不是积极医治、施以良药，而是经常简单地加以掩盖，致使伤口化脓，疤痕扩大，甚至癌变，结果不仅损伤了自身肌体，而且为敌对势力所利用，成为病毒入侵的窗口。

苏联时期的地下刊物指的是"私下印刷出版物"，俄文称"萨米兹达特"，为"自己出版"之意。长期以来，苏共实行严格的书报检查制度，这使得敌对势力很难发出自己的声音。20 世纪 50 年代末和 60 年代初，《莫斯科共青团员报》的记者亚·金兹别尔格搜集和编辑了莫斯科和列宁格勒两地诗人的一些诗歌，并以打印机打印出来，秘密结集传播诗刊。诗歌内容主要是揭露斯大林时期的问题，如迫害和集中营等，两月出刊一期，刊物印刷后秘密传播。

应当指出，苏联有关部门对地下刊物给予了有效的监视。到 1965 年，据苏联克格勃秘密报告，从事地下刊物印刷的只有 35—40 人，有科学院的科研人员，有博物馆的工作人员，有工程师，也有文化工作者。1967 年，克格勃向苏共中央提交有关地下刊物情况的绝密报告，但苏共中央政治局没有将其列入议题，而是提请当时主管意识形态工作的苏共中央政治局委员、中央书记处书记苏斯洛夫和克格勃主席谢米恰斯特内伊参考和研究。1969 年 2 月，国家安全委员会主席安德罗波夫在致苏共中央的备忘录中描述了地下刊物的思想倾向："在这些材料中，共产主义建设的个别缺点被作为普遍现象表达出来，歪曲苏共和苏维埃国家的历史，表达与党和政府在民族问题、经济和文化发展措施方面不同的意见，宣传各种各样的'改良'苏联社会主义的机会主义理论，提出废除书刊检查的要求，要求为因进行反苏宣传而被判有罪的人恢复名誉，要求修改苏联宪法。"①

到 20 世纪 70 年代，随着国内外局势的缓和，特别是在西方反苏政治势力的支持下，苏联境内直接从事地下刊物印刷的人数已经多达 400 人。印刷的内容也由传播一些诗歌和被禁止的文艺作品，转变为以刊登政治和社会批评性材料为

---

① 戈里亚耶夫.苏联政治性书报检查历史：文件和述评 [M]. 莫斯科，1997:191.

主。以莫斯科的一些秘密地下刊物为平台，开始形成"自由民主运动"组织。此时的地下刊物已影响到东欧国家，如捷克、波兰等，并引起西方社会的广泛注意。与此同时，一些手稿或刊物被偷运到苏联境外，在西方印刷，然后在苏联侨民中间散发或运回苏联传播。这些刊物与"萨米兹达特"相类似，被称为"他米兹达特"，意指"境外出版物"。70年代末期，"自由欧洲电台"开始搜集一些地下刊物并利用这些材料作为对苏俄语广播的节目内容进行播送。

## （二）处理"持不同政见者"问题上的失策

俄语中有两个相近的词语表示"持不同政见者"之意。一是 инакомыслие 或 инакомыслящий，直译为"异己思想""持不同思想者"，二是借用英语中的 dissident 一词音译转为 диссидент 来表示"持不同政见者"。在此，我们统一用"持不同政见者"的提法。

20世纪60—70年代，"持不同政见者"是苏联社会一种独特的社会政治文化现象。有的"持不同政见者"只是与官方立场不同的少数知识分子；有的"持不同政见者"则经常与维护人权、否定苏联模式、宣扬西方价值观联系在一起。在近30年的历史过程中，"持不同政见者"现象虽然一直存在，也引得世人关注，但人数不多，实际影响并不大。

赫鲁晓夫上台后为斯大林时期受到迫害的人平反，为成千上万的人恢复了名誉，使其重新回到社会生活中来。政策和策略是党的生命，曾经受到伤害的人并不是平反了就没有社会负面效应，这些被平反的人不断向人们讲述自己遭受的种种不公的待遇，影响了社会上许多人的思想信念，打破了原来人们心目中固有的社会主义高大形象，萌生了对苏联社会主义制度的怀疑。而后，随着时间的推移，苏联"持不同政见者"活动从60年代中期开始，经历了结成秘密小组、出走示威、出版地下刊物、流亡国外、发动人权运动等几个阶段。

苏联"持不同政见者"的思想和主张是多元的，有宣传俄罗斯传统民族主义的，有暗含西方自由主义的，有反马克思主义、反社会主义的，也有不少当时以及至今仍坚持马克思主义、拥护社会主义的。① 其中一部分属于苏联"持不同政见者"特殊的健康力量。他们敢于直言批评党内和苏联社会上种种消极现象，因而受到不公正对待。如政论家、历史学家罗伊·麦德维杰夫因发表不同于官方的政治见解、在西方出版书籍被开除党籍，受到迫害。而在"8·19"事件后，苏联共产党被禁止活动，社会上反共情绪高涨，大批原苏共的高官们纷纷倒戈，改弦易辙，与苏共划清界线，而此时的麦德维杰夫却为争取共产党的生存权展开斗争，并积极组建左派政党。

从 20 世纪 70 年代初开始，随着国内外形势的变化，苏联"持不同政见者"活动出现了新的动向。1975 年 8 月，美国、苏联等 35 国在欧洲安全与合作会议上签署了《欧洲安全和合作会议最后文件》，又称《赫尔辛基协定》。该文件规定"所有欧洲的边界都是不可侵犯的"，苏联以此获得欧美国家对战后东欧边界的正式承认。但与此同时，协定标明了保卫政治权利和公民权利的内容，规定所有签字国都有义务允许东西方之间人民、思想与商业更自由的交流与往来。这为西方国家干预苏联的"持不同政见运动"打开了方便之门。俄罗斯学者指出，1975 年 8 月苏联签署《赫尔辛基协定》是苏联领导层在对待"持不同政见者"的斗争中"犯下的一个'战略性的错误'，从此之后，苏联国内和国外的人权批评家都可以义正词严地指责苏联破坏了其自愿签署的国际条约"。因此可以说，该协定的签署对苏联和东欧国家的"持不同政见运动"起到了推动作用。苏联

---

① 张捷.俄罗斯作家的昨天和今天[M].北京：中国文联出版社，2000；刘军.偏激的行为 沉痛的教训[J].西伯利亚研究，2003（5）；王守泉，吴波.我们失去了什么 我们得到了什么[J].马克思主义研究，2001（5）.

境内的新老"持不同政见者"开始关注人权问题，且通过成立人权组织等形式与国际上取得联系，获得西方的呼应和支持。

1970 年，苏联成立了包括索尔仁尼琴、萨哈罗夫等参加的"人权委员会"。1973 年"大赦国际"在苏联成立分部。1974 年，继 1970 年索尔仁尼琴被授予诺贝尔文学奖之后，萨哈罗夫被授予诺贝尔和平奖。1975 年以后，苏联社会出现了一些"赫尔辛基小组"，苏联境内的人权组织得以与境外势力里应外合。一些"持不同政见者"成为西方大众传媒关注的中心，并获得了世界声誉。西方社会出于各种目的，对持不同政见者提供各类资助。苏联和东欧的一些"持不同政见者"也开始获得津贴，他们经常获得各种奖励和奖金，其中包括诺贝尔奖奖金。苏联一些作家或知识分子如帕斯捷尔纳克、布罗茨基、索尔仁尼琴、萨哈罗夫先后被授予诺贝尔奖。苏联当局以简单、粗暴的方法处理"持不同政见者"问题，常常先关押、后流放，最后干脆驱逐出境。有时小题大做，有时费力不讨好，不但没能解决问题，反闹得沸沸扬扬，结果使得一些"持不同政见者"名扬苏联和世界。[1]

应当指出，国外势力的支持，特别是西方国家的思想渗透是"持不同政见运动"得以持续扩展的一个重要原因。以美国为首的西方国家从未放弃对苏联的和平演变策略，他们一方面利用各种传媒工具向苏联公众宣传资产阶级思想，诋毁苏联的社会主义制度；另一方面千方百计寻找苏联国内与政府持不同意见的人，对他们进行多方面的支持。西方经常利用所谓犹太人问题、少数民族问题、宗教问题、人权问题作为攻击苏联和社会主义国家的借口。

1953 年，美国国务卿杜勒斯最先提出这一战略，指出"解放并不就是解放

---

[1]　弗·亚·利西齐金，列·亚·谢列平. 第三次世界大战：信息心理战 [M]. 徐昌翰，等，译. 北京：社会科学文献出版社，2003：162—163.

战争。解放可以用战争以外的方法达到……它必须是而且可能是和平的方法"①。
20 世纪 60 年代初上台的美国总统肯尼迪明确提出"和平战略"，要"从出现在铁幕上的任何裂缝中培养自由的种子"，并"通过援助、贸易、旅游、新闻事业、与学生和教师的交流，以及我们的资金和技术"，来实现其"和平战略"的目标。②西方国家投入巨资以多种手段对苏联社会主义进行思想上的进攻，诋毁苏联社会主义，支持那些与苏联官方意识形态不同的人，资助他们在西方出版著作，为他们提供政治避难。苏联境内的"持不同政见运动"得到了美国苏联学家和美国国内舆论的支持。苏联驻美大使阿纳托利·多勃雷宁曾经抱怨："持不同政见者问题不断损害着我们的关系。……他们时不时为了宣传目的打这张牌。审判苏联持不同政见者对美国公众舆论及苏美关系带来严重的负面影响……西方围绕持不同政见者的运动是一场意在搞垮苏联的意识形态斗争。"③ 1975 年《赫尔辛基协定》签订后，西方国家利用协定中规定的条款，给予"持不同政见者"多方支持。这种支持有物质和金钱的，也有"荣誉"和声援性质的。

但总体来说，到 20 世纪 80 年代初期，苏联的"持不同政见运动"逐渐衰落。长期主管国家安全问题的安德罗波夫曾经说，影响社会安全的首先是民族问题，而"持不同政见者"问题已经在我们掌握之中。

### （三）非正式组织的兴起及演变

随着戈尔巴乔夫的上台，非正式组织又滋生开来并且随着戈尔巴乔夫"公

① 转引自江流，陈之骅，主编.苏联演变的历史思考[M].北京：中国社会科学出版社，1996：322.
② 转引自张虎林，等，编.跨世纪的角逐——反"和平演变"十论[M].北京：中共中央党校出版社，1992：35.
③ 阿纳托利·多勃雷宁.信赖：多勃雷宁回忆录[M].肖敏，等，译.北京：世界知识出版社，1996：566.

开性"和"民主化"政策的推进，短短三四年的时间便犹如雨后春笋、四处蔓延，最后变得不可收拾，酿成大祸。

自 1986 年，苏联社会开始出现一些非正式的组织。这些小规模的组织相对于官方有组织的团体和单位而言，具有秘密性、非组织性、灵活、业余等特点。1987 年，非正式组织已经蔓延到苏联一些大中城市，有的以辩论会、俱乐部、知识分子和青年的小组等形式出现。如，1987 年 2 月由苏联科学院西伯利亚分院出版的《经济、组织与管理》杂志在列宁格勒举行了一次研讨会。在这次会议上，参加会议的一些青年知识分子组织了跨专业的"改革"俱乐部。参加俱乐部的人有后来的自由改革派代表人物盖达尔、丘拜斯等。1987 年 3 月，"改革"俱乐部召开了一次最具影响的讨论会，研讨的题目为"国有企业法"。在随后的一年里，俱乐部先后召开一系列经济改革研讨会，吸引了苏联一些经济学家参加。例如，莫斯科大学经济教授波波夫等在一次讨论会上就提出了自由选举、取消书报审查、发展市场关系等口号。①

1987 年年底之后，受苏共"公开性"和"民主化"思想的启发，一些非正式组织开始分化，其中一些组织的思想和主张不断激进化，特别是一些反社会主义和反苏共的组织更加积极，如"民主和人道主义"小组等。

1987 年后，与非正式组织相呼应，苏联的一些加盟共和国境内的民族主义思潮和分离情绪越来越严重。1987 年，亚美尼亚首都埃里温市首先出现了亚美尼亚民族自决联合会。在波罗的海三个加盟共和国中先后出现了一些所谓的"环保组织"。在此基础上，1988 年 6—7 月，一些加盟共和国开始成立具有鲜明民族主义色彩的人民阵线组织。值得注意的是，苏共领导人雅科夫列夫曾表示，他

---

① 亚·谢·巴尔辛科夫. 当代俄罗斯历史导论（1985—1991）[M]. 莫斯科：角度出版社，2002：87，88.

支持成立人民阵线。①

与此同时，日益活跃的"民主组织"公开宣称："他们与各地的人民阵线组织有着共同的敌人。"由于戈尔巴乔夫的改革政策左摇右摆，经济不见起色，人民生活水平逐步下降，工人的罢工特别是煤矿工人的罢工和示威活动开始增多。1988 年夏，莫斯科地区的"民主联盟"公开提出"反苏共"的口号。该组织的领导人之一查尔科夫叫嚷："等着，很快我们将要将枪口对准你们。"② 他们于 8 月 21 日和 9 月 5 日两次在莫斯科普希金广场进行示威，公开叫嚣推翻苏联制度，引得报刊记者争相拍照。然而，令人深思的是，苏联警察部门抓捕了一些人后，又很快释放。

随着戈尔巴乔夫"公开性""民主化"运动的推进，各种非正式出版物也四处开花。1987 年非正式的出版物开始出现。这与过去的地下刊物有所不同，这些报刊已经基本是正式印刷和散发了。1987 年 7 月，一本名为《公开性》的杂志出版。杂志的宗旨是联合各类非正式社会团体，声援保护人权活动。1987 年 8 月，旨在联系各非正式组织的《快讯》问世。《快讯》与西方的电台等保持紧密联系，转载或介绍其他苏联境内非正式出版物的内容，发行量最大。1987 年夏天出现非正式组织的通讯社，名为"劳动人民跨职业自由联合"通讯社。到 1987 年 10 月，苏联境内已有 100 多家地下刊物。其中 17 家这类刊物的主编还会聚集在列宁格勒市，邀请了《消息报》《接班人》《文学报》以及列宁格勒市共青团的记者或代表与会。总之，随着"公开性"的推进，这些报刊并未萎缩，反而经常得到一些大报的支持。

---

① 亚·谢·巴尔辛科夫.当代俄罗斯历史导论（1985—1991）[M].莫斯科：角度出版社，2002：108.

② ［苏］莫斯科新闻，1988-9-8.

由于以戈尔巴乔夫为首的苏共领导人的纵容，到苏联解体之际，这类非正式出版物成为宣传各类反社会主义、反苏共力量的"舆论先锋"。而上述各类非正式组织，有的演变成为政党，如民主联盟党，有的成员成为自由主义改革的"领头羊"，如盖达尔和丘拜斯。因此，一些非正式组织也称得上是苏联——俄罗斯自由主义或某些极端势力的"初级党校"。

## 三、两个极端：严控与放纵

苏共在意识形态工作中的一些失误告诉我们，在思想领域必须牢固坚持马克思主义的指导地位不动摇；必须坚持理论联系实际，发展马克思主义，繁荣理论，创新思维；必须十分重视意识形态工作，时刻保证意识形态的领导权掌握在真正的马克思主义者手中；必须加强队伍建设，坚守思想阵地，在大是大非面前坚持党性，旗帜鲜明，敢于斗争；必须把握新闻舆论的正确导向，改善对文化和科学研究工作的领导；思想教育工作要深入人心，贴近群众，保证思想教育工作的针对性和有效性。

苏联曾是一个高度意识形态化的社会，意识形态工作涉及广泛，渗透到社会生活的各个方面，甚至私人领域也不例外。苏共及其历届领导人对意识形态工作也十分重视，意识形态工作与经济和组织工作一样被摆在党的工作的重要位置。除历次党代会外，还经常召开专门的意识形态工作全会。然而，貌似强大的苏共却没能经得起思想风浪的冲击，在内部叛徒和外部敌人的思想进攻下，好似一尊泥足巨人霎时坍塌瓦解了。

### （一）理想信仰：从教条主义和自我封闭到背离和背叛

长期以来，苏共意识形态领域形成了千篇一律、万马齐喑的状态，不准许探讨被苏共称为唯心主义的新思想和新理论，只准照搬被他们阉割过的"马克思列宁主义"，且不能越雷池一步，新思想、新理论不加分析，均被斥为唯心主义的东西。因循守旧，文件泛滥成灾，死抱住老一套不放，而不是根据国内和国际形势的变化创造性地发展马克思列宁主义。长期沉醉于以往的成绩，沾沾自喜，极力回避社会矛盾和冲突。当 20 世纪 60—70 年代世界科技革命迅猛发展时，苏共没有及时认识到全球发展趋势，只沉醉于石油美元，错过了世界科技革命的浪潮；西方国家能够及时调整自己的策略，在经济和科学技术发展中大大超过了苏联。70—80 年代之交，苏联社会的发展速度大幅度放缓，拉大了与西方发达国家的差距。苏共在思想领域仍因循守旧、抱残守缺，宣传机器中用了多年的"发达社会主义"和"西方帝国主义对抗性矛盾和全面危机"的口号已经无法被人在新的世界发展格局下认同，成为空洞无物的空话和套话。

70 年代和 80 年代初期，庞大的苏共宣传机器实际上是在"空转"，意识形态领域的"真空"已经出现了。此时，民族独立思潮和以维护自身利益为借口的地区分裂思潮一浪高过一浪，苏共内部开始分裂出打着"民主、自由"旗号的西化激进势力。一些"民主、自由、人权"的口号振臂一呼，便极具诱惑性和感染力。与已经显得过时的、俗套的、群众感到厌烦的苏共思想宣传口号相比，任何具有"新鲜味儿"的思潮都具有穿透力和杀伤力——无论是民族主义的、自由主义的，还是西化、激进的，或者是原始宗教色彩的。在报刊媒体的推崇下，一系列西方"民主自由的样板和市场经济的神话"开始排挤马克思主义主阵地，逐渐主导思想理论界的"话语权"。一些理论家和"弄潮儿"连篇累牍地向人们头脑中灌输"改革""市场""西方文明国家""私有化"等观念，却有意地回避这些观念的实质。苏联社会一些人被这些漂亮的言辞迷惑，流露出对西方自由和富足的无限憧憬。苏共无数党员丧失了判断的能力，自动放弃了思想武装，他们做好准备，情愿接受任何后果的社会改革试验。

**（二）新闻舆论：由空洞无物、表面文章到哗众取宠、造言惑众**

在宣传思想工作中，苏共依赖手中掌握的强大而无所不包的宣传机器，狂轰滥炸、一味灌输。意识形态领导人满足于已取得的成绩和表面上的思想一致性和舆论一致性，不能准确地把握时代的脉搏和社会的变化；热衷于进行声势浩大的造势鼓动活动，而对社会心理动态、意识形态领域内各种深层动向缺乏深入调查研究；满足于以各种会议决议等行政方式解决意识形态领域的问题，不能对广大人民群众进行耐心、细致的有针对性的思想教育工作。70 年代苏共经常发出号召，提出要把技术、经济、社会、政治和意识形态活动统一起来，把思想、政治、劳动和道德教育统一起来。[①] 然而，这些号召经常流于形式，缺乏可操作性。就连苏联知识分子对上述决议和号召都表现出漠不关心、充耳不闻的态度。当时知识分子包括许多科技人员，极力回避政治。相反，他们当中许多人却对核扩散、核污染以及保护生态环境等问题十分关心，积极参加环保活动，对苏共在国际事务和国内政治方面的一些做法提出批评。

意识形态工作需要有的放矢，宣传工作要注意多样性和针对性，特别是要关注艺术形式、宣传话语的创新和吸引力。宣传思想教育工作需要在坚持党性的原则下，更新话语体系。苏共宣传思想工作的一些使用多年的陈词滥调已经丧失了生命力和吸引力。一些宣传概念对于最为广大的受众来讲，按照经济学上"边际效率递减"的原理，其作用已经微乎其微。相反，西方的通俗文化和攻心战术却形式多样，花样翻新。一些文艺形式或研究手段对习惯单一的苏联民众极具吸引力，自西方引进的一些概念或提法虽不解其意，但却能哗众取宠、耸人听闻。

---

① M.约夫楚克.苏维埃精神文化的发展问题和当前的意识形态斗争 [J].哲学问题，1976（3）.

在复杂的国内外形势下，理论宣传工作当然要旗帜鲜明、弘扬正气，批驳错误思潮，固守主流阵地。但苏共却忽视了以下两方面的问题：一是在强调革命性、战斗性的同时，要注意话语范式的创新，要根据形势的变化创造出针对不同受众的文体和话语体系。现实是一些错误的理论或舶来的观念虽晦涩难懂，却能假借新鲜的概念或时髦的词语迷惑受众。因此，加强宣传理论工作的针对性和有效性，必须做到"以理服人，以言动人，以文引人"。二是在注重理论和思辨的同时，应注意使用鲜活的事例。一些反共的思潮往往是假借社会生活中的个别现象或事件，任意夸大和放大，进而延伸到对根本制度和方针的影射和批判，常常能引起不少人的共鸣，甚至产生轰动效应，达到其分化、瓦解的目的。苏共在开动宣传机器的同时，很少利用活生生的事实说话，不善于利用一些反面的事例作为反面教材警示群众。因而宣传思想工作缺少说服力和战斗力，变得无的放矢和过于空泛。

**（三）思想教育：由形式主义、连篇累牍到失去责任感和使命感**

从形式上看，苏共相当重视党员的马列主义教育。从斯大林执政以来，苏共逐渐建立了一套相对系统的马列主义知识教育体系，出版了不少教科书，开设了系统的正规党校课程和业余课程。在教育系统，高等学校学生必修三门马列主义基本课程——苏共党史、马克思主义哲学（辩证唯物主义和历史唯物主义）和政治经济学。在社会上，为党员、团员、工人设有一套业余的马列主义和党的政治教育体系，每年在这种教育体系学习的达数千万之众。

到 20 世纪 70 年代以后，苏共党校系统和各高等院校都在学习总书记"著作"和历次代表大会文件，而这些领导讲话和文件常常充斥着空话和套话，意思模棱两可，主题含混不清，缺少鲜活的思想。这些政治教育活动后来成为群众讽刺的笑话。自我标榜伟大的"列宁主义者"的苏共领导人勃列日涅夫、苏斯洛夫、波德戈尔内和契尔年科的空洞无物的"著作"被百万册地出版和翻印发行，并指令在党的教育系统和社会科学领域组织学习和研究。这些政治教育内容干瘪，形式枯燥，理论内容与实际严重脱节，效果很差，让社会反感，与和风细雨和寓教于乐的境界相差甚远。

20世纪70年代末80年代初，苏联已经出现严重的社会经济危机的征兆，西方的消费心理和世俗文化给苏联社会特别是青年带来很大的影响。美国好莱坞电影和西方"现代派""先锋派"消费文化从境外传入苏联社会，吸引苏联城市青年对西方自由生活的憧憬和向往。但苏共领导人没有对面临的严峻形势做出客观的分析，指出摆脱危机的道路，寻求社会主义的复兴，相反却逃避现实，继续在全党宣传苏联建成发达社会主义的伟大成就，按抽象的理论原则宣传社会主义对资本主义的"无可置疑的优越性"。在一场猛烈的风暴即将袭来的时候，多数党员和群众显得不知所措，失去了前进的航标。

（四）文风与学风：由文牍主义、空话连篇到崇洋媚外、照搬照抄

长期以来，官僚主义使苏共缺乏实事求是、理论联系实际的作风。斯大林时期，苏共专注于世界性大战略问题的思考，却不重视深入实际的调查研究。联共（布）第十七次代表大会以后，斯大林仅去基层视察过一次。莫洛托夫一次也没有去过基层考察。长期以来，党内不深入调查研究之风盛行。赫鲁晓夫个人经常轻率地做出重大决策。当然，脱离实际、形式主义的典型代表当属勃列日涅夫。翻阅过勃列日涅夫档案的历史学家说：勃列日涅夫留下的个人档案主要是他生前在记事本或日历纸上写下的大量记事的便条之类的材料，每张便条上写一二行至五六行字不等，一般都无标点符号，而且有些党内的人名往往拼写错误。在这批数量相当大的材料中并未发现勃列日涅夫对什么问题提过什么创见，或出现过什么思想火花。但是勃列日涅夫在世时，苏联却出版了9大本《勃列日涅夫文集》，

这些文件都是他的写作班子为他写的。他晚年出版的几本回忆录，也都是专门组织作家和记者为他写的，还居然获得了苏联最高的"列宁文学奖"。他的一切讲话、报告甚至简单的致辞，都要别人起草。在他晚年的时候，即使照本宣科，也常不知句读，前后颠倒。勃列日涅夫的讲话常常是苏联社会私下里政治笑话讽刺的对象，被民众揶揄和调侃。

在勃列日涅夫时期，苏共干部思想中充满"守旧性"和"惰性"，行动上循规蹈矩。苏共一些干部长期习惯于背诵马列主义的文本知识，机械地贯彻上级的指示，失去了主动研究现实问题的马克思主义的创新精神。苏共《真理报》主编阿法纳西耶夫曾是苏共报告"起草班子"的重要成员。他在《〈真理报〉总编辑沉浮录》一书中回忆说：为勃列日涅夫起草文件，并不要求有什么"新思想"，更不要说有什么"独到的思想"了。只要你善于把那些早已陈旧、无人感兴趣的思想换上新的形式，找到新的表达方式，应当说就已经体现出十分卓越的"创造性"了。他们就这样年复一年、日复一日地写作、炮制、"发展"马克思列宁主义。他深有体会地回忆说：为他人起草某种东西，为表明要"创造性地发展马克思列宁主义"，只能勉为其难地从自己的头脑里挤出一些词语、句子和段落。这项工作虽然十分光荣，却也令人极为头痛和疲惫。因为当你看到、感到美好的理想、崇高的言辞和信誓旦旦的许诺与事实不符时，你就会对自己的所作所为感到痛苦。

（五）党风与文风：由言行不一、文过饰非到唯利是图、抛弃崇高

苏共后期官僚作风严重，干部等级制度森严。苏共上层的特权阶层习惯脱离群众，享受特权和各种特供、特需。苏共官僚的作威作福行为逐渐曝光，普通党员和群众看在眼里，恨在心上。20 世纪 60 年代以后，苏共一些高官已经逐渐丧失了布尔什维克党的革命献身精神，抛弃了为共产主义奋斗的信仰，口头上宣扬马克思列宁主义，实际上只是为了向上爬的伪装而已。对于他们来讲，共产主

义理想已不再神圣，重要的是学会阿谀奉承，尽快捞取实惠。70 年代以后，苏共领导集体安于现状，不思进取，逐步丧失了对国家和民族未来的责任感。在这种情况下，苏共宣传机器所宣扬的社会主义理想、集体主义、公平和正义等社会主义价值观在人民心中已经逐渐失去了过去那种感召力和吸引力。这些理论和说教渐渐成为一种僵化的、冰冷的、毫无生气的，甚至是可笑的、掩人耳目的遮羞布。

在一种虚假的、片面的宣传下，政府只能听见自己的声音，它也知道它听见的只是自己的声音，但是它却欺骗自己，似乎听见的是人民的声音，并且要求人民拥护这种自我欺骗。人民大众在政治上有时陷入迷信，有时又什么都不信，甚至完全离开政治生活，变成一群只管个人生活的人。苏联群众之所以表现出对政治的漠然态度，是由于苏共高层已经丧失信念，首先变成了"只管私人生活的人"。在苏共瓦解、苏联解体过程中，绝大多数苏共党员虽有不满，但仍沉默地接受了这一个又一个现实，这本身就说明苏共高层在党员和普通群众心中的威信已降至何等地步。

70 年代末 80 年代初，苏联赖以生存的石油价格下跌，苏联国内市场消费品短缺。社会中地下经济活动猖獗，领导人腐败和特权现象蔓延。社会纪律松弛，政治思想教育与群众心理变成"两张皮"。社会心理和道德风气开始败坏。以勃列日涅夫为首的苏共领导人对此视而不见，认为这是正常的，生活本来如此。苏共意识形态领导人也借机敷衍了事、得过且过。

然而，西方敌对势力却在紧锣密鼓，一方面加紧支持和怂恿一些自由派知识分子，进行舆论攻心；另一方面积极在苏共党内高层寻找代言人，用金钱或物质利益收买。[①] 以美国为首的西方信息和宣传部门，加足马力，开动宣传机器，

---

① 谢·卡拉－穆尔扎.论意识操纵 [M].徐昌翰，等，译.北京：社会科学文献出版社，2004：543—575.

西方的价值观在大众文化和流行艺术的掩盖下,逐渐向苏联社会特别是青年一代渗透。苏共领导人忽视了西方长期推行的和平演变战略,他们对西方针对苏联开展的"心理战"和"攻心战"缺乏认识,丧失警惕,甚至全面敞开胸膛投入西方的怀抱,丧失了自我,在国内外敌对势力的夹击下,轰然倒下。

## 四、苏联解体——谁之罪?怎么办?

1992 年 1 月 20 日,邓小平在深圳视察时曾语重心长地讲道:"苏联、东欧的问题,就是出在共产党内部。所以,对这个问题要有自觉性,老同志尤其要有这个自觉性……垮下来可是一夜之间啊!垮下来容易,建设就很难。苏联、东欧垮得多快!苏联这么强的国家,几个月一下子就垮了。如果中国不接受这个教训,在苗头出现时不注意,就如戈尔巴乔夫那样的'新思维'出来以后没注意那样,就会出事。"①

2011 年底原苏共中央政治局委员、苏共莫斯科市委最后一任第一书记尤里·普罗科菲耶夫②发表文章,他说导致苏联解体的罪魁祸首是三类人:一是苏

---

① 吴松营. 邓小平南方谈话真情实录——记录人的记述 [M]. 北京:人民出版社,2012:66—67.

② 尤里·普罗科菲耶夫(Юрий Анатóльевич Прокóфьев),出生于 1939 年 2 月 20 日。苏共被禁止之前在 1989 —1991 年任苏共莫斯科市委第一书记,1990 —1991 年担任苏共中央政治局委员。1991 年"8·19"事件中虽名义上没有加入"国家紧急状态委员会",但积极参与并支持,而后遭到叶利钦政权的调查。曾出版《苏共被禁前后——苏共莫斯科市委第一书记的回忆》(2005)、《杀死苏共——苏共莫斯科市委第一书记的证词》(2011)两部书,在俄罗斯颇有影响。苏联解体后,先后领导几家大型高科技军工企业,并从事社会政治活动,担任"'祖国'全俄社会主义人民运动"主席团主席、战略文化基金会主席等职务。此文刊发于 2011 年 12 月 25 日俄罗斯战略文化基金会网站,原标题为"苏联解体20 年:谁之罪?怎么办?"。文章全文参见李慎明. 亲历苏联解体:二十年后的回忆与反思 [M]. 张树华,等,译. 北京:社会科学文献出版社,2012:84。

联党政精英，他们无力应对时代挑战，一些人甚至走上了背叛道路；二是以美国为首的外部势力，他们从自身政治和经济利益出发要摧毁苏联；三是包括知识分子在内的人们，他们不清楚社会政治体制更替会造成何种后果，没有奋起捍卫国家免于分裂。

"东欧剧变、苏联解体，最深刻的教训是：放弃了社会主义道路，放弃了无产阶级专政，放弃了共产党的领导地位，放弃了马克思列宁主义，结果使得已经相当严重的经济、政治、社会、民族矛盾进一步激化，最终酿成了制度剧变、国家解体的历史悲剧。"[①] 因此，苏联瓦解和东欧剧变，绝不是科学社会主义的失败，而是放弃社会主义道路的结果。世界上第一个社会主义国家在戈尔巴乔夫手里垮台了，最根本的原因就是戈尔巴乔夫为首的领导集团背弃了马克思列宁主义，放弃了社会主义的基本原则，取消了党的领导。教训十分深刻。

20世纪80年代至90年代初，苏联、东欧地区的政治剧变使世界上共产党执政的社会主义国家数量锐减，世界社会主义运动遭受严重挫折。柏林墙的倒塌改变了世界政治力量格局，给国际政治思想领域以巨大冲击和影响。苏东剧变是一面很好的镜子，为保持党的永久执政地位和维护国家的长治久安，我们要深入总结苏东剧变深刻的历史教训，从正反两方面总结共产党"掌好权""执好政"的经验与教训，全面从严治党，切实加强党的思想、政治、组织、纪律、作风等方面的建设，认真做好意识形态领域的各项工作，真正做到执政为民、廉洁勤政，带领全国人民朝着中华民族伟大复兴的中国梦大步迈进。

---

① 江泽民.江泽民文选：第3卷[M].北京：人民出版社，2006：230.

第二篇

# 私有化困境

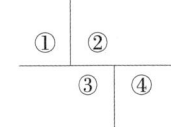

① 俄罗斯教材中给学生提问：你如何形容私有化？右面是面值 1 万卢布的私有化券，不久老百姓用它只能换 20 美元或几瓶酒或几斤香肠。
（图片为作者提供，图中文字为作者翻译）

② 俄文：俄罗斯私有化是黑幕，老百姓全不知情。私有化的获利者是与新政权亲近的一小撮，他们即后来的财阀和寡头。
（图片为作者提供，图中文字为作者翻译）

③ 俄文：众所周知，俄罗斯私有化是在美国中情局的策划和操纵下进行的。俄罗斯国有资产委员会的一层坐满了美国顾问。打着哈佛大学旗号的中情局特工或"芝加哥学派"的青年人，分配着几十年苏联人民积累的财富，将工厂、油井私有化给他们指定的人。
（图片为作者提供，图中文字为作者翻译）

④ 当时的一幅俄文漫画：国有资产大卖场。问：有几种私有化模式可选？
答：那要看你想瓜分多少！
（图片为作者提供，图中文字为作者翻译）

# 第六章　从非国有化到私有化

## 一、戈尔巴乔夫的"改革"与苏联解体

20世纪70年代中期以前，也就是勃列日涅夫掌权的中期，苏联发展达到"鼎盛时期"：社会生活稳定，生产发展较快，不仅在经济发展速度上超过美国，而且与美国经济实力的差距日见缩小，在军事实力及尖端武器方面与美国不相上下，成为角逐世界霸权的两个超级大国之一。

70年代中期以后，躺在"石油美元"上的苏共领导层觉得高枕无忧，变得不思进取，害怕改革，苏联体制逐渐僵化，社会发展陷入停滞。另一方面，苏共领导干部队伍严重老化，以权谋私及浮夸奢侈之风盛行，引起广大群众和干部的不满。

苏联社会凝固不前，人心涣散。到戈尔巴乔夫时期，昔日的"集体主义、劳动竞赛"精神早已被淡忘。劳动者缺乏积极性，官僚机构不思创新。苏联社会普遍的情况是，生产劳动纪律散漫，缺少责任感。可以说，苏联社会丧失了激励机制，经济发展正失去内在的动力。勃列日涅夫时期广泛流传的一个政治笑话很有代表性：

　　一天，外国记者参观苏联某工厂生产车间。厂房高大，机器轰鸣，一片热闹景象。

　　临别时，外国记者特意问在机床旁工作的工人收入多少。

　　工人回答：25 卢布。

　　外国记者十分惊讶：为什么这样少？

　　工人一笑：上面象征性地发工资，我们下面象征性地工作。


　　1982 年 11 月，勃列日涅夫病逝后，继任总书记的安德罗波夫听取苏联干部群众要求改变现状的意见，采取了一些"强化纪律，整顿涣散"的措施，并安排研讨经济领域改革的具体方案。然而安德罗波夫执政仅一年多便因重病离世。继任的契尔年科总书记循规蹈矩又年老体迈，于 1985 年 3 月去世。之后苏共中央选举 54 岁的米哈伊尔·戈尔巴乔夫接任苏共中央总书记。在此后 6 年多的时间里，戈尔巴乔夫先后提出了"改革"、"公开性"、"民主化"和"新思维"等口号，宣扬其所谓的"人道的、民主的社会主义"思想。戈尔巴乔夫先是提出经济"加速战略"，接着便在思想领域提出"公开性和多元化"，并以"民主化、多党制"等为口号着手推行全面的政治"改革"，在对外政策中宣扬"新思维"，对西方世界单方面地妥协退让，结果导致思想混乱、社会动荡、民族分裂、苏共丧失政权、统一的苏联国家分崩离析。

　　在 1985 年的四月全会上，苏共中央提出了"加速战略"（即"加速国家社会和经济发展战略"），主要目的是集中财力和物力，大力发展机械制造业，购买西方技术，实现工业部门的快速增长。"加速"口号反映了苏联人民要求发展经济，缩小与西方国家差距的愿望，但这一发展战略仍然是不计投入，只强调增长速度，忽视经济结构的调整，没有逃脱优先发展重工业和片面增长的老路。

　　1986年2—3月苏共召开第二十七次代表大会，在批准"加速战略"的基础上，又推出了《苏联1986年至1990年及2000年的经济和社会发展基本方针》，反映了戈尔巴乔夫为首的苏共新领导层急于求成和好大喜功的心理：乐于制定宏大的战略，而不是艰苦细致、脚踏实地推进改革与发展。几年后随着政治斗争的激化，这些宏大的改革与经济发展战略便被束之高阁。

　　80年代中期以后，苏共也尝试过在农业部门实行租赁或承包形式，1987年准许个体农场经营合法化。1987年6月苏共中央全会通过了《关于根本改革经济管理的基本原则》。6月30日，苏联最高苏维埃又通过了《国营企业（联合公司）法》。同年底，又出台了关于计划、价格、财政、信贷、金融、物资技术供应、外贸等10个改革配套文件。这些文件的基本思路是"下放权力"，使企业实现"三自一全"（自筹资金、自负盈亏、企业自治，完全的经济核算）。1988年5月，苏联通过了《苏联合作社法》，1989年出台了《租赁法》。然而，这些改革措施和法律却有始无终：1988年以后戈尔巴乔夫提出"人道的、民主的社会主义"口号，将改革重心和目标转向政治领域。其结果是：经济管理失控、商品短缺、卢布贬值和通货膨胀。

　　戈尔巴乔夫并不熟悉经济工作，他热衷于政治空谈，并常常忽东忽西、舍本求末，在政府管理上甚至头痛医脚、脚痛医头。反酗酒运动就是一个很好的证明，政策不得人心，财政损失惨重。戈尔巴乔夫喜欢出镜作秀，幻想左右逢源，政策朝令夕改。时任部长会议主席的雷日科夫在回忆录中这样说道："在一个月前讲妥要优先发展机械制造业，现在又突然冒出了一连串儿需要优先发展的部门……短短的几个月，国民经济优先发展方向的清单不知填写过多少次。"[①]

---

① 尼·伊·雷日科夫.大动荡的十年[M].王攀，等，译.北京：中央编译出版社，1998：
　　88，89.

回忆起当年情景，俄罗斯科学院院士、俄罗斯科学院经济学部成员奥·季·博戈莫洛夫讲："当时我已经提出了改革不能从各行各业同时开始，总得有个起点。从这个意义上说，中国的经验对我们有启示意义。首先应该把市场机制引进到农村和城市关系中，把农村和城市的经验结合起来。"戈尔巴乔夫听不进也不愿听不同的意见。唯意志论的决策和急躁冒进的思想，很快在苏共领导层占据了上风。

从 1987 年开始，苏联政府制定的计划与指标不能如期完成。原定 1986—1990 年用于消费和积累的国民收入年均增长 3.5%—4.0%，而 1986—1988 年仅增长 2.8%，低于改革前的速度。更为严重的是，一方面戈尔巴乔夫把经济改革的窘境归因于苏联的政治制度；另一方面经济改革的窘境又为更加激进的自由化改革思潮的滋生和蔓延提供了土壤。

经济改革裹足不前，造成新旧问题叠加，消费市场供应日趋紧张，商品"短缺"现象日益严重。在"公开性"和舆论开放的背景下，经济的失败严重损害了"改革"和苏共领导人的威信。急于在国内外树立形象的戈尔巴乔夫于是将目光转向了"外交和政治改革"。戈尔巴乔夫认为，经济改革不见成效的根源在政治领域，而改革不力源自苏联社会的"停滞机制"和苏共党内的"保守力量"。

1988 年 6 月，苏共第十九次全国代表会议吹响了全面政治改革的号角，从此拉开了政治变革的大幕。虽然会上有不少党代表提出应当讨论日益严峻的经济形势，但戈尔巴乔夫一意孤行。他坚持认为，政治问题不解决，经济改革注定要失败。戈尔巴乔夫引证历史说：60 年代赫鲁晓夫经济改组之所以半路夭折，正是碰到行政官僚的暗礁上。官僚的保守是扼杀创新的"祸首"。结果，戈尔巴乔夫为代表的政治改革派获得了全胜，西方舆论也为戈尔巴乔夫战胜"保守势力"而欢欣鼓舞。戈尔巴乔夫幻想避开"经济改革"，害怕长时间艰苦的劳作，转而选择一条捷径，企图毕其功于一役，希望通过快速的政治改革，就能收到预想不到的效果，还能换取西方的政治和经济的支持。实际上戈尔巴乔夫为自己埋下了一颗颗政治"地雷"，无异于落入了改革"陷阱"。

此后苏联社会围绕计划与市场、社会主义与市场经济等问题展开的思想斗争更加激烈。先是社会主义公有制受到猛烈的抨击，随后主张私有化和自由市场经济的思潮开始大行其道，一夜间竟成为思想界和舆论的主流。

利用戈尔巴乔夫改革混乱而掘得第一桶金的暴富者趁机推波助澜，期盼着将手中的非法财富合法化，而掌管大量国有资产的特权官僚集团和蜕化变质的企业管理者更是蠢蠢欲动，欲乘私有化之机"近水楼台先得月"。俄罗斯科学院院士、俄罗斯国立社会大学校长瓦·伊·茹科夫说："当时党的高层精英群体最渴望的就是把国家的财富化为己有。在权力和财富之间总是存在矛盾，有一个不能逾越的界限。有人当上了州委书记，他就有各种各样的特权，就能控制那个州里几乎所有的财富。而一旦退了休，他就会失去这些权力和掌控的财富。所以他们就极力渴望把这些财富变成自己名下的合法财产。"

面对汹涌而来的"非国有化"浪潮，作为最高领导人的戈尔巴乔夫先是反对、观望，然后是调和、妥协，最后转为完全支持。1989年2月，戈尔巴乔夫说："我们坚持社会主义制度，主张在社会主义所有制基础上发挥经济和社会制度的潜力。"他还说："关心社会主义，相信社会主义，忠于这一制度，不接受私有制，不接受人压迫人的制度，因为所有这些宝贵的东西都与整整几代苏联人血肉相连。"

然而到了1990年8月，还是同一个戈尔巴乔夫，以公有制束缚了人的劳动积极性为由，攻击公有制为主体是"经济垄断"，认为改革"主要而又刻不容缓的任务"是取消公有制的"垄断地位"，推行公有企业非国有化、私有化。他还以计划经济没有效率为借口，主张完全放弃国家的宏观调控。为与其政治改革即确立资本主义政治制度相适应，戈尔巴乔夫领导集团大力推行彻底摧毁社会主义公有制，快速实现资本主义私有化的各项方针政策。

1989 年下半年，苏联经济继续恶化，高通胀，高物价，失业严重，经济面临崩溃的危险。从 1989 年下半年到 1990 年上半年，苏共高层和苏联政府仍在围绕不同的经济改革方案而争论不休。苏联政府方案以原苏共中央政治局委员、苏联部长会议主席尼·伊·雷日科夫为首，以阿巴尔金提供的材料为基础，主张改革在各行各业同时铺开，逐步用市场机制代替计划管理机制。雷日科夫认为："我们建议渐进地推行市场经济。我们研究过中国的改革，希望我们也能逐步地推进。我计算后认为，这至少需要 8 年时间。"

在这个过程中，出现了另一种方案——沙塔林方案，经补充、修改形成"500天计划"。"500 天计划"是沙塔林等人经戈尔巴乔夫授权，根据亚夫林斯基、叶利钦等人提出的方案修改、补充而成，目的是与政府方案抗衡。该计划主张在大规模私有化的基础上，从 1990 年 11 月 1 日到 1992 年 3 月 14 日的 500 天内，分四个阶段将苏联从计划经济迅速过渡到市场经济。经济学家借用医学上的术语，称这一激进方案为"休克疗法"。这份由西方新自由主义经济谋士和美国情报部门共同参与制订的"500 天计划"以上千亿美元的经济援助为诱饵，逼迫苏联采取激进市场化手段，目的是促使苏联全面放开市场，将苏联国有行业全面私有化，将苏联经济纳入西方自由市场模式的轨道。1990 年前后，苏共高层内部以及以叶利钦为首的俄罗斯联邦激进势力围绕选择和实施哪种经济改革方案展开了激烈的较量。1990 年 8 月初，戈尔巴乔夫与叶利钦达成原则协议，同意以"500 天计划"为基础，快速向市场经济过渡。而以苏共中央政治局委员、部长会议主席雷日科夫为代表的稳健派则反对以"500 天计划"为代表的全盘自由化和全盘私有化的经济改革计划。

1990 年 10 月 19 日，苏联最高苏维埃通过由戈尔巴乔夫主持起草的《稳定国民经济和向市场经济过渡的基本方针》，结束了长达半年的经济改革纲领之争。戈尔巴乔夫的纲领表面上介于前两个方案之间，但实质上全盘接受了亚夫林斯基—沙塔林计划中全面私有化的内容。其主旨是推行非国有化和私有化，以及私有化基础上的自由市场经济。他提出"必须向经济非垄断化、非国有化和私有化大踏步前进"。经济改革方案之争很快转化为尖锐的政治斗争，经济私有化也进入快车道。

自 1988 年夏天，苏联经济形势开始严重恶化。1989 年，经济增长逐月下降，1990 年开始出现"二战"后第一次负增长。据统计，1990 年、1991 年经济年均下降近 9.5%，而在 1991 年就达到 15%。[①] 经济状况空前恶化，使绝大多数群众的生活变得十分艰难。1991 年，日用消费品零售价格比 1990 年增长了 1.4 倍，集贸市场价格增长 2 倍，而黑市和议价贸易的价格则超过零售价格 9 倍。

1989 年苏联的财政收入、社会劳动生产率、工农业产品的产量、大众消费品产量等计划指标均未完成。1990 年 8 月，戈尔巴乔夫在苏共中央全会上的开幕词中对经济形势做出如下描述："消费市场的情况极为困难，经济关系严重失调，交通运输混乱，国家纪律显著松弛，围绕着所有权、自主权和职权范围划分问题的政治冲突有时具有极其尖锐的性质，犯罪持续增加——所有这一切都证明，目前危机仍在继续深化……"[②] 1990 年前 10 个月，国民收入、工业产值和社会劳动生产率分别比 1989 年同期下降 3%、0.8% 和 2%。经济形势极度恶化造成社会日用消费品市场供应急剧紧张，各地商店货架空空如也，引发职工群众日益不满。

---

① 大卫·科兹，等. 来自上层的革命——苏联体制的终结 [M]. 曹荣湘，孟鸣歧，等，译. 北京：中国人民大学出版社，2002：101.
② 叶·盖达尔. 帝国的消亡：当代俄罗斯的教训 [M]. 王尊贤，译. 北京：社会科学文献出版社，2008：237.

1989 年前 7 个月有 500 多家厂矿企业先后爆发罢工。

戈尔巴乔夫时期将经济改革完全寄希望于西方"七国集团"的援助，甚至为了获得西方的支持，不惜在政治改革和经济改革政策上迎合西方的要求。戈尔巴乔夫执政的 6 年时间里，苏联政府外债从 130 亿美元增加到 1 130 亿美元。随着经济形势的急剧恶化，戈尔巴乔夫多次向"七国集团"的首脑乞求财政和经济援助。但西方国家却"口惠而实不至"，找出各种托词，始终不肯给苏联任何实质性的资金和贷款支持。1991 年前后，苏联经济濒临崩溃。戈尔巴乔夫不得不又恳求英、美、德等国首脑，要求提供紧急贷款或援助，而西方国家政府和商业银行均借口苏联国内政局不稳而拒绝了戈尔巴乔夫。

当时报刊一针见血地指出：戈尔巴乔夫时代留给人们的印象，首先是称为超级大国的苏联分崩离析，其次是无节制的通货膨胀，再就是 80% 的人进入贫困状态，成百万的贫困者流落街头。普希金语言学院副教授德·尼·法捷耶夫说："1990 年、1991 年开始发行各式各样的票证，有蓝色的、粉色的。当时我还小，记得排了大半天的长队。结果轮到我的时候，前边的妇女把最后半公斤香肠买走了，到我这儿什么也没有。我不停地哭，哭完以后，我发誓再也不去商店了。"

1991 年 11 月，世界历史上第一个苏维埃社会主义国家刚刚走过 74 年的历史，以叶利钦为首的俄罗斯、乌克兰、白俄罗斯三个加盟共和国的领导人在白俄罗斯与乌克兰交界的一处森林里，签署协议，宣布苏联作为一个国际地缘政治实体自此消失。随后 1991 年 12 月 25 日，苏联历史上第一位总统也是最后一位总统戈尔巴乔夫黯然宣布退职。莫斯科克里姆林宫上空的镰刀和斧头苏联国旗在漆黑的夜幕下悄然下落。

1991 年 12 月 27 日，戈尔巴乔夫最后一次来到克里姆林宫的办公室收拾行囊，然而此时，叶利钦已经端坐在他昔日宽大的座椅上，令戈尔巴乔夫尴尬万分。

## 二、私有化的密谋与设计

时光倒流。1986 年夏，在列宁格勒市郊外的森林里，来自莫斯科、列宁格勒两地的 30 多位年轻的经济学者聚集在一起探讨经济问题，形成了"经济改革秘密小组"。6 年后，这些慷慨激昂、指点江山、激扬文字的年轻书生，站到了俄罗斯经济改革的"潮头"，成为俄罗斯政坛上的明星人物。他们是盖达尔、丘拜斯、科赫、阿文、瓦西里耶夫等。

几年后，在他们当中盖达尔曾两次出任政府第一副总理之职，负责制定和推行经济改革政策，被称为"俄罗斯经济改革之父"。丘拜斯也是两次出任政府副总理，被称为俄罗斯的"私有化之父"。科赫曾任政府副总理兼国有资产管理委员会主席。阿文曾出任外经部部长。

1986 年 8 月的列宁格勒郊外之夜，围绕在燃烧的篝火旁，这群未来俄罗斯改革的精英，一面饮酒高歌，一面高谈阔论。他们指点江山，抨击时弊，让人联想起沙皇时代的"十二月党人"，也是一群贵族知识青年，不满沙皇的封建统治和生活的沉闷，在沙龙聚会，探寻救国救民之路。不同的是，此时的盖达尔和他的同伴们谈论更多的是经济话题。但是话题和言辞已经突破了苏共意识形态的"禁区"：建立和发展资本市场，保护私有权利。他们为苏联低效率的经济做诊断，并开出了消除官僚经济弊端的药方。这些未来的经济掌权者提出，苏联经济的出路在于建立西方社会那样的自由市场，改变公有制，确立私有制。

当时这类"激进而出格"的观点和主张，并没有受到冲击和批判。相反，随着戈尔巴乔夫和叶利钦时代的到来，激进的思想给他们带来了空前的荣誉和地位。他们昔日的师长、那些满腹经纶的院士已经被视为"保守势力"，退到了舆论的边缘。后来掌权的"自由派"势力将他们看作是"怀揣着经济妙方的神仙智囊"，叶利钦总统称盖达尔为"经济学神童""经济天才"。

苏联解体后，俄罗斯作为苏联的继承体，以独立的面貌出现在世人面前。过去的苏共反对派被推上了前台。但人们发现掌权后的激进反对派除了反共、加快改革的口号外，并没有像样的、成熟的、详尽的经济改革方案。

1991 年末，苏共垮台。突如其来的胜利，甚至于连激进派都未曾料到。正像一位俄罗斯作家形容的，政权突然地落在自由反对派的"脚下"，仿佛从天而降。以叶利钦为首的"民主派"面对手中的权力显得有些不知所措，特别是怎样处理近乎瘫痪的经济，更是缺乏良策。他们原本想在一旁观看苏共怎样熬过经济改革的"痛苦"，现在却不得不"披挂上阵"。

在激进派眼中，戈尔巴乔夫改组的失败，印证了一条再简单不过的逻辑：既然苏联七十年的社会主义制度在与西方国家的比赛中败北，既然改革、完善这种制度的努力也未奏效，那么只有完全抛弃此制度，全面采取和推行西方社会行之有效的制度。

苏联解体后不久，叶利钦又一次访问了美国。与上一次出访不同，他已不再是落难的苏共反对派，而是俄罗斯的最高领导人。在美国的演说中叶利钦谈到，他代表世界上最年轻的"民主国家"，来到了美国这一民主传统悠久的"圣地"。叶利钦承诺，共产主义的试验在俄罗斯大地"一去不复返"，所有文明世界具有的东西将会在俄罗斯"开花结果"。

在俄罗斯新一轮的改革派看来，一旦俄罗斯踏上自由市场的轨道，就会跻身发达国家之列，应想尽一切办法，停止国家对经济工作的干预，让市场的"自然法则"发挥作用，为社会造福。俄罗斯新一轮的改革派庆幸甩掉了原苏联的"包袱"，现在终于可以轻装前进了。

当时一位自由派的女经济学家写道："每当我思考俄罗斯复兴之路时，我脑子里立刻浮现出战后德国阿登纳政府的经济奇迹。社会主义与市场、民主'水火不相容'。俄罗斯应在最短的时间内，以革命的速度实施经济自由化。取消并禁止共产主义的意识形态。将历史的罪人推上'审判台'。俄罗斯社会要'忏悔'，将列宁的遗体迁出埋葬。把所有共产主义的象征物搬进博物馆。俄罗斯人蕴藏的商业意识全部释放出来之时，就是俄罗斯社会的复兴之日。"①

1991 年 "8·19" 事件后，叶利钦终于宣布了一套经济改革方案。不难看出该计划正是出自那批年轻的经济学家之手。盖达尔、丘拜斯、绍欣等进入俄罗斯政府，并出任第一副总理等高级职务，执掌经济大权。

在《总统笔记》一书中，叶利钦回忆，当时之所以让盖达尔负责经济改革，是出自以下几种考虑：

早在很久以前，叶利钦就几次公开宣布，未来的政府成员的年龄一个也不许超过自己。身为苏联时期高级干部的叶利钦，已经习惯了旧时的官僚，他决定让年轻的人小试身手。

盖达尔能把经济改革讲得"头头是道"，这样完全能够同议会反对派"相互理论"。

盖达尔保证经济改革马上见效，物价上涨三个月后便能回落，这正合叶利钦的心意。

叶利钦宣布，明年也就是 1992 年秋天俄罗斯经济便会好转。叶利钦感觉到，人们早已厌烦了戈尔巴乔夫的"空谈"，希望尽快感受到经济改革的效果。叶利钦回忆说，他坚信自己的直觉，他说他和女儿两代人都深受盖达尔祖父写的红色故事的影响，他期望，眼前的这位年轻人定会继承先辈的聪明睿智，救俄罗斯于

---

① 阿·彼娅舍娃.靠自由痊愈 [J]. 祖国，1990(50)8.

水火。

1991 年 10 月，叶利钦在俄罗斯最高苏维埃发表讲话阐述了全面推行经济改革的思想。之后不久盖达尔受命组建新政府，全面负责经济改革。昔日的一介书生一夜之间成为政府总理。

## 三、俄罗斯 "休克疗法"

所谓"休克疗法"，原本是医学上临床使用的一种治疗方法。其原意是——对生命垂危的某些病例，通过对病体注入大剂量的药物，杀死带有病毒的细胞，使健康的细胞处于休克状态，然后得以复苏，使病人逐渐康复。

后来"休克疗法"这一医学术语被用来形容治疗经济危机"后遗症"——通货膨胀。此种经济药方的基本用意在于，采取严格从紧的金融货币政策，辅以压缩消费的手段，强行弥合总供给与总需求之间的缺口，达到短时间内遏制通货膨胀的目的。由于上述经济措施具有很强的冲击性，社会经济会受到极大的震荡，甚至处于"休克状态"，故有了医学上"休克疗法"的比喻。

20 世纪 80 年代中期，一些发展中国家特别是某些拉美国家受到通货膨胀和巨额外债的双重困扰，经济陷入了不能自拔的境地。1985 年，美国哈佛大学的年轻的经济学家杰弗里·萨克斯受聘于玻利维亚政府，出任该国总统顾问。萨克斯根据西方货币主义理论，制订出了一个激进的稳定经济计划。该计划的主导思想是，对通货膨胀特别是恶性通货膨胀，要采取"快刀斩乱麻"的办法，采用"休克疗法"坚决给予制止。后来此方果然灵验，萨克斯名声大震。

80 年代末 90 年代初，东欧国家政局突变。各国急切想要摆脱经济危机，尽快实现经济体制转轨。萨克斯教授应波兰等东欧国家之邀，开出了计划经济国家转轨的"药方"。

他认为，"休克疗法"的转轨战略应包括以下四个部分：第一，政府努力建立一种由市场因素决定的价格体制，停止价格控制，削减乃至取消国家补贴，进出口贸易自由化。第二，取消对私营经济活动的限制。第三，通过私有化和对现有国有企业实行严厉的控制，约束国有企业。第四，实施紧缩的货币财政政策，削减赤字，平衡预算，以稳定物价。

后来萨克斯又将"休克式"的经济转轨战略概括为稳定化、自由化与私有化，并认为这是原苏、联东欧国家经济转轨的"三大支柱"。

俄罗斯新政府组成后，萨克斯被邀担当俄罗斯政府"顾问"。与此同时，俄罗斯政府官员、智囊班子也经常飞往大洋彼岸学道取经。盖达尔政府的经济改革方案与萨克斯"休克疗法"的思路大致相同。不同的，是在俄罗斯，在价格改革与私有化究竟孰先孰后的问题上，以盖达尔为首的改革班子曾一度犹豫不定。有的意见认为，在经济非私有化之前，放开价格不会达到预计的效果，因为旧体制对市场的变化"反应迟缓"。最终，还是决定价格改革在先，而私有化亦不能"拖延"，否则将"错失历史改革的时机"。

以1992年初为起点，俄罗斯经济改革的主要内容为：全部放开价格；商业、外贸自由化；大规模私有化。其主要措施包括：一次性大范围地放开物价，形成自由价格制度，为经济市场化创建必要的条件；实施严厉的财政金融政策，紧缩银根；大规模推行私有化；实行外贸体制改革，外经贸活动自由化。

"经济自由化，确立私有制"概括了"休克疗法"的内涵。俄罗斯原国务秘书、叶利钦政治上的左膀右臂——布尔布利斯直言：俄罗斯的经济改革就是要建立起"私有制"，人类历史表明，人类社会还没有创造出比它更符合人的天性的东西来。私有制可能不是最理想的，但却是现实中最好的。这种制度存在于欧洲、美洲及东南亚，并无须任何民族性的修饰。经济自由化是为了彻底摆脱"官僚机构"的束缚，而私有化目的是使革命不可逆转。丘拜斯在一次电视讲话中宣称，正像民主一样，私有制是万能的。他坚信，市场和私有制是俄罗斯社会富足的充分保证，也是政治和精神自由的靠山。

## 四、紧缩货币、放开价格

1991 年末，俄罗斯市场商品供给告急，食品等日用必需品几乎从货架上消失。居民紧张不安地等待着价格改革的出台。1992 年新年刚过，俄罗斯政府宣布放开物价。在商品短缺的情况下，物价似脱缰之马，一发而不可收。

稳定而低廉的物价曾被认为是苏联社会主义的特征和优越性之一。

在原苏联，全社会实行免费教育、免费医疗。日用消费品、交通、儿童用品、医药、文化出版等都具有社会保障性质。在斯大林时期，药品等日用品价格还几次下调。国家严格控制物价也成了计划经济管理体制的一大特色。1992 年以前，苏联生产的大部分商品干脆将零售价格直接标在商品的最显眼之处。药品的价格印在包装上，西装、大衣的价码缝制在里面，就连每个鸡蛋也都打上日期和价格。

几十年来，苏联的许多商品价格一成不变。例如，居民必需的通心粉、食用植物油、食糖等食品价格自 20 世纪 50 年代起一直未变。1962 年以来，肉类、乳制品等副食品的零售价格从未上涨。1950 年一个面包卖 12 戈比（0.12 卢布），到 1990 年仍是 12 戈比。

戈尔巴乔夫时期，居民手中的货币增多。另外，生产和服务远不能满足居民的日常需求。居民所需的食品、农副产品和轻工产品严重匮乏。物价低廉，但却没有保障，出现了"隐形通货膨胀"，形成了俄罗斯特色的"黑市交易"。

在低物价、商品短缺的情况下，一方面造成囤积、抢购风潮，另一方面也浪费严重。苏联粮食和面包的价格"倒挂"，以至于集体农庄的农民将面包买回去喂牲畜。

俄罗斯新一代改革派决心放开价格，使商品回到"货架"。按他们的设想，商品零售价格充其量会上涨 2 倍，3 个月过后，在价值规律的作用下，生产厂家会根据市场的需求，生产出满足需求的产品。届时俄罗斯市场充盈，物价趋于平稳。叶利钦通过电视向全国表示，"休克疗法"过后，到 1992 年秋天老百姓的生活就会有好转。然而事与愿违。两周后物价上涨幅度便超过了 10 倍，黑市的价格还要高出许多。在一次电视直播的记者招待会上，一位记者拿出一根香肠，提问主管经济的副总理盖达尔是否能说出香肠的价钱。盖达尔对着电视机镜头回答：1 公斤香肠市场价是 9—10 卢布。当时舆论哗然。实际上，当时香肠的市场价已是 90 卢布 / 千克。

1992 年，俄罗斯物价仿佛断了线的风筝扶摇直上，不断攀升。俄罗斯官方公布的资料显示：1992 年俄罗斯社会消费品的价格和服务费用比 1991 年高出 26 倍，而与 1990 年相比物价上涨幅度竟达 6 700%。仅一年的光景，许多商品的价格便上涨了 100 倍，甚至更多。1992 年以前，这里曾有着世界上最便宜的地铁交通。当时乘坐一次地铁的价格为 5 戈比，也就是 0.05 卢布。当时的平均工资为 250—270 卢布。到 1997 年，地铁票价为 2 000 卢布，平均工资为 80 万—100 万卢布。下面简单列举几种食品价格几年间变动的情况，以增加感性认识（见表 6-1）。

表 6-1　俄罗斯食品价格的变化[1]

| | 1990 年（卢布） | 1997 年（卢布） |
|---|---|---|
| 面包 / 个 | 0.12 | 3 000 |
| 面粉 / 千克 | 0.22 | 5 000 |
| 大米 / 千克 | 0.40 | 6 000 |
| 鸡蛋 /10 个 | 1.50 | 5 000 |
| 洋葱 / 千克 | 0.20 | 3 000 |
| 土豆 / 千克 | 0.06—0.20 | 2 500 |

为了便于比较，下面列出两组表格来描述俄罗斯几年间物价和居民实际货币收入的变动情况（见表 6-2、6-3）。

表 6-2　俄罗斯物价上涨指数[2]

| 为上年 12 月的百分比（%） | | | | | 为 1990 年的倍数 | | | | |
|---|---|---|---|---|---|---|---|---|---|
| 1991 年 | 1992 年 | 1993 年 | 1994 年 | 1995 年 | 1991 年 | 1992 年 | 1993 年 | 1994 年 | 1995 年 |
| 260 | 2 610 | 940 | 315 | 231 | 2.6 | 67.8 | 638 | 2 010 | 4 643 |

---

[1] 张树华 . 私有化是祸？是福？——俄罗斯经济改革透视 [M]. 北京：经济科学出版社，1998：37.

[2] 同上 37.

表6-3　俄罗斯居民实际货币收入的变化（为上一年的百分比%）①

| | 1991 年 | 1992 年 | 1993 年 | 1994 年 | 1995 年 |
|---|---|---|---|---|---|
| 货币收入 | 101 | 41 | 108 | 112 | 87 |
| 退休金 | …… | …… | …… | 94 | 81 |
| 工资 | 112 | 52 | 94 | 92 | 74 |

　　1992 年放开物价后，通货膨胀严重，卢布急剧贬值。特别是居民的银行储蓄存款，在 1 000 倍的通货膨胀率的影响下，顷刻间化为乌有。而当时银行里居民的储蓄总额相当于 1990 年居民总收入的一半以上。由于储蓄存款贬值，俄罗斯百姓损失惨重，不仅导致了居民收入和生活水平的严重下降，而且使"吸引居民广泛参与私有化"的口号变为一句空话。

---

① 张树华 . 私有化是祸？是福？——俄罗斯经济改革透视 [M]. 北京：经济科学出版社，
　　1998：38.

# 第七章　全盘私有化

　　我们不需要一小撮百万的富翁，我们需要上百万的私有者。私有化券——对我们每一个人来讲——就是走进自由经济的通行证。

——叶利钦总统 1992 年夏天向全国发表的电视讲话

　　两三年的时间，他将官僚垄断了七十年的财产分割掉。没有内战，没有流血，简直是奇迹！

——某诗人评价丘拜斯

　　共产党的权贵们自愿地成为共产主义的"掘墓人"，他们期望在共产主义制度的葬礼上发财致富。俄罗斯的私有化是国家财产被"官僚私有化"。官员们将手中的对国家财产的支配权、管理权变成了"所有权"。

——盖达尔

　　俄罗斯私有化是一次重大的失败！

——经济学家叶·亚辛，1994 年任俄罗斯政府经济部部长

　　证券私有化是史无前例的经济大破坏！

——俄罗斯科学院院士弗·利西齐金

　　私有化是 20 世纪俄罗斯历史上最大的一场骗局！

——莫斯科市长卢日科夫谈私有化

## 一、私有化的发起与实施

1990 年以前，在戈尔巴乔夫执政末期，学术界和媒体大多使用"非国有化"一词。当时这种提法只是停留在"试探性"的理论探讨阶段，还缺乏具体政策和内容。1991 年"8·19"事件后，苏共垮台，政权更替，以叶利钦为代表的激进派毫无顾忌地打出了"私有化"的旗帜。其目的有三：一是显示与过去"官僚、僵化的经济体制"决裂，首先用"私有化"来剥夺官僚们的权力；[①]二是利用"私有化"所包含的"民营、私有"等含义，强调"给予"之意，借以赢得人心；三是借用"外来的新词"，表明俄罗斯与国际大潮相辅相成，符合当时俄罗斯社会的倾向和心态。

按照《俄罗斯私有化纲要》的规定，私有化要实现以下七个重要目标：（1）形成一个私有者阶层；（2）提高企业的经济效益；（3）利用私有化收到的资金建立社会保障体系；（4）促进国家财政状况的好转；（5）提高竞争力、实现经济非垄断化；（6）吸引国外投资；（7）创造条件，建立良好的私有化组织体系。

**（一）放松在所有制问题上的控制，容许多种所有制形式的存在**

戈尔巴乔夫时期，为了放松对个体劳动者的限制，1986 年 11 月通过了《苏联个体劳动活动法》，该法案从法律上规定和扩大了个体劳动者的活动范围。

不久，为了鼓励合作社经济的发展，苏联最高苏维埃于 1988 年 5 月颁布了《苏联合作社法》。而后，合作社经济得到迅猛的发展，各种私人合作社犹如雨后春笋般地出现。

为了发展租赁承包关系，1989 年 11 月，当时的苏联立法机构通过了《关于

---

① 马歇尔·戈德曼.失去的机会——俄罗斯的经济改革为什么失败[M].李铁海，等，译.上海：上海译文出版社，1997：131.

租赁法的原则》。

在戈尔巴乔夫担任苏联总统的后期，叶利钦当选俄罗斯联邦共和国最高苏维埃主席。叶利钦随即在 1991 年 7 月 1 日签发了《俄罗斯联邦国有企业和地方企业私有化法》（简称《私有化法》），1992 年 6 月 6 日又对上述法案进行了修改和补充。应当说，此时俄罗斯已经确立了对国有企业进行所有制改造的法律框架，这一法律成为俄罗斯推行私有化的基本大法。

俄罗斯《私有化法》中规定的主要内容包括：政府制定私有化纲要及纲要的基本内容；俄罗斯各级国有资产管理委员会及财产基金会、投资基金会与控股公司的职能、任务与权限；国有和地方企业实行私有化的程序、方式和方法等。

私有化是俄罗斯经济改革中的"重头戏"。为了使私有化真正起步，俄罗斯总统于 1991 年 12 月 29 日发布总统令，公布了《1992 年国有和地方企业私有化纲要基本原则》。1992 年 6 月 11 日，俄罗斯联邦最高苏维埃批准了由政府制定的《俄罗斯联邦 1992 年国有和地方企业私有化纲要》。这是两个具体指导实施俄罗斯私有化的纲领性文件。文件中确定：近期私有化的目的和目标，企业实施私有化的原则及分类，私有化要实现的指标和任务，私有化方法以及对劳动集体成员的优惠措施等。

**（二）组建推行私有化的部门和机构**

为了推动国有企业的私有化，根据法律规定，俄罗斯成立了一系列新的组织机构。

1. 从中央到地方成立各级国有资产管理委员会。

这些委员会属于政府职能部门。其中，联邦国有资产管理委员会，简称"国资委"，它是俄罗斯指挥和推行私有化运动的"最高司令部"，因其所拥有的极大的权限而被称为"超级大部"。一般来说，联邦国有资产管理委员会主任由副总理级别的官员兼任。该委员会的主要职责是负责组织国有财产的私有化，包括：制定私有化纲要和其他私有化规范文件，监督私有化纲要的实施，向总统和议会报告纲要的执行情况，归纳各方面对私有化的意见和建议，领导并监督地方实施私有化的进程，协助建立投资基金会和控股公司。俄罗斯全国共成立了86个国有资产管理委员会。

2. 从中央到地方成立各级财产基金会。

它们不是政府部门，而是代表国家利益的法人组织。这些基金会负责出售联邦所属国有企业、股金、股票。

财产基金会的主要职能是：临时掌握国有资产管理委员会移交的国有企业股份公司（合伙公司）资本中的股金与股票的份额所有权证明书，在股东大会上代表国家股实施权力；在持股企业份额范围内，对企业的活动承担风险和责任，出售属其份额的企业股金和股票；创办股份公司（合伙公司），购买它们的股票与股金；成立投资基金会和控股公司，将国有股票换成投资公司与控股公司的股票，但不得超过每个公司股票总数的20%；监督国有企业改造过程中向职工提供的优惠。

3. 建立投资基金会和控股公司。

在俄罗斯，为了建立有价证券的一级市场，减少股票购买者的风险，决定成立投资基金会。俄罗斯的投资基金会分别属于财政部的投资基金会和国家财产委员会的证券投资基金会。按规定，一个投资基金会有权持有一个股份公司有投票权的股票，但不得超过10%；可以购买股份公司的有价证券，但不得超过自身资产的5%。国有资产管理委员会规定，一个投资基金会对一家股份公司的投资不得超过股份公司法定资本的25%。这些规定，一方面是要投资基金会通过购买"一篮子"股票，以便分散投资风险，另一方面是为了反垄断，防止单独"坐庄"。

投资基金会应从投资中获得利润，并向基金会成员发放红利。为了促进企业与其协作伙伴的合作，规定成立控股公司，但不允许成立使某种产品的生产或提供的某种服务走向垄断化的控股公司。

### （三）推行商业化、公司化以及租赁制

在大规模私有化尚未开始以前，经济非国有化的主要途径是通过租赁和建立合作社，或在国有企业之下建立非国有的公司。

租赁制实施的轨迹是：一开始企业先改为租赁，一般由原职工队伍承包或租赁，租赁后，租赁人有权赎买企业的固定资产，此后企业变为股份公司，有些职工成为股东。例如，莫斯科水晶玻璃厂于 1988 年改为租赁制，1992 年变成股份公司，职工和厂领导成为股东。1991 年以前，原苏联所有企业中有 14% 的企业实行了租赁制，私有化后，实行租赁制的企业比例有所下降。

原苏联及俄罗斯非国有化的另一途径是国有企业"商业化、公司化"。一些行业主管部门也纷纷成立或改组为商业性公司，特别是 1988 年《合作社法》生效后，国有企业"商业化、公司化"的步伐加快。新成立的公司往往是一些在工艺上独立的下属部门，从原企业分离后，有的名义上是国有的，但实际上已是私有的或半私有的。1991 年，在国有"母体"基础上成立的公司中，80% 是从原企业获得原材料，并租赁企业的固定资产，莫斯科"狄纳莫"工厂就是这样的例子。有的公司干脆是由销售部门改组而来。

## 二、全民私有化进行时

俄罗斯及一些东欧国家在推行"私有化"过程中，多数采取出售、拍卖、投资招标、股份制改造等形式。从规模上看，俄罗斯私有化又分为"小私有化"

与"大私有化"。

"小私有化"包括批发与零售商业、公共饮食业、生活服务业、农产品加工、食品工业及建筑业与建筑材料工业企业等，主要采取公开拍卖、租赁或者出售的方式。

"大私有化"是指大中型企业的私有化过程。其步骤为：首先将大中型企业改造为股份公司或集团，以变更其所有权，然后将股份公司的股票推向市场。"大私有化"分为"证券私有化"（1992 年 7 月 1 日至 1994 年 6 月 30 日，历时两年，这一阶段的主要特点是发放私有化证券无偿地转让国有资产）、"现金私有化"（1994 年 7 月 1 日至 1996 年底，该阶段的特点是按照市场价格出售国有资产）和"个案私有化"（1997 年后，特点是大规模私有化停止，转为有选择地进行，强调私有化的重心是增加投资和提高企业生产效率，加强国家的监督）三个阶段，经过"由面向点"，过渡到正在进行的特大型国有企业的招标或竞拍，最后是国家剩余股份的管理与增值阶段。

## 三、财富转移与社会分化

1992 年 10 月 1 日起，俄罗斯政府开始向居民发放私有化证券（亦翻译成"票证、票、券"），从此拉开了全面私有化的序幕。

证券私有化是俄罗斯"大私有化"的第一阶段，从 1992 年 7 月起，截至 1994 年 6 月 30 日，历时两年。这一阶段的主要特点是，发放私有化证券（票）无偿地转让国有资产，所以被称为"证券私有化"阶段。1992 年 7-9 月，在发放私有化证券之前，为保证私有化过程中企业股票数量的"供给"，采取自愿和强制的形式，将部分大型国有企业改造成开放型的股份公司。这类企业一般属于联邦或州一级所有, 固定资产超过 5 000 万卢布的企业。在完成私有化证券的发放和企业的股份制改造之后, 从 1993 年开始, 俄罗斯证券私有化迈出了第三步, 在专门的拍卖市场上出售企业股票, 企业职工和社会居民均可以用私有化证券购买。

发放私有化证券是一场大规模的群众性运动。根据规定, 每个公民不分民族、性别、年龄、收入水平、社会地位, 从刚刚降临人世的婴儿到临终的老者, 都可获得 1 张面值为 1 万卢布的私有化证券。按照当时的黑市汇率计算, 一张私有化证券相当于 150 美元, 或 4 个月的平均工资。

发放私有化证券是俄罗斯接受西方经济"谋士"的建议, 从波兰、捷克等东欧国家借鉴而来的。在私有化酝酿阶段, 俄罗斯最高苏维埃计划设立居民个人银行账户, 或发放记名、凭证式证券, 但到实际实施过程中, 俄罗斯政府为"方便和抢时间", 改为发放不记名、不挂失的普通证券。

据当时俄罗斯经济改革的策划人盖达尔回忆, 苏联解体、苏共垮台后, 1992 年的俄罗斯面临着改革的机遇。在价格全面放开后, 居民生活受到影响, 对改革的热情一落千丈, 议会反对派势力也在蠢蠢欲动, 此时再不实施私有化, 推出私有化证券, "经济改革"将失去历史性的大好时机。

参照俄罗斯社会的人口总数, 俄罗斯私有化证券预计发行 1.48 亿张。官方宣称, 社会中的国有资产是七十多年来全体人民的劳动积累, 搞私有化, 就应将这些财产平均地发给每一个人。那么怎样分, 又分多少呢?

官方表面上宣布, 政府将对国有资产进行评估和登记, 登记结果表明, 到 1991 年底, 俄罗斯国有企业数量为 25 万家。最高苏维埃计划将其中 70% 的资产以私有化证券形式分给居民, 而以盖达尔为首的政府却坚持只分其中的 35%。这不包括按当时物价估算的全国房屋价值——16.5 亿卢布。35% 的资产均摊到全民身上, 就得出了每张私有化证券 1 万卢布的面值。

　　几年后的情况表明，实际上当时真正的国有资产评估和统计工作根本没有，也不可能完成。俄罗斯新政府成立于 1991 年底，苏联解体后，经济管理陷入混乱，新组建的俄罗斯政府面对的是一片废墟。后来的资料显示，当时俄罗斯政府对包括港口、厂矿、钢铁厂等在内的众多国有企业的资产根本没有进行资产评估，而是使用苏联 1984 年最后一次经济普查中的数据，而计价仍然是苏联卢布币值，即 1993 年仍是按照 1984 年的评估价值——4 万亿卢布。这样 4 万亿卢布的 35% 就得出私有化的企业价值为 1.4 万亿卢布。[①]

　　1991 年 11 月，开始组建国有资产管理委员会，借以负责私有化工作。对于每张私有化证券的面值，据盖达尔在《胜利与失败的日子》一书中回忆，只是一拍脑袋，定为 1 万卢布，图的是"计算方便"。

　　俄罗斯学者指出，即使私有化证券面值总额基本上相当于 1991 年底国有资产的价值，但到 1992 年 10 月，居民从银行开始领取私有化证券时，物价已经上涨了 20 倍。这时政府本应及时地按上涨后的价格对国有资产进行重新评估，但政府没有采取任何行动，拖了将近一年，也就是 1993 年中期以后，才开展这项工作。而在 1993 年，4 万亿卢布的资产总额根本算不上大钱，因为 1993 年俄罗斯联邦政府的财政赤字为 22.2 万亿卢布，相当于 GDP 的 14%。这也意味着，一开始俄罗斯居民领取的私有化证券的价值仅为国有资产实际价值的 1/20，甚至是百分之一。

　　1993—1994 年，俄罗斯通货膨胀率每月高达 7%—18%，1994 年 1 月 1 美元兑换 1 247 卢布，6 月便上涨为 1 985 卢布。按照这样的比价计算，4 万亿卢布只相当于 20 亿美元，这还比不上一个核电站的资产价值。然而，当时俄罗斯政府

---

① 私有化券：一张黄色票证的 20 周年祭 [N/OL]. 论据与事实，2012-8-22. http://www.argumenti.ru/toptheme/n353/197784.

主管私有化工作的副总理丘拜斯却鼓动说，一张私有化证券升值后，可以换回两辆"伏尔加"牌轿车。但事实并非如此。1992 年 10 月到 1994 年 10 月期间，一张私有化证券平均价格为 1.25 万卢布，但在大多数地区，私有化证券发行三个月后，也就是 1993 年春季时，私有化证券迅速贬值，在投资公司或证券交易所中只值 5 美元，而在俄罗斯一些边远地区一张私有化证券只卖到 4 000—5 000 卢布，约合 3—5 美元。

一张私有化券，没有换来丘拜斯这位俄罗斯"私有化之父"许诺的"伏尔加"牌轿车。在 1993 年，俄罗斯人只能用它换回 1 公斤香肠，或买回 1 瓶普通的伏特加酒，有 7%-10% 的居民干脆没有去领，认为区区一张小纸根本不值得费神排队领取。然而当时涌现的大批证券投资基金会，却乘机大量收购和倒卖私有化证券，从中大发横财。

一些投资公司利用媒体大做广告，许诺高回报、高红利。这些基金会在背后动了手脚，把盈利的股票转手给自己的下属公司，把一些不赚钱的股票留给需要投资的股民。在圣彼得堡市，1994 年通胀率高达 3 位数，一家证券投资基金会的股民 1 000 卢布的股票的红利只有区区 39 卢布。

在这一时期的俄罗斯证券市场上，还出现了许多投资公司。由于缺乏相应的法律和法规，证券市场混乱不堪。一些公司想方设法蒙骗普通居民：有的使用各种"诱饵"迷惑股民；有的公司发行股票，自我定价，内部炒卖；还有的公司相互"繁衍"，如某家股份公司吸纳社会资金后，接连成立新的公司，"繁衍"的过程，往往伴随着大量资产转移。众多的中小股民不知其中的奥秘，被蒙在鼓里。

有不少居民把刚刚领到的私有化证券交到了这类投资公司手中，老百姓哪里想得到，在拍卖活动中，用私有化证券可以购买任何企业的股票。政府规定，属于州和联邦两级所有的企业，在私有化时要拿出 35% 的股票，让老百姓以私有化证券购买；购买企业时，购买者有权使用私有化证券缴纳 35% 的付款。

据统计，约 6 100 万俄罗斯人直接将私有化证券卖掉，这大约占私有化证券的 40%；还有 2 500 万俄罗斯人将私有化券投入到投资基金会；一些居民用私有化证券直接购买了一些开放式无限责任股份公司的股票，成为股民。然而，老百姓所得到的红利少得实在可怜。例如，在圣彼得堡市，一张面值 10 000 卢布的私有化证券，只能购买 500 卢布的股票，在最好的情况下，一年能获得100%—200% 红利，也就是 500—1 000 卢布，只够购买一张公共汽车或地铁票，有的企业在郊区或外地，家远的人有了红利都不敢去领。将证券出售换成现金或赠送亲友，这对生活困难的居民来说，可以买点儿食品，称得上是一次性的生活"补贴"。

俄罗斯地大物博，资源丰富，但俄罗斯私有化证券过低的牌价，甚至比不上东欧小国捷克。俄罗斯证券私有化本应在 1993 年底结束，但由于许多居民手中还存有大量的证券，不知如何处理，俄罗斯政府不得不将证券私有化延长半年，至 1994 年 6 月 30 日。

证券私有化，免费给全体公民发放国有企业股份凭证，搞大众化的私有化模式，实质是在平均分配的旗号下分光、卖光七十多年积累的社会主义财富，形式上将原来国家所有的资产转变为公民个人所有，但是，它并不能根本改变企业所有权结构，从而真正达到形成所谓"所有者阶层"的直接目的。证券私有化的结果是绝大多数群众受骗上当，受益的只是瓜分到社会财富的"一小撮"。

在私有化过程中，原盖达尔政府曾计划于 1994 年再次发放私有化证券，但由于出现的问题过多，新政府班子上台后，放弃了这一做法。1994 年 6 月 30 日，俄罗斯政府宣布，私有化证券完成了其历史使命，私有化进入下一阶段——"现金私有化"阶段。

自 1994 年 7 月 1 日起，俄罗斯私有化进入了一个新时期。俄罗斯政府宣布，不再以私有化证券的形式出售股票，而一律改用现金形式出售股票。与前一时期相比，这一时期的私有化有几个重要变化。

1. 私有化的目标重点发生变化。前一时期的私有化重点是分配国有财产，其中一大部分是平均分配，希望在此基础上建立广泛的所有者阶层。新时期私有化的重点是将投资与改造结合起来，其中一个重要问题是如何吸引本国和外国投资者的资金，利用他们的资金进行企业技术设备的更新和改造，最终使私有化企业的经济效益得到提高。

2. 私有化的范围进一步扩大。以前一些禁止私有化的企业和部门，将被纳入私有化进程。这样，私有化的范围扩展到了燃料动力部门和军工部门。俄罗斯军工企业中，除了 30% 的企业禁止私有化外，其他企业都将私有化。与此同时，扩大了必须进行私有化的设施范围，从前私有化不包括不动产以及由私有化企业所占用的土地，在第二个时期都可以私有化。

3. 私有化方法更加灵活多样化。例如，可以采取招标形式选择新的企业主；对不进行私有化的财产可以租赁；进行现金交易的专门拍卖；对超大企业（按 1992 年 1 月 1 日价格，其法定资本在 100 亿卢布以上）的私有化，则制定专门的方案。同时，减少强制性做法，更多地考虑地区和部门的特点，使地方政府机关和主管部门能更多地参与选择私有化的方式和方法。

4. 俄罗斯官方宣布，在今后的私有化过程中，要加强对居民的社会保障，将私有化收入的一部分，用于居民的社会保障。

5. 大大减少对私有化企业劳动集体和企业领导人的优惠。俄罗斯政府在《1995—1997 年经济改革和经济发展规划》中希望，现金私有化阶段应做到：找到关心企业效益的新主人；促进企业投资；吸引对低效企业感兴趣的投资者。

为了实现上述目标，俄罗斯政府决定采取以下新措施：

1. 将股东或投资者感兴趣的企业与需要投资者大量追加费用的项目分类，出售时区别对待。

2. 将地产纳入企业资产。其办法是把企业占有的土地列入企业资产的组成部分，或把这些土地以优惠价格出售给先前已被私有化的企业，以增加吸引力和投资者的信心。

3. 把出售企业股票所得的 51% 的款项，转入企业本身的投资账户。

4. 为了吸引大投资者，俄罗斯政府规定，谁拥有法定资本的 25% 以上的控股，谁就可以负责股份公司发行的股票的出售。

5. 决定向市场出售联邦政府所有的某些大型企业的部分股份，以加强私有化的吸引力，增加收入，弥补巨额的预算赤字。

6. 预先发布每年的出售国有资产的计划进度表，给潜在的投资者以时间，创造竞争环境。

7. 确保在国外金融市场销售一部分股票。

应当说，俄罗斯私有化进行得可谓是轰轰烈烈，特别是在速度和数量上，俄罗斯私有化可以称得上是空前绝后。国际上评论，像俄罗斯这样高度"国有化"的国家，在如此之短的时间里将众多国有企业变卖，实在"令人难以想象"。俄罗斯学者评论称，"私有化"是一场"自上而下的运动"，追求的是虚幻的政治目的。

谈到私有化的直接结果，俄罗斯官方列出如下数字：在 1995 年，实现私有化的企业共计 1 万多家，其中 88% 是职工总数不超过 200 人的小企业；大中型企业的私有化主要采取股份制，一年里建立了 2 270 家股份公司，法定资本 5 830 亿卢布，资产总值 1.7 万亿卢布，其中 27% 为固定资产。这些股份公司中，77% 原属于联邦或地方一级的企业，79% 在改组前是盈利的，25% 的企业在股份改造后，其控股权在国家手中。

在部门分布上，1995 年建立的股份公司，27% 属于工业部门，18% 属于建筑部门，12% 属于商业部门，6% 属于运输和邮电部门，5% 属于科学和科技服务部门。最大型的股份公司，一般都属于有色冶金、电力、燃料、化学和石油化学工业部门。

在 1995 年一年的时间里，俄罗斯建立的股份公司共发行股票 8.54 亿股，其中 1/3 在企业职工中分配，1/3 为国家所有，1/3 用于自由出售。由于居民存款数目微乎其微，再加上经济危机和通货膨胀等因素，用于市场自由出售部分的股票，一半多未能销售出去。1995 年，在俄罗斯私有化过程中，出售和拍卖款项 2.8 万亿卢布，与原计划规定目标——8.8 万亿卢布相比，相差甚大。在这种艰难情况下，不知是迫于财团的压力，还是为了缓解财政危机，弥补预算亏空，俄罗斯政府决定采取"以国有股份作抵押，换取银行贷款"的办法。

## 四、私有化升级版：从现金赎买到抵押拍卖

在经济改革和私有化的过程中，俄罗斯政府接受"货币主义"政策，实行紧缩的货币金融政策。几年的时间里，过高的通货膨胀率得以下降，但由于缺乏资金，企业"三角债"严重，政府财政"捉襟见肘"。

通过私有化增加国库收入，是改革派信誓旦旦许下的诺言。俄罗斯政府希望通过私有化所得，增加预算收入，缓解收支矛盾，但实际上收效甚微，巨额的财政亏空，企业间相互拖欠的"多角债务"日益严重，已达天文数字。所有这些压得俄罗斯政府几乎难以喘息，开动印钞机器，又有悖政府的初衷，造成"前功

尽弃"。

　　正在政府进退两难之际，新生的金融财团势力代表，后来一度出任政府副总理的"财阀"波塔宁向政府提出建议。建议的主要内容是，国家将手中掌握的大企业的股权作抵押，通过国有资产管理委员会进行拍卖和暂时的出让，换取相应数额的银行或财团的贷款或闲置资金，以弥补财政赤字。抵押期限为3年，财团有权管理企业，整理并出售企业的股票。3年后，国家可以归还贷款、赎回股权，否则，股票将归买主所有或处理。银行家许诺，通过此举，政府可以获得20亿美元的贷款，用来填补预算的亏空。

　　这一措施为银行和财团进一步控制社会财富"开了绿灯"，使金融资本得以顺利地向工业领域渗透，获得了对优势企业乃至工业部门的控制权。当时俄罗斯主管私有化的副总理科赫承认，在证券私有化阶段，官僚和企业领导获得了对企业的控制权和所有权，而"抵押拍卖"则是将经济权从"红色经理"手中夺回来，但不是夺回归国家所有，而是归金融寡头所有。俄罗斯舆论指出：一方面，政府在"手拿金碗要饭吃"，因为国家出手的正是战略性的骨干企业；另一方面，私人银行的资金实际上就是被截留和占用的财政预算款项。俄罗斯在私有化过程中，实行"银行全权代理制度"，私人银行变成了政府部门的"会计科"，这些银行手中积聚了巨额的财政资金，仅1996年，私人银行代理财政支付的款项就达30亿卢布，许多银行90%的资金来源于官方各级的财政预算。正是"官银不分"才使得私人银行迅速膨胀，俄罗斯最大的私人银行——"联合进出口银行"就是靠代理国家海关关税等暴发起来的。正是靠吃国家的"奶"，才养大了许多的私人银行。在俄罗斯，银行势力往往取决于官方背景的深浅。

　　随着一些特大型企业被推向拍卖场，俄罗斯私有化自此也拉开了新的一幕。几乎每个私有化企业，每一次拍卖都伴随着争议和丑闻。

在"抵押拍卖"过程中，一些企业极力抗争，千方百计地阻止外来资本势力的介入。有的擅自扩大企业股票发行，以分散股权，也有的转移资产，更有的从职工手中赎买股票，以获得控股权。银行也不甘示弱，有的提前游说，有的寻找资金。等到拍卖之日，只是走形式而已，因为胜者早已事先确定。

被进行"抵押拍卖"的往往是俄罗斯企业中的"肥肉"，自然引起激烈的争斗。上亿美元的资金，不是所有企业或银行能拿得出，拍卖场经常成为几大财团之间争斗的场所。

1995 年 11 月 17 日，俄罗斯最大的有色金属和矿产企业——"诺利斯克镍业"被推向拍卖场，只有三份竞拍申请，并且三者同属于一个财团——波塔宁的"联合进出口银行"。

按规定，参加竞拍需有银行担保，于是三者相互担保。由于另一强硬的竞争对手——"俄罗斯信贷银行"被事先排挤在外，波塔宁财团轻而易举地赢得了拍卖。

"诺利斯克镍业"38% 的股份拍卖的初始条件是，向政府提供 1.7 亿美元的贷款，波塔宁财团以 1.701 亿美元的条件中标。而伦敦金属交易所对这一巨型公司的资产评估为 40 亿美元。"诺利斯克镍业"占据了一半以上的俄罗斯铜产量，该公司 1995 年在国际市场上镍和铜的销售额高达 24 亿美元，获纯利近 4 亿美元。事情至此，波塔宁财团仍不罢休，后来又以 10 亿美元的投资许诺，获得了这家战略性企业的 51% 有表决权的股票份额。至此，一家有官方背景的私人财团完成了一家特大型国有企业集团的"私有化"。

1995 年年底，俄罗斯举行了一系列"抵押拍卖"活动。在拍卖过程中，缺乏透明的交易规则，揭标的条件"因人而异"。俄罗斯舆论将私有化中的"抵押拍卖"称为一次"内部人之间的分配"。就这样，利用"抵押拍卖"，波塔宁财团又获得了原油储藏量居全俄罗斯第一，开采量居第四的"辛丹克"石油公司

51% 的控股权。

1995 年 12 月 8 日，国际石油界的"巨人"，俄罗斯开采量第二的"尤科斯"石油公司拍卖揭晓，结果不出所料，俄罗斯另一大金融集团"梅纳捷普银行"独领风骚，从国家手中接过了 78% 的控股权。这是一次名副其实的"自编自导"，"梅纳捷普银行"自己负责组织拍卖，自己参加竞拍。一年之后，"梅纳捷普"集团再接再厉，又从国家手中赎买了剩余国有股份，至此俄罗斯在这家石油公司的股份仅为象征性的 0.1%。而这些资本运作的幕后老板就是后来成为俄罗斯首富的著名寡头、普京的对手——霍多尔科夫斯基。

1995 年，俄罗斯私有化中的"抵押拍卖"闹得满城风雨，未分得"蛋糕"的经济势力、议会反对派纷纷叫嚷"取消拍卖结果"，将出售的企业重新收归国有。一些经济学家指出，政府是在"手拿金碗要饭吃"，"变相地将国有资产最肥厚的部分拱手出让"。一些报刊揭露，私人银行的资金不明，实际上大部分资金源于"拖付的国家资金"。

"拍卖抵押"大大促进了俄罗斯金融工业资本的积聚和扩张。一些私人财团正是利用私有化才得以迅速地膨胀，越来越多地掌握了私有化中的主动权。由于金融工业集团和金融寡头的影响已渗透到国家政治、经济的方方面面，以至于俄罗斯整个国家体制都带有深深的寡头垄断烙印，因此有人认为俄罗斯的资本主义是一种"寡头资本主义"。[①]

1996—1997 年后，俄罗斯私有化过渡到企业"个案性"的资产拍卖和重组。1997 年 7 月，俄罗斯"电信投资"25% 的股权竞拍落下帷幕，"电信投资"25% 的股份拍卖成交总额为 18 亿美元，创下俄罗斯私有化之最。又是波塔宁财团获

---

① 斯坦尼斯拉夫·缅希科夫. 俄罗斯资本主义剖析 [J]. 国外社会科学文摘，2005(10) 46.

得全胜。不同的是，世人在胜利者的背后，发现了国际金融投机商——索罗斯的身影，18 亿美元的巨资，其中 10 亿多美元正是出自这位"金融巨鳄"之手。

然而，在俄罗斯社会引起轩然大波的并非索罗斯，而是拍卖背后私有化官员每人收受的 9 万美元的"高额稿费"。随着几位政府高官的先后下台，使得即便不了解私有化内幕的俄罗斯百姓也画出一个又一个惊叹号。

# 第八章　私有化乱象

## 一、私有化的立法与操盘

苏联解体后，如何进行经济改革成为俄罗斯政坛上新的斗争焦点。随着价格放开以及私有化运动的展开，围绕经济改革的方向、方法等争论愈发激烈。这在很大程度上导致了原来反共联盟的分裂，进而形成了以议会、副总统为一方，总统、政府为另一方的政治对立。

在政治野心和经济利益的驱使下，斗争的双方互不相让，最后造成总统同议会兵戎相见，坦克、军车闯入莫斯科市街头，炮击议会驻地——"白宫"，硝烟滚滚、瓦砾成片。

俄罗斯最高苏维埃被解散后，叶利钦迅速扩大了总统的权限，新一届议会在经济改革方面的发言权极其有限，"私有化"几乎变成了政府机构的"专利"，完全被国有资产管理委员会的年轻领导班子"承包"下来。

### （一）私有化的立法

作为一项深刻的、全局性的经济变革措施，俄罗斯私有化的立法基础是联邦性的法律法规、总统令、政府法规、决定及有关部门的规范性文件等。

　　几年的时间里，俄罗斯议会先后通过了以下涉及私有化的法律文件：《俄罗斯联邦国有财产私有化和市镇财产私有化原则法》（1991 年和 1997 年两次修改通过）、《俄罗斯股份公司法》、《俄罗斯民法通则》等。俄罗斯议会只是颁布了一些私有化的原则性法律，缺少对私有化的具体立法和监督。

　　1993 年，新的俄罗斯宪法出台，其中规定，"总统令"具有法律效力。在经济改革过程中，以俄罗斯"总统令"名义颁布的私有化法规很多，其中以 1991 年 12 月 29 日签署的《俄罗斯私有化基本原则》总统令，以及 1992 年 1 月 1 日签署的《加快私有化进程的总统令》最为重要。

　　有关俄罗斯私有化的总统令，一般均出自主管私有化的国有资产管理委员会手中，而规定私有化的具体操作规则的文件，更是这个部门的"专营项目"。俄罗斯国有资产管理委员会被称为是私有化的"司令部"。

　　俄罗斯国家杜马曾经成立了一个由 30 人组成的特别稽查委员会，对俄罗斯私有化工作进行了一次检查，最后完成了一份调查报告。1996 年 4 月，该报告的内容被一家俄罗斯反对派报纸披露。在谈到私有化的立法情况时，俄罗斯议会的稽查专家指出，私有化的操作规则，有悖于俄罗斯私有化的初衷，相互矛盾、相互抵触，经常是"联邦法律"被"总统令"取代，而"总统令"又被"政府决议"或"部门的规定"所代替，最终，无论是前者还是后者均得不到实施。除此之外，俄罗斯议会私有化问题稽查委员会的报告还特别指出了以下问题：

　　1. 一些私有化法规，缺乏对俄罗斯生产力水平的认识，没有考虑生产的发展前景；

　　2. 私有化过程中，特别是在航空航天等军工领域的私有化中，忽略了知识产权、高新技术、专利等无形资产的作用；

　　3. 对新的所有者，缺少环境保护方面的限制以及在治理污染方面的要求；

4. 忽视了国有产权或股份的管理和增值；

5. 没有明确国有资产在国家安全和经济独立方面的地位和作用；

6. 缺少详细的规定和相应的措施，来保证国家对具有战略意义的部门或企业的控制；

7. 一些反垄断措施针对的是国内市场，抑制了俄罗斯企业在国际市场上的竞争力；

8. 缺乏对私有化改造后的监督，缺乏违背私有化前承诺的惩罚细则；

9. 缺少对企业买主情况和资金来源的调查等。

俄罗斯议会的调查专家指出，明确、严谨的法规是私有化的根本，而严格、细致的规章是私有化得以顺利进行的保证。俄罗斯立法方面的疏漏，严重影响了私有化的实施，而一些法律法规的相互抵触，使得私有化偏离了法治的轨道。就像诺思所言，那种认为让停滞和病态的经济走上增长之路只需要进行私有化，是对制度分析的歪曲理解。①

**（二）俄罗斯私有化的"外国军师和操盘手"**

1992 年，俄罗斯私有化开始之际，直接负责私有化工作的政府机构——俄罗斯国有资产管理委员会才刚刚组建。新成立的这家机构既缺少人马，又缺乏经验，因此，来自国外的资金和技术帮助显得十分必要。在俄罗斯国有资产管理委员会中，设有专门的"外国技术帮助司"，由年轻的美国专家乔治·海伊担任司长。

1992 年 9 月，在海伊的建议下，俄罗斯国有资产管理委员会成立"专家评定委员会"。该专家委员会的作用非同小可，可谓"责任重大，权限极宽"。成立该委员会的第 188 号文件中明确规定：有关俄罗斯私有化方面的总统令、政府

---

① 诺思. 制度、意识形态和经济绩效 [M]// 詹姆斯，等. 发展经济学的革命. 黄祖辉，蒋文华，译. 上海：上海三联书店，2000：118.

决议以及"国资委"主席决定等文件草案，一律必须通过"专家评定委员会"的评议和论证，尤其是在涉及工业部门私有化、集团控股公司的改组及企业的股权拍卖等方面，"专家评定委员会"拥有很大的发言权。另外，"专家评定委员会"还负责众多规范性法规文件的审评。

1992 年 10 月 5 日，当时的俄罗斯政府副总理兼"国资委"主席丘拜斯签署文件，任命美国人乔治·海伊为"专家评定委员会"的副主任。该委员会除两位是俄罗斯人外，其余均为外籍人士。

在以后不到两年的时间里，俄罗斯"国资委"先后邀请了 200 多位外国专家，为俄罗斯私有化出谋划策，其中 15 位国外专家为经常性的"私有化顾问"。

后来，在丘拜斯的坚持下，"国资委"又发文，明令规定：机关文件必须有乔治·海伊的签署意见，否则不能盖章、编号、归档。不知是海伊的智谋超群，还是丘拜斯的故作姿态，以赢得西方的好感，一时之间，俄罗斯国有资产管理委员会机关内部流传着一句顺口溜：如果没有海伊叔叔，俄罗斯休想得到美国的援助！

"美国厨师制作俄式私有化大餐"，应当说，俄罗斯政府聘请的外国"谋士"为私有化出了不少力气。俄罗斯"国资委"借助国外专家的帮助，制定了一系列原则性的法律、法规，推出了一些私有化具体操作规范。正是在国外专家的影响下，俄罗斯经济改革的方针才得到西方政府和国际货币基金组织及世界银行的认可。因此，国际上给予俄罗斯的援助或贷款，这些外国"谋士"功不可没。

俄罗斯"国资委"的机关大楼门前，正规警察部队荷枪实弹，平常人等不得随便靠近，然而，来自冷战对手的美国人海伊先生却能畅通无阻。海伊后来也不失时机地为自己大赚了一笔，以极低的价格购买了俄罗斯一家航天企业的股份。[①]

---

[①] 私有化券：一张黄色票证的 20 周年祭 [N/OL]. 论据与事实，2012-8-22.http://www.argumenti.ru/toptheme/n353/197784.

1992年初，受俄罗斯政府邀请的外国专家共有200人之多。外国专家提出，过去计划经济体制下形成的"封闭"现象，是企业走向市场、吸引外资的最大障碍，今后，包括军工保密企业在内，私有化必须"公开化""透明化"。

在外国专家的建议下，1992年11月，叶利钦总统签署命令，筹建"俄罗斯私有化中心"。随即，俄罗斯境内纷纷建立"私有化中心"。这是一种半官方、半民间性质的机构，任务是搜集当地企业的信息，了解每个企业的状况和发展前景，为可能的投资者特别是外国投资者提供信息帮助。"俄罗斯私有化中心"的经费来自外国的资助，人员编制属俄罗斯"国资委"配备。一般每个地区的"私有化中心"有3—5人，工资以外汇支付，每月平均1 000美元左右，这是俄罗斯社会平均工资的6—8倍。虽然"私有化中心"的人员不多，但是能量很大，活动范围西起波罗的海，东至太平洋，北自北冰洋沿岸，南及黑海海域，全俄罗斯境内类似的中心共有200多个。

私有化的信息搜集工作不能说不细。俄罗斯安全技术部门在检查中发现，"国资委"掌握了俄罗斯内务部、反间谍局、总参谋部等机构的秘密"据点"。这些"据点"多用民用房产作掩护，也属私有化之列。这让俄罗斯保密检查机构大为吃惊。

俄罗斯一些报刊透露，国有资产管理委员会邀请的国外"私有化顾问"中，有不少人与国外军方或情报机构有联系。在美国派遣的援俄"谋士"中，既有俄罗斯问题专家，也有美国军方甚至是中央情报局的谍报人员。

美国驻俄罗斯大使馆武官迈克·迪萨罗，对俄罗斯私有化表现出极大的兴趣。迈克·迪萨罗在1989—1992年在美国驻莫斯科使馆工作期间，与时任俄罗斯政府私有化问题顾问的海伊关系密切，在海伊的协助下，他多次前往俄罗斯腹地，了解和搜集俄企业和经济私有化的进展情况。

除此之外，许多外国机构或组织也参与了俄罗斯私有化规范文件的研究和制定，其中包括："欧洲复兴与发展银行"、"欧盟委员会"以及美国"摩根投资"等国际上众多的投资咨询公司。其中在"欧洲复兴与发展银行"的支持和参与下，俄罗斯出版了长达 600 多页的《私有化守则》。据俄罗斯报刊透露，这期间，俄罗斯有上百种政府决议和规定出自外国专家和机构之手。

俄罗斯国有资产管理委员会——这个主管国有资产私有化的机构，掌握着比原克格勃还要多的经济机密，这里每天汇集着有关俄罗斯工业布局、企业经营、资产状况等数据资料。在俄罗斯，国有资产管理委员会最清楚俄罗斯七十多年的"家底"。西方社会通过私有化这扇"窗口"得以透视俄罗斯，终于看到了剥去面纱之后的俄罗斯经济实力，或多或少触摸着俄罗斯的经济脉搏。

## 二、国有资产管理委员会

1991 年 11 月，盖达尔受命组阁。在东欧国家经济改革过程中，国有企业的私有化是最大的难题。鉴于此，盖达尔决定启用丘拜斯，让他出任主管私有化的政府大员，并给予副总理的职位。在一个有着七十年计划经济历史的国度，进行国有企业改造，无疑是一项"史无前例"的工程，对于如何进行私有化，理论界、学术界意见不一。

以原苏联时期的政府副总理、主管经济改革的阿巴尔金院士为代表的老一代俄罗斯经济学家认为，国企改革是一项系统工程，不能简单地归结为产权改革或履行"法律手续"。

盖达尔、丘拜斯属于俄罗斯经济学界的"新生代"，他们都曾是阿巴尔金、沙塔林院士的学生。这些"少壮派"经济学家强调，私有化是改造俄罗斯经济的有效"药方"，而私有化的要义就是一个"分"字。

1992 年，"少壮派"经济学家进入俄罗斯政府，执掌了经济改革的大权。此后两年的时间里，分配国有财产的工作取得了阶段性成果，特别是数量方面，私有化的成果有目共睹：到 1994 年中期，60% 的企业实现了私有化，4 000 万人成了股民，俄罗斯绝大部分地区都进行了私有化；截至 1998 年初，大约 13 万家原国有企业转为私营企业，非国营经济成分在俄罗斯经济中已占主导地位，在国内生产总值中所占的比例已超过 70%。

为此，丘拜斯称他领导的"国资委"实现了世界历史上的"一个奇迹"，完成了"一场不流血的财产大革命"。

然而按规定，除了负责国有财产的分配外，俄罗斯"国资委"还肩负着另外几项不容推卸的责任：国有财产的监督与管理、国有财产的保值与增值。几年的光景，私有化"青年近卫军"只顾得攻城拔寨，分割国有财产，却明显忽视了国有财产的管理问题。

1994 年底，疾风暴雨式的私有化第一阶段告一段落，鉴于私有化过程中出现的种种问题，叶利钦总统不得不免去丘拜斯兼任的"国资委"主席的职务。1994 年 11 月 14 日，叶利钦责成总统下属的监察总局，对俄罗斯各级国有资产管理委员会的工作进行检查。

1995 年 6 月 10 日至 10 月 16 日，监察总局完成了对"国资委"机构内部工作的检查。与此同时，俄罗斯议会也组成了一个特别的调查委员会，检查了负责私有化的俄罗斯政府的三个重要部门——"国有资产管理委员会""俄罗斯联邦财产基金会""联邦倒闭（破产）事务总局"。

来自总统机构和议会的两个调查小组，坐镇三个私有化主管部门，前后用了几个月的时间，分别整理出近百页的调查报告。俄罗斯观察家指出，俄罗斯最高级权力机构的检查活动，并无意否定私有化，甚至出于政治力量的对比，并未出具任何政治结论，但调查中揭露出的问题几乎涉及了俄罗斯私有化的方方面面。

在对俄罗斯"国资委"机关工作的检查中，两个调查小组发现，"国资委"领导放松了对国有财产的监督与管理，在国有资产的保值与增值方面"严重失职"。"国资委"将工作重点放在"制定和发布私有化文件"上，而且制定的这类文件繁多，远远超过了议会和总统制定、发布的文件，有时甚至超出了自身的权限。

两个调查小组认为，俄罗斯私有化的主管部门经常"站错立场"，一些必要的、旨在维护国家或社会利益的法规，"国资委"故意拖延，迟迟不出台。

在国有企业转制的过程中，一些企业负责人缺乏约束，滥用职权严重。为了规范企业行为，确保国家利益不受损失，1994 年 2 月，俄罗斯政府委托"国资委"制定《国有企业规范章程》，拟定约束企业负责人的《合约》，准备作为范本推广实行。然而，负责此项任务的"国资委"副主席莫斯特沃伊对此置若罔闻，一拖再拖，始终没有拿出任何东西。

在私有化过程中，俄罗斯大批具有战略意义的企业，包括军工企业也变成了股份公司，国家在这类公司拥有股份，为保证国家的利益，通常会派驻国有股份"代表"代行股东的权力。1994 年 6 月，叶利钦总统发布命令，要求政府研究、制定一份《股份公司国家代表合约》，俄罗斯政府将此任务交与"国资委"。然而，任凭总理大人先后 8 次催促，那位"国资委"副主席莫斯特沃伊根本不予理睬，最后不了了之。

调查小组指出，总统、总理的指令，"国资委"可以搁置一旁，对于自身的利益却十分关心。按规定，企业的拍卖所得 10%—20% 要归"国资委"或相关机构所有，引资性招标中，投资额的 1% 由"国资委"和负责拍卖的"国有资产基金会"提成，所以，私有化主管部门十分热衷企业拍卖，哪怕是低价出售。

1993 年 1 月 28 日，俄罗斯"国资委"制定并颁布了一项决定。这份代号为

151 的文件规定，新的投资者对某一企业的投资，可以按资金额折换相应的股份。例如，某一俄罗斯新贵或国外富商，只要投资与企业原注册资本相当的数额，就可获得该企业 50% 的股权。由于俄罗斯通货膨胀严重，在几十倍甚至上百倍的通胀率下，原企业注册资金显得是那么微不足道。这样的规定，自然赢得了私有化企业买主的"欢心"。

俄罗斯议会和总统的调查小组还指出，在国有财产的清产核资方面，"国资委"的工作漏洞颇多。作为主管俄罗斯私有化的最高政府机构，"国资委"没有独立的、细致的统计体系，只能依靠统计部门的有关资料。这造成俄罗斯境内许多地区，缺乏翔实的国有企业的核查材料。

"国资委"既缺少国有财产被使用、出租、转让等方面的具体数据，又对商业性机构占用国有财产缺乏有效的监督。据初步估测，俄罗斯境外财产达 60 亿美元，多年来分属于外交部、外贸部、塔斯社等机构，但俄罗斯国有资产管理委员会缺少境外财产的完整账目和记录，故苏联解体后，对遗留在境外，包括在其他独联体国家的大量资产，"国资委"都没能及时地处理和办理继承等相关法律手续。"国资委"既缺少对购买国有企业股票的登记，又缺少外国资本在二级证券市场上购买股票活动的资料。

企业国有财产的价值评估不规范、不及时，多数情况依据企业自己提供的数据，必然会导致国有财产被低估、少算。例如，俄罗斯天然气工业公司的评估价格只相当于同类英国公司的 3%，而俄罗斯通信企业每条电话线路的估价只相当于日本电信公司的 2%。

"国资委"缺乏对大量的具体私有化案例的监控，通常只是对企业的私有化文件进行整理，将企业私有化文件按日期分类和归档。

在俄罗斯国有资产管理委员会机关内部，缺乏严密的安全保密制度和规章。

外国顾问可以随时调取重要的经济情报或具体的企业经营材料。外国机构和组织无偿赠送的电脑、复印机等办公设备，未做任何技术处理，便直接安放在机关办公室、会议室。

俄罗斯"国资委"的会计统计制度混乱。总统和议会两个检查小组在核查时才发现，1992—1994 年世界银行给予俄罗斯"国资委"的巨额专项贷款不知去向，甚至连银行收款票据都不翼而飞。实际上，在此期间，仅"七国集团"对俄罗斯的援助就达 14 亿美元，据称专项用于帮助"俄罗斯私有化"，除此之外，还有四个国际金融机构的贷款共计 16 亿美元。

在俄罗斯，国有房产的出租是政府财政收入的一项重要来源。按规定，所有的公用办公用房的出租，皆由俄罗斯各级国有资产管理委员会监督和决定，租赁合同必须同"国资委"签订，租金上交国家财政。然而，1995 年，在对俄罗斯政府"社会保障部"、"原子能部"和"外贸部"的检查中发现，上述三部委有 70% 以上的办公用房都已出租，而其中与国有资产管理委员会签订的租赁合同只占 10%，仅 10 个月，三个单位国有房产出租，就使国家财政少收入 890 亿卢布。

## 三、联邦财产基金会

根据《俄罗斯私有化法》的规定，"俄罗斯联邦财产基金会"是国有财产的国家代表，管理和汇集国有财产私有化后的所得款项。受"国资委"的委托，"俄罗斯联邦财产基金会"直接负责国有资产的拍卖和出售，然而，总统监察总局和议会调查委员会的调查表明，"俄罗斯联邦财产基金会"在工作中存在着"严重的失误"。为了"赶进度"，增加"私有化收入"，该基金会往往抛售一些盈利的重点企业。这无异于"杀鸡取卵"，变卖"正生蛋的母鸡"。

俄罗斯政府新一届领导班子很年轻，他们接受西方货币主义理论，为了降低过高的通货膨胀，实行紧缩的货币财政政策，但由于生产萎缩，税收困难，严重影响了政府预算和国库收支，经济活动中相互拖欠严重，企业"三角债"盛行。为了避免重新开动国家印钞机器，年轻的改革派自告奋勇，宣布"私有化、出售企业，就可以大大增加财政收入"。这一度成为私有化领导人回击议会反对派的"一个理由"。

1994 年后，特别是 1995 年，俄罗斯私有化过程中，企业拍卖活动一浪高过一浪。人们发现，被推向拍卖场的大多数是一些盈利的或有优势的大型国有企业。利润丰厚的燃料能源、天然气、通信等部门的企业，屡屡被看中出售，交通、军工企业也不例外。然而由于企业拍卖价格过低，实际上是"得不偿失"。据俄权威人士披露，俄私有化进程杂乱无章，国有资产被廉价出售，原来国有的 12.5 万家企业仅以每家企业 1 300 美元的平均价格被卖到私人手中。俄罗斯 500 家大型企业，出售总额为 72 亿美元，而专家和国家财团评估的市场价值为 2 000 亿美元，[①] 其中 324 家大型国有企业平均拍卖价格仅为 400 万美元。[②]资料显示，1993—1996 年的 4 年中，俄罗斯私有化的收入只占俄罗斯国内生产总值的 0.02%—0.04%，占预算收入的 0.13% — 0.16%。[③]

1994 年，在俄罗斯 30 个特大型国有企业拍卖过程中，有 23 起拍卖活动只有一个竞争者。这不仅造成竞拍活动有欠公允，也严重违反私有化的有关法律规定。俄罗斯舆论指出，在一些"肥水"企业的拍卖过程中，总有几家私人银行或财团的身影。

---

① 真理报，1995-1-25.
② 私有化券：一张黄色票证的 20 周年祭 [N/OL]. 论据与事实，2012-8-22.http://www.argumenti.ru/toptheme/n353/197784.
③ 真理报，1996-4-24.

"俄罗斯联邦财产基金会"主持进行了一些投资、引资性质的私有化拍卖。按规定，竞争者必须履行向企业投资的义务，然而，拍卖的锤子落下后，有些揭标方违背合约，拒不履行注资的义务。这涉及俄罗斯一些大型的有色金属或石油企业，使企业陷入了两难的困境。

仅在 1995 年，在"俄罗斯联邦财产基金会"主持的国有企业私有化活动中，就发生了 85 起揭标或购买方违约的事件。其中，未按时提交注资文件的有 41 起，拖延注资的 35 起，注资不足的 9 起。除此之外，还发现大量的违规操作，权钱勾结等现象。

对参加企业私有化拍卖的公司，"俄罗斯联邦财产基金会"缺少对其资信情况的调查，经常发生银行内部互相提供担保。对于拍卖后的注资情况，"俄罗斯联邦财产基金会"只是简单地查看一下有关的票证，而对将来的资金去向和使用情况漠不关心。

在私有化竞拍过程中，有的公司资金来源不明，不排除俄罗斯境内外黑社会势力"洗钱"的可能。外国公司也有意地避开俄罗斯法律，利用冒牌公司出现在私有化市场。调查报告显示，俄罗斯私有化过程中，并未吸引世界著名的跨国公司，尤其是生产性公司的参与。在私有化突飞猛进的 1996 年，全俄工业生产下降 5%，全俄固定资产投资下降 18%。[①] 在拍卖市场上经常出现的总是几家国籍不明的证券投资公司，它们或者注册在塞浦路斯的免税区，或者来自加勒比海小岛上的自由经济区。

私有化企业拍卖过程中，缺乏公开和透明度。拍卖信息和宣传落后，影响了有潜力的投资者的参与。

---

① 切尔尼科夫，等．谁主宰了俄罗斯 [M]．北京：经济科学出版社，2000：31．

最令两个检查小组气愤的是，作为俄罗斯政府管理国有财产的机构，"俄罗斯联邦基金会"竟然被一家私人商业银行欺骗，损失总金额高达400多亿卢布。

1995年期间，"俄罗斯联邦财产基金会"选择了一家名为"莫斯科储蓄银行"的私人金融机构，委托它全权代理私有化企业拍卖的资金款项，并且在有关新闻媒体上广泛公布。

然而，事隔不久，莫斯科这家私人银行由于侵吞客户的290多亿卢布的资金，官司缠身。1995年9月6日，俄罗斯检察机关正式立案，对这家银行进行刑事侦查。直到此时，大名鼎鼎的"俄罗斯联邦财产基金会"的领导人才如梦初醒，急忙宣布中断与这家银行的联系，并要求银行在3天内归还"基金会"所存的巨款。然而，银行断然回绝，宣布已无任何履约能力。

由于"俄罗斯联邦财产基金会"的失误，不仅使俄罗斯政府损失了400多亿卢布的资金，更为严重的是影响了俄罗斯私有化的信誉，因为400多亿卢布中包括拍卖国有企业股票的收入，也包括竞拍失败方缴纳的保证金。

另外，调查中还发现，俄罗斯私有化的三个主管部门内部管理混乱，在人员任用上"任人唯亲"。俄罗斯国有资产管理委员会的官员，大多来自圣彼得堡，也就是说，都是丘拜斯、科赫等人的同乡好友；"俄罗斯联邦财产基金会"的官员则多来自叶利钦的故乡——乌拉尔地区的叶卡捷林堡，甚至连来自该市的刚刚毕业的中学生，还在莫斯科读大学一年级便被安排在机关工作，并委以重任。

## 四、联邦倒闭事务总局

"联邦倒闭（破产）事务总局"在隶属关系上，属于俄罗斯国有资产管理委员会。法律规定，"联邦倒闭（破产）事务总局"应执行国家有关政策，防止企业的倒闭或破产，对困境中的企业给予帮助和整顿，使其健康化。从某种意义上说，负责处理企业倒闭事务的这家专门机构，可以比喻为企业的"急救所"。

在 1995 年度国家预算中，俄罗斯政府为支持一些困难企业，在财政十分紧张的情况下，决定划出 8 000 亿卢布，作为专项资金，用于拯救濒临倒闭的企业。然而，到年底，令财政部官员惊讶的是，此项资金分文未动，"联邦倒闭（破产）事务总局"也未曾提出过支持困难企业的任何申请。与此同时，大批的国有企业虽然产品有销路，却缺少原料和资金，只好坐以待毙，眼巴巴地看着私有化官员将企业拍卖。俄罗斯报刊称，"联邦倒闭（破产）事务总局"的行为不是"雪中送炭"，而是"雪上加霜"。

1995 年底，俄罗斯议会和总统监察总局的两个调查小组对"联邦倒闭（破产）事务总局"的工作进行检查。结果发现，"联邦倒闭（破产）事务总局"成立的这几年时间，正是俄罗斯私有化的顶峰时期，这一阶段也是俄罗斯社会生产下降幅度最大的时期。1994 年，大中型企业生产下降了 26%，许多企业处境艰难，在死亡线上苦苦挣扎。作为政府处理濒危企业事务的主管机构——"联邦倒闭（破产）事务总局"，对企业的危机却熟视无睹、漠不关心。8 000 亿卢布的政府专项资金不加利用，却忙于清查企业，频频地宣布一些企业"倒闭、破产"，原因何在？

原来俄罗斯"国资委"曾就濒于倒闭企业的出售发布政府文件，文件规定这类企业出售后所得的 20% 将留归"联邦倒闭（破产）事务总局"。因此，"联邦倒闭（破产）事务总局"在决定企业命运的时刻，不是积极"拯救"，而是更乐意宣布企业"倒闭"，变卖了事。

实际上，"联邦倒闭（破产）事务总局"变成了国有企业和买主之间的"掮客"。难怪俄罗斯许多企业十分惧怕"联邦倒闭（破产）事务总局"，将"破产局"视为"阎王殿"，把该局局长莫斯特沃伊（兼任"国资委"副主席，后因稿费丑闻被解职）称为"活阎王"。截至 1995 年底，几年的时间里，俄罗斯先后有 1 000 多家国有企业难逃厄运，被"联邦倒闭（破产）事务总局"宣判"死刑"。

据称，俄罗斯"联邦倒闭（破产）事务总局"宣布企业倒闭、破产时，有一些标准。其中最主要的是依据"企业的支付能力"一项。正是在这条线下，许多支柱性部门的企业被划入"死亡名单"。1995 年有 27 个产业部门，1 035 家个国有企业被宣布"倒闭"，其中属于俄罗斯农业部的企业有 275 家，燃料能源部 186 家，国防工业委员会 261 家，交通部 121 家，工业委员会 100 家，也就是说，76% 以上的破产企业，隶属于五大战略性重要部门。

正当来自俄罗斯议会和总统办公机构的调查小组坐镇"联邦倒闭（破产）事务总局"进行检查之时，又有 41 家俄罗斯企业被宣布"丧失支付能力"。这些企业中，包括一些大型航空企业，机械、仪表制造企业，以及军工企业。人们发现，这类生产性企业倒闭的原因，往往是完成了国家订货后，不能回收资金，军工产品也是如此。

本来按规定在企业面临困境时，"联邦倒闭（破产）事务总局"应会同企业，派驻管理干部，进行紧急救援。俄罗斯政府为建立和培训类似的管理人员，专门拨出款项。这就像"急诊医生"，要求既有管理经验，又有专业知识和应变能力。然而有关资料显示，"联邦倒闭（破产）事务总局"在这方面的工作存在着"明显的不足"。125 个曾经参与濒危企业救援工作的人员中，只有 7 人受过专门训练，并持有相应的资格证书，46 人未能通过有关的考核，72 人根本没有经过专门的培训。

# 第九章　私有化后果

## 一、私有化引发的政治争斗与寡头统治

### （一）叶利钦政权危机与炮打"白宫"

1991 年"8·19"事件以后，民主派掌权不久，分裂的矛头便逐渐暴露出来，特别是"休克疗法"式的经济改革严重受挫，经济形势不断恶化，进一步激发了上层的权力之争。俄罗斯采取什么样的权力体制，走什么样的经济变革之路成为社会争论的"焦点"。经济危机、政权危机、宪法危机交织在一起，政治大决战不可避免。

俄罗斯政权内部对立的双方，一方以叶利钦总统为首的掌权一派，另一方以议长哈斯布拉托夫、副总统鲁茨科伊为代表的议会反对派。另外，还有与俄罗斯当局对立的左派俄罗斯共产党人以及民族主义势力。随着矛盾的进一步升级，议会反对派与俄罗斯当权派的矛盾难以调和，回旋的余地越来越小，最终导致兵戎相见。1993 年 9 月 21 日晚，叶利钦总统决定彻底摊牌，他通过电视，向全俄罗斯宣布了第 1400 号总统令，决定中止俄罗斯人民代表大会及其最高苏维埃的各项职能。这一做法犹如一颗原子弹爆炸，在俄罗斯引起了强烈的震动。

议会反对派坚决予以回击，反对解散议会。于是叶利钦下令，强行围困并攻打议会所在地"白宫"。1993年10月初，莫斯科街头重兵云集，坦克轰鸣，议会大楼浓烟滚滚，结果是当权派一方获得胜利。距1991年"8·19"事件仅两年的时间，坦克履带已经两次碾过"民主"莫斯科的街道，俄罗斯百姓开始迷惑。俄罗斯历史学家指出，1991年的炮声为苏联的解体埋下了伏笔，而1993年的炮声则给自由民主派写下了血的注脚。

原苏共中央政治局委员、苏联部长会议主席尼·伊·雷日科夫说："1993年，当俄罗斯联邦最高苏维埃开始要求'一切权力归苏维埃'的时候，（总统）却向那些提要求的人开炮。自己的最高苏维埃刚表示出不同的意见，就把他们轰了。"民选总统用坦克和大炮攻击了议会大厦，这是人类有史以来第一次，"人道""民主""自由""平等""博爱"等美好的辞藻和良好的愿望被隆隆炮声击得粉碎。

**（二）政府被金融工业集团绑架**

俄罗斯政坛背后多了一双挥之不去的黑手——实力雄厚的俄罗斯金融工业集团。以强大的经济与政治势力为后盾，俄罗斯金融工业寡头极力将自己的意愿强加于政府政策。在叶利钦时代，俄罗斯金融工业集团轻易地操纵了政府机构。连叶利钦本人也说，"银行家们开始试图公然地、直接地对政权机构施加影响，在政治家的背后操纵国家"，"金融巨头们试图操纵国事的方式各不相同。一些银行家们将莫斯科的官员、市政府玩弄于股掌之间；其他银行家做地方官员的工作；还有一些银行家，例如别列佐夫斯基和古辛斯基，投入所有资金创建强大的电视集团公司、印刷控股公司来垄断大众传媒"。[①]

俄罗斯七大寡头之一，号称"克里姆林宫教父"的别列佐夫斯基说："如

---

① 鲍里斯·叶利钦.午夜日记——叶利钦自传[M].曹缦西，张俊翔，译.江苏：译林出版社，2001：105、109.

果没有政治支持，我们就无法保护我们的资产。俄罗斯最富的一帮人都知道，应该采取一些措施，为俄罗斯的未来负起责任。我们明白，叶利钦周围的改革者们无法阻碍共产主义的脚步，因此我们需要聚集起来共同合作，希望最终获得政权。"更多的时候，这些寡头们在幕后操纵政府的人事安排和国家的重大决策，就连曾任俄罗斯副总理的盖达尔也无可奈何地说："在最厉害的时候，俄罗斯政府被 7—10 个商人左右，他们甚至可以随心所欲地撤换总理。"

私人寡头绑架政府对经济长期发展的危害不言而喻，它不仅使俄罗斯经济陷入了恶性循环当中，而且使国家权力被操纵，权钱交易盛行，腐败丛生。

## 二、私有化的社会经济后果

私有化给俄罗斯社会带来了极其惨重的后果。1990—1995 年，俄罗斯的经济下降幅度达 38%，超过了 20 世纪 30 年代美国的经济大萧条时期。工业生产下降了 50%，涉及 95% 的商品门类。其中：

机械制造业下滑 65%—80%；

高新技术产品下降 90%；

日用消费品下降 55%；

70% 的食品需要进口；

农业、机械、仪表、电子、道路建设等部门或行业几乎全军覆没。

国际上，曾一度热衷于对中俄两国不同的改革道路和社会结果进行比较和评论。在此问题上，俄罗斯社会内部更是莫衷一是，中俄改革比较成为报刊文章、大学讲台，甚至议会论坛的热门话题。1996 年 4 月 18 日，《真理报》发表了驻北京记者克鲁申斯基搜集的一组数字（见表 9-1）。

表 9-1　中俄社会经济变化对比

| 主要产品及产量 | 中国 | | 俄罗斯 | |
|---|---|---|---|---|
| | 1990 年 | 1995 年 | 1990 年 | 1995 年 |
| 发电量（亿千瓦） | 620 | 10 000 | 10 820 | 8 620 |
| 钢（百万吨） | 63.5 | 94.0 | 89.6 | 51.3 |
| 化纤（百万吨） | 1.6 | 2.9 | 0.6 | 0.2 |
| 化肥（百万吨） | 18.7 | 24.5 | 16.0 | 7.5 |
| 拖拉机（万台） | 3.9 | 6.3 | 21.4 | 2.1 |
| 电视（百万台） | 26.8 | 34.7 | 4.7 | 0.98 |
| 洗衣机（百万台） | 6.6 | 9.4 | 5.4 | 1.3 |
| 布（亿米） | 188 | 210 | 84 | 17 |
| 谷物（百万吨） | 88.8 | 417.0 | 107.8 | 63.5 |
| 肉类（百万吨） | 25.1 | 42.0 | 6.6 | 2.3 |

俄罗斯居民普遍认为，"休克疗法"的社会效果不佳，主要表现为百姓生活水平下降、贫富分化、治安状况恶化等几个方面。同时，持续几年的经济危机也对俄罗斯社会的人口、健康以及就业形势等产生了严重影响。

1. 人口减少、寿命降低。1992 年，俄罗斯社会的死亡率超过了出生率。这是自 1942 年"二战"以来，俄罗斯人口生产首次出现负增长，特别是人口自然减少的幅度增大。由于民族冲突不断，战争使冲突地区的居民颠沛流离，纷纷举家迁移至辽阔的俄罗斯内地，这在一定程度上弥补了人口减少的缺额，但俄罗斯社会上下对未来的人口形势表示忧虑。如今，受生活所迫，俄罗斯许多年轻家庭放弃了生孩子的打算，人口增长急剧下降。根据最乐观的估计，在经济形势好转的情况下，俄罗斯人口恢复增长，要经过 15—20 年的时间。否则，俄罗斯人口将锐减，年龄结构和性别比例恶化。1995 年，俄罗斯男性居民的平均寿命约 57 岁，而女性则为 71 岁。

2. 居民健康状况恶化。俄罗斯物价放开后，药品、医疗费用的上涨幅度最大。过去，苏联实行的是免费医疗制度，甚至病人住院期间的饭费也由国家支付。现在，俄罗斯广泛推行有偿医疗，实行强制医疗保险制度。有关资料显示，许多退休的老人大部分的积蓄和退休金都用在求医买药上。社会中酗酒、吸毒的人数增加，每年因酒精中毒而死的人数约为 4 万。因为生活的压力，精神和心理疾病发病率显著提高，自杀比例上升，1995 年自杀人数超过 6 万。

3. 失业严重。一方面经济改革大大增加了俄罗斯人自由择业的机会，人员流动、职业变更次数增多；另一方面，在生产萎缩、经济下降的条件下，社会失业、半失业情况严重。1994 年正值私有化的高潮时期，俄罗斯的失业率一度达到 10.4%，而非官方估计的数字为 13% 左右，失业人口超过 880 万。职工待业期连续拉长，1992—1994 年 3 年的时间里，待业期分别为 4.5 个月、4.7 个月和 5.2 个月。在失业的人群中，妇女的失业比例高于男性，占 65%—70%。16—29 岁的青年人口流动频繁。在地区分布上，大都市就业机会多于中小城市，特别是在边远民族地区和产业单一的地区，大多数企业不得不停产关门，职工下岗失业现象严重。私有化导致的大量失业现象也带来了一些社会问题。首先，失业造成了贫困阶层人口增加。其次，失业大军的存在，影响着社会的稳定。俄罗斯一些煤矿工人不断罢工、抗议。失业人口，特别是青年人往往成为黑社会势力招募的对象。为生活所迫，俄罗斯不少体育明星、退役军人和警察也流入犯罪集团的队伍。所有这些都增加了社会的危险因素。最后，居民广泛从事第二职业，地下经济盛行，灰色收入的比重上升。日益蔓延的"地下经济行为"成为俄罗斯社会的一道风景线。

4. 生活消费水平倒退20年。俄罗斯科学院居民社会经济问题研究所的一项调查结果显示，"休克疗法"严重影响了大多数居民的生活。社会为激进的变革付出了极高的代价。

1992年，也就是"休克疗法"实行的第一年，俄罗斯居民的实际收入下降了56%，国民收入下降到1976年的水平，居民的消费水平倒退了二十多年，降至60年代的水准。这主要表现在以下几个方面：

1. 在通货膨胀的影响下，居民的存款大幅度贬值。1990—1991年，俄罗斯居民的储蓄总额占居民总收入的56%以上。1992年，居民储蓄贬值，原来俄罗斯人手中的1卢布到年底贬值为0.04卢布，也就是4戈比。政府的失策，使居民蒙受了巨大的损失。俄罗斯专家估计，老百姓存款贬值所受到的损失要超过5 000亿卢布，涉及200多万个储户。

2. 居民的大部分收入用于糊口，食品消费比重增大。联合国粮农组织使用恩格尔系数，通过统计食品在居民全部消费中所占比重来衡量居民的生活水平。一般说来，食物支出在家庭消费支出中的比例越小，人们的生活水平越高，反之，则越低。联合国粮农组织规定，恩格尔系数大于60%为贫困；50%—60%为温饱；40%—50%为小康；30%—40%为相对富裕；30%以下富足。在西方发达国家中，食品消费的比重一般不超过20%。在1990年以前，俄罗斯居民食品消费支出占总支出的30%，而1995年为53%，一些贫困家庭的食品支出比重更高，达80%—90%。

3. 居民的膳食结构中，高蛋白的食品消费量减少，而淀粉类食物的摄入量增加。

"休克疗法"后,在俄罗斯,居民生活水平下降的一个明显标志是,肉、奶、蛋等蛋白质含量高的食品消费量减少,而面包、土豆等淀粉类食物消费量增多。俄罗斯居民人均肉和肉制品的消费量从 1991 年的 66 公斤减少到 1996 年的 51 公斤;奶和奶制品从 1991 年的 349 公斤下降到 1996 年的 247 公斤;鸡蛋从 1991 年的 229 个下降到 1996 年的 196 个;鱼类消费从 1991 年的 14 公斤下降到 1996 年的 9 公斤;土豆则从 1991 年的 98 公斤上升到 1996 年的 114 公斤。

4. 生活在贫困线以下的人口比例增加且占总人口的比重高。1992 年,俄罗斯职工平均工资提高了 11 倍,但消费品价格上涨了 25 倍,而且由于工资拖欠现象十分严重,有相当多的职工长期领不到工资,居民实际收入水平比年初下降了 55%。据统计,20 世纪 90 年代的改革使居民实际收入总体下降了约 43%,实际工资收入下降了 60%,退休金下降了 45%。截至 1999 年底,全俄罗斯有 1/3 的人口(约 5 000 万人)生活在官方公布的 37 美元 / 月的贫困线以下,失业人数达 870 万。[1]

## 三、私有化冲击社会安全底线

俄罗斯学者认为,改革不同于革命。为达到革命的目的,可以不计手段;而改革则不同,改革既然在一定的社会环境中进行,就应计算改革的代价。苏联末期,经济改革浅尝辄止,政治改革却狂飙突进,最终冲垮了苏共,瓦解了苏联。几年后,在私有化运动高歌猛进之时,俄罗斯社会又跌入灾难性的危机之中。表 9-2 是俄罗斯科学院社会政治研究所发布的俄罗斯社会危机指标监测数据。

---

[1] 普京. 千年之交的俄罗斯 [N]. 独立报, 1999 – 12 – 30.

表9-2　俄罗斯社会处于危机的临界点(1995年)

| | 指标名称 | 国际警戒线 | 俄罗斯社会指标 | 将要导致的社会政治经济后果 |
|---|---|---|---|---|
| 1 | 工业生产下降程度 | 30%—40% | 51% | 非工业化，经济实力下降 |
| 2 | 进口食品比例 | 30% | 40% | 食品短缺，对外产生战略依赖 |
| 3 | 加工品出口比重 | 30% | 12% | 原料输出型 |
| 4 | 高科技产品出口比重 | 10%—15% | 1% | 科技研发落后，竞争力下降 |
| 5 | 地下经济成分在经济生活中的比重 | 20% | 50% | 偷税、漏税严重，经济统计信息扭曲，收入差距加大 |
| 6 | 科技投入占GDP的比重 | 2% | 0.5% | 科技智力潜力降低 |

社会领域

| | 指标名称 | 国际警戒线 | 俄罗斯社会指标 | 将要导致的社会政治经济后果 |
|---|---|---|---|---|
| 7 | 10%的最富阶层与10%的最贫困阶层收入差距 | 10:1 | 14:1 | 社会结构分化，社会产生阶层对抗 |
| 8 | 贫困线以下居民比重 | 10% | 25%—40% | 大多数社会居民转向贫困化、无产化 |
| 9 | 最低工资与平均工资对比 | 1:3 | 1:10 | 劳动力非专业化 |
| 10 | 失业率 | 8%—10% | 13%(含隐性失业) | 社会问题尖锐，社会保障困难 |

人口方面

| | 指标名称 | 国际警戒线 | 俄罗斯社会指标 | 将要导致的社会政治经济后果 |
|---|---|---|---|---|
| 11 | 育龄妇女生育系数 | 2.14—2.15 | 1.39 | 人口换代困难 |
| 12 | 预期寿命 | 75—79 | 64岁，其中：57岁(男)；71岁(女) | 健康水平下降 |
| 13 | 出生率与死亡率 | 1:1 | 1:1.63 | 人口总量减少 |

| | | 环境状况 | | |
|---|---|---|---|---|
| | 指标名称 | 国际警戒线 | 俄罗斯社会指标 | 将要导致的社会政治经济后果 |
| 14 | GDP 中环保支出 | 5% | 2% | 环境恶化 |
| 15 | 环境损耗占 GDP 的比重 | 5% | 10%—20% | |

| | | 社会异端行为 | | |
|---|---|---|---|---|
| 16 | 每 10 万人口中犯罪率 | 500—6 000 起 | 6 000—6 500 起（含隐性犯罪） | 社会治安状况恶化 |
| 17 | 酒精消费 | 8 升纯酒精 / 每人·每年 | 14—18 升 | 居民健康体质恶化 |
| 18 | 每 10 万人口中精神病发病率 | 284（1992 年） | 280 | 居民心理压力增大 |

| | | 政治领域 | | |
|---|---|---|---|---|
| 19 | 坚持要求改变现制度的人口比例 | 40% | 43% | 政权合法性丧失 |
| 20 | 对中央政权的信任率 | 20%—25% | 10% | 失望情绪，权力异化 |

## 四、俄罗斯人如何评价私有化

以私有化为主要内容的俄罗斯经济改革究竟给俄罗斯人带来了什么？俄罗斯人民如何看待自己身边发生的一切？大量的社会调查资料显示，在许多问题上俄罗斯人民表现出十分复杂的矛盾心理：一方面，俄罗斯人要求改革；另一方面，却不能接受改革带来的灾难性后果。俄罗斯人民怀恋旧制度下的无忧无虑，又不希望共产党重新执政。老百姓厌烦了无法无天、治安混乱以及虚假的民主形式，但又不愿见到旧体制回头。

从以下表格中可以看出，20世纪90年代中后期，大多数俄罗斯人对几年来的改革并不满意。老百姓对叶利钦推行的改革的评判，主要出自于切身的生活感受。现实生活中失望多于希望，这种态度可以在俄罗斯民众看待政治制度、经济私有化等重大问题的态度上体现出来。(见表9-3、表9-4、表9-5)

表9-3　俄罗斯居民对改革的态度（1995-1997年三次调查结果）

| 答案选择<br>（占被调查人数的%） | 1995年 | 1996年 | 1997年 |
|---|---|---|---|
| 基本肯定（%） | 11 | 10 | 9 |
| 基本否定（%） | 51 | 58 | 54 |
| 没有任何变化（%） | 15 | 12 | 15 |
| 难以回答（%） | 23 | 20 | 22 |

资料来源：俄罗斯科学院社会政治研究所。

表9-4　俄罗斯居民对现行政治体制的态度 [①]

| 问题和答案 | 1994 | 1995 | 1996年初 |
|---|---|---|---|
| 对现行制度完全满意（%） | 3 | 3 | 2 |
| 有缺点，但可以改革（%） | 45 | 25 | 37 |
| 必须根本改变现制度（%） | 43 | 43 | 40 |
| 难以回答（%） | 9 | 29 | 21 |

资料来源：俄罗斯科学院社会政治研究所。

---

① 俄罗斯科学院社会政治研究所.俄罗斯寻求战略：社会与政权 [M].莫斯科：研究所内部研究报告，2000：248.

表 9-5　俄罗斯社会对私有化的态度（%）

| 问题和答案 | 占被调查人数的比例 |
|---|---|
| 认为私有化应进行下去 | 3 |
| 私有化有必要，但方式要变 | 34 |
| 私有化应停止推进 | 35 |
| 难以或没有回答 | 28 |

资料来源：俄罗斯科学院社会政治研究所。

如今，许多俄罗斯人称 20 世纪 90 年代为充满苦难的"疯狂年代"，就连著名的自由市场经济代表人物俄联邦原政府总理米·米·卡西亚诺夫也不得不承认："90 年代确实是一个很难的时期，俄罗斯民众承受了这场苦难。这场苦难把居民的收入和存款突然化为零……使居民的收入、物质生活水平下降了百分之三十。"

2007 年 4 月 23 日，叶利钦因心脏病去世，享年 76 岁。此时的民意调查表明，从尼古拉二世以来 20 世纪俄罗斯所有领导人当中，对叶利钦的评价最差，甚至比对戈尔巴乔夫的评价还差，愿意生活在叶利钦时代的人只有 1%。[1]

## 五、官方对私有化的评估与结论

第二任国有资产管理委员会主席伏·波列瓦诺夫在 1995 年初向政府提交的私有化阶段性总结报告，在社会上引起震动。该报告称，俄罗斯私有化在其实施

[1]　苏联人为何"不珍惜"苏联 [N]. 报刊文摘，2008-11-3(A02).

的过程中"犯了方向性的错误"，方法和手段也过于简单，在规定的私有化七个目标中，除第七项目标基本实现、第一项部分实现以外，其余五项均未完成。

**（一）私有化没有增加财政预算收入**

俄罗斯社会中大多数意见认为，俄罗斯国有资产的私有化未能改善财政状况，预算资金收入也微乎其微。

在1992—1994年的两年时间里，俄罗斯共计有64 829个企业进行了私有化改造，[①]占四年间私有化企业总数的一半以上，而在这期间，私有化提供的各级财政预算收入为1万亿卢布左右，仅为匈牙利的一半。另一个东欧国家——捷克，通过"小私有化"获得的收入为12亿美元。捷克25 000个小企业的平均售价为48 000美元，而俄罗斯小企业私有化的平均收入不足25 000美元。

1996年初，俄罗斯总统第292号令中提出，私有化及联邦政府移交地方股权应得的预算收入为11.4万亿卢布而国有资产管理委员会仅完成了1/10多一点，即1.374万亿卢布，这是俄罗斯私有化领导班子在1996年总结报告中承认的数字。[②]可面对社会各方的指责，俄罗斯私有化运动的领导班子此时却坚决反对"将私有化作为增加财政预算收入的手段"。[③]在1993—1996年的4年中，俄罗斯私有化的收入只占俄罗斯国内生产总值的0.02%—0.04%，占预算收入的0.13%—0.16%。

**（二）私有化没有提高经济效益**

私有化后的企业与原国有时的经营状况相差无几，经济效益差别不甚明显。社会调查结果显示，在经营管理、劳动态度等方面，反倒是一些新成立的私营企

---

① 阿·科赫，等. 私有化（1996）：结果与结论 [J]. 社会与经济，1997(1—2).
② 同上。
③ 同上。

业大大区别于私有化的企业和国有企业。

俄罗斯学者认为，仅仅改变所有制的形式并不能保证经济效益的提高，将"无主的公有"变为"少数人私有"只是为增加效益提供了理论上的可能性。改革企业内部管理、加强市场调研、更新设备、改善工艺等都是提高经济效益的有效途径。俄罗斯国家杜马稽查委员会在一次对私有化的专门调查中指出，1992—1994 年俄罗斯中央一级所属的 1 666 家机器制造企业中有 1 389 家被股份化，占 83.4%。在这期间，1992 年生产下降幅度为 11.5%，1993 年为 14.9%，1994 年竟达到 43.9%。

### （三）私有化并没完成反垄断和增强竞争力的任务

事实上，由于近几年来国外产品特别是西方舶来品的冲击，俄罗斯企业及其商品失去了自己的市场：机械产品生产连年下降，1994 年下降幅度达 45%，日用消费品生产下降了一半以上，俄罗斯 80% 的食品依靠进口。

在反垄断方面，一些有利可图的石油工业、航空运输和原料部门分离出不少公司，例如原来统一的"苏联航空"分成 420 家大小航空公司；一些原料和燃料部门仍被特大型金融工业集团控制。"反垄断"的旗号被用来当作利益均沾、你争我夺的掩护。由于某些反垄断措施"操之过急"，结果破坏了原来固有的经济联系，特别是对农工综合体、森林工业和冶金工业造成了巨大的负面影响。

### （四）私有化并没能有效地吸引外资

在吸引外资方面，私有化的作用亦不甚明显。1994 年正值俄罗斯私有化的高潮时期，1994 年前 9 个月的外国投资仅为 7.68 亿美元，而 1993 年为 29.2 亿美元。但是不少外资，特别是金融"游资"投放到证券市场，投机意味大于投资。多数外国投资集中于原料采掘部门。几年来，俄罗斯石油天然气勘探、开发领域的国外投资成倍增长，而机器制造、建筑业的外资增长却大幅度回落。

### （五）私有化并没能造就大批中产者

1994 年 6 月底，叶利钦总统宣布俄罗斯已有 70% 的工业企业实行了私有化，俄罗斯社会 4 000 万人成为股票持有者。然而，社会调查结果表明，大多数人并不认为私有化使自己成为"真正意义上的所有者"。1993 年 4 月，俄罗斯居民有 15% 的被调查者认为"证券私有化"能使自己变为所有者，到 1993 年底这一比例一度增至 19%，然而一年之后却降至 9.6% 。与此同时，俄罗斯 64% 的居民认为私有化只不过是"政治手腕"，不能解决实际问题，因为大多数股票持有者根本不可能，也无法参与企业管理，而取得红利的人数也微乎其微。

1994 年，只有 4%—5% 的股民获得"分红"，[①] 实际上由于企业大部分停工或开工不足，"股东"已名不副实。俄罗斯私有化第一阶段的公式为：一张私有化证券 = 俄罗斯 70 年社会资产总量 ÷ 全体居民总数 =10 000 卢布。两年后变为：一张私有化证券 = 面值 10 000 卢布 =7 美元 =1 千克香肠。在社会心理方面，大多数俄罗斯人认为分得的不是国有财产，而是微不足道的"补助"，或是一张"彩票"。俄罗斯学者指出，这种"平均分配"国家资产的做法实际上是一种"欺骗"，在政治上是有害的，在经济上也是徒劳无益的，大多数居民没能也不可能成为"真正意义上的投资者或所有者"。随着"大众私有化"阶段的结束，"货币私有化"的开始，俄罗斯一些"油水"企业纷纷拍卖、招标，绝大部分居民更是与之无缘，只能做"看客"。

俄罗斯自由派改革者最初提出，私有化的社会政治目的是剥夺官僚机构手中的"国家财产支配权"，造就新的所有者阶层。而私有化的结果，却是旧官僚、"影子经济"等成为真正的赢家。

---

① 证券私有化的结果，居民的评价及意见 [J]. 经济与社会变动：公众舆论显示器，1994(4).

俄罗斯学者指出，权贵的私有化进程早在戈尔巴乔夫掌权时期就开始了。随着经济管理权的下放，一些经济管理机构或企业领导人截留权力，积极投身于"影子经济"，著名的"共青团经济帮"就是此时形成的。随着私有化进程的展开，官员们已不满足分享经济权力，捞取一时的经济好处。于是分割国有资产、掌握生产资料所有权，就成了俄罗斯未来商界精英的追逐目标，例如，一些部委改为康采恩或集团公司，各种利用国家资本出现的私人银行，大批由国有供销机构改造而来的商品交易所等。俄罗斯报刊称之为"隐形私有化"，其结果是"管理权变成了所有权"，形成了俄罗斯商界精英中的"红色资本家"阶层。

值得注意的是，无论是"红色资本家"，还是暴发的"新俄罗斯人"，虽然他们手中掌握了生产资料的所有权，但因为这些并非他们经营或劳动的积累，所以他们并不珍惜。他们既缺少市场知识，又没有现代管理经验，具有很强的寄生性和腐朽性。

叶利钦总统承认，私有化造就了一批"所有者"，却未出现"管理者"。此外，俄罗斯社会所期望的动力阶层——"中产阶级"也尚未形成。官僚资本、新兴的垄断、官员的腐败、沉重的税赋以及黑社会势力的敲诈都严重阻碍着中小企业、私人经济的顺利发展。

### （六）私有化给俄罗斯国家安全造成威胁

俄罗斯有关部门认为，私有化纲领没有顾及国家的经济安全、国防安全保密，过急的实施办法激化了社会矛盾，造成了社会局势紧张，严重影响了国家和社会安全。

**损害经济安全。**大量材料显示，俄罗斯私有化过程中，国有资产流失严重，私有化为少数人提供了绝好的敛财机会，无法统计的国有财产被变相转手或侵吞，削弱了国家的总体经济实力。1992 年，私有化运动开始之时，俄罗斯全社会 70

年积累的国有资产总量（不含居民住房）估价为 1.5 万亿卢布，这个数字是按 1991 年物价改革前的价格统计的，到 1992 年发放私有化证券时价格上涨已达 20 倍，然而相应的资产重估却未进行。这样一来，一些证券投资公司大量低价收购私有化证券，结果是国有资产几乎被无偿地变卖。莫斯科"吉尔"汽车制造厂资产总量约合 10 亿美元，一家私人财团购得价格仅为 400 万美元，后因经营不利、负债累累，莫斯科又重新将之收归国有。莫斯科市化工进修学院的房产及设施价值约 1 亿美元，被某公司仅以 800 万卢布的价格购买。俄罗斯私有化过程中，国有资产被贱卖的事例很多，俄罗斯报刊对此经常披露。除有形资产外，私有化过程中无形资产和知识产权的流失更是难以统计。

俄罗斯国家杜马稽查委员会的特别调查报告指出，私有化不但没能使转轨政府的财政预算增加，反而使国家失去了对一些大型企业，甚至工业部门的控制。俄罗斯私有化的实践表明，私有化步伐快的领域，往往是利润丰厚、前景诱人的部门。俄罗斯境内外的灰色经济势力的目标从港口指向陆地，从地下指向天上，石油、有色金属等原料部门，航空和军工企业都成为各种资本势力争夺的对象。俄罗斯安全机构的报告显示，俄罗斯 2/3 的具有丰富资源和经济潜力的地区已被各种灰色经济势力、黑手党组织所控制，对俄罗斯的经济安全构成严重威胁。

**损害国防安全**。在俄罗斯私有化的后期，具有战略意义的国防工业企业一般不纳入私有化的范围，重要军工企业私有化的名单由政府和议会审查决定。但俄罗斯安全情报部门的报告指出，外国商人或通过俄方公司购买军工企业的股票，或采取建立合资企业等形式，窃取尖端技术，达到进入或控制这些企业的目的。类似的事件已发生多起，特别是涉及航空航天、导弹制造等军工企业。

**威胁社会安全**。疾风暴雨式的变革使俄罗斯老百姓措手不及，不同地位、不同起点的社会居民参与变革的程度各异，受益不均。大多数俄罗斯老百姓生活江河日下，但俄罗斯社会少数人却在经济变革的浪潮中"暴富"，导致社会贫富差距扩大、两极分化严重。社会最高阶层平均收入是最低阶层平均收入的 14—15 倍，最高工资与最低工资的差距扩大为 27:1。俄罗斯学者认为，私有化的推行，使得俄罗斯社会的贫富差距不仅表现在工资收入上，而且更多地体现在占有财富和资产的多寡上。1992 年以后，俄罗斯社会出现的"暴富群体"，与社会大多数居民的贫困化，形成了强烈的对比。随着资本收益几何级数的增长，俄罗斯社会的贫富分化将更为严重，势必激起社会大多数的不满情绪，导致社会的紧张状态。社会调查结果显示，俄罗斯社会的紧张程度已接近社会冲突的临界点。[①]

与西方社会不同，俄罗斯社会缺少稳定的"中间阶层"。西方的社会结构呈两头小、中间大的"橄榄型"，而俄罗斯却为"金字塔"状。据西方报刊描述，莫斯科市每年进口的"奔驰"超豪华轿车，比德国售出的总数还多。莫斯科近郊的森林里，西式漂亮的洋房、别墅随处可见。法国南部的疗养胜地，以前本是欧洲富贾和阿拉伯石油大亨喜爱的场所，现如今，俄罗斯新贵携大把的美钞现金纷纷涌入。

### （七）私有化导致犯罪猖獗

近几年，俄罗斯社会治安状况急剧恶化，经济领域犯罪猖獗。俄罗斯内务部及总检察院的报告中一致认为，在企业私有化过程中，犯罪案件激增。

仅 1996 年就有 1 746 起犯罪案件登记在案，而自私有化运动开展以来，共发案 30 000 余起。1997 年初，俄罗斯联邦内务部将题为《俄罗斯联邦反经济犯罪和贪污的情况与措施的报告》提呈叶利钦总统，报告中援引俄罗斯科学院分析中心的材料指出，在私有化过程中约有 55% 的资本和 80% 的有表决权的股票落

---

① 俄罗斯科学院社会政治研究所. 俄罗斯社会及其社会政治形势：分析与预测 [M]. 莫斯科：研究所内部研究报告，1995：81—83.

入俄罗斯境内外犯罪集团手中。

私有化过程中最为普遍的犯罪活动是滥用职权、以权谋私、贪污受贿以及欺诈行为等。更为严重的是私有化的主管部门——各级国有资产管理委员会"丑闻"不断，仅1996年就有152位该部门官员，6 000名负责拍卖、招标的人员被检察机关起诉。特别是1997年夏天揭露出的涉及俄罗斯几任私有化领导班子的"9万美元稿费丑闻"，导致了副总理、国有资产管理委员会主席等7位"私有化高官"的解职。稿费丑闻同俄罗斯私有化历史上最大的一桩拍卖——"电信投资"有直接的关系。俄罗斯舆论称，稿费丑闻可作为窥视私有化的"一面镜子"。

之后，随着像石油、军工等一些"肥缺"企业被拍卖，巨型金融工业集团之间的利益争夺战更为激烈。私有化成为俄罗斯传统垄断部门和新兴的金融财团争夺利益的"舞台"。西方学者指出，权力和金钱绞在一起，使俄罗斯私有化进程步入迷途。

**（八）俄罗斯官方披露的私有化后果的有关情况**

1.总检察长写给总理的信。

就俄罗斯私有化过程中暴露的众多问题和一些犯罪事实，俄罗斯联邦代理总检察长伊留申科写了一封给切尔诺梅尔金总理的信。以下是该信的片段：

检察机关对一些科技生产联合会、设计局、科学研究院和俄罗斯联邦军工委员会的企业进行了检查，检查结果表明，国家资产流失严重。检察人员发现了大量国家资产被非法私有化的情况。一些企业的下属部门擅自独立，并实行股份化；一些企业财产被非法划归商业机构；有人滥用职权，随意支配企业的资产和周转资金。

如一家名为"星辰"的国有企业，总经理非法从本厂拨出几百万卢布，作为儿子和妻子所属私人公司的注册资本，并私自将该厂一部分厂房出租，获取非法收益而不纳税。莫斯科半导体技术研究所的领导，非法将130万卢布投入到"卫星轨道"商业银行；将30万卢布投入到"联合电业"股份公司；将5万卢布投入到"特维尔通业银行"；私自将500万卢布投入到另一家商业银行，还有900万卢布被非法挪用。

检查结果有待进一步总结。但很明显，国有资产管理委员会的工作存在严重的失误。它没有消除国家资产的挥霍浪费现象，没有对企业获取和运用贷款情况进行监控。许多商业银行不顾《俄罗斯联邦抵押法》的规定，没有征得国有资产管理委员会的同意，将一些军工企业的资产作为抵押，私自为一些企业贷款。

检察机关的材料表明，有些企业和人员，故意混淆国有资产和个人所有制形式。一些企业为获取眼前利益，将国有资产转到私人手里。

## 2. 原"克格勃"搜集的情报：私有化危害国家安全。

①圣彼得堡"电力"股份公司19%的股份被一家英国公司购走。"西门子"公司也想购买该公司20%—25%的股份。他们此举的目的，是要把"电力"股份公司的产品挤出市场，并利用该公司进行劳动密集型、简单、低报酬的生产，而主要产品的核心仍在西方公司生产，用"西门子"商标。

②西欧、美国一些公司的专家认为，外国对俄罗斯投资中，大部分属于短期证券投资，而且带有很大的投机性。俄罗斯股份公司的有价证券不仅十分低廉，而且它们的开盘价可能会快速升值，所以很多西方公司乘机大赚一笔。（俄罗斯联邦反间谍总署第一副署长，1994年11月29日，卷宗152/4745号）

③在远东滨海地区，由于政策失误和官员们的营私舞弊，私有化导致了社会贫富分化。腐败分子和刑事犯罪集团控制了改革进程。（俄罗斯联邦反间谍总署署长斯捷巴申的密信，1994 年 6 月 24 日，代号 1629—CH）

④在私有化进程中，西方获取了俄罗斯大量的新技术，北约为整理和研究这些先进技术出台了一个专门项目《东欧集团国家与全球网络及信息技术兼容性》。该项目负责人邀请俄罗斯专家，按欧洲标准把从俄罗斯获得的技术进行分类，并对它们的应用提出建议。（选自普里马科夫和斯捷巴申的报告：《西方针对俄罗斯军工体的政策走向，1994 年 8 月 26 日》）

⑤美国公司——"新世纪投资控股"公司假冒其他公司购买了俄罗斯一些有发展潜力的电力企业的股票，该公司想借此来把俄罗斯许多地区的电力网置于自己的监控之下。

⑥外国公司共控制了全俄大型股份公司——"统一电力"17% 的股份。

⑦美国投资公司"CS First Boston"打着股份公司的旗号，购买了俄罗斯军工厂的 10% 的股份。该厂 87% 军工产品提供给俄罗斯总参谋部和俄罗斯联邦反间谍总局。该厂章程规定，只要控股 10%，就可以选派一名代表进入该厂厂长委员会参与领导工作。

⑧世界驰名的集团"西门子"公司收购了俄罗斯军工企业——"卡卢加"涡轮机厂 20.8% 股份。该厂专门为俄罗斯核潜艇研制生产涡轮机设备。

⑨莫斯科电机厂和"石墨"研究所生产军用火箭所需的原材料石墨。

而现在该厂 30% 的股份属于俄罗斯的一家招牌为"格拉尼克斯"公司。实际上"格拉尼克斯"公司的资金属于同美中央情报局关系密切的美国人海伊。现在，该工厂在美国人的压力下，不再接受俄罗斯军事航天部门的订货，只按美国的工艺，为其生产、制造零配件。

根据俄罗斯国家杜马有关私有化问题听证会公布的材料，俄罗斯在私有化期间损失总计为 9 500 万亿卢布，其中经济损失 5 500 万亿卢布，社会损失 4 000 万亿卢布，相当于 1996 年国内生产总值的 4.2 倍，相当于"二战"期间损失的 2.5 倍。还有专家估计，由于低价出售国有资产，国家损失至少高达 1 万亿美元。

俄罗斯科学院的一份研究报告指出，私有化结果和其他改革措施一样，都未达到预期目的。私有化本应防止国家资产的控制权落入官员们手中，但事实上，私有化后许多官员却合法地掌握了这些资产。私有化只不过是将"官员手中掌握的公有财产合法化"，私有化是为"权力转化为资本"履行了法律手续。就连俄罗斯自由改革派代表人物叶·盖达尔也承认，俄罗斯的私有化实际上是"权贵阶层对国家财产的私有化"。[①]

一些俄罗斯专家提出，私有化是俄罗斯新政权最彻底的一次改革，非常符合国家垄断或权贵垄断演变的潮流。私有化并未造就广泛的私有者阶层，而是形成了一小撮国家资产继承者，私有化不但没有克服反而强化了经济的垄断。国家反垄断政策根本没有奏效。一些"横空出世"的私人金融工业集团比原国家性质的集团更缺乏责任感、更具威胁性。

2004 年，俄罗斯联邦审计署对 1993—2003 年私有化进行专门审计，内容主

---

① 叶·盖达尔. 国家与变革 [M]. 莫斯科：欧亚出版社，1995：103.

要涉及私有化的法律基础、执法机关在私有化中的作用、私有化的经济和社会后果。其结论是：私有化是俄罗斯最重要的经济制度改革之一，俄罗斯通过私有化在最短的时间内确立了市场经济制度，并在社会冲突相对较低的情况下实现了产权再分配。但私有化结果却与其战略目标相去甚远：未能形成广泛有效的私人所有者阶层，未能带来企业效益的提高，所吸引的投资对于企业生产、技术现代化和社会发展远远不够，在一系列行业里没能保持企业在国内和国际市场的竞争优势。该报告还指出，私有化过程中存在着法律不健全、执法机构违规越权、贱卖国有资产、对私有化交易缺乏独立的外部监管、政府机构存在大量腐败等问题。

## 六、私有化的社会遗害

俄罗斯当局本想通过私有化建立稳定的"公民社会"基础，但事与愿违。经过几年轰轰烈烈的私有化，社会上充斥着犯罪和权钱交易现象，结果导致社会更加动荡不安，两极分化严重。作为一场急风暴雨式的财产争夺战，俄罗斯私有化触及社会各阶层的切身利益，改变了社会的利益格局，激化了本已十分尖锐的社会矛盾，成为经济主管官员、新旧企业主、外资、私有化主管部门、普通职工之间社会冲突的导火索。

在许多俄罗斯居民看来，叶利钦时期的私有化犹如戈尔巴乔夫的"公开性"、"民主化"和"新思维"一样，又是"一场改革闹剧"。自由派许诺的"公平分配社会财产"的迷雾渐渐散去，俄罗斯老百姓发现，身边的少数人一夜之间暴富。而在这场以"私有化证券"为赌注的赌局中，大多数百姓是输家，真正的赢家是原厂长经理阶层，还有一些暴发的地下经济势力。俄罗斯私有化一开始就伴随着激烈的政治斗争，每项私有化纲领的出台都成为各种政治势力争论的焦点。私有化不仅引起左翼反对派的抗议，而且导致当权的自由派内部的分裂。当然，俄罗斯经济私有化最严重的政治后果是催生了少数私人财阀，豢养了一小撮金融寡头，这也是激进的经济私有化遗留下来的最沉重的政治遗产。

"财阀控制经济、寡头要挟政治。"1996 年，以别列佐夫斯基为首的少数寡头出资赞助叶利钦成功连任总统之后，这些寡头变本加厉，向当局要求经济回报，甚至进行政治要挟。少数财团乘机控制新闻媒体，借机操纵政治，分享权力，成为俄罗斯社会生活中的一个"怪胎"。①

俄罗斯私有化暴露出的问题，特别是少数财阀、寡头的所作所为，不仅激怒了俄罗斯百姓，而且也为西方社会学术界所不齿。诺贝尔经济学奖获得者、美国经济学家约瑟夫·斯蒂格里茨，哈佛大学俄罗斯经济问题教授马歇尔·格德曼等多次对俄罗斯的改革模式以及私有化运动提出批评。"金融大鳄"乔治·索罗斯也对俄罗斯私有化提出批评。索罗斯把俄罗斯经济制度定义为"掠夺式资本主义""强盗式的、野蛮的资本主义"。索罗斯几次在公开的场合面对俄罗斯新生寡头，咒骂他们的暴富靠的是私有化中的"犯罪、盗窃"。他说："我认为，俄罗斯已从苏维埃制度的一个极端走向了一种恣意妄为的、更近于掠夺性的资本主义的另一个极端。"这位美国金融大亨对"俄罗斯寡头这种粗暴野蛮和凶恶贪婪的行为"感到震惊，索罗斯写道："国家瓦解了，而每个人都在千方百计偷窃国家的财产。"索罗斯认为，丘拜斯推动的私有化是为了将"掠夺性的资本主义变成合法的资本主义"。②

1999 年 8 月 26 日，美国《国际先驱论坛报》发表了一篇题为《经济学的至

---

① 俄"中心电视台"总裁奥·波普佐夫答《共同报》记者问 [EB/OL].http://www/nns/ru/chronicle/center/03/08/2001.

② ［俄］实业界，1997-6-25.

理名言，也许对真正的老百姓却是灾难》的文章，其中援引联合国开发计划署对苏联、东欧国家经济转轨的调查报告，称"私有化使得1亿多人陷入赤贫，数百万人失去社会保障"。与此形成强烈对比的却是私人财团"爆炸式"的膨胀，约5%的少数人在短时间内聚敛了无数的财产之后暴富。

俄罗斯私有化的失败是必然的，其社会后果十分严重。一方面私有化打着"全民私有化"的旗号，实际上绝大多数俄罗斯人民根本没有明白、没有机会也没有能力参与到经济私有化的过程，"全民私有化"只不过是当局打出的欺骗性的口号。叶利钦提出的通过私有化在俄罗斯"建立广大私有者阶层"的计划也流产夭折。另一方面，通过急速的私有化运动，俄罗斯私人财团"爆炸式"的膨胀却成为现实。短短的几年时间，有不到5%的俄罗斯人乘私有化之机，聚敛了无数的财产，短时间内暴富，数量更少的一小撮人成为私人财阀。在叶利钦掌权的后期，他们当中最著名的七大财阀大肆干预政治，独揽权力，演变成横行一时的俄罗斯寡头。

2007年，在普京的第二个总统任期即将结束时，俄罗斯自由派政治势力在西方的支持下，企图利用总统大选时机对普京展开政治反扑。鉴于此，普京对20世纪90年代私有化操作者和获利者大加鞭挞。在2007年11月的一次公开演讲中，普京指出：

在当今俄罗斯，不是所有人都喜欢我国稳定地向前发展的。也有一些人，他们狡猾地利用假民主和华丽辞藻，想让我们返回到不久前的过去：有些人想能像过去那样不受惩罚地窃取国家的公共财富、掠夺人民和国家，还有些则想使我国在经济和政治上失去独立性。

2010年12月16日，在评价西方支持的俄罗斯自由派人物时，普京一针见血地说道：

　　这些人想要的只是金钱和权力。90 年代，他们与别列佐夫斯基以及那些当下正被关在牢里的人一起窃取了数十亿的资产。现在他们被从能捞到油水的地方赶走了，钱也花得差不多了，自然想回来填满自己的口袋。可是，如果我们允许他们这样干，几十亿已经难以满足他们的胃口，他们会将整个俄罗斯都卖光。

# 第十章　俄罗斯经济之困

苏联解体后，叶利钦在俄罗斯推行"休克疗法"，私有化成为俄罗斯经济改革内容的"重中之重"。然而私有化没有像叶利钦所讲的那样，成为俄罗斯人通往自由经济的通行证。只有 5% 的极少数富人赶上了市场经济的列车。据俄罗斯科学院经济研究所的资料显示，2.5% 的巨富阶层控制着 70% 的俄罗斯资产。俄罗斯财富两极分化的程度与非洲的肯尼亚、布隆迪、塞内加尔等国家相似，10% 的最富阶层拥有全社会 33.5% 的财富。200 位最富有的俄罗斯人掌握的财富总额高达 12.5 万亿卢布，这超过了俄罗斯联邦政府一年的财政收入。①

经历了戈尔巴乔夫 6 年的"改革"和叶利钦近 9 年的自由化经济改革，俄罗斯学者这样描述俄罗斯资本主义社会："历时八年草率的资本主义改革将经济彻底搞垮了，俄罗斯经济跌入崩溃的边缘，俄罗斯在世界国民总值中所占的份额不及 2%，在世界贸易总额中只占 1%，国际地位降低。在社会经济领域，居民贫富悬殊、两极分化，民不聊生。向资本主义过渡的几年间，俄罗斯工业产值减少了 70%，农业下降了 50%。俄罗斯的国内总产值下降了一半

---

① 私有化券：一张黄色票证的 20 周年祭 [N/OL]. 论据与事实，2012-8-22.http://www.argumenti.ru/toptheme/n353/197784.

左右。"① 1999 年 12 月 31 日，刚刚代理俄罗斯总统职务的普京在《千年之交的俄罗斯》的演说中指出："俄罗斯正处于数百年来最困难的一个历史时期，大概这是俄罗斯近 200—300 年来首次真正面临沦为世界二流国家，抑或三流国家的危险。"②

## 一、普京打击财阀寡头、掌控经济

痛定思痛，在 2000—2008 年的两个总统任期中，普京决意与叶利钦时期的私有化做法分道扬镳。普京着力恢复俄罗斯政府的经济掌控力，巩固执政的经济基础，增强俄罗斯经济的国际竞争力，并连续采取了一系列新的政治治理和经济整顿的举措。

20 世纪 90 年代中后期以来，俄罗斯社会反对私有化的声音越来越强烈。1999 年 11 月，俄罗斯"罗米尔"社会舆论调查机构进行了一次社会调查，结果显示，65% 的被调查者同意重新审查私有化的结果，18% 的人表示反对，17% 的被调查者没有回答。1998 年，曾任政府总理的普里马科夫多次表示，如果私有化过程中存在经济犯罪、私有化造成停产、分光资源等现象，就应当审议私有化结果，甚至考虑重新国有化。普里马科夫甚至宣布，已经为那些在私有化中巧取豪夺的寡头们准备好了"监狱号子"。

在社会各派对私有化议论纷纷的情况下，私有化问题也成为 1999 年普京出任总理后政策走向的一块"试金石"。面对错综复杂的私有化难题，上台之初的

---

① 谢・罗戈夫 . 地缘挑战和俄罗斯与世界接轨的问题 [C]. 第二届全俄 "俄罗斯与 21 世纪" 讨论会材料 . 莫斯科，1999：107—112.
② 普京 . 千年之交的俄罗斯 [N]. 独立报，1999-12-30.

普京出言谨慎。他一方面认为"前些年的私有化出现了许多问题，犯了一些错误"，另一方面又强调"今天根本谈不到也不应该谈重新分配俄罗斯财产问题。如果我们允许重新分配财产，遇到的问题和造成的损失比过去搞私有化时还大"，[①] 如果在私有化过程中出现"违反法律"的事实，那么检察机关应当予以追究。

2000 年，普京正式当选俄罗斯总统。在第一个总统任期内，普京在国情咨文中几次提及"寡头参政、操纵舆论、瓜分财富"等情况。普京强调，国家权力不应被少数寡头收买或私有化。之后，普京巧妙利用机会和矛盾，"稳、准、狠"出击，各个击破。为消除私有化的后果，有效打击寡头势力，防止寡头操纵媒体、插手政治和恣意妄为，普京动用安全、检察、税务等部门的力量，在 2000—2003 年的两三年时间里，先后下令查处了传媒大亨古辛斯基、号称"克里姆林宫教父"的别列佐夫斯基和全国首富霍多尔科夫斯基这些不可一世的俄罗斯寡头，可谓是杀鸡儆猴、敲山震虎。通过有针对性地出击财阀、寡头，普京当局顶住了国内外包括来自西方国家的强大政治压力，顺利地收回了一些重要部门如电视台和石油公司的控制权，强化了国家对经济的掌控能力。

2004 年以后，普京在第二个总统任期内，进一步强化国家对经济的干预和主导作用，重新控制了战略性资产，彻底摆脱叶利钦时期寡头凌驾于政府之上并干预政治经济的模式；通过市场和司法手段，拆分私人寡头企业；促进国企强强联合，组建超大型国家公司；强化国家对战略性行业的掌控，用国家资本主义取代寡头资本主义。借助打击寡头的机会，俄政府成功收回并控管了大多数传媒机构和能源、银行、航空、核能、军火出口等主要战略性产业及装备工业，同时确定涉及国防、石油、天然气、运输、电力、外贸、银行、渔业、钢铁制造业等领

---

① 普京在全俄国家财产管理系统会议上的讲话 [N]. 俄通社—塔斯社电，1999-11-22.

域的 1 063 家大中型企业为国有战略企业，规定政府无权对这些战略企业实行私有化。俄还任命政府高官直接到战略性大企业兼职。

据俄"三家对话"投资银行和《专家》杂志保守估计：2004—2007 年间，国有股份在俄资本市场中的占比从 24% 上升到 40%，2009 年达到 50%。1997—2009 年，国有经济比重从 30% 回升至 67%，在银行业、加工业、石油天然气行业中，国有股份占比分别达到 60%、50% 和 45%。其间，私有化基本处于停滞状态，每年的私有化计划实际都完不成。

在俄罗斯，国企包括联邦和联邦主体所属两级企业。在普京的社会经济政策中，政府的经济职能在加强。这些职能主要集中在发展教育、医疗、社会服务、公共交通和国有企业。国有企业是政府职能的物质基础，也是政府调控经济的工具。俄罗斯政府主要采取以下几种手段强化国企的作用，加强经济掌控。

**（一）将能源私企重新国有化**

能源工业在经济中的特别地位，决定了能源国企是俄政府调控经济的龙头。能源私企国化是俄政府确立国企在国民经济中核心地位的坚定步骤。

1. 采取司法手段，将"有问题"的私有石油公司的核心资产收归国有。能源特别是石油和天然气是俄罗斯经济的命脉。根据世界银行的资料，2004 年燃料能源综合体保证了俄罗斯 80% 的出口，俄罗斯国内生产总值的 1/4 由石油天然气收入构成。叶利钦时期的私有化使得 80% 以上的石油资源控制在私人财团手中。2004 年 12 月，俄联邦政府依司法裁定，拍卖尤科斯属下尤甘斯克油气公司 76.79% 的股份以抵偿偷逃税款，使最终购买者国有独资的俄罗斯石油公司每年增加石油开采能力 6 500 万吨。

2. 采取市场手段，由国家控股企业收购私有西伯利亚石油公司。2005 年 9 月，俄联邦政府控股的天然气工业公司以 131 亿美元收购西伯利亚石油公司 72.6% 的股份，每年增加石油开采能力3 500万吨。

以上做法使联邦政府控制的石油开采能力从占总开采量的7.5%提高到了30%，总计约每年1.4亿吨。国有化整合壮大了俄罗斯国有能源企业，使俄政府拥有了对能源工业的有效控制力。在俄罗斯，控制能源工业等于掌握调控经济的杠杆。

### （二）通过立法保证战略性国企的核心地位

通过立法让重要领域的核心国企拥有垄断地位，这是俄政府保障国企对国民经济绝对影响力的典型做法。普京在第二任期内颁布了一系列法律，将对俄罗斯具有战略意义的核心企业以国家独资或控股的形式收归国有。《自然垄断法》（1995年）、《天然气供应法》（1999年）的规定使天然气工业公司成了决定其他企业开采量和出口量的阀门；依《自然垄断法》和《电力法》（2003年），国有统一电力系统（发电量占全俄70%）垄断全俄电力生产、传输和调度权；《破产法》修正案（2004年）最重要的内容，是把联邦与联邦主体两级政府共有的油气开采审批权完全收归联邦政府，改"两支笔"为"一支笔"；《天然气出口法》（2006年）给予俄罗斯天然气工业公司和其独资子公司出口天然气的专有权，其他独立公司可以在支付佣金的基础上通过俄罗斯天然气工业公司、其下属的天然气出口公司和俄罗斯天然气工业公司的其他独资子公司出口天然气。

### （三）政府积极扶助国企扩张

利用行政权力扶助国企实施资源、市场和资本扩张，是俄政府提高国企经济调控能力的有效途径。

1. 支持天然气工业公司主导科维克塔凝析气田开发。该气田为东西伯利亚最大气田，开采权属于合资的THK–BP公司。由于THK–BP公司没有也无权自建出口管道，致使气田多年无法工业开采。俄政府则以拖延开采为由威胁撤销其开采权，迫使该公司与天然气工业公司探讨共同开采，类似情形还发生在萨哈林大陆架二号项目上。此外，俄政府还以直接注资方式壮大天然气工业公司。

2. 支持俄罗斯石油公司获得更多油气资源。

3. 支持统一电力系统公司购入动力机器公司股份。2005 年 12 月 7 日，俄政府批准了统一电力系统公司以 1.014 亿美元购入私有的动力机器公司 22.43% 的股份，后者是俄最大的发电和配送设备制造企业。此交易明显加强了统一电力系统公司的实力和垄断地位。

4. 支持国有的对外贸易银行的资本和业务扩张。2005 年 12 月 21 日，俄联邦政府决定把中央银行持有的其他数家俄境外银行的股份全部转给对外贸易银行，使后者完全持有或控股这些银行。这样，对外贸易银行不仅银行资本剧增，而且迅速扩大了在伦敦、巴黎、法兰克福、维也纳和卢森堡的金融业务。对外贸易银行成为俄境外融资和外贸结算的核心金融机构。

**（四）加强对战略国企的监管**

1. 俄政府高级官员到大国企兼职，既是政府履行经营国有资产的责任，也是保障国企忠实执行政府经济政策的有效组织措施。

2. 在加强对重要国企组织人事控制的同时，普京也强调对国企的上缴利润和税收的监管。早在 1999 年担任俄政府总理之时，普京就召集专门会议，对大型国企藏匿利润提出严厉批评。普京举例说明，1999 年俄罗斯 4 000 家国企中只有 517 家上缴利润。而像俄罗斯统一电力公司、天然气工业公司、卢克石油公司等拥有 40 亿甚至上百亿美元的特大型国企上缴的利润也只有 70 万—400 万美元，几乎是微不足道的。与此同时，普京向俄罗斯政府下令，要求进一步加强对国有资产包括办公房屋等事业性财产的登记和审核。

3. 利用税收手段，把石油超额利润缴入联邦财政。在从政治、思想以及法律上确立了对寡头的优势以后，普京政府对资源的支配和调节手段更加多样，运用得更加从容和自如，积极利用税收手段对内销石油征收矿产开采税，对出口石油征收关税。例如，2005 年 4 月，乌拉尔牌石油均价每桶 46.86 美元，当月开采税每桶 8.13 美元，出口关税每桶 19.67 美元，[①] 两税赋水平相当，且均随国际油价浮动。其中石油出口税率核定标准是把高于每桶 25 美元以上部分的 90% 作为出口税额。从 2004 年 1 月至 2005 年 11 月，主要以石油出口税建立的联邦稳定基金已达 1 万亿卢布，约 350 亿美元。稳定基金主要用于应对石油价格下跌对俄经济造成的风险以及提前偿还外债，客观上也是俄实行社会领域改革的"保险基金"。

（五）限制和规范中小企业的私有化

政府通过对中小国企私有化，既甩掉了经济包袱，又为发展和壮大国企提供了资金。俄罗斯中小国企私有化的特点是：

1. 私有化对象只能是非战略性企业。在俄罗斯，战略企业是指其产品和服务对国防、国家安全和保障公民精神、健康和合法权益有着战略意义的企业。这些企业可以是单一制联邦企业，也可以是联邦政府持股的股份企业。在绝大多数情况下，政府在战略性股份企业中持股比例大于 25%，即政府对企业经营活动至少拥有否决权。

2. 私有化行为规范化。为规范私有化，俄联邦政府制定并公布年度私有化企业名单及政府拟出售股份总数和比例。例如，联邦政府每年 8 月份公布下一年度私有化企业名单，主要是经营效益差的单一制国企和政府持股低于 25% 的股份企业。

---

① 对出口石油免征 18% 增值税。

## 二、在强化国企与私有化之间纠结

### （一）如何看待 20 世纪 90 年代经济私有化运动

时至今日，俄罗斯要如何处置 20 世纪 90 年代私有化过程中那些一夜暴富的寡头及其资产，仍是一个悬而未决的问题。在 2012 年总统竞选期间，几位总统候选人对此都纷纷表态。总统候选人、亿万富翁普罗霍罗夫建议，应将俄罗斯商人在 20 世纪 90 年代以可疑方式收购的资产合法化，但商人必须为这些资产纳税。另一位总统候选人、俄罗斯联邦共产党主席久加诺夫则建议："首先是把矿产资源收归国有，否则任何一个问题都无法解决。整个铁路和管理系统、通信系统、石油天然气管道等都应由国家掌握。"普京在俄罗斯工业企业家联合会第 19 届代表大会上表示，应当制定相应的机制，比如要求私有企业主一次性缴费，以便对俄罗斯私有化问题"盖棺定论"。但原财政部部长库德林则对此表示反对，认为普京提出的关于私有企业主一次性缴费的机制，会恶化俄罗斯的经济和法律环境。

普京是怎么看待这个问题的呢？他承认叶利钦时代的私有化是不公正的，但出于社会稳定的需要和经济上的考虑而不主张公开剥夺寡头资产。这是普京对待这场私有化运动的立场。2012 年 1 月 30 日，普京在《导报》上刊发了一篇经济性竞选纲领。在这篇题为《我们需要新经济》的文章中，普京又一次谈到了对私有化运动的看法："社会上许多人认为，20 世纪 90 年代的私有化，包括抵押拍卖是不公正的。对此我完全同意。但现在剥夺这些人的财产，像一些人所建议的那样，则会导致经济停滞、企业瘫痪和失业暴增。而且，有一些所有者在形式上是正常的购买者，他们没有违反当时的法律。许多人对企业进行了现代化改造，增加了新的工作岗位，成了卓有成效的企业主。他们在 2009—2010 年危机期间的行为表明，商界的社会责任意识也大大增强了。"

对于前些年普京上台后发起的打击私人财阀的行动，他认为："当时在90年代暴富起来的人和想把他们的钱归还国家用于造福整个社会的人之间展开了一场斗争。我们当时的行为是合理的，提高了国家对原料部门的掌控力。"

普京坚持，打击寡头是合理合法的，否则俄罗斯财富不仅会被一小撮私人财阀控制，而且会被变卖给国外势力。普京说，打击寡头"不仅仅是因为他们中的某些人企图继续直接收买政治。在我的第一个总统任期内，国家的战略资源掌握在区区几个私人手里数年，我们遇到了把国家关键资产卖给国外的强烈企图。这意味着可以从外部控制俄罗斯的经济……看看国际资本在动荡、混乱、感觉危机临近时的表现就能清楚，为了挽救他们自己国内的核心事业，这些西方资本毫不犹豫地就从新兴市场撤走了资金，而且在它们看来，俄罗斯就属于新兴市场"，这更容易得手。

**（二）俄罗斯私有化是进还是退**

由于20世纪90年代那段私有化的狂风暴雨和惨痛的历史教训，俄罗斯社会上下对进一步私有化的意见不一。在要不要推进私有化、如何进行私有化等问题上各持己见。例如，俄共坚决反对私有化，甚至主张将一些大企业重新收归国有。而俄罗斯当局内部对私有化和国有企业的态度也分歧严重。以俄罗斯政府原副总理谢钦为代表的一些实力派官员认为，国家经济的命脉，特别是关系到国家利益的战略行业（比如能源）应该掌握在国家手中，从而能够集中精力开发大型项目，以提高俄罗斯的经济速度和竞争力。他们认为，国家对战略性资产的控制是国际金融危机之前俄罗斯经济快速发展的原因之一。

然而，以梅德韦杰夫为代表的俄罗斯当权派中的自由派势力则对国有企业持怀疑态度，他们认为国有企业垄断资源、低效而浪费，因而极力主张要进一步私有化。例如，在 2012 年俄罗斯国有企业私有化会议上，俄总理梅德韦杰夫说，国企私有化是俄政府工作的重要方向，相关国企股权出售应该按照制订的计划执行。他说，2013 年的私有化进程不应放缓，"因为私有化既可以补充财政收入，又能提高企业管理效率，而且从整体来看有利于经济的健康发展"。

在 20 世纪 90 年代私有化高潮时期，私人财阀一度控制了俄罗斯石油行业的 80%。而如今国企在经济比重中占据了 50%。2012 年，随着俄罗斯政权的又一轮新老交替，涉及私有化问题的争论又走到前台。2012 年 6 月 21 日，普京在一年一度的圣彼得堡经济论坛上表示，国企的战略性重组不是恢复苏联，更不是走国家资本主义道路，俄罗斯不应由私营部门的垄断来取代国家垄断。普京强调："如果没有合理的竞争，市场经济就会显示出一种走向衰败的趋势，这显然与行政命令体制的走势没有什么两样。"

普京多次强调，开展私有化必须防止出现 20 世纪 90 年代的国有资产被廉价甩卖的情形。同时普京进一步提出，私有化并非为了扩充国库，而是结构性的。普京在 2012 年 1 月 30 日《导报》的文章中指出："我们出售资产不单单是为了预算得到更多的资金，而首先是为了提高经济的竞争水平，为私营经济发挥主动性扫清障碍。但不看市场行情贱卖资产，这是非常愚蠢的。没有一个当家人会这样做。"

2012 年 12 月 12 日，普京在第三个总统任期的首次国情咨文中明确提出，俄罗斯政府打算进行的私有化不应与 20 世纪 90 年代的私有化或抵押拍卖雷同。今后的（私有化）应是以公道实际的价格、诚实并且公开出售国有资产的私有化。私有化不仅关系到增加财政收入。私有化更重要的是首先关乎民众对国家行动的信任，关乎能否出现真正合法、受人尊敬的所有者。普京请求负责私有化的政府方面谨记这一点。俄罗斯舆论认为，这是普京总统对力促国企私有化的梅德韦杰夫政府和自由派人士提出的警诫。

对于战略性国有企业今后的改革方向，普京提出，今后俄罗斯将减少国家居主导地位的大型企业和银行，并将剥离天然气工业股份公司在内的大型垄断企业的非主营业务如控股的媒体公司等。普京提出，在当今条件下将限制国有公司在俄罗斯购买新的资产。"巨鲸"不应该妨碍私营经济在自己部门的正常发展，不应该把私营企业家排挤出最有利的项目。普京认为，创造增长的宏观经济条件，保持宏观经济的稳定，有利于俄罗斯"建立正常的资本主义"。

**（三）俄罗斯经济发展：重新工业化，还是后工业化？坚持现代化，还是发挥原材料优势？**

苏联解体后，俄罗斯工业在短时间里下降了 60%，产业和技术链条崩溃，产品失去竞争力和传统市场。普京在 2012 年 1 月 30 日刊发的《我们需要新经济》一文中提出："俄罗斯超过 1/4 的 GDP 靠的是向世界市场出售天然气、石油、钢铁、木材等原料或初级产品。如今俄罗斯依赖世界经济，依赖程度比多数国家更大……我国的大体地位是原料型国家。实际上我国经历了一场大规模的非工业化，丧失了发展质量，全面简化了生产结构，从而高度依赖消费品进口，依赖进口技术和复杂产品。"对此，俄罗斯有不少人提出，俄罗斯今后无须"争强好胜"，应安心选择像加拿大、澳大利亚等国家那样的依靠矿产、原材料出口的经济发展道路。例如自由派人士、经济学家叶夫根尼·亚辛曾提出：俄罗斯缺少机制和技术，难以走欧洲现代化的道路；俄罗斯缺乏"细致和勤劳"，也不能照搬中国、日本等亚洲模式。今后俄罗斯可以像加拿大和澳大利亚一样，利用能源和原材料优势，参与世界分工。[1]当然，与澳大利亚和加拿大不同的是，俄罗斯还可以保持自己

---

[1]　Новая модель экономического роста России на период до 2020 года[EB/OL]. http://ru.exrus.eu/~id4fa38f016ccc192917 0001d1.

在外交和军事上的国际影响力。

对于俄罗斯应安心发展矿产能源及原材料行业的建议，以普京为代表的重新工业化道路派和以梅德韦杰夫为代表的欧洲式的后工业化道路派均不认同。他们坚持认为，俄罗斯迫切需要建立国家发展的新经济模式，摆脱对原料和能源出口的依赖，实现经济现代化。

2012 年，在总统竞选前夕，由梅德韦杰夫亲自担任监事会主席的智囊机构——现代发展研究所出台了一份名为《探索未来：2012 战略的研究报告》。报告作者认为，俄罗斯不应选择（普京倡导的）国家主导的重新工业化道路，而是应当走后工业化发展道路。该所所长、自由派人士尤尔根斯提出，后工业化发展道路要求政府的政策重点集中于保护产权（包括免于国家的掠夺）、人的发展，以及吸引外资。后工业发展战略的支持者反对以产业政策为核心的新型工业化发展道路。后工业社会技术快速更新，居民的需求及其满足能力快速扩大，使得经济与技术发展的趋势与前景具有高度的不确定性，导致人们对未来的预测能力极大地降低，因此，不可能清楚确定应该优先发展的行业。梅德韦杰夫的经济助理、时任俄罗斯政府副总理德沃尔克维奇也公开支持后工业化战略："最近几个月俄罗斯必须要决定国家的发展战略。需要在两种方案中选择一个：或者是新型工业化，或者是后工业社会……我本人赞同第二种道路，建立在开放性、私人企业家的广泛参与以及竞争基础上的道路更具吸引力。"

而普京等人则认为，处于原材料产地的国际分工定位对于一些国家而言是可行的，但对于俄罗斯则是"不可接受的"，不利于"稳定、主权与体面的生活"；只有在高技术领域立足才能使经济持续稳定增长、获取高额收入、摆脱对外依赖，进而赢得全球竞争。普京提出，俄罗斯要想在世界范围内赢得竞争，必须在高科技领域占据一席之地，而由于私人资本不愿进入高科技领域承担风险，所以政府挑选优先发展方向并提供扶植是发展高科技产业所必需。普京还具体提到了几个应该占据领先地位的产业：制药、高科技化学、复合材料与非金属材料、航空工业、信息通信技术、纳米技术，以及仍然保持传统优势地位的原子能与宇航工业。普京认为，发展这些战略性高新技术产业必须有国家的引导和支持。

梅德韦杰夫等自由派人士经常声称，国家（的投资）总是犯错误，支持那些效率低下的（国有）企业，妨碍了新企业的发展。针对这种观点，普京提出，以上说法从理论上讲是说得通的。但是俄罗斯经历了苏联解体后的非工业化，经济结构严重畸形。私人大资本不会主动进入新的行业，不想冒大风险。我们是否准备仅仅为了纯经济理论而让俄罗斯的未来冒那样大的风险？普京引用韩国和中国这些国家顺利实现经济现代化的实际经验，指出必须由国家推动战略性产业的发展，这将利大于弊。普京认为，俄罗斯要想恢复国际竞争能力，就必须发挥国家和国有战略性大企业的作用。针对西方舆论对普京"恢复苏联、发展国家资本主义"的批评，普京反驳说，俄罗斯大型国企的整合、重组并不是像西方舆论诟病的那样，并不是要"发展国家资本主义"。

普京提出，今后俄罗斯将利用国家的力量支持大的基础设施项目。首先，要使俄罗斯的交通四通八达，包括与西伯利亚和远东地区建立可靠的交通运输联系，同样重要的还有地方路网。其次，普京还计划加快对俄罗斯城市群和大城市周边区域的开发及基础设施建设，为经济发展和企业经营提供较好的投资环境。

俄罗斯坚持走新型工业化道路有以下原因：第一，当前世界经济处于大变革时期，各国实力对比剧烈变化，为发展提供了前所未有的机遇，如果仅仅因为可能会出现的失误与腐败而放弃国家产业政策，就会使俄罗斯错失在竞争中取胜的机遇。因此，反对产业政策的实质，是"仅仅为了纯粹的经济理论"而"拿俄罗斯的未来冒险"。第二，国家投资不会抑制私人资本的进入，因为政府致力于扶植的产业目前是私人资本不愿并且没有能力进入的。第三，韩国与中国的经验证明，国家的推动是必要的，其成效会超过犯错误的风险。对于俄罗斯而言，如果没有目的明确的努力，经济结构的多元化将很难实现。

但从现实条件分析，普京提出的俄罗斯重新工业化与现代化之路不会一帆风顺。从历史上看，俄罗斯并没有 20 世纪 30 年代斯大林时期的苏联工业化的政治社会条件。苏联解体后，俄罗斯失去了原有的经济空间和产业链，而苏联留下的技术潜能和工业老底也已折腾殆尽。20 多年来，俄罗斯先后有 20 多万科技人才流失到海外，俄罗斯科技教育整体水平下滑。再加上当今俄罗斯司法烦琐、低效，官员腐败盛行，行政障碍重重，这些都严重制约着经济活力和社会创造力。俄罗斯社会陷入了"社会混乱—权力膨胀—行政低效—经济下滑—官员腐败—犯罪猖獗—经营困难—增长乏力"的怪圈。当今俄罗斯，丢了苏联时期的好东西，留下了缺点；没学到西方的好东西，拿来了唯利是图等弊端；非东非西，不伦不类。除此之外，在未来很长一段时期里，俄罗斯社会将难以形成一种良好的、有利于现代化建设的法治环境和社会治理机制。更重要的是，即使是在普京的掌控下，俄罗斯社会的思想分歧也很严重，各派政治力量暗中较量，社会还未就发展方向与发展道路等问题形成有效的共识。俄罗斯当局的现代化构想还存在着种种难以调和的矛盾和冲突，例如：目标与途径的冲突、自主性发展与西方化的矛盾、经济目标与政治手段的矛盾、自由化改革与维护稳定的矛盾、国有资本与私有经济的矛盾、利益集团之间的矛盾等。未来俄罗斯之路究竟走向何方？我们拭目以待。

第三篇

民主化陷阱

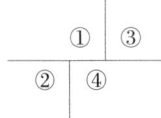

① 1989 年列宁格勒大学法律系教授索布恰克当选苏联首届人民代表大会代表。他后来成为列宁格勒市市长，也被视为从东德退回的克格勃上校普京的政治领路人。
（俄罗斯当代历史国家博物馆藏，作者查于 2014 年 7 月莫斯科）

② 1990 年 8 月，在苏共最后一次党代会二十八大上，叶利钦丢下党证，宣布退党后走出会场。
（俄罗斯当代历史国家博物馆藏，作者查于 2014 年 7 月莫斯科）

③ 苏联解体前夕，"民主派"拆除莫斯科市中心的国家安全委员会（"克格勃"）大楼前的捷尔任斯基的塑像。普京上台后，又在大楼内部重新安放了捷尔任斯基的小型塑像。
（俄罗斯当代历史国家博物馆藏，作者查于 2014 年 7 月莫斯科）

④ 2012 年 5 月重返克里姆林宫的普京
（来自新闻图片）

# 第十一章　民主诱惑与政治裂变

30 年前，戈尔巴乔夫信奉民主社会主义，鼓吹"民主化和新思维"。不到 6 年时间，戈尔巴乔夫盲目的"改革"就葬送了七十多年的苏联社会主义事业，埋葬了有九十多年历史、近 2 000 万党员的苏联共产党。叶利钦打着"民主、自由、自决"等旗帜，将戈尔巴乔夫赶下台后，大规模推行经济私有化和政治"民主化"，不仅没有给老百姓带来民主和幸福，反而酿成了普京总统所言的"一场灾难"，没有带来民主，而"只是一小撮财阀和寡头的自由"。苏联解体后，西方阵营并没有停止对走上资本主义"民主和市场"道路的俄罗斯的遏制和打压。2006 年以后，为应对西方的围剿和"颜色革命"冲击波，普京提出了"主权民主"概念，强化了政治防卫和政治思想还击。

2005 年，面对苏联解体后民族分裂和恐怖主义带来的灾难，身为俄罗斯总统的普京通过电视向全俄民众说道，苏联解体是 20 世纪最大的地缘政治悲剧之一。二十多年前，苏联改革、苏联解体、东欧剧变彻底改变了当代世界政治格局。二十多年来，国际上对于戈尔巴乔夫"民主化"与"新思维"的改革评价总是大相径庭。一般说来，俄罗斯国内绝大多数人认为，戈尔巴乔夫改革是失败的，戈尔巴乔夫错误的改革路线不仅没能给俄罗斯带来真正的民主与自由，还导致了国家解体，各民族反目成仇。正如普京所言，绝大多数俄罗斯人一无所获。而西方世界却认为，正是戈尔巴乔夫"民主化改革"开启了苏联的剧变，也正是在戈尔巴乔夫的默许下，东欧才结束了社会主义试验，西方趁机赢得了冷战的胜利。

2010 年 3 月 11 日，在戈尔巴乔夫接任苏共中央总书记、发起苏联改革 25 周年之际，一家由戈尔巴乔夫的同窗好友创办的社会舆论调查中心——列瓦达（Левада-Центр）中心进行了一次问卷调查。调查结果显示，有 34% 的受访者对戈尔巴乔夫持坚决否定的态度，中间立场的占 45%，基本上正面的占 13%，难以回答的占 7%。53% 的受访者认为戈尔巴乔夫的改革带来的是负面的、消极后果，24% 的受访者认为是积极的，23% 没有回答。[1]

2010 年 4 月 23 日，戈尔巴乔夫接受瑞典《地铁报》（Metro）记者采访，在回答"你的改革[2]带来了哪些成果"的问题时，戈尔巴乔夫称，成果不少，"首先是人们自由了，使国家摆脱了极权制度。不能说，我们已经快速建立了民主，没有，我们在民主过渡中只是走了一半路程……"[3]

然而，美国苏联问题专家，长期以来称得上是戈尔巴乔夫改革的拥趸的美国哥伦比亚大学教授史蒂夫·科恩却写到，如果使用通常的政治标准来看，戈尔巴乔夫失败了。因为他在苏联进行的"民主化改革"，最终导致了国家解体和政

---

[1]  http://www.kp.ru/daily/24454.3/616824/.

[2]  俄文 перестройка 实际上含有"改造、改建、重建"等意思，与通常使用的"改革"（реформа）不同。戈尔巴乔夫 1986 年 4 月在一次外出讲话中第一次使用 перестройка 一词，后来"改革"一词与"公开性""新思维"等词汇成了戈尔巴乔夫自造和专属的政治名词。在英语、德语等文献中，"改造""公开性"等俄语词汇一般采用音译标注。20 年来，中习惯将其翻译成"改革"。为便于阅读，这里沿用这种译法，但提请读者注意其特有的含义。

[3]  МихаилГорбачев: Мывывелистрануизтоталитарногорежима.[EB/OL].（2010–04–23）http://www.gorby.ru/rubrs.asp?art_id=27393&rubr_id=21&page.

权的瓦解。①

2014 年是苏联解体、苏共垮台 23 周年。二十多年前，苏联、东欧国家相继发生了一系列政治突变。这些突变直接导致了共产党下台、国家政权更迭、发展道路改弦易辙、社会制度改变"颜色"。东欧剧变、苏联解体、苏共败亡改变了世界政治版图，给世界社会主义运动带来了严重挫折，给国际政治思想领域造成了混乱，也给中国带来了巨大的冲击和影响。

东欧突变、苏联解体与苏联共产党的命运密不可分。苏共自身变质、苏共内部瓦解是导致苏联国家分裂、苏共败亡的直接原因。是什么原因导致了苏共的垮台？是哪些因素叠加瓦解了苏联？苏联败亡与戈尔巴乔夫的"民主化改革"有没有因果关系？对这些疑问，20 年来国内外学界给出了多种解释，仁者见仁、智者见智。

1985 年 3 月 11 日，苏共中央全会选举 54 岁的戈尔巴乔夫为苏共中央总书记。在此之前，苏联在 3 年的时间内先后有三位年老体衰的总书记去世。苏联社会上下对"年轻"的戈尔巴乔夫寄予很大希望，希望他能领导苏共，带领苏联发展经济，提高人民生活水平，巩固和发展社会主义事业。而西方主要国家首脑也对戈尔巴乔夫"满怀期冀"，认为他是一位"鸽派"人物，是一个好"打交道"的苏共领导人。然而，只用了几年的时间，戈尔巴乔夫的"改革与新思维"就将苏联和苏共引向了绝路。短短 6 年之后，执政 74 年之久的苏联共产党丢掉了政权，统一的苏联多民族国家分崩离析，社会主义成果丧失殆尽。打着"改革和民主化"的大旗，戈尔巴乔夫鼓吹和推行的"民主社会主义"，非但没有给苏联百姓带来真正的"民主和人道"，反而导致亡党亡国，输掉了与西方的冷战，在政治上遭

① Stephen F. Cohen，*Soviet Fates and Lost Alternatives: From Stalinism to the New Cold War*[M]. Columbia University Press，2009：328.

到了彻底的失败。

2005 年，普京总统在国情咨文中强调，苏联解体是 20 世纪最大的地缘政治灾难之一，这对于绝大多数俄罗斯人民来说是一场真正的悲剧，许多人失去了信仰和价值追求。2007 年 11 月，在新一届国家杜马选举和总统大选即将展开之际，普京总统又一次严厉批判戈尔巴乔夫和叶利钦时期的政策，指出 20 世纪末俄罗斯普遍的贫穷和贪腐盛行应当归罪于国家高层领导的失败。普京在那次演讲中指出，正是以戈尔巴乔夫为首的当权者在 20 世纪 80 年代末期抛下人民不管，导致人们甚至得不到最起码的服务和商品，人们没有糖、肉、盐、火柴，等等。普京认为，毫无疑问，正是他们的政策导致了苏联的解体。①

## 一、民主梦幻及思想迷失

### （一）背弃政治信仰

十月革命胜利后，新生的苏维埃政权自建立之日起，就引起西方帝国主义的强烈仇恨，遭到国内外敌对势力的疯狂破坏和捣乱。帝国主义的政治家们一开始就发誓，一定要把这个崭新的社会制度"扼杀在摇篮之中"。"二战"结束后，西方大国更是将以苏联为代表的社会主义国家视为"自由世界"的威胁。此后五十多年，西方阵营除保持强大的军事压力外，更是选中了"和平演变"作为与苏联进行政治和思想较量的手段。丘吉尔、杜鲁门、乔治·凯南、尼克松、里根、布什等西方政要都坚持，要对苏联进行政治战、心理战、文化战，以"民主、人权"为工具，摧毁苏联制度。

---

① 张树华.普京严词否定叶利钦时期的政策 [M]//2007 年世界社会主义研究跟踪报告.北京：社会科学文献出版社，2008：540.

冷战以后，西方国家积极利用"民主、人权"等借口，将其视为攻击苏联政治制度的有效砝码和利器。西方称苏联是"共产主义专制"国家，祭起"人权""民主""自由"等旗号，对苏联发起了猛烈的政治和外交攻势。历次苏美高层会晤，美国都把"人权"、"民主"和"自由"问题列入会谈的议事日程，对苏联领导人施加强大压力。同时西方国家成立各种形式的民主基金会，与情报部门配合，暗中扶持政治代理人，支持苏联的政治反对派或民族分裂势力。美国"全国争取民主基金会"的刊物《民主杂志》的主编之一、政治学家拉里·戴蒙德曾毫不掩饰地说，美国和西方国家在苏联等社会主义国家推行"人权"和"民主化"，就是要改变这些国家的政治制度。

在国际共产主义历史上，面对资产阶级的政治圈套和话语陷阱，列宁始终洞若观火。列宁反对抽象的谈论民主，多次批判了"一般民主""绝对的民主"①"全民的、全民族的、普遍的、超阶级的民主"②。列宁指出，民主、自由和平等从来都是具体的、历史的。列宁历来反对笼统地、抽象地大谈一般"民主"、"自由"与"平等"。③他指出："只要阶级还没有消灭，对于自由和平等的任何议论都应当提出这样的问题：是哪一个阶级的自由？到底怎样使用这种自由？是哪个阶级同哪个阶级的平等？到底是哪一方面的平等？"④

然而，20世纪60年代以后，苏联政治领导人逐渐失去了政治信心，理想信念开始动摇。早在赫鲁晓夫时期，苏联就倡议召开欧洲安全与合作会议。勃列日涅夫上台后，苏美等国在1975年8月签署了欧安会最后文件。从此苏联国内的政治与人权问题成了外交讨论的议题。戈尔巴乔夫上台后，先是遥望北欧社会民

①　列宁.列宁选集：第4卷[M].北京：人民出版社，1995：68.
②　列宁.列宁选集：第3卷[M].北京：人民出版社，1995：721.
③　列宁.列宁全集：第36卷[M].北京：人民出版社，1985：335.
④　列宁.列宁全集：第39卷[M].北京：人民出版社，1986：423—424.

主主义，后来在西方"自由式民主"的诱导和进攻下，苏联社会完全缴械，饮下了贴着美酒标签的政治毒药。

当代俄罗斯独立学者罗伊·麦德韦杰夫曾经写道：苏共在政治信仰上的蜕变是从赫鲁晓夫时期开始的。正是赫鲁晓夫的"草率和鲁莽"造成了国际共产主义运动的分裂，导致当时正在成长的苏联年轻一代的信仰开始动摇，出现了文艺界的"60 年代人"现象。

苏共召开二十大时，大学刚毕业不久的戈尔巴乔夫 25 岁，正处于世界观、人生观与价值观形成的重要时期。赫鲁晓夫在思想理论上的变化，给思想正处在成长过程中的戈尔巴乔夫留下了深刻的印象，已经动摇了他对共产主义理想和社会主义道路的信念。2001 年 3 月，戈尔巴乔夫在接受俄罗斯"灯塔"广播电台记者采访时坦言：我们是苏共二十大的孩子，苏联 60 年代的历史对我们影响很大，年轻时我们是怀着对党的信任和忠诚入党的，但苏共二十大以后，我们的思想开始发生转变。

戈尔巴乔夫后来回忆道："无论赫鲁晓夫本人的主观意愿如何，就其意义而言，这是对极权主义体制的第一次冲击，这是使我国社会朝民主化迈进的第一次尝试。"[1] 戈尔巴乔夫认为，赫鲁晓夫对斯大林否定得还不彻底，没有从制度根源上去批判这个"极权主义者"。

1983 年，美国前总统尼克松在考察几个东欧社会主义国家后得出这样的结论：苏东共产党人已经失去信仰，这些国家正在崛起的新一代领导人，不是思想家而是务实派。戈尔巴乔夫[2] 自己承认，他早就不相信科学社会主义的生命力，

---

[1] 戈尔巴乔夫. 戈尔巴乔夫回忆录：上册 [M]. 述弢，等，译. 北京：社会科学文献出版社，2003：103.

[2] 俄罗斯学者指出，戈尔巴乔夫这代人出生在 1927—1933 年，被称为"金色的一代"。因为 1918—1926 年出生的男性参加了卫国战争，不少人战死在疆场。而戈尔巴乔夫一代是在 40 年代末和 50 年代接受大学教育，又在赫鲁晓夫的"非斯大林化"时期开始步入社会。参见亚·谢·巴尔辛科夫. 当代俄罗斯历史导论（1985—1991）[M]. 莫斯科：角度出版社，2002：56.

因此在上任后便试图用"西欧式的社会民主思想"来改造苏共。

俄罗斯历史学家回忆，20 世纪 80 年代中期，上台伊始的戈尔巴乔夫曾经试图把自己打扮成一个"火热"的列宁主义者。1985—1988 年，他的讲话稿中经常整段地引用列宁的话语。戈尔巴乔夫自己也以列宁的学生自居，能够背诵大段的列宁语录。但细心的人会发现，他在号召思想"回到列宁"的同时，有意回避马克思、恩格斯，谈列宁也是特意挑出列宁关于"新经济政策时期"以及后期在病榻上的一些论述，闭口不提斯大林时期的社会主义建设。不久，苏共为布哈林平反，这成了后来批判和诋毁斯大林的重要砝码。

之后随着总书记权力的进一步巩固，戈尔巴乔夫思想"人道化、西化"的味道越来越浓。戈尔巴乔夫也由"火热、坚定的列宁主义者"蜕变为民主社会主义道路的代表人物。1987—1988 年期间，戈尔巴乔夫的思想发生了根本转变，他说："随着经验的积累，变得明确了：在 70 年代末和 80 年代初袭击我国的危机并非局部，而是整个制度的性质。发展的逻辑使我们认识到，不是应该完善整个制度，而是要攻入它的基础本身。"[1] 20 世纪 80 年代中后期负责苏共意识形态工作的亚·尼·雅科夫列夫也极力吹捧西方的自由民主和资本主义市场经济制度，诋毁马列主义，恶毒攻击苏联社会主义制度。对于雅科夫列夫从内部瓦解苏共的"功绩"，就连一直与他因为在戈尔巴乔夫面前争宠而后来反目的阿·切尔尼亚夫耶也毫不讳言："尽管如此，我还是不想否定他在打破统治我们几十年的马克思主义、列宁主义、斯大林主义的谎言和教条中所起到的巨大进步作用。"[2]

20 年前，在苏共党内泛起的这股"具有人的面孔的、民主的社会主义思潮"，在苏共主要领导人的推波助澜下，来势汹涌，一度成为苏共的主导思想和行动指

---

[1]　戈尔巴乔夫.对过去和未来的思考[M].徐葵，等，译.北京：新华出版社，2002：71.
[2]　阿·切尔尼亚耶夫.在戈尔巴乔夫身边六年[M].徐葵，等，译.北京：世界知识出版社，2001：227.

南。到了 1990 年夏天，苏共召开二十八大期间，戈尔巴乔夫的政治报告已经冠以"建设欧洲式的民主社会主义"的口号。一方面在代表大会的会场外，各地区分裂势力蠢蠢欲动，罢工四起，国家如坐在火山口上；另一方面戈尔巴乔夫与亲信们正热议是在名称上还是在纲领上将苏联共产党改变成"社会民主党"。二十八大是苏联共产党的最后一次代表大会，此时苏共内部思想分裂和组织涣散达到顶峰。苏共已经丧失了领导社会的能力，人心涣散，苏共的思想已被掏空，苏共的领导已是徒有其名。

短短 6 年的时间里，这股打着"民主、人道"旗号的政治思潮不仅使得苏联改革误入歧途，而且葬送了 74 年的苏联社会主义事业，埋葬了国际共运中最具影响力的、有着 90 年历史的苏联共产党。

1991 年，戈尔巴乔夫下台后，公开与历史上的苏联社会主义道路决裂。2010 年 4 月，在自己发动"改革"25 周年之际，戈尔巴乔夫在接受《独立报》主编采访时说道："当别人问到我是个什么样的人的时候，我的回答只有一个：'我是社会民主主义者'。如果要思考未来，思考我们朝什么样的社会目标努力，我不止一次论述过，我们面临的，绝不是在社会主义或是资本主义之间进行选择的问题。我们的未来是一个趋同的社会，具有趋同性的价值基础。在这种社会中融合了资本主义的经验，还有很多其他可以利用的东西。不光是市场，还有所有制问题，以及对所有制的态度。而我对趋同性社会的理解是，这是一种与人的面孔的民主社会主义相似的制度。"

苏共后期的领导人放弃了科学社会主义，转而接受"看上去很美"的民主社会主义思潮。这其中除领导人的因素外，也有着复杂的社会文化原因。20 世纪 80 年代的苏联社会，在经历了几十年的社会主义道路之后，还不能一下子接受盎格鲁－撒克逊式的自由资本主义。而与欧美自由资本主义模式相比，民主社会主义更具亲近性和诱惑力，再加上苏共领导人的鼓动与带动，更使得这股思潮具有内部性、蛊惑性、隐蔽性和危险性。但是，民主社会主义令人炫目的愿景并没有给苏联社会带来安定和富裕。这朵美丽的蓝色妖姬不仅没有给苏联人民带来民主和自由，反而使苏联社会失去了公平、失去了七十多年之久的社会主义。更加引人深思的是，20世纪80年代"民主化、人道化"的口号导致了俄罗斯"财阀、寡头的为所欲为"，为90年代野蛮的、原始的、犯罪式、官僚式的俄罗斯资本主义打开了大门。

如今，在欧洲是个"好东西"的这股民主社会主义思潮在俄罗斯却命运不济。特别是20世纪90年代后期，寡头资本主义在俄罗斯横行一时，民主社会主义政治潮流已经毫不留情地被抛弃、被边缘化。打着民主社会主义旗号的俄罗斯政治力量像一盘散沙，社会影响微乎其微，被逐出政治舞台的中心，被遗弃到社会的边缘。正如俄罗斯媒体指出的那样，如果说苏联解体10年之后，俄罗斯主张西化的自由主义右翼势力逐渐变成人人唾弃的"政治僵尸"，那么民主社会主义思潮则变成了无本飘浮的飞絮，像是几只蠕动的小虫，成了政治侏儒。

对于苏共领导人戈尔巴乔夫、雅科夫列夫等人政治信仰和思想立场的转变，除上面提到的尼克松之外，时任美国驻苏联大使、著名的苏联通马特洛克①，美国政治家布热津斯基等人早已洞若观火。布热津斯基在1989年写道："戈尔巴乔夫在改革过程中已逐渐走上了修正主义道路……他不仅要改变苏联的经济结构，还要修改苏联制度的思想基础，甚至要在一定程度上改变苏联的政治程序……在克里姆林宫出现一位修正主义的总书记所造成的影响是巨大的……有朝一日，苏共将丧失对社会的垄断控制，苏维埃联盟随时可能解体。"②

---

① 小杰克·F·马特洛克.苏联解体亲历记[M].吴乃华,魏宗雷,等,译.北京:世界知识出版社,1996:162、164、169.
② 兹·布热津斯基.大失败——20世纪共产主义的兴亡[M].军事科学院外国军事研究部,译.北京:军事科学出版社,1989:65-66、76-77.

### （二）民主化梦幻

苏共后期主要领导人放弃自己的政治信仰，否定苏共历史，这对于一个政党来讲，无异于是"思想自宫"行为。在戈尔巴乔夫等领导人的带领下，苏共借批判斯大林模式和"兵营式的社会主义"之名，力图改弦易辙，走一条社会民主主义道路，不但于事无补，反而导致了苏共丧失执政的合法性，引发了政治分裂和国家瓦解，从此走上了一条政治自杀的绝路。20 世纪 80 年代，苏共领导层决意在政治和思想方向上改弦易辙，于是进行了一系列的舆论和理论准备：新闻舆论公开化、历史领域的反思热、文艺领域的又一次解冻、外交上的"新思维"和世界主义，等等。

苏共领导层在政治立场上发生动摇和偏移，首先表现在如何看待苏联 70 年所走过的历史道路上。戈尔巴乔夫上台不久便将苏联社会主义制度称为"行政命令式体制""专制和集权的制度"，之后开始使用"斯大林模式""兵营式的社会主义、暴力的社会主义、毫无人性的制度、布尔什维克式的社会主义"等名词来形容苏联制度，后来干脆抄袭"二战"期间德裔女哲学家汉娜·阿伦特（Hannah Arendt）原本针对德国法西斯制度的"极权主义"（Totalitarianism）概念来诬蔑苏联社会主义制度。有文章公开将苏联社会主义制度与德国纳粹法西斯主义相提并论，声称苏联卫国战争的胜利就是"一种斯大林的法西斯战胜了希特勒的法西斯"，"斯大林的法西斯比纳粹更残酷和恶毒"，等等。

思想混乱必然导致方向性的迷失和政治信仰的动摇，苏共在自我毁灭的道路上愈陷愈深、越走越远。苏共二十七大之后，在苏共领导层的支持下，苏联思想理论界和文化舆论界霎时间也变得波涛汹涌、浊浪滔天。借"民主化""公开性"政策，清算苏共历史、向苏联制度抹黑的言论和文艺作品不断在出版物和大众传媒上出现。苏联的知识分子思想进一步激化。随即，不少刚刚还宣称信奉马列主义的社会学家、经济学家等也转而信仰西方的自由资本主义。

1988 年，也就是戈尔巴乔夫上台两年多之后，苏联社会的思想舆论彻底转向，苏共在改革模式、发展道路的选择问题上迅速"右倾"，社会主义事业已经危在旦夕。1991 年底，戈尔巴乔夫的"改革和新思维"彻底走进死胡同，苏联被"改革"折磨得遍体鳞伤、七零八落。在经历了"8·19"事件最后的绝望反击之后，苏联这个曾经不可一世的超级大国开始分崩离析。首先是波罗的海三国和格鲁吉亚借机单方面宣布独立，乌克兰的全民公决结果也赞成"单过"。此时的戈尔巴乔夫如热锅上的蚂蚁，关心的是叶利钦能否承诺每月发给他 4 000 卢布的个人退休金。1991 年 12 月 8 日，俄罗斯、乌克兰和白俄罗斯领导人鲍里斯·叶利钦、列昂尼德·克拉夫丘克和斯坦尼斯拉夫·舒什克维奇签署了别洛韦日协议。苏联在别洛韦日森林被判了死刑。上述三人表示，之所以这样做，是因为他们认定：社会主义制度已经衰弱和退化，并在与西方的竞争中失败了。①

## 二、民主溃疡与自由泛滥

改革之初，戈尔巴乔夫对自己提出的"民主化"和"公开性"政策寄予厚望，特别是将"扩大公开性"放到至高无上的地位。戈尔巴乔夫认为，舆论放松，可以提高自己的政治支持率，激发民众的主动性和创造性。但实践表明，在矛盾潜伏、思想混乱的社会改革关头，贸然打开舆论闸门，推行"毫无限制的公开化"，只能像是肆虐的洪水东冲西决；没有责任、没有相应法治环境的"公开性"，只能变成阴谋家的暗箭、野心家的权杖、庸人的游乐园、俗人的垃圾场。

20 世纪 80 年代中期，缺少经营创业致富的经济追求，缺乏法律和道德的约

---

① 尼·克拉斯尼科夫 . 中情局用经济绊倒苏联？——西方特工机构插手摧毁苏联 [N]. 共青团真理报，2010-12-8.

束，苏联社会的新闻舆论演变成了"公开性"的肆意狂欢。这种狂欢很快汇聚成滔滔洪水，冲毁了大坝和堤岸，淹没了乡村良田和城市街道，卷走了个人的自由和大众的民主，甚至夺去了一些人的性命。

### （一）政治自我否定

苏联在几十年的历史进程中，形成了高度集中的政治经济和社会管理体制，暴露出僵化停滞和官僚主义等弊端。苏共领导人应当采取措施，稳步加强社会主义民主，扩大社会参与，改革和完善各种体制和制度。但是，以戈尔巴乔夫为代表的苏共领导层陷入了把"民主、改革、公开"等概念绝对化的误区而不能自拔。戈尔巴乔夫多次宣扬民主是"改革的实质"、"改革的基础"和"改革的灵魂"，要求"民主化、再民主化"。"民主化"变成了唯一的、绝对的、至高无上的，变成了衡量改革的唯一标准：民主就是改革，改革就是民主；民主就是公开，公开和选举就是民主。

在政治改革过程中，戈尔巴乔夫同样把一些民主原则如多数原则、公决原则、选举原则、公开原则等绝对化和简单化。一方面戈尔巴乔夫把 1 800 万苏共党员贬为"保守力量"，另一方面又把大多数人看成绝对正确，永远正确。在反思历史的浪潮中，在 1989 年春被戈尔巴乔夫视为"自由选举"的第一次人民代表的选举中，大肆攻击苏共、社会主义和苏联的演说成了反苏和反共势力获胜的不二法宝。当时美国驻苏联大使马特洛克对此深有体会，他回忆道："公众的态度是，凡是共产党厌恶的人，无论是谁，都一定是英雄。"[1]而对此，戈尔巴乔夫的态度却是"不要干预、不要干预、要保持距离"。

15 年后，身为俄罗斯总统的普京反思说，20 世纪末，我们在民主自由问题

---

① 小杰克·F.马特洛克.苏联解体亲历记[M].吴乃华，魏宗雷，等，译.北京：世界知识出版社，1996：244.

上犯了"幼稚病"。多数原则、选举原则、公决原则在任何国家都不是绝对的，都要根据国情施以具体的规定，避免滥用。例如不少国家规定上级立法机关有权撤销下级立法机关虽经多数通过但并不正确的法规和法律。但是戈尔巴乔夫不顾苏联的具体历史条件和改革需要，强调下级可以不服从上级，称这是民主的需要。于是，每个地区可以根据本地区的"多数"和"民意"行事，结果就是无政府主义泛滥，各共和国公然与中央开展"主权战""法律战"，反共、反苏、反社会主义势力趁机大肆夺权。

### （二）舆论公开绝对化

"公开性"作为一项民主政策，在列宁时期意为加强同群众的联系渠道，了解社会舆论和劳动人民的意见。1986年以后，戈尔巴乔夫利用"公开性"的提法，将"公开性"与扩大信息公开、与"民主化"联系起来，把"扩大公开性"变成了苏共形象上自我否定、思想上自我毁灭的一场运动，严重动摇了苏共意识形态的基础。

在1987年出版的《改革与新思维》一书中，戈尔巴乔夫把"公开性"看作是"社会主义的特征"。1988年初，戈尔巴乔夫对宣传舆论界提出，我们主张"毫无保留、毫无限制的公开性"。此后，"公开性运动"一发不可收。戈尔巴乔夫使"公开性"成为一个响亮的政治口号，成为其推行政治改革的关键，其目的也并不是真正意义上的新闻和言论自由，而是想引导社会舆论，达到自己的政治目的。结果"公开性"成为瓦解苏联社会思想的突破口。"公开性"的矛头直接对准了苏共要害和软弱之处，并攻其一点，不及其余。扩大"公开性"成为暴露社会消极面和宣扬西方样板的思想运动。苏联舆论界终于迎来了自己的"狂欢时节"。一些文人自由地抒发着感情，以解多年积藏在内心的压抑，一时间，对苏联以及苏共历史的肆意抹黑和歪曲评价造成了社会思想的混乱，动摇了人民的社会主义信念，激化了苏联社会政治生活中的矛盾。

在国内积极推行"公开性"的同时，戈尔巴乔夫在苏联境内外积极宣传对外政策的"新思维"。1987 年，戈尔巴乔夫所著的《改革与新思维》一书在苏联和美国同时出版。戈尔巴乔夫在此书中倡导"革命性的思维方式"，倡导用所谓全人类的价值代替"阶级观点"。戈尔巴乔夫一方面鼓吹"文明社会价值"和"核时代的文明"，另一方面单方面在外交战略上主动向西方让步。然而，戈尔巴乔夫单方面的"良好愿望"最后没能换来西方的真正回应，只有他本人在苏联即将瓦解之际获得了诺贝尔和平奖。西方轻而易举地赢得了冷战，打赢了多年的对苏攻心战。

**（三）思想内部瓦解**

戈尔巴乔夫说："我们肯定舆论多元化，摈弃精神垄断的做法。"[①]戈尔巴乔夫所谓破除精神垄断和推行多元化的说法实际上就是放弃对意识形态工作的领导，搞放任自流，给攻击马克思主义的势力打开大门。

1988 年 6 月，戈尔巴乔夫在苏共召开第十九次代表会议上强调"公开性"、"民主化"和"多元化"。他认为，社会主义社会是一个多元的社会，社会结构、经济成分、社会利益是多元的，意识形态也要与此相适应。搞多元化，必须废除过去的"意识形态专制主义""精神垄断"，使马克思主义以外的各种思想和意见自由存在和传播。

在这之后几年的时间里，戈尔巴乔夫发起的"公开性""民主化""多元化"运动给苏联社会带来了严重后果，使苏共逐渐丧失了主流意识形态领域的阵地。各种攻击、谩骂苏共和社会主义制度的言论、文章纷纷出笼，不少报刊热衷于宣

---

① 戈尔巴乔夫.在苏共第十九次全国代表会议闭幕会上的讲话 [N]. 真理报，1988-7-1.

传西方制度和西方价值观，贬损苏联社会主义价值观，全盘否定苏联社会主义历史。领导层的背离是苏共领导层和思想理论界思想蜕变的催化剂，最终导致全党思想混乱，理想发生动摇，失去信仰，西化自由主义思潮迅速泛滥起来。

为顺利打开舆论大门，推行言论多元化，戈尔巴乔夫和雅科夫列夫开始更换新闻媒体的领导人。雅科夫列夫借助长期负责意识形态和宣传的机会，网罗了一批变质的苏共报刊舆论领导人，有意识地放纵和引导舆论。2000 年，雅科夫列夫在自己撰写的《记忆的旋涡》一书中公开承认，当时他主动担负起保护一些尖锐文章作者的责任，"保护了一些人，纵容了一些人"[①]。

此后，苏共的政治反对派也积极利用舆论放开的大好时机，在境外西方传媒的策应下，对苏共和苏联发起了一轮轮的思想攻势。凡要推翻一个政权，总要先造成舆论，先做意识形态方面的工作。瓦解苏共与苏联的势力正是从制造舆论开始，先做演变意识形态的工作，然后趁思想混乱之机，煽动社会骚乱，瓦解党的组织，乱中夺权，最后利用手中的权力，瓜分或捞取巨额财富。

### （四）历史清算与社会复辟

在"民主化""公开性"的背景下，20 世纪 80 年代后期，苏联社会掀起了一股"反思历史"的热潮。这股浪潮导致了社会分裂，使苏共丧失了威望，甚至成为历史的"罪人"。

这股清算苏共历史的思潮自 1987 年底开始，到 1988 年中达到高潮，1989年以后，批判的矛头主要集中在斯大林，然后转向批判 20 世纪 20—50 年代的苏联社会制度。一些报刊文章作者否定苏联体制，认为斯大林体制是典型的"行政命令"体制，是"极权主义"，是万恶之源。与此同时，批判斯大林主义逐渐转

---

① 亚·尼·雅科夫列夫.记忆的旋涡 [M].莫斯科：瓦戈利乌斯出版社，2000：256.

向批判布尔什维克主义、否定十月革命。一些文章或明或暗地提出，十月革命与布尔什维克主义、列宁与斯大林，实际上有着直接的联系。①

1988 年以后，苏联社会上某些势力利用反思历史的机会，积极推动所谓"平反历史错案运动"，造成了强大的声讨苏共历史的舆论声势。报刊上要求恢复名誉或描述历史案情的文章越来越多，形成强大的舆论冲击力，严重动摇了苏共和苏联制度的根基和基础。

值得注意的是，推动这股"历史热"的并非专业的历史学家，而是一些作家、电影人或记者编辑。当时的苏共主要领导人亲自策划、组织和领导了这场反思历史和平反错案的运动。在这样的政治和思想背景下，自 1988 年开始，一些"反思历史"的激进报刊如《星火》画报和《莫斯科新闻》周报等推波助澜：借否定过去，否定苏共历史，否定社会主义，进而改变改革的方向，使改革沿着他们设计的道路进行。

从 1987 年开始，到 1991 年苏共下台，苏联社会中的激进势力利用各种"历史问题"大做文章，有些做法可以说是"登峰造极"。他们疯狂地揭批斯大林，提出"十月革命是一场少数人制造的超恐怖的革命"。② 列宁也成为被讥讽和批评的对象。

"历史热"彻底颠覆了苏联社会部分人的信仰，搞乱了人们的思想：列宁的形象也遭到讽刺和丑化，苏联社会主义制度和马克思主义本身也遭到质疑。历史根基的丢失和思想的混乱成为苏共组织瓦解的先导。丑化苏共历史最终导致了俄罗斯思想理论界肆意"揭批俄罗斯的历史缺陷、民族虚无主义和崇拜西方、诋毁国家"。20 世纪 80 年代末期，苏联舆论界宣扬改革就是要"全面更换俄罗斯

---

① 参见 1990 年春由刚刚赢得选举的莫斯科民主派主办的杂志《首都》周刊，[苏]亚·齐普科. 我们的原则好吗 [J]. 新世界，1990（4）.

② 亚·尼·雅科夫列夫. 一杯苦酒——俄罗斯的布尔什维主义和改革运动 [M]. 徐葵，等，译. 北京：新华出版社，1999：48.

的文明模式和民族社会文化习俗"。①

### （五）权威散落与治理失败

1988 年前后，在苏联社会关于改革和经济问题的争论过程中，苏共存在的"特权"问题和"官僚管理"成为众矢之的。1988 年 6 月，苏共召开了第十九次全国代表会议，全面拉开了政治变革的大幕。开弓没有回头箭，戈尔巴乔夫推行的政治改革在叶利钦等民族地方政治分裂势力的牵扯下，迅速演变成了一场"政治拆毁"的大戏。

戈尔巴乔夫在政治上忽左忽右，经济改革不见任何成效，导致人民生活日益恶化，这更是给分裂势力和激进势力提供了口实。激进势力和分裂势力开始放下不久前喊出的"反特权、反官僚机构"的口号，将攻击的矛头直接对准了苏联共产党及其国家制度。从此，苏联社会的政治改革热潮更为高涨，经济问题仿佛被遗忘在一旁。1989 年的差额选举、苏维埃大会的辩论，引发了苏联社会从未有过的"政治高烧热潮"，电视直播党代会使之变成了"全民的政治节日"。苏联各阶层感受着从未经历过的政治兴奋，全社会仿佛溶入滚滚的政治改革洪流之中。一方面是社会情绪逐步升温，政治领域"高烧不退"，另一方面则是党和政府权威丧失殆尽，各地纷纷抗缴税款，你争我夺，各自为政，经济割据现象严重，地方分离、民族分裂的危险步步逼近，苏联已危在旦夕。

### （六）民族冲突与国家分裂

20 世纪 80 年代末期，在苏联内部，政治松动和经济困境导致各民族地区的离心倾向也愈发明显。苏联部分民族地区的领导人认为，是苏共将苏联领进了"死胡同"，苏共所代表的社会主义模式失败了。

---

① 安·米格拉尼扬.当代俄罗斯的国家意识形态问题[M]// 俄罗斯现代化与公民社会.徐葵，等，译.北京：新华出版社，2003：268—269.

在这种社会气氛中，"民族主义、分离主义成为苏联许多地方都吸食的麻醉剂"。首先，波罗的海沿岸三国首先打出"主权和独立"的大旗，三个共和国的共产党中央委员会要求在"民主集中"的原则下，扩大党内民主；其次，一些名为"人民阵线"的民族分裂组织在各地成立，直言"独立于苏联"。在这种政治气候下，许多民族官员开始涂抹"民族主义的色彩"，撇开马克思主义意识形态，借以吸引选民的注意。以叶利钦为首的俄罗斯联邦起了领头羊的作用，他们与苏联境内的民族分裂势力遥相呼应，反苏共、反中央，拉起了"独立""自由"的大旗。这样，戈尔巴乔夫所代表的苏联和苏共已是"腹背受敌"，"民族独立"和"民主化"像两把利刃直逼而来。

苏共的失败是从苏共党内的分裂开始的，而民族主义、分离主义则是撕开苏共的重要裂口。在 20 世纪 80 年代后期苏联各地民族主义分裂势力兴起之际，当地苏共党组织姑息、纵容甚至参与民族分裂活动。1989 年末，立陶宛共产党脱离苏共宣布独立，拉开了苏共分裂和苏联解体的序幕。1989 年 6 月，为抵制戈尔巴乔夫为首的苏共中央的不作为，建立了独立的俄罗斯联邦共产党，但他们后来在叶利钦等为代表的自由民主派势力的影响下，不由自主地汇入瓦解苏联的大潮中。正可谓，一个染上民族主义的党，是一个走向灭亡的党。[①]

### （七）政治反对派横空出世

20 世纪 60 年代以后，苏联社会出现了"持不同政见者"。应当指出，国外势力的支持，特别是西方国家的思想渗透，是苏联社会"持不同政见运动"持续不断的一个重要原因。西方经常将所谓犹太人问题、少数民族问题、宗教问题、人权问题作为攻击苏联和社会主义国家的借口。西方国家投入巨资以多种手段对

---

① 叶·库·利加乔夫. 警示 [M]. 北京：当代世界出版社，2001：284.

苏联社会主义进行思想上的进攻，诋毁苏联社会主义，长期支持那些不同政见者，资助他们在西方出版著作，并为他们提供政治避难。

总体来说，20 世纪 80 年代初期，苏联的"持不同政见运动"逐渐衰落了。但随着戈尔巴乔夫"公开性"和"民主化"政策的推进，非正式组织和地下刊物问题又滋生开来，在短短三四年的时间里犹如雨后春笋、四处蔓延，最后变得不可收拾，酿成大祸。

在戈尔巴乔夫改革和"新思维"的号召下，自 1986 年，苏联社会开始出现一些新生的非正式组织。1987 年，非正式组织的活动已经蔓延到苏联一些大中城市，并以辩论会、俱乐部、知识分子和青年的小组等形式出现。1987 年之后，一些组织的思想和主张开始不断激进化，特别是一些反社会主义和反苏共的组织更加积极，如"民主和人道主义"小组等。与非正式组织相呼应，苏联的一些加盟共和国境内的民族主义思潮和分离情绪越来越严重。随着"公开性"的推进，一些地下刊物也开始浮出水面，并得到苏联一些大报和西方电台的支持。苏联解体之际，这类非正式出版物成为反社会主义、反苏共的主要舆论阵地。而上述非正式组织，有的演变成为政党，如"民主联盟党"，有的成员则成为自由主义改革的领头羊，如盖达尔和丘拜斯，这些非正式组织也称得上是培养自由主义或某些极端势力的"初级党校"。

### （八）走向政治激进主义

在俄罗斯联邦，叶利钦代表了激进自由民主势力，而各地民族势力则以各加盟共和国或更小的民族区域为大本营，乘机夺取话语权和阵地。以叶利钦—盖达尔为代表的激进势力提出，只要彻底"告别社会主义"，迅速选择一条新的、西方式的资本主义发展道路，俄罗斯就会在一两年内踏上文明、复兴之路。[①] 俄罗

---

① 叶利钦总统的讲话 [N]. 消息报，1991-11-28.

斯只要自己实现独立，甩掉身上其他加盟共和国这些贫穷包袱，三四年后就会变成西方式的富裕国家。

随着社会思想的激进化，各种思潮沉渣泛起，一些从西方教科书中照搬过来的粗糙的"自由谎言"和"市场神话"盛行一时。对于苏联社会主义制度，自由激进派代表人物、历史学家尤·阿法纳西耶夫宣称："这种体制不应当修补！它有三大支柱：苏联作为一个中央集权的、自治化没有得到充分体现的国家的帝国主义本质；非市场经济的国家社会主义；党的垄断。应当逐步地、不流血地拆除这三根支柱。"[①] 在经济生活中，他们主张"完全自由的市场"：停止国家对经济工作的干预，认为市场与计划"水火不相容"；让市场的"自然法则"充分发挥作用，"物竞天择"；打破国家所有制，实行私有化，推行纯粹意义上的私有制；等等。当时，苏联一些人文知识分子和艺术界人士也摇旗呐喊，他们宣扬，市场化和商业化不仅可以保障文化事业的繁荣，而且能够给知识分子带来像西方社会文艺明星一样的致富机会。

苏共后期的领导人习惯了民主社会主义的香风美酒，已经失去了战斗力和号召力。经济改革不见成效，奢谈民主和自由，政权摇摇欲坠，政治上已经自身难保。1990 年前后，戈尔巴乔夫一会儿宣称"中间道路"，一会儿宣称要实施紧急状态，但无可奈何花落去，戈尔巴乔夫的改革旗号不久便轻易地被自由激进或民族主义势力所取代。可见，在戈尔巴乔夫的领导下，苏共后期在推进改革中犯下了一些致命错误，特别是在思想领域和民族关系上出现了严重问题。在西方进行和平演变和开展对苏"心理战""攻心战"的情况，苏共丧失警惕，全面放下武器，在政治上和外交上妄想投入西方的怀抱，输掉了冷战，成了失败者，结

---

① 弗·索戈林. 现代俄罗斯政治史 [M]. 莫斯科，1994：55.

局惨痛，教训深刻。

## 三、政治改革与民族分裂

### （一）主要阶段

戈尔巴乔夫进行的政治体制改革的主要内容和目标随着他对社会主义的理解和对社会主义信念的改变而逐渐发生演变，大致经历了四个阶段的变化。

第一阶段从 1985 年 3 月到 1986 年 2 月苏共二十七大。这一阶段的改革以经济为重心，政治体制改革的主要目标是完善苏联政治制度。

在 1985 年 3 月的中央全会上，戈尔巴乔夫提出加速发展战略，把改革的重点放在经济发展和经济体制的改革上。在 1986 年 2 月的二十七大上，讨论的重点是基于科技进步和改革现行经济体制的"加速"战略。同时在本次大会上戈尔巴乔夫提出了"社会主义进一步民主化、加深人民的社会主义自治问题"，其措施是"活跃苏维埃、工会、共青团、劳动集体和人民监督工作，加强公开原则"，扩大苏联人的政治权力和自由。戈尔巴乔夫提出了"完善"政治体制，并没有提出"改革"政治体制的口号，同时强调苏共仍然是"社会政治组织的最高形式，政治体制的核心，苏维埃的领导力量和指导力量"。

第二阶段从 1986 年 2 月苏共二十七大到 1988 年 6 月苏共第十九次代表会议。在这一阶段政治体制改革被提到第一位，政治上的"民主化"被视为整个改革不可逆转的保证，全社会掀起"民主化""公开性"的热潮，同时"人道的、民主的社会主义"被推出。

戈尔巴乔夫在 1987 年苏共中央 1 月全会上的报告中指出改革进展缓慢的原因在于"阻碍机制的存在"，认为想要消除"阻碍机制"，就要"加深社会主义民主，发展人民自治"，"只有通过民主和借助民主，改革本身才有可能实现"。此外，报告提出应保证"最大限度的公开性"。在 1987 年 6 月中央全会召开时，戈尔巴乔夫又进一步强调"民主化是改革的先决性条件"。1988 年 1 月，戈尔巴乔夫在会见舆论界、意识形态机关和创作协会的领导时说："民主化与公开性不仅仅是改革的手段，而且是我们社会主义制度的实质"，"我们主张毫无保留和毫无限制的公开性"。①

1988 年 6 月苏共第二十九次全国代表大会上通过了将"根本政治体制改革"提到首要地位，提出了关于政治体制改革的全面构想，而把权力中心从苏共向苏维埃转移成为政治体制改革的中心内容。此外，在这次会议上"人道的、民主的社会主义"被首次系统地加以阐释，并宣布苏联人民将有一个"内容充实和无条件的民主"的光明前景。苏共第二十九次代表会议标志着苏联改革开始转向。政治体制改革的内容从一般的"民主化""公开性"进一步发展到向"权力中心"转移；改革从批判苏联社会主义制度的弊病开始向否定社会主义制度倾斜；改革的目标由"完善社会主义"转变为建立"人道的、民主的社会主义"。

第三阶段从 1988 年 6 月苏共第二十九次代表会议到 1990 年 7 月苏共二十八大。在这一阶段，戈尔巴乔夫的思想全面转向，苏共对国家的领导被逐渐削弱和取消，建立西方式的三权分立制度成为政治体制改革的目标，自由选举、多党制和总统制相继在苏联实现。

苏共第二十九次代表会议决定以人民代表大会作为国家的最高权力机关，并由此选出最高苏维埃。由于"公开性"无限制的推行，苏共的威望开始下降。在 1989 年春的第一次人民代表的选举中，许多民主派积极分子当选。同年 5 月、

---

① 江流，等，编.苏联演变的历史思考 [M].北京：中国社科出版社，1994：57.

6月召开的第一次人民代表大会上形成了具有议会党团性质的"跨地区议员团"，当时名噪一时的民主派代表人物都进入该团。他们多次提议取消苏联宪法关于苏共领导权的第六条，即"苏联共产党是苏维埃社会的领导和指导力量，是其政治制度、国家和社会组织的核心"。1990年苏共二月中央全会决定修改宪法第六条，改行多党制和总统制，并在全国人大通过，成为法律和事实，从根本上取消了苏共对政权的领导。

1990年7月苏共二十八大召开前夕，戈尔巴乔夫倡导的改革已进行了5年。从1987年、1988年开始全面推行"民主化""公开性"之后，经济形势日益恶化，民族分裂趋势日益严重，各种政治势力斗争激烈。在苏共二十八大会议上，出现了代表三种不同政治势力的行动纲领：苏共中央纲领、民主纲领和马克思主义纲领。戈尔巴乔夫在大会上提出建设"人道的、民主的社会主义"，该行动纲领正式被讨论通过。至此，它表明戈尔巴乔夫领导集团的政治思想路线已经成为苏共占统治地位的政治思想路线。

第四阶段从1990年7月苏共二十八大到1991年12月25日苏联解体。在这一阶段，"人道的、民主的社会主义"被大力推行，苏联加速演变。

苏共二十八大以后，各种政党如雨后春笋般出现，到1990年8月上旬，全国性政党已经发展到20多个，非正式团体发展到9万个。各派政治斗争日趋激烈，在莫斯科和列宁格勒两大城市的苏维埃选举中，民主派大获全胜，以叶利钦和戈尔巴乔夫为首的两大政治力量的夺权斗争日趋激烈。

同时，在实现了政治多元化之后，苏联开始把斗争重点转到经济改革上。在戈尔巴乔夫的一再妥协下，由沙塔林等人制定的"500天计划"被推出，试图在500天内分四个阶段，实现财产的非国有化、私有化，放开商品价格，向市场经济过渡。

在政治多元化、多党制的浪潮下，苏联民族分裂势力在各加盟共和国迅速得势，向中央发起了"法律战""主权战"，纷纷宣布独立。在俄罗斯联邦和各加盟共和国遥相呼应下，戈尔巴乔夫被自己所谓的"人道的、民主的社会主义"束缚住手脚，无力维护联盟的统一。到 1991 年 8 月，苏联的政治危机、经济危机、民族危机不仅没有缓和，反而急剧加深。由部分苏联领导人仓促策划的"8·19"事件不仅没能挽救苏联的解体，反而加剧了危机。最终，在 1991 年 12 月 25 日，苏联国旗从克里姆林宫上空黯然落下，苏维埃社会主义共和国联盟完全解体了。

### （二）政治改革、抛弃苏共

戈尔巴乔夫的政治改组涉及了苏联政治体制的关键性要素：苏共、宪法、选举、议会等。首先是修改宪法，取消苏共领导地位。苏联宪法原第六条规定，苏共是社会的领导力量，是政治体制和国家机关的核心。这一原则性的规定，成为戈尔巴乔夫推行政治"民主化"改革的主要障碍。这一障碍不除，他的一系列政治主张特别是多党制就难以实现。1989 年 12 月 12 日，在苏联第二次人民代表大会上，当有代表建议将修改宪法第六条的问题列入会议议程时，戈尔巴乔夫说，宪法的任何一条都可以讨论和修改。这实际上是为二月全会取消苏联共产党一党执政做舆论准备。在二月全会召开前夕，即 1990 年 1 月 13 日，戈尔巴乔夫在立陶宛的讲话中进一步明确说："我认为实行多党制并不是悲剧……我们不应当像魔鬼怕烧香那样害怕多党制。"[①] 在这次全会的报告中，戈尔巴乔夫公开提出"必须清除一切把党同专横官僚主义制度联系起来的东西"，苏共的"地位不应当依靠宪法来强行合法化"，苏共应"放弃某种法律和政治优越地位"，

---

① 中国人民大学苏联东欧研究所. 戈尔巴乔夫言论选录（政治部分）[G]. 北京：92.

苏共执政地位的获得，要"严格限制在民主程序范围内"（即依靠选票）去"争取"。[①]

苏共中央提交苏共二十八大的行动纲领草案进一步提出，"苏共不攫取国家政权的全权"，"它不追求特权和在苏联宪法中规定自己的特殊地位"，"鉴于这一点，党认为必须通过立法动议程序，把涉及国家根本法第六条的有关建议提交苏联人民代表大会"。[②] 这意味着苏共要放弃对国家的领导权，变为与其他匆忙组建的团体和组织一样的地位。苏共只有与其他参政党平等竞选，才能获得执政地位。

其次是宣布政治多元化、实行多党制。戈尔巴乔夫在 1990 年苏共中央二月全会的报告中指出："我国社会中进行的广泛民主化，带来了政治多元化的发展，出现了各种社会政治团体和运动。这种进程将导致在某一阶段建立一些政党，苏共将根据这种新的情况进行工作"[③]，与所有这些组织合作并进行对话，意即将允许建立各种各样的政党。二月全会通过的提交苏共二十八大审议的行动纲领草案也指出，要与"专横的官僚主义制度决裂"，实行"民主制和政治多元化"，因此，"社会的发展不排除再建立若干政党的可能性"，"苏共不谋求垄断权，准备同一切主张革新社会主义社会的人进行政治对话与合作"。[④] 这个纲领的内容，是对戈尔巴乔夫多年来倡导的"多元化"与"民主化"的回应，表明苏共在政策上要实施多党制。

再次，实行议会制、设立总统。早在戈尔巴乔夫执政初期，苏联的一些法

---

①　苏共中央总书记米·谢·戈尔巴乔夫在苏共中央全会上的报告：1990-2-5[G]// 苏共中央二月全会文件选编：1990 年 2 月 5—7 日 . 北京：世界知识出版社，1990：3、4.

②　走向人道的民主的社会主义——苏共中央提交党的第二十八次代表大会的行动纲领草案[G]// 苏共中央二月全会文件选编：1990 年 2 月 5—7 日 . 北京：世界知识出版社，1990：42.

③　同① 4.

④　同② 31.

学家和政治学家就公开提出，要研究三权分立的学说。1988 年 6 月，在苏共第十九次代表会议上，戈尔巴乔夫提出了"法治国家"的概念和"法律至上"的思想，大大助长了对三权分立学说的研究。1988 年 11 月 14 日，苏联《消息报》刊登法学博士库拉什维利的文章，称正在试图设立一个相当于西方国家总统的职务。1989 年 5 月，苏联政府和苏联议会开始分权，权力中心由党向苏维埃转移。而后，戈尔巴乔夫提出建立一个新的国家和社会管理体制的思想，同时派出一些团体秘密或公开地去美国、法国等国家考察西方议会和总统制。

1989 年 11 月 26 日，戈尔巴乔夫在《真理报》上发表的《社会主义思想与革命性变革》一文中表示，"三权分立"能避免大权独揽和滥用权力。他说："国家和其他政治结构发展的主流是人民社会主义自治的思想和实践同经过多年经验考验的代表制议会民主机制的辩证结合"，"代表制议会民主机制则保证执行权力与立法权力的严格分开，并保证司法的独立性"。

1989 年年底，苏共中央由政治局委员亚·尼·雅科夫列夫挂帅起草苏共行动纲领，在这个纲领中第一次明确提出建立总统制。1990 年 1 月，戈尔巴乔夫的政治助理沙赫纳扎罗夫在会见日本《读卖新闻》记者时说：苏联正在研究实行总统制，以给戈尔巴乔夫"非常大的权力"，在紧急情况下行使强权，总统可对议会行使否决权。他还说："美国的制度是人类建立的最良好的制度之一。"在1990 年苏共中央二月全会上，戈尔巴乔夫正式提出设立总统制问题。他指出：苏维埃在需要采取果断行动的地方未采取果断行动，因此，"必须在最高领导层里重新进行力量调配"，需要"建立总统制"，以赋予"总统一切必要的权力来贯彻改革的政策"。[①]

---

① 苏共中央总书记米·谢·戈尔巴乔夫在苏共中央全会上的报告：1990-2-5[G]// 苏共中央二月全会文件选编：1990 年 2 月 5—7 日 . 北京：世界知识出版社，1990：13—14.

自 1987 年以来，在戈尔巴乔夫"政治多元化"口号的鼓励下，苏联各地纷纷建立非正式组织，1987 年 12 月有 3 万个，1989 年 2 月增加到 6 万个，1990 年发展到 9 万个。其中多数是有目标、有组织的反共反社会主义的政治组织：有的打着维护本民族利益的旗号，有的打着自由民主的旗帜，有的要求复辟沙皇贵族统治，等等。这些组织的活动地点有的在波罗的海地区，有的在高加索地区，有的在苏联的心脏莫斯科和列宁格勒。它们遥相呼应，目标一致对准苏共和联盟中央。

在戈尔巴乔夫的政治推动下，苏联各地的政治热潮很快汇成汹涌澎湃的海啸，直逼联邦国家和苏共中央。1990 年 2 月 4 日，在苏共中央召开二月全会的前夕，莫斯科有 20 万人举行集会游行，喊出了"取消苏共领导地位、审判苏共、实行多党制"等口号。

### （三）执政党的瓦解与分裂

苏联国家是布尔什维克党革命的产物。苏联大厦维系在苏共这一重要的政治支柱上。苏共是政治体系的根本和核心。戈尔巴乔夫上台后，苏共成为政治改革的对象，5 年左右的时间，苏共遭受了"被改革—被改组—被边缘—被分化—被抛弃"的悲惨命运。

1. 内部削弱。

改革初期，苏联和改革的命运在很大程度上还取决于苏共。但在戈尔巴乔夫倡导的"民主化""公开性""新思潮"冲击下，苏共开始逐渐丧失对改革和国家发展的引导力量，在政治生活中逐渐被边缘化。

首先，戈尔巴乔夫在改革不力的情况下，把苏共视为改革和社会发展的"阻碍机制"。戈尔巴乔夫把 1 800 万各级管理人员都看成"改革的阻力"，使他们经常受到"激进派"的攻击和干扰而无法正常工作。苏联部长会议在成立一年半的时间内，就被激进的议员提出 6 次不信任案。苏联部长会议主席雷日科夫满腹牢骚地说："政府每天都受到攻击，打开报纸，都在骂政府。在这种情况下，政府如何工作？"原俄共领导人波洛兹科夫在总结这个问题上的教训时写道："改革一开始就出现重大失误，夸大了党内、党员干部和国家机关中保守主义的危险性，拼命攻击党，人为地培植反对派。本应从党抓起，使之成为社会主义改革的有力工具，本应用加强组织性来促进民主化，可是戈尔巴乔夫却背道而驰，这个教训是十分深刻的。"①

所有这些逐渐导致苏共成为舆论批评的众矢之的。1990 年，苏共已经感受到非常严重的危机，当社会上自上而下地出现了意识形态危机和政治多元性后，苏共已经是徒具形式上的统一，党的凝聚力和向心力被大大削弱。在 1990 年苏共二十八大上，许多代表纷纷表达了对党的高层领导及总书记身边人员的不满情绪，许多人忧虑党的意识形态原则的摇摆不定。戈尔巴乔夫在政治报告中说，改革理论处于变动和自我发展中，应该根据不断向前发展的运动来总结新的理论和得出结论。大会通过了"人道的、民主的社会主义"纲领性文件，最终，党的宗旨出现了根本性的变化，苏共活动的组织基础遭到彻底的改变。

2. 取消职能——由领导党变为议会党。

早在 1988 年，一些非正式组织如"民主联盟"就提出废除苏共领导地位的问题。随着人民代表选举活动的开展，一些政治势力看到此时与苏共拉开距离更容易走上政治舞台，于是，他们在 1989 年 5 月第一次人代会上和同年 12 月的第二次人代会上，多次提出废除宪法中有关苏共领导地位的条款。之后，苏共党内外的一些势力在戈尔巴乔夫的政治启发下，把取消党的领导和建立西方式的三权

---

① 吴恩远. 从共产党的先进性看苏共丧失执政地位的历史原因 [M]// 苏联史论. 北京：人民出版社，2007：347.

分立制度作为政治斗争目标。

1990 年，受到东欧剧变的影响，戈尔巴乔夫第一次对多党制表示认可。随后，在 1990 年苏共中央二月全会上，正式提出了修改宪法第 6 条的决议，取消苏共对国家政权的法定领导地位。在苏共二十八大上，戈尔巴乔夫声明，苏共"将在民主过程范围内，在中央和地方立法机构选举中争取执政党的地位，从这个意义上看，苏共起着议会党的作用"。戈尔巴乔夫所设计的新的党政关系模式，实际上是向西方的议会制模式靠拢所迈出的一步。然而，在咄咄逼人的民主派面前，苏共先后在许多共和国、州、市丧失了执政地位。

3. 瓦解分裂。

早在戈尔巴乔夫刚刚上台之际，他身边的政治谋士就已经准备了从政治和思想上将"苏共一分为二"的计划。1985 年 12 月，雅科夫列夫利用苏共中央宣传部长的身份上书苏共中央总书记，向其提出实行"民主化"、"公开性"、多党制和总统制等一系列全面政治改革建议。建议在组织上一分为二：分成社会党和人民民主党，全民投票选举总统，任期 10 年，政府由在全民选举中获胜的党的总书记领导，等等。

20 世纪 80 年代中后期，苏共在政治思想方面已经分裂在即。苏共二十八大为按民族和地区继续分立留下了政治和程序空间。这次代表大会的政治决议规定，除了与苏共有着共同的"纲领性原则"之外，各个加盟共和国的共产党以后都可以"制定自己的纲领和文件，独立解决政治、组织、干部、宣传和财政问题，在共和国的国家体制、社会经济和文化发展领域实行各自的路线，与其他包括国外政党的组织和社会运动单独建立联系"。据此，俄罗斯学者写道："在各共和国的共产党之间建立联邦关系是导致后来苏联被否定和肢解的一个最为重要的因素"。[1]

---

[1] Д.Л. 兹拉托波里斯基. 摧毁苏联 [M]. 莫斯科，1998：24.（Златопольский Д.Л. Разрушение СССР.М.，1998：24.）。

"8·19"事件后，戈尔巴乔夫在宣布解散苏共的前夕，描述了苏共中央内部的状况，从中我们可以看到苏共面临分裂的危局。戈尔巴乔夫写道，苏共发展到一定阶段必然要解体，"因为它包含了各种各样思想、政治派别的代表。我主张通过民主的道路达到这一点——11 月举行党的代表大会，到时候在会上进行分野，好说好散。我和我的志同道合者所提出的党纲模式，根据一些民意调查，党员支持率在三分之一左右。其余部分就各奔东西了：有支持尼娜·安德烈耶娃和安皮洛夫的，有支持布兹加林和科索拉波夫、久加诺夫、罗·梅德韦杰夫和杰尼索夫、利皮茨基和鲁茨科伊的。看来有相当一部分人加入了民主俄罗斯，与特拉夫金的民主党、基督教民主主义者为伍了。这件事（指他宣布解散苏共的事，引者注）归根结底还是发生了"。[①]

可以想象，20 世纪 80 年代中后期，苏共最高领导层就已冒出分裂的念头，苏共灭亡、改革失败的命运早已注定。

4.政治上排挤与组织上抛弃。

除了在外部面临民主派的竞争与攻击外，苏共在内部实际上经常遭到戈尔巴乔夫等高层的背弃。1990 年之前，戈尔巴乔夫对苏共的怀疑主义态度已经很明确了。戈尔巴乔夫在向"民主派"做了一系列政治让步之后，开始为自己安排退路：国家需要设立总统一职。1990 年 3 月，戈尔巴乔夫当选苏联第一任总统之后，立即成立了总统委员会。总统委员会制定决策方案后，或通过总统交给立法机关议决，或由总统发布命令执行，苏共中央政治局再无能力影响重大决策的制定与执行，制约戈尔巴乔夫的能力越来越小。虽然戈尔巴乔夫仍保留了总书记的职位，但更多的是有意摆脱苏共的控制，直到最后完全摈弃苏

---

[①] 戈尔巴乔夫.戈尔巴乔夫回忆录：下册.述弢，等，译.北京：社会科学文献出版社，2003：1369.

共。1990 年夏，苏共总书记戈尔巴乔夫已经决定要抛开党。曾担任政府总理的苏共政治局委员雷日科夫痛心地说："党到 1990 年已经缓慢地濒临死亡。"戈尔巴乔夫亲手解散了苏共，但他并不为自己的言行有丝毫的悔意与不安。他说："从更广袤的历史前景的角度来看待所发生的一切。苏共到一定的阶段要解体，这是不可避免的"，"为苏共解散而大为惋惜是没有意义的。它起到了自己的历史作用，该退出历史舞台了"。①

1990 年 7 月，苏共二十八大后，苏联的国内形势更加危急。反共反社会主义的集会和示威连续不断，此起彼伏。广大党员对党的前途失去信心，引发大批苏共党员退党。大批党员退党或脱党实际上是对戈尔巴乔夫搞垮苏共的不满和抗议。1991 年 7 月，叶利钦签署了其就任俄罗斯总统后的第一道总统令，宣布禁止一切政党在俄罗斯联邦政府机关和国营企业内的活动，蓄意要把共产党的组织机关从政府机关、军队和企业中清除出去。而此时戈尔巴乔夫的态度却是拒绝动用总统权力维护苏共的利益，直至苏共解散。

## 四、国家裂变与经济崩溃

### （一）政治改革热潮

一般来讲，政治与经济进程应当相辅相成，政治为经济改革保驾护航。而

---

① 戈尔巴乔夫 . 戈尔巴乔夫回忆录：下册 [M]. 述弢，等，译 . 北京：社会科学文献出版社，2003：1369. 时至今日，戈尔巴乔夫依然为自己开脱，认为他的改革之所以失败，除叶利钦等势力的干扰外，来自苏共的阻碍是关键因素。他后悔没有一开始就下手对苏共实施"彻底改革"。例如，2010 年 4 月 6 日，在"改革"25 周年之际，俄罗斯《独立报·政治专刊》刊登对戈尔巴乔夫的专访。记者问："有人指责您把关于苏共领导地位的条款从宪法中删除了，而且您却没有把国家管理现代化的工作进行到底。您同意这些说法吗？"戈尔巴乔夫回答："我以为（我看成是自己的第一个错误），就是没有及时改革苏共，这导致苏共后来实际上变成了一系列至关重要的进程的障碍。"

戈尔巴乔夫却反其道而行之，他极力推动政治改组单兵突进，而不顾人民生活水平急剧下降。曾任古巴大使、后担任苏共中央宣传部负责人的卡普托回忆到，他在任苏共社会主义国家关系局局长时，与苏联科学院世界社会主义经济体系研究所的学者撰写报告提出，中国改革的经验就是在保持政治稳定的条件下，逐步推进包括经济改革在内的各项改革。他们将报告送交戈尔巴乔夫，但后者没有任何反应。卡普托指出，现在回忆戈尔巴乔夫时期的改革，随便把改革历史梳理一下就会发现，任何一项政策都没有落实到底，都是半途而废，接着又提出新的改革政策。在 1983 年和 1984 年，苏共中央政治局批准过农业领域的小改革，这些小改革也失败了。戈尔巴乔夫改革一开始是实施加速战略，接着是科技进步，然后是更多的"民主化"和"公开性"，下一步就是政治改革和民主社会主义，最后的结果就是消灭了苏联和社会主义。

戈尔巴乔夫最初的经济改革战略未见成效，但他并没有考虑到改革的长期性和复杂性，反而急于开启政治体制改革，把"民主化"视为改革成功的关键，进而把"民主化"当作改革的目标和本质。戈尔巴乔夫认为，经济不见成效的根源在于政治领域，在于党内的"阻碍机制"，因此要将工作重心集中到"政治领域"，打碎官僚机制，对政治体制进行根本性的改革。在这种情况下，经济改革方案成为政治斗争的附属品和牺牲品，苏联经济形势日益恶化。1988 年，苏共十九次全国代表会议之后所进行的政治体制改革引发了党争、政争、派别之争和民族间的争斗，这都加剧了苏联政局动荡和社会混乱的局面，使得正常的经济建设难以继续进行。

苏共领导地位和权威性的丧失导致从中央到地方的经济管理体系遭到破坏，管理上造成"真空"。新成立的各级政府包括地方苏维埃执行委员会对国家出现的新问题和新情况不能适应，在处理经济问题方面不知所措，而调整后的党的机关不再决策社会经济事务，因此出现了三不管局面：党无权管、政府无力管、苏维埃不知怎么管。各共和国的地方割据和封锁破坏了生产联系和协作关系，造成经济更加无序和混乱。1991 年起的罢工风潮造成了明显的经济损失。1990 年，苏联国民收入增长 –4%，是战后以来苏联经济首次出现负增长，1991 年苏联国民收入进一步下降 15%，[①] 当时政府负责经济的领导人感叹道，1990 年和 1991 年苏联经济的急剧下降是戈尔巴乔夫推行政治体制改革的直接后果。

戈尔巴乔夫热衷政治改组、不愿在经济上辛勤劳作的所作所为，也可以从苏共高层会议和决策的情况中看出来。1988 年至 1990 年的两年间，从苏共第十九次代表会议到苏共二十八大，苏共一共召开 13 次中央全会，其中只有一次专门讨论经济问题（即 1989 年 3 月的中央全会讨论农业问题），其余全都主要讨论政治改组和权力分配问题。在此期间，还召开三次苏联人民代表大会，进行三次全国性的选举活动（选举苏联人民代表、加盟共和国人民代表和苏共二十八大代表），并对宪法做了两次重大修改，进行过两次以上的共和国和全苏范围的全民公决投票。在彻底改组政权的过程中，苏共被日益边缘化，苏维埃、政府的作用被忽视，而戈尔巴乔夫却由担任党的总书记，先后兼任最高苏维埃主席、苏联总统、最高统帅，最后甚至被赋予特殊全权——实行总统直接治理。经济发展不见成效，政治改组如火如荼，游行、示威、罢工、民族流血冲突此起彼伏，这些都是在改革和"民主化"的旗号下进行的。

### （二）经济失控

1988 年，随着苏联政治改革如火如荼，整个苏联社会沸腾起来，而经济形势却迅速恶化。仅在 1988 年一年中，戈尔巴乔夫就在经济决策上出现五大错误，

---

① 江流，等，编 . 苏联演变的历史思考 [M]. 北京：中国社会科学出版社，1994：108.

使得苏联经济一下子落入深渊。俄罗斯学者、已故俄罗斯当代史和国际问题专家阿·乌特金在其 2009 年出版的《总书记背叛：败逃欧洲》一书中分析指出，正是这五大致命的错误决策，使得苏联经济坠入崩溃的边缘。

第一是盲目提高经济增长速度。戈尔巴乔夫好大喜功，下令国家计委确定国民生产总值每年增加 2.8%。在总书记的压力下，1988 年 11 月，财政部长宣布苏联的预算赤字降为 600 亿卢布。1989 年，预算赤字已经达 1 000 亿卢布。戈尔巴乔夫寅吃卯粮，一方面开动印钞机，另一方面大举外债。戈尔巴乔夫把借债视为西方相信苏联的象征，但西方却口惠而实不至。

1988 年戈尔巴乔夫所实施的第二大致命的举措是强行出台《国有企业法》，放弃对企业的约束。其结果是在没有真正的市场而经济又短缺的情况下，企业借机肆意涨价。自行其是的企业领导人得以挣脱了党和国家的控制，一起摧毁了苏共的管理体系。

第三大致命的举措涉及行政管理体制。1988 年，戈尔巴乔夫要彻底改变管理体制。戈尔巴乔夫宣布，"党的工作是意识形态"，不允许政府官员干预生产和经济活动。国家再也不能养活 150 万寄生虫似的国家官员。很快一些部门被解散，仅仅在一年内中央部委的人数从 170 万削减至 70 万。

第四大致命举措是打乱了苏联的外贸秩序。戈尔巴乔夫等苏联领导人头脑发热，宣布"经互会"内部实行用西方的硬通货结算。这很快导致了"经互会"成员之间的经贸关系混乱不堪。缺少外汇使得这些国家经济联系几乎中断，而苏联 80% 的外贸是通过"经互会"进行的。

彻底改变苏联命运的第五大致命举措是在 1988 年 10 月爱沙尼亚宣布主权后采取的。之后，各地纷纷拒缴税收，有的甚至开始发行自己的货币。统一的苏联经济空间变得各自为政、以邻为壑、四分五裂。

国内局势失控，到处乱作一团。戈尔巴乔夫急忙向西方大国哀求经济援助。此前，戈尔巴乔夫十分相信西方"神圣的诺言"，相信苏联在裁军、两德统一等方面的巨大让步，能够换来西方对他的支持，相信西方外汇援助会像下金子雨一样落下来，

1991 年 3 月底，戈尔巴乔夫请求布什提供 15 亿美元的贷款。戈尔巴乔夫说，如果美国不提供援助，俄罗斯冬天可能出现饥荒。可是，布什总统冷漠地说："我想，最好等一等事态的发展。"4 月底，布什对苏联总统喋喋不休的援助请求已经很生气："应该给他上一堂古典经济学课。生意是生意。"

1991 年春天，美国驻苏联大使马特洛克回忆道：戈尔巴乔夫幻想奇迹的发生，幻想他的西方发达国家的朋友聚集在一起并组织大规模的国际援助。他认为，他们为了拯救小小的科威特而攻打伊拉克花费了数千亿资金，而对俄罗斯，他们几乎承诺了不封顶的援助，并且 200 亿—300 亿美元也算不上一个大数目。因为，戈尔巴乔夫结束冷战为他们省下的资金数额，要比这个数目大得多（由于结束冷战而省下的资金按 1991 年价格为 3 万亿美元）。当时西方的外交官都为戈尔巴乔夫的肤浅和可怜感到震惊。

1990 年年底，戈尔巴乔夫在奥斯陆领取诺贝尔和平奖时，又一次向西方恳求经济援助。美国副总统丹奎尔在访谈中声明，任何大规模的经济援助都是不可能的。

1991 年 6 月 2 日，美国前总统尼克松在《华盛顿邮报》发表文章，道破了西方设下经济"诱饵"的政治目的。尼克松称，"美国的关键战略利益不是要从经济上挽救莫斯科，而是要摧毁苏联的共产主义制度。美国的政策应该是促进建立民主政府、市场经济和俄罗斯及非俄罗斯民族实行自决。"参与苏联经济改革"500 天计划"的美国人费尔希曾说，西方不会拿出大笔款项来兑现诺言。西方将开始一个进程，在进程结束后（如果是成功的）才提供大量援助，西方想要拥

有的是一个民主的资本主义国家。

改革几年后，戈尔巴乔夫陷入了内外交困的境地，苏联经济陷入困境，戈尔巴乔夫的政治改革也走向尽头。1989 年苏联国家财政收入、社会劳动生产率、工农业产品的产量、大众消费品产量等计划指标均未完成。

戈尔巴乔夫的改革非但没有使苏联摆脱经济停滞的困境，反而加剧了苏联经济的危机。消费市场、经济关系、交通运输、国家纪律均出现混乱与失灵，有关所有权、自主权和职权范围划分等问题的政治冲突日益严重，犯罪现象持续增加，经济社会的危机继续深化。戈尔巴乔夫曾向人民许愿："当人民感觉到食品供应出现了重大变化时，这就将是对改革和我们呼吁人民所做的一切的最好宣传。"[1] 然而苏联人民的生活水平在戈尔巴乔夫时期非但没有提高，到后来反而连最基本的日常用品也开始出现严重短缺。国内市场空前紧张，1 200 种基本消费品中，竟有 1 150 种经常断档缺货，财政赤字已高达 581 亿卢布。与此同时，苏联中央内部以及俄罗斯联邦政权等各方力量围绕经济改革是选择"500 天计划"还是"休克疗法"方案的较量也更加激烈。实际上，上述方案均以西方上千亿美元的援助为前提，企望采取激进的改革手段，谋求一夜间形成西方市场经济运行模式，只能是天方夜谭。

## 五、民主迷途与亡党亡国

短短 6 年的时间，戈尔巴乔夫推行以"民主化、新思维"为旗号的修正路线，非但没有革新苏共、给百姓带来真正的民主和人权，反而彻底葬送了社会主义，

---

[1] 江流，等，编. 苏联演变的历史思考 [M]. 北京：中国社会科学出版社，1994：102.

成就了西方资本主义的霸权。戈尔巴乔夫"民主化"的改革引来的是叶利钦时期野蛮资本主义的倒退和"鲍利斯沙皇"专制的复辟。理论上诱人的民主社会主义"妖姬"，吞食和埋葬了苏联七十多年社会主义建设的成果，换来了横蛮的"官僚和寡头的资本主义怪兽"，倒退到犯罪猖獗、黑势力猖獗的原始资本主义泥潭。

其一，戈尔巴乔夫时期的政治体制改革并没有使苏联经济走出停滞状态，反而触发和加深了苏联的经济危机。戈尔巴乔夫留下的"首先是这个被称作苏联的世界大国分崩离析，第二个是无节制的通货膨胀，第三个是 80% 的人进入贫困线，百万贫困者流落街头"。[①]

其二，犯罪猖獗、无政府主义泛滥是戈尔巴乔夫改革的又一大恶果。在戈尔巴乔夫的倡导下而成立的最高国家权力机关——苏联人民代表大会由于后来政治派别的争权夺利，许多问题议而不决，延误时机，各级苏维埃几乎变成了各种政治势力角逐的场所。特别是反共反社会主义的极端势力进入苏维埃后更是欲置苏共和社会主义制度于死地而后快，造成社会严重动荡不安。而此时戈尔巴乔夫一味与激进派妥协，急于建立总统制，企图从西方国家的政治制度中寻找灵丹妙药。然而，苏联并未出现戈尔巴乔夫所期望的"权威的立法机关、强有力的总统、高效率的政府、独立的法院"等情况，反而是立法、行政、司法机关持续混乱，政府濒临瘫痪，社会持续混乱，犯罪率上升。1991 年 3 月，苏联内务部和国防部在公告中指出，"重大犯罪的数量在增加，而且常常带有肆无忌惮的卑鄙下流性质。袭击内务部机关工作人员、军事设施、哨兵、单个军人及其家属的事件日益增多"[②]。

其三，戈尔巴乔夫时期出现的苏联各共和国公然违抗苏联宪法和法律，与

---

① 江流，等，编. 苏联演变的历史思考 [M]. 北京：中国社会科学出版社，1994：109.
② 同上 197.

中央开展"法律战""主权战",纷纷声明其法律高于联盟法律,这在任何一个联邦国家都是闻所未闻的。为了效仿戈尔巴乔夫和叶利钦,在苏联和后来的俄罗斯,一些地方领导人纷纷自命总统,以至于一时间一个国家内竟然出现了 20 多位有总统称号的官员。

其四,戈尔巴乔夫的政治改革不但没有带来民主和自由,反而导致了严重的政治衰退。戈尔巴乔夫鼓吹的"民主化改革"没能提高官僚机构的效率,没能推进经济改革、提高人民生活,相反,社会形势却持续恶化,政局动荡不安,经济陷入崩溃的境地,最终导致苏共瓦解、苏联解体。

20 世纪 90 年代中后期,越来越多的俄罗斯民众否定戈尔巴乔夫和叶利钦所选择的政治道路。社会舆论调查结果显示,俄罗斯居民中承认"俄罗斯是民主社会"的比例越来越小。连戈尔巴乔夫自己也不得不承认,"民主化"进程遇到挫折,民主的成果被俄罗斯当权派篡夺,俄罗斯当权者"损害人权、压制民主"。

俄罗斯政治学者亚·叶利谢耶夫写到,俄罗斯文化历史上缺少民主思想的浸淫,"民主"常常被用来作为政治斗争的工具,并非叶利钦等"民主自由派"的理想和追求。叶利钦时期的自由民主派表面上打着西方民主的旗号,实际上是将"民主、民族自决"等口号作为他们打败苏共的手段。苏共失败后,自由民主派曾期望使用"这种民主体制"能够比苏共模式更有效,但 20 世纪 90 年代近 10 年的"民主化"实验的结果却适得其反。他们并不了解民主的真谛,也不是发自内心的向往。

其五,戈尔巴乔夫的政治改革给苏联人民带来的是深重的民族灾难与沉重的政治遗产。2005 年和 2007 年,时任俄罗斯总统的普京曾两次强调,他认为苏联解体是 20 世纪最大的地缘政治灾难之一,对于绝大多数俄罗斯人民来说,这简直就是一场悲剧,许多人失去了信仰和价值追求。这不仅是一场政治悲剧,也是一场人道主义灾难。

其六，苏联的解体不仅意味着失去了原有的国家政治制度，而且意味着丧失了一系列历史信仰。当然，戈尔巴乔夫政治改革最大的失败在于亡党亡国，引来了俄罗斯野蛮、犯罪的资本主义。2005 年 12 月 25 日是苏联解体 14 周年。在 2005 年的 10 月份，俄罗斯"全俄民意调查中心"的一项调查结果表明，57％的受访者认为，苏联解体是可以避免的，66％的人对苏联解体表示惋惜，76％的居民认为苏联有许多值得骄傲的地方。一项调查结果表明，在 1991 年苏联解体时盛行一时的民主和市场经济这样的概念不再有吸引力：60％的俄罗斯受访者认为西方模式对俄罗斯没有好处。

与在俄罗斯境内的境遇相反，戈尔巴乔夫在西方仍是天使。至今西方社会仍然称"戈尔巴乔夫时期"是俄罗斯历史上最民主的时期。戈尔巴乔夫至今仍是西方的座上宾。2009 年，戈尔巴乔夫还接受了美国总统授予的"自由"奖章。

1991 年 12 月 14 日，戈尔巴乔夫对美国《时代》杂志记者说道："仅就我的工作而言，我一生的主要目的已经实现。我感到安宁。"[1] 1991 年 12 月 25 日，戈尔巴乔夫在宣布辞去苏联总统时的电视讲话中称，他"对从 1985 年春天开始的民主改革的历史正确性确信不疑"。[2]

十多年过后，2006 年，人民日报社主办的《环球人物》杂志在第五期刊登了中国记者对戈尔巴乔夫的专访。访谈中，戈尔巴乔夫言称搞"民主化"是惨痛失误。他说："我给中国朋友的忠告是：不要搞什么'民主化'，那样不会有好结果！千万不要让局势混乱，稳定是第一位的……我深深体会到，改革时期，加强党对

---

① 黄宏，纪玉祥，编.原苏联七年"改革"纪实 [M].北京：红旗出版社，1992：717.
② 戈尔巴乔夫.戈尔巴乔夫回忆录：上册 [M].述弢，等，译.北京：社会科学文献出版社，2003：3.

国家和改革进程的领导，是所有问题的重中之重。在这里，我想通过我们的惨痛失误来提醒中国朋友：如果党失去对社会和改革的领导，就会出现混乱，那将是非常危险的……我们在没有做好准备的情况下，使苏联社会大开放。在残酷的国际竞争下，国内工业受到了致命打击。极少数人一夜暴富，敛财数额之巨仅次于美国的大亨，而赤贫的人数却远远超过了苏联时期。"

# 第十二章　民主畸变

20 世纪 90 年代，俄罗斯"民主化"波涛如潮起潮落，来去匆匆，政局变幻与社会动荡足以令世人反思与感叹。俄罗斯选民由"渴望民主"变为"厌倦民主"，后来又变为"拒绝民主"①也不过是几年的时间。90 年代中期以后，俄罗斯居民对这种"换汤不换药""新瓶装旧酒"的政治变革很快感到厌倦。俄罗斯选民之所以祈望西方民主制度，是因为他们常常将"民主与西方的生活富足"联系起来，然而现实生活却打破了他们的幻想。俄罗斯历史学家写道："俄罗斯人在苏共时期不好过，以为在民主制度下将会好些。然而事情并非如此。虽然自由多了些，但生活却更困难了。"②苏共下台后不到几年的时间，俄罗斯民主派的光环就已经变得黯淡了。长期驻莫斯科的意大利著名记者朱利叶托·基耶萨写道："对于大多数俄罗斯人来说，1992—1996 年之后，'民主派'一词和妓女一样，已经

---

① 近年来有大量俄罗斯舆论调查材料表明，俄罗斯人对民主表示失望，渴望秩序，甚至为恢复秩序不惜任何代价。一项调查显示，48% 的俄罗斯人拒绝民主。参见鲍·尼·卡什尼科夫.作为俄罗斯困难命运的民主 [J]. 社会科学与现时代，1996（2）43.
② 列·姆列钦.权力的公式——从叶利钦到普京 [M].徐葵，等，译.北京：新华出版社 2001：369.

成了不加引号的骂人话。"<sup>①</sup> 20 世纪 90 年代中期以后，对过度自由化已经感到厌倦的俄罗斯选民开始怀念秩序和稳定。俄罗斯百姓认为 20 世纪 90 年代是几百年来俄罗斯历史上最困难的时期之一，成为俄罗斯历史上的又一个"混沌时期"。

越来越多的俄罗斯居民认为，是戈尔巴乔夫的仓促而草率的"公开性""民主化"埋葬了苏共、葬送了强大的苏联，<sup>②</sup>接下来叶利钦近十年的"民主化"试验的结果表明，最终受益的只是极少数财阀、寡头，而绝大多数百姓被愚弄、被抛弃。

戈尔巴乔夫的过度"民主化"没能提高官僚机构的效率，没能推进经济改革、提高人民生活水平，相反，社会形势却持续恶化，政局动荡不安，最终使经济陷入崩溃的境地，导致政权瓦解。叶利钦时期的政治现实表明，从西方移植的民主形式在俄罗斯并未开花结果，三权分立名不副实，政党制度还不完善，选举制度存在不少弊端，法院司法尚待重建。在实际政治生活中，财团参与政治，寡头政治盛行；黑金政治，家族、帮派"暗箱"操作；新闻媒体被财团控制，恣意妄为；腐败蔓延，行政效率低下；政治动乱，政局不稳。上述事实说明，20 世纪 90 年代，俄罗斯"民主化"不成功，政治"休克疗法"没有促进政治发展，反而造成严重的政治衰退。

---

① 朱利叶托·基耶萨. 别了，俄罗斯! [M]. 徐葵，等，译. 北京：新华出版社，2000：73.
② 2005 年 5 月，在戈尔巴乔夫上台 20 周年之际，俄罗斯"社会舆论基金会"的一项调查结果显示，多数俄罗斯人认为，戈尔巴乔夫领导层的错误导致了改革的失败。同时"全俄舆论调查中心"在 2011 年 3 月份的一项调查显示，61％的俄罗斯人对戈尔巴乔夫的"改革"持否定态度，参见 2011 年 3 月 5 日，www.strana.ru.

## 一、民主神话与转型研究

20 世纪 90 年代以来，对俄罗斯政治变革，特别是"民主化"转型的研究成为俄罗斯国内，中国学术界以及西方学者共同关心的热门课题。由于研究者分析角度不同，加上世界观和方法论上的差异，得出的结论也自然不同。

20 世纪 90 年代前半期，西方学者、特别是一些研究一般政治发展和民主理论的政治学家习惯从"民主化"的角度观察俄罗斯政治。他们断定，苏联的解体、苏共的解散意味着俄罗斯民主时代的来临，从而与其他国家一起汇成了 20 世纪末的"第三波"民主化浪潮。①弗兰西斯·福山等人为此欣喜若狂。他们认为，这可谓是"不战而胜"，意味着"共产主义的覆灭和民主化第三波的兴起"，是所谓"意识形态的终结，也是历史的终结点"等。②

然而好景不长，20 世纪 90 年代中期，俄罗斯政局出现多次反复，腐败、暴力等现象不断，这些令习惯以"民主样板"来衡量或诠释他国现实的西方政治学家十分沮丧，他们对俄罗斯的态度也 180 度地大转弯，由原来的欣喜变成现在的指责或咒骂。面对俄罗斯的政治现实，他们使用的民主理论框架又一次落入了尴尬的窘境：他们不能解释，俄罗斯"民主化"的落潮是民主的短命，还是有悖逻辑和现实的一次"泡沫"。

20 世纪 90 年代后期以来，由于俄罗斯社会"中左翼"力量的一度复兴，特别是普京总统着力整顿政治经济秩序、实行"可控民主"以来，西方主流社会开始有些惊慌失措。一些西方媒体叫嚷"俄罗斯民主正在倒退，警察专制开始降临"。

---

① 亨廷顿. 第三波——二十世纪末的民主化浪潮 [M]. 上海：上海三联书店 1998：13—26.
② 福山. 历史的终结 [M]. 内蒙古：远方出版社，1998.

有些西方学者认定，苏联解体后俄罗斯既没有建成真正的市场经济，又没有出现真正的西方民主制度。① 在此背景下，20 世纪 90 年代末以来，西方世界批判俄罗斯的文章比比皆是，用俄罗斯学者的话说，"西方只有懒汉才不骂俄罗斯"②。

俄罗斯社会内部对苏联的解体以及近些年的政治剧变也是评价各异，对戈尔巴乔夫和叶利钦的政治评价也大相径庭。由于社会政治斗争异常激烈，加上一些研究者的意识形态和阶级立场存在较大的差异，政治学者对社会局势的评价很难达成共识，对未来政治道路的设计也常常是南辕北辙。

苏共败亡、苏联解体后，俄罗斯政治学研究一度兴盛起来。20 世纪 90 年代，激烈的政治变动诱发了其他学科的人纷纷转到政治学研究中来。一般认为，俄罗斯政治学研究人员主要集中在以下几个专业：一是历史专业，特别是世界现代史专业；二是科学共产主义专业或苏共党史专业，一般以教师居多；三是马克思主义哲学、心理学、社会学专业；四是国家与法律专业的研究人员；五是来自部分新闻专业或原领导秘书、助手等。

在俄罗斯政治学研究队伍中，源于历史专业的学者注重罗列政治事实、记述政治事件、评价政治人物；一些原科学共产主义专业的教师，则借助自己外语

---

① 苏联瓦解后，西方主流舆论对俄罗斯的赞美或批判，多带有强烈的意识形态色彩，缺少深刻的现实政治分析。研究宏观问题的西方经济学家和政治学家习惯于使用抽象的"市场和民主"模式，去衡量和观察后苏联时期的新俄罗斯社会。西方模式移植失败后，他们便开始对俄罗斯口诛笔伐。与此不同，倒是西方某些专注俄罗斯研究的区域问题研究专家一直保持冷静，能够较深入地观察俄罗斯社会实际，指出暴露或隐藏的问题。例如：A.Brown，The Russian Crisis: Beginning of the End or End of the Beginning ? [J]. *Post-soviet Affairs*，1999，1（15）；B.Clark，*An Empire's New Clothes: The End of Russia's Liberal Dream*[M]. *London: Vintage*，1995；M.Goldman，*The Pitfalls of Russian Privatization* [M]. *Challenge*：1997；Th. E. Graham，Russia's Non-Democrats [J]. *Harper's Magazine*，1996，292，No.1751；J.S.Millar，*From Utopian Socialism to Utopian Capitalism: The Failure of Revolution and Reform in Post-soviet Russia* [M]. *George Washington University, 175ᵗʰ Anniversary Papers*，1996(2).
② 阿·弗·卢金.民主化还是帮派化？——西方学者对俄罗斯变革观点的演化[J].政治学研究，2000（3）.

特别是英语的优势，积极引进西方特别是美国的政治学术语和理论，编写政治学教科书，使用西方政治学术语分析或描述当今俄罗斯的政治现实；自马克思哲学研究转行而来的政治学者则专注于哲学地描述或思考俄罗斯的历史命运、探求俄罗斯的过去和未来；部分作家、新闻记者或领导秘书和助手则进行政治人物分析，或书写领袖传记。

与俄罗斯学者常陷于现实政治漩涡不能自拔相比，中国学者应当是"旁观者清"。在研究 20 世纪 90 年代叶利钦时期俄罗斯政治进程时，我们应当关注那些带有浓重俄罗斯"特色"的政治现象，如"财阀、寡头"问题、帮派政治问题、政治精英蜕变和循环再生问题、影子政治问题等，除此之外，更应当加强对俄罗斯政治转轨的总体评价和研究，利用俄罗斯十多年来政治变化过程中涌现出的大量资料和事实，对一些政治理论和概念，特别是"民主、民主化、政治发展"等国际上争论不休的政治问题进行深入思考。

在国际学术界，像前些年冷战结束后"转型经济、转轨经济学"一度成为显学一样，政治学研究中有关"政治转型"的研究也成为国际上政治学科的热点。美国和西欧国家的研究机构纷纷以苏联、东欧国家为对象，投入大量资金和精力评价和观察俄罗斯和东欧国家的"政治转型"。囿于政治立场和学术背景的差异，西方国家学者在研究原苏东国家的政治转型时还是受制于"（东方）独裁专制——（西方）民主自由"的分析框架。与袒护和接纳完全倒向西方阵营的波兰、捷克等"依附性"国家不同，西方媒体对俄罗斯的政治转型多持蔑视和批评态度。他们认为，叶利钦之后没有真正实行以西方为样板的民主政治模式，俄罗斯政治转轨不力，甚至有回归苏联制度的嫌疑。

西方政治学者的武断和偏执，多是出自意识形态偏见和地缘政治利益。这也影响了西方国家这些年对俄罗斯的外交政策。西方阵营多次冷面拒绝了俄罗斯

"回归西方、走进欧洲"的请求。与此同时，西方国家不顾俄罗斯在反恐问题上的合作，几次暗地在苏联地区策动"颜色革命"，这不能不激化与俄罗斯的政治矛盾和外交对立。

如何解决经济转轨过程中的政治改革和发展问题，如何处理好"民主、稳定和效率"之间的相互关系问题，是政治学研究者需要回答的现实理论问题。而西方学者对俄罗斯问题，特别是政治问题的研究不能彻底摆脱意识形态和政治外交利益的束缚，这样很难得出有建设性的、有逻辑价值的学术结论。

研究国际问题，必须坚持正确的立场和方法。观察俄罗斯政治转轨和"民主化"，应深入挖掘其政治素材，同时不应回避对一些基本政治理论问题的思考。戈尔巴乔夫发动政治"改革"，在总共不到 6 年的时间里搞垮了苏共，瓦解了苏联。叶利钦掌权近 9 年，高举反共大旗，推行经济全面私有化和政治自由化。现在，连西方社会的有识之士也承认，西方学术精英开出的自由主义改革药方已经在俄罗斯失效，[①]西方的"民主转型"理论不能解释和指导俄罗斯以及一些非西方转轨国家的政治现实。所以，我们有必要仔细分析叶利钦时期的政治剧变和民主化转型，展示俄罗斯民主化进程的潮起潮落，剖析其中的成败与得失。

## 二、民主幻影与政治冒进

1989 年以后，一场席卷原苏联及东欧各国的"民主化"浪潮不仅为这些国家的理论界和学术界所始料不及，就连一直观察和鼓吹推行"全球民主化"的西方政治学家也感到意外和惊讶。

---

① 马歇尔·戈德曼 . 改革出了什么毛病？ [M]. 纽约，1992.

苏东剧变后，总部设在纽约的"自由之家"组织急忙出版年度报告，宣称世界上"民主国家"的数目已由 1972 年的 42 个变为 1991 年的 75 个，[①]生活在自由国家的人口占全世界总人口的 39%。然而时不过两年，正是这个组织在 1993 年以"民主在退却"为题，不得不承认世界的"民主国家"数目在减少，生活在所谓"自由国家"的人数也只占世界总人口的 19%。

1993 年 12 月，西方著名政治学家、美国哈佛大学教授萨缪尔·亨廷顿在西班牙首都马德里发表了题为《民主发展的前景：由扩张到巩固》的演讲，坦言"已经很难将高加索地区的原苏联共和国和信奉伊斯兰教的中亚国家列入民主国家之列"。不仅如此，他认为，俄罗斯社会的民主前景也不令人乐观。这位以"文明的冲突""第三波"等论点闻名于世的西方学者接着强调，鉴于经济和社会文化等方面的种种困扰，信仰天主教或基督教的波罗的海国家和其他东欧国家的民主也处于"危险"之境地。[②]

在俄罗斯，由于整个 20 世纪 90 年代政局跌宕、冲突不断，官员贪污盛行，政治生态急剧恶化，再加上经济下滑近半的空前灾难和社会治安混乱，导致"民主化""民主派"等词汇失去了原有的魅力，人们开始怀疑"自由派"所宣称的"民主制度"的真实性，怀疑西方式"民主"能否解决摆在俄罗斯社会面前的众多难题。

经历了短暂的民主梦之后，俄罗斯大多数百姓发现，经历了经济和政治上的"休克疗法"之后，俄罗斯社会陷入各种危机之中，一些领域甚至濒于灾难的境地。经济多年严重倒退，民主政治神话已经破灭。20 世纪 90 年代中后期，俄罗斯一些舆情调查结果表明，俄罗斯老百姓中多数人并不认可"俄罗斯是民主社会"。1996 年，60% 的俄罗斯人认为民主化在俄罗斯遭受了失败，50% 的

① 亨廷顿.第三波——二十世纪末的民主化浪潮 [M].上海：上海三联书店，1998：13—26.
② 亨廷顿.民主的未来：由扩张到整合 [J].世界经济与国际关系，1995（6）88-89.

人拒绝将俄罗斯社会称为"民主社会",同时一半以上的人不承认掌权者为"民主派"。①

一项国际性的社会调查也表明,与西方社会通常 50％的民主满意度相比,俄罗斯人对民主进程的满意度逐年下降。1991 年 11 月,俄罗斯人对民主的满意度为 15％,5 年过后,1996 年 11 月,该项指标下降为 8％,而不满意的比例超过 80％。②

60％—73％的俄罗斯人认为,当今俄罗斯的政治制度不是民主制度,俄罗斯人民需要民主,但掌权者破坏了民主的声誉,当今的"民主政权"与维护多数劳动者权利的"民主"毫无共同之处。

2000 年 10 月,"全俄社会舆论调查中心"就俄罗斯人对民主和市场的态度等问题,对俄罗斯 33 个地区、83 个居住地的 1600 个被调查者进行了一次抽样调查。对"你认为到目前为止,俄罗斯是民主社会吗?"这个问题,调查结果如表 12-1 所示。

表 12-1　你认为当今俄罗斯是民主社会吗?

| 是 | 26％ |
| --- | --- |
| 不是 | 54％ |
| 没有回答 | 20％ |

资料来源: 2000 年 11 月 9 日(http//www.polit.ru).

苏联解体后,表面上,俄罗斯与过去的斯大林式的"极权主义"彻底决裂,俄罗斯自此踏上与西方社会同样的"民主自由之路",但是,10 年过去了,俄罗斯大多数居民并不接受现行的政治制度(见表 12-2)。

---

① 弗·瓦·拉普金,弗·伊·潘金.当代俄罗斯政治定向和政治制度:相互演化的问题 [J].政治学研究,1999(6)47.

② Central and Eastern Eurobarometer ( January 1992, February 1993, Autumn 1994, March 1997).

表 12-2　20 世纪 90 年代俄罗斯百姓对政治制度的态度①

| 调查时间<br>备选答案 | 1994 年<br>5 月 | 1995 年<br>5 月 | 1995 年<br>11 月 | 1996 年<br>1 月 | 1996 年<br>5 月 | 1997 年<br>1 月 | 1997 年<br>8 月 | 1998 年<br>12 月 | 1999 年<br>11 月 |
|---|---|---|---|---|---|---|---|---|---|
| 完全同意现行<br>政治制度 | 3 | 3 | 1 | 2 | 5 | 3 | 4 | 2 | 3 |
| 有不少缺点 但<br>可以改进 | 45 | 25 | 34 | 37 | 43 | 35 | 40 | 32 | 37 |
| 应彻底改变现<br>行政治制度 | 43 | 43 | 40 | 40 | 31 | 43 | 38 | 49 | 42 |
| 难以回答 | 9 | 29 | 25 | 21 | 21 | 19 | 18 | 17 | 18 |

## 三、民主：从浪漫到毁灭

　　1985 年以后,戈尔巴乔夫推行以"人道的、民主的社会主义"为旗号的"民主化"、"公开性"和"新思维"政策。之后在 6 年多的时间里,戈尔巴乔夫的"民主化"和"公开性"政策非但没有革新苏共和社会主义,也没有给苏联百姓带来真正的民主和人权,反而彻底葬送了苏共和苏联,成就了以美国为首的西方资本主义阵营的霸权。20 世纪 80 年代末期,轰轰烈烈的戈尔巴乔夫民主化运动,激化了民族矛盾,导致民族流血冲突,造成统一的国家分崩离析。而几年后原苏共中央政治局委员候补委员叶利钦上台,他打着效仿"西式民主、西式自由"的旗号,却将俄罗斯社会导向野蛮资本主义、"鲍利斯沙皇"独裁和寡头政治。20 世纪 80 年代末期,曾经一度在苏联社会鲜艳诱人的民主社会主义"妖姬",吞食和埋葬了苏联七十多年社会主义建设的成果,换来了俄罗斯蛮横的"官僚和寡头的资本主义怪兽",在不到 10 年的时间里使俄罗斯陷入"权钱勾结、黑势力猖獗的原始资本主义的泥潭"。

　　1998 年 4 月 7 日,美国前国家安全事务助理兹比格涅夫·布热津斯基在美国《华

---

① 全俄社会舆论调查中心.舆情监测:经济和社会变化,1999(1).

尔街日报》撰文，描述当时的俄罗斯社会是"一个由无政府状态和民主政治、个人独裁和政体混乱、垂死的福利经济和寄生的资本主义、政治精英对原超级大国地位恋恋不舍的怀旧情绪和公众对旧的帝国野心的厌倦等组成的'大杂烩'"。

20 世纪 80 年代中期以后，在戈尔巴乔夫"民主化和新思维"政策的刺激下，原苏联制度内的反对派政治情绪逐渐激进化，叶利钦作为原苏共政治局候补委员、莫斯科市委第一书记，由于政治纠葛和仕途受挫，开始向戈尔巴乔夫代表的"软弱"的中央政权挑战。[①] 在思想意识和政治口号方面，叶利钦等新生"激进民主"势力对七十多年的苏联社会主义理论和实践持否定态度：否定苏共，否定公有制，否定社会主义。戈尔巴乔夫"完善社会主义、使其人道化、民主化"的努力逐渐走向失败，这使得一条逻辑简单至极的推理鲜明地印在掌权的"民主派"头脑中：既然苏联七十多年的社会主义制度在与西方的比赛中败北，既然苏共改革和完善这种制度的努力也未奏效，那么只有完全抛弃这种制度，全面照搬和推行西方社会行之有效的体制。在俄罗斯领导人看来，"告别社会主义"，选择一条新的、西方式的发展道路，俄罗斯会在两年的时间内踏上文明、复兴之路。[②] 此时在俄罗斯的官方舆论中到处充斥着打碎旧制度、与社会主义决裂的声音。自由派先锋波波夫和盖达尔甚至直言不讳要抛弃社会主义模式，移植资本主义，用最资本主义的方法改造俄罗斯。[③]

1988 年以后，经过短短 3 年时间的政治较量，被称为"民主之父"[④] 的叶

---

① 亚·菲利波夫. 俄罗斯现代史（1945—2006）：教师参考书 [M]. 北京：中国社会科学出版社，2009：274—275.

② 叶利钦总统的讲话 [N]. 消息报，1991-11-28.

③ 张树华，刘显忠. 当代俄罗斯政治思潮 [M]. 北京：新华出版社，2003：121.

④ 20 世纪 90 年代，被称为俄罗斯"民主之父"的除原苏共中央政治局委员叶利钦之外，还有苏共中央政治局委员、书记处书记亚·雅科夫列夫、原莫斯科市人民代表苏维埃主席加·波波夫，以上三人在戈尔巴乔夫后期被称为摧毁苏共的"三驾马车"。与萨哈罗夫等"持不同政见者"不同的是，这些"民主自由之父"原本属于苏共"体制内"。

利钦击败了戈尔巴乔夫为首的苏共中央，摧毁了苏联，登上俄罗斯总统的宝座。而后，叶利钦宣布，俄罗斯自此彻底埋葬了苏联共产主义，正跻身西方文明、民主国家之林。然而，恰恰是在叶利钦执政时期，俄罗斯政局跌宕起伏、党派斗争不休，寡头干政，媒体失控，在"全民公决"和"全民大选"的背后，贪污腐败空前绝后，刑事犯罪大行其道，黑社会现象猖獗。梦想加入西方民主大家庭的俄罗斯，等来的却是"野蛮资本主义"和"寡头资本主义"。

对于发生在 20 世纪 80 年代末 90 年代初的所谓民主变革，原苏联部长会议主席尼·伊·雷日科夫说："世界上最好的老师就是生活本身，生活告诉我们，所谓的民主变革实际上给我们带来了什么，特别是在千百万人民的社会经济地位方面。许多人都在经常地问自己：难道真的需要这场改革吗？难道它真的是历史的必需和必然吗？""人民终于明白，原来第一拨'民主派'厚颜无耻地欺骗了他们"。①

叶利钦执政时期，俄罗斯的政治进程大致可以划分为三个阶段：第一阶段从 1991 年到 1993 年，在这一阶段，以叶利钦为首的"民主派"全面崛起，瓦解了旧体制并全面推进激进改革。但取得胜利不久的"民主派"旋即发生了严重分裂，以宪法制度、经济改革等问题为中心，形成了以叶利钦总统、政府为一方和以最高苏维埃为另一方的政权对立。"双重政权"最终于 1993 年以叶利钦"炮轰白宫"、逮捕反对派、解散最高苏维埃的方式结束。第二阶段从 1994 年到 1996 年，在这一阶段，由于车臣战争的爆发和人权等问题，民主派内部进一步发生分裂。同时，以俄共为首的左翼反对派打出民族、爱国的旗号，力量迅速壮大。叶利钦的威信降至低点。第三阶段从 1996 年夏到 1999 年末，在这一阶段，叶利钦通过"黑金"

---

① 尼·伊·雷日科夫.大国悲剧——苏联解体的前因后果 [M].徐昌翰，等，译.北京：新华出版社，2008：3.

勉强赢得大选,再次掌权,但由于疾病缠身,难以理政。金融寡头、"家族势力"、少数亲信操纵政权,财阀和近臣为争抢权力、瓜分财富大打出手,政局跌宕起伏,政府被多次改组。1998 年夏天爆发的金融危机使以叶利钦为首的当局遭到严重的挫败。与俄罗斯的政治进程相对应,俄罗斯的政治自由化、民主化势头也潮起潮落、飘摇不定。在经济生活中,叶利钦启用盖达尔和西方经济顾问,采用以稳定财政、价格自由化和私有化为主要特征的"休克疗法",尽可能迅速和彻底地摧毁旧体制和旧所有制关系,以清除社会主义制度复活的社会经济基础,尽快形成一种以私有制为主体的所有制结构和一个强大的有产者阶层,以增强其统治的社会经济基础。① 盖达尔认为,在价格改革问题上的犹豫不决葬送了苏联政府和联盟本身。具有讽刺意味的是,一年之后正是彻底的价格改革葬送了"盖达尔政府"。

在联邦制和民族问题上,苏联被瓦解后,激进的改革派庆幸甩掉了其他加盟共和国这一包袱。甚至为了迎合俄罗斯联邦境内的地方分离势力,叶利钦公开宣称:"地方能吞下多少主权,就可以拿走多少。"在外交方面,俄罗斯全面向西方"一边倒",力争同西方建立"伙伴"和"盟友"关系,以期换取西方对俄的经济援助。

俄罗斯政治学者威廉·斯米尔诺夫在《俄罗斯政治改革:从浪漫到现实》一文中指出,"就其性质而言,这属于一场反革命政变。这场政变的绝大多数拥护者都曾浪漫地相信,同时对苏联政治体制实施全面拆除,在经济领域进行激进的市场改革,在社会政治领域建立民主的法治国家和公民社会,不仅是可能的,也是必要的"。为了达到上述目的,进而实现俄罗斯的变革,激进民主派认为"在摆脱了共产党政权之后,必须利用这个短暂的'机会之窗'大开的时期,对国家

---

① 许新. 叶利钦时代的俄罗斯——经济卷 [M]. 北京:人民出版社, 2001: 455.

上层体制进行最迅速和根本的变革"①。

伴随着经济私有化和政治改组行动的狂飙突进，俄罗斯经济不但没有实现市场充裕，反而陷入全面的休克。1992年初开始实施的"休克疗法"导致了严重的社会经济后果，对旧的经济机制的破坏和为市场关系腾出发展空间的工作进行得迅速而广泛，但是为此也付出了高昂的代价。1992年，国内生产总值下降了14.5%，工业生产下降18%，固定资本投资大约下降了40%，②人民生活状况急剧恶化。储蓄所中的存款迅速贬值，而国家组织和企业工作人员的工资涨幅缓慢，通货膨胀速度明显超过了工资增长速度。

但正是政府在经济领域出现的严重失误，直接导致了"民主派"内部的分歧与矛盾，社会各界对政府政策也展开了激烈的批评。1993年前后，中左派政治势力提出的停止野蛮私有化、加强国家调节作用、实施社会保护的主张并未引起盖达尔等"激进改革家"的重视，这进一步导致"民主派"阵营的分裂和政府与议会之间新的权力斗争，俄罗斯政坛上出现"两个政权"并存的局面。以"民主派"为主要支柱的执行权力机关与以各种反对派为后盾的立法权力机关，围绕着新宪法的制定和国家体制选择问题展开了一场权力斗争。

与此同时，面对社会急剧转轨中出现的大量复杂而棘手的问题，"浪漫的民主"显得无能为力。由于民主权利的滥用，各级新的政权体系几乎陷于瘫痪，各地频发"法律大战"。各种黑势力乘虚而入，大行其道。当时的副总统亚·鲁茨科伊大声疾呼："俄罗斯的'民主'正在变成无政府主义,变成街头政治的专政。"③激进的民主派发现，恰恰是他们极力推崇的民主制度剥夺了他们实施自己改革政

---

① 斯米尔诺夫.俄罗斯的政治改革：从浪漫到现实[J].康晏如，译.国外理论动态，2006（2）.
② 亚·菲利波夫.俄罗斯现代史（1945—2006）：教师参考书[M].北京：中国社会科学出版社，2009：318.
③ B. 维汝多维奇.鲁茨科伊要负责纪律和秩序[N].消息报，1991-12-27.

策的权力，限制了他们的手脚。浪漫的民主之梦破灭之后，激进的民主派开始推崇权威主义模式。此时的叶利钦从为"民主"而战，转为为权力而战。他并未被他所崇尚的"浪漫民主"束缚住手脚，1993 年 10 月，坦克开进莫斯科街头，炮打"白宫"，解散最高苏维埃，逮捕了副总统和议会议长等人，同年 12 月，强行通过了为自己定制的、以加强总统权力为核心内容的新宪法。

1993 年，经全民公决产生的宪法虽然正式把西方民主政治作为宪法的根本原则，以所谓的人民主权、联邦制、共和制、分权作为宪法制度的基础，但也正是这部宪法确立了俄罗斯的"超级总统制"。"尽管宪法的制定运用了法国和美国许多经验，甚至较全面地确认了人权和自由，但从宪法构建的角度说，新的政治体制却完全是另外一种模式。政治体制的基础不是被正式赋予国际公认的所有基本权利和自由的、享有主权的人民和公民，而是总统制。"[1]

为走出苏联解体后俄罗斯的政治泥潭，以叶利钦为代表的"自由民主派"最后选择了依靠武力驱散议会的方式，形成了以超级总统制为核心的政权体制。然而，20 世纪 90 年代以来的俄罗斯的政治现实和经济衰败打碎了俄罗斯人的民主梦想。20 世纪 90 年代以来的俄罗斯政治转轨主要是围绕政治进行的，俄罗斯百姓除了一些虚幻的民主意识外，基本上没有参与政治进程，新政权中占多数的仍是旧时的权贵。经历了短暂的民主之梦后，俄罗斯人民回过头来审视自己走过的道路，发现梦想加入西方大家庭的俄罗斯等来的却是"野蛮的资本主义"和"寡头资本主义"，不但国力急剧下降、政局反复、社会秩序混乱不堪，而且国家的完整与统一都受到巨大威胁。俄罗斯人民开始怀疑"民主派"宣称的"民主制度"的真实性，开始怀疑从西方移植来的民主是否能够带领俄罗斯走出困境。

---

[1] 威·斯米尔诺夫. 俄罗斯的政治改革：从浪漫到现实 [J]. 康晏如，译. 国外理论动态，2006（2）.

20世纪90年代初,俄罗斯所实施的激进政治改革表明:一方面"民主派"对"自由、民主、市场"的主张只是对自由主义理论的简单化,"追求的是对具有某种象征意义的西方社会体制模式的重建,甚至是对革命前俄国的复兴"①;另一方面,所谓的"民主化"与"市场化"政策依靠"革命式"的手段去实施,"民主俄罗斯"运动联合主席之一列夫·波诺马廖列夫就说过,"要用革命的速度去分配土地和组织工业、商业的私有化……要像叶利钦在政变期间(指1991年8·19事件)的做法那样行事"②。这种脱离国情、幻想一蹴而就的政治改革注定要遭到挫败,不过是昙花一现。20世纪末,这场俄罗斯民主化浪潮来势凶猛,却黯然退场。俄罗斯20世纪90年代近10年的自由民主运动成就了总统专权和寡头干政,破坏了政治稳定,失去了治理效率,击碎了大多数俄罗斯人的民主梦想。寡头式民主、财阀当政、总统家族式的统治,10年间,俄罗斯政治舞台上,一些政客"你方唱罢我登场",说唱着各种政治言辞,试穿不同颜色的政治外衣,显得热闹非凡。唯独绝大多数普通百姓仍然是"沉默的大多数",被迫游离于政治和经济生活的边缘。

## 四、民主化？黑帮化？寡头化？

叶利钦执政时期,罗斯政治转轨的一个特点就是"破坏"有力,而"建设"无术。叶利钦摧毁了苏共建立的苏维埃体制,却没有建立起另一套行之有效的制度,加上社会在转型过程中法律的缺失与国家权威的衰落,俄罗斯的政治转轨伴

①　威·斯米尔诺夫.俄罗斯的政治改革:从浪漫到现实 [J].康晏如,译.国外理论动态,2006(2).
②　亚·卢金.俄罗斯政治1985—1993:俄罗斯民主派的形成和演变 [J].普林斯顿大学:当代中国研究,1998(3).

随着大量的新伤与痼疾，政治发展和民主化进程不可能一帆风顺。

**（一）民主宪政下的"超级总统制"**

1993 年 12 月，匆匆而就并强行通过的新宪法规定了俄罗斯总统拥有超乎寻常的权力：总统掌握外交、国防、内务，甚至包括直接指挥经济以及任命政府总理的权力，支配着全国重要干部的任免；在司法权方面，联邦最高法院、宪法法院院长及总检察长人选均要由总统提名；总统有权独立做出解散议会的决定，无须同总理及议会两院议长磋商；总统发布的命令，无须总理或有关部长签署；总统可以决定国内外政治经济军事的基本方针。民主宪法确立了"强总统"和"弱议会"的政坛格局。按照俄罗斯宪法，俄罗斯总统掌握的权力比法国或美国总统掌握的权力更大。俄罗斯总统是国家元首和军队最高统帅。总统主持召开政府会议，实质上领导着政府工作。总统可以对外宣战，并且只要将他的决定通知议会，议会便不能否决，而在美国，是由国会正式对外宣战。俄罗斯总统制定国家的外交和国防政策，这一点与法国总统一样，而美国总统在这方面要显得"逊色"。俄罗斯总统直接领导内务部、外交部和国防部等所谓"强力部门"，而不必通过总理。

在三大权力机关的关系上，虽然俄罗斯仿照美国宪法宣称三权分立，但俄联邦总统实际上是凌驾于三大权力机关之上的。任何一个权力机关——无论是立法机关，行政机关，还是司法机关——在与总统的相互关系上都不是独立的，三大权力机关的相互关系也是由宪法授予总统全权协调的。实际上，这一协调功能是通过总统，首先是总统办公厅来完成的，甚至议会的预算也由总统办公厅控制。

在俄罗斯，由总统提名总理人选，如果议会连续三次否决提名，总统有权解散议会，重新组织议会大选，法国总统拥有与之相当的权力，而美国总统则不能解散国会。像法国一样，俄罗斯总理负责任命部长，但实际上，总统可以自己改组政府，他还可以不经议会同意便解散政府。总统还可以宣布进入紧急状态和发布戒严令，只需经议会上院批准即可。在所有这些情况下，议会只能批准总统的决定。总统颁布的"总统令"同样具有法律效力。议会无法监督总统，甚至对政府的约束也只限于批准预算。宪法法院、最高法院、仲裁法院的法官由总统建议，而其他联邦法官则由总统任命。总统机构还控制着包括上述三法院、议会的财权和物权。[①]

虽然宪法中有对总统弹劾的条文规定，但是在实践中弹劾程序不可能完成，这实际上使得三大权力相互制约和平衡的制度变得形同虚设。唯一弹劾总统的办法是指控他叛国或严重犯罪，但至少要有 1/3 的下院（国家杜马）议员提出动议，并要获得 2/3 的多数，指控才能成立，即使如此，还必须得到最高法院的核准。按照俄罗斯新宪法，要弹劾总统是十分困难的。20 世纪 90 年代末，俄罗斯共产党曾在其力量的鼎盛时期，期望凭借其在议会中的多数，启动弹劾程序，结果也是无功而返。为保证叶利钦总统职位不受挑战，"民主"新宪法还特别取消了相对独立的"副总统"职位，这样一来，总统便又有了自己挑选接班人的权力。[②]

俄罗斯学者指出，1993 年新宪法所确立的超级总统制赋予总统比原苏共中央总书记、比任何西方国家总统大得多的权力。在这种总统大权独揽的情况下，国家各方面的大政方针，如国有经济私有化纲要等都可以依靠总统个人的决策，这导致了政治失衡。20 世纪 90 年代后期，叶利钦常常在电视上即席签署"总统令"，来绕过议会，强行实施私有化政策。俄罗斯总统的"强权政治"不仅缺少监督和制衡，也给国家治理埋下了严重的政治隐患。后来的实践证明，随着叶利钦健康情况的恶化，基本上不能履行其正常的总统职责，俄政坛的"真空"状态引发了

① 威·斯米尔诺夫 .21 世纪门槛上的俄罗斯政治体制 [J]. 权力，2000（2）.
② 亚·菲利波夫 . 俄罗斯现代史（1945—2006）：教师参考书 [M]. 北京：中国社会科学出版社，2009：348—349.

政治精英激烈的政治较量，削弱了国家的权威与能力。这种"没有强总统的强总统制"的怪胎与民主背道而驰，俄罗斯被弱化的国家权力既不能从制度上推进民主和治理，也不能在实践中解决国家所面临的各种问题。

（二）"民主斗士"与"鲍里斯沙皇"

在苏联后期的民主化浪潮中，叶利钦是作为反抗"专制、保守"的民主斗士而闻名的，是 20 世纪 90 年代俄罗斯民主化浪潮的"旗帜和领头人"。一些分析者在对叶利钦的政治经历进行跟踪研究后得出结论，认为民主派代表人物叶利钦除具有一些模糊的改革的直觉外，更多追求的是权力。一般从外界来看，叶利钦是对苏共旧体制和官僚治理方式的反叛，而内心的思想意识和后来的执政方式与民主思想又相距甚远。他对民主、市场、改革的理解多是限于直觉的感受，如"美国先进而悠久的民主制度"，"休斯敦的超市货架上数不清的各种美味香肠"。[①]叶利钦常常醉心于欣赏少壮派自由主义经济学家的满腹经纶和侃侃而谈，但缺少对整个社会和经济改革过程的布局谋篇。

1993 年的十月冲突给俄罗斯民主罩上了"阴影"。通过"炮打白宫"，叶利钦的政治生命在又一次生死的交锋中获得了新生。新宪法确立了总统至高无上的权威，俄罗斯成为总统制国家，议会的权力被大大削弱。

1994 年以后，人们发现叶利钦的政治形象出现了较大的改变。在连续几年的致议会"总统咨文"中，前些年"反专制""反特权"的口号，已经换成了维护"总统的权威"和"国家的秩序"。叶利钦在 1994 年的新年致辞中说："俄罗斯一定要强大。要有一个强大的俄罗斯，你们需要一位强有力的总统。"民主、民主，所有人是"民"，只有叶利钦是"主"。在俄罗斯，经常有人将叶利

① 列·姆列钦.权力的公式——从叶利钦到普京 [M].徐葵，等，译.北京：新华出版社，2001：191-192.

钦称作"鲍利斯沙皇"。叶利钦也乐此不疲，对年轻的内阁成员常以父辈自居，希望从中看到自己的"接班人"。曾被叶利钦选为"接班人"、担任过政府副总理的涅姆佐夫认为，"俄罗斯并不是一个现代民主社会，而更像是一个旧式的君主专制国家"。如今许多俄罗斯人认为，叶利钦心目中只有"权力"。叶利钦的原新闻发言人科斯济科夫写到，权力是他的生活、是他的生命、是他的思想、是他的一切。叶利钦在自己出版的自传《总统马拉松》（中文译《午夜日记》）中承认，他之所以要撤换总检察长是因为"在俄罗斯谁也不能使他按照别人的规则去行动"。[①]

当然，也有人认为，对叶利钦的评价应该五五开。叶利钦既有维护权力的愿望，也有推进改革的考虑。在问到"叶利钦是想为俄罗斯做些什么，还是出于夺取政权，报复那些侮辱他、撤他职务人的欲望"时，原叶利钦的宠臣、首任俄罗斯外交部部长安·科济列夫说："两者都有……当然，叶利钦不是萨哈罗夫。他从来都不是百分之百或者百分之九十的民主派改革者，但认为他是贪权者也是不公平的。"[②]

### （三）多党林立与"沙发党"现象

在现代西方政治体制中，多党制被认为是民主体制的最重要的构成要素之一。俄罗斯现行宪法承认"政治多元化和多党制"，俄罗斯独立后已经基本完成从一党制向多党制的转变。但在叶利钦时期，俄罗斯的多党政治暴露出诸多缺陷，其制度的不完善性表现无疑。

#### 1. 政党组合和政党体系的混乱无序

苏共瓦解后短短几年时间里，俄罗斯政党数量繁多，鱼龙混杂。1991 年上半

---

① 叶利钦. 午夜日记 [M]. 南京：译林出版社，2001.
② 列·姆列钦. 权力的公式——从叶利钦到普京 [M]. 徐葵，等，译. 北京：新华出版社，2001：336.

年，各类政党和政治组织达 800 多个，到 1993 年达到 1 000 多个，第二届杜马选举之前，其数量上升到 2 000 多个，虽然 1996 年总统大选后，"政党热"有所降温，但 1997 年初仍然有 1 500 多个政党和政治组织。[①]如此繁多的政党给建立正常的政治秩序带来相当大的困难，也不利于代表和整合社会各方利益。

与西方成熟的政党制度相比较，俄罗斯的政党组织体系不稳定、不健全。许多政党是名副其实的"沙发党""口袋党"，人数不多，缺少社会基础，仅靠坐在沙发上的"领袖"人物活动。这类政党以少数政治领袖为中心，疏于地方组织和基层组织的建设，缺乏社会基础，很难代表民众的利益。就像"我们的家园——俄罗斯""亚博卢"集团等这样有影响的政党，其活动也只限于中央和少数几个大城市。与此相关，政党的命运常常取决于其领袖的个人魅力和能力，其政治命运也随着领袖人物的声望和地位大起大落。

2. 俄罗斯党派构成错综复杂、政治界限不清

在俄罗斯，党派构成十分复杂。左、中、右这三种传统的分类法很难正确描述政党体系的构成状况。除了左派、中派、右派政党，俄罗斯还存在极左、极右、中左、中右等各种派别，甚至还有诸如"啤酒爱好者""香蕉党"等这样难以确定其政治属性的政党。党派构成复杂，各政党的政治界限模糊不清，多数政党甚至提不出自己的思想纲领。各个政党大多从实用主义出发，在政治斗争中左右摇摆，缺乏独到见解。

3. 立党随意、竞争失范，加剧了国家政局的混乱局面

在 20 世纪 90 年代初，各类政党以组织群众示威游行和参加集会为主要手段进行活动，"街头政治"盛行一时。在这之后，虽有所收敛，但存在相互攻讦、

---

① 俄罗斯报，1999-1-16.

争权夺利的弊病，这进一步增加了国家的政局不稳和社会思想混乱。

4. 政党发育不良、政党作用有限

在叶利钦时期，由于政党自身发育不良，加上超级总统制的压制，党派之间争斗不休，俄罗斯政党作用的发挥受到压制，不利于建立真正有效的民主制度。由于缺乏公民社会的基础，加上现行政治体制的限制，俄罗斯的政党作用有限。即使是几个有影响的政党也只是在议会选举时才发挥有限的作用。俄罗斯总统选举的提名除政党外，也可以由百万签名或临时的选举联盟完成。平时政党发挥作用常常局限于议会讲坛，政党对政策的影响甚至不如非正式的帮派和寡头。"亚博卢"党主席亚夫林斯基称俄罗斯是"寡头的民主"，是"寡头资本主义"。

俄罗斯学者认为，俄罗斯从一党制转变为多党制，实际上成为"无党制"。20 世纪 90 年代的俄罗斯政党政治，不仅无助于民主的发展，而且加深了社会不稳定，使社会政治分化更加严重。

**（四）没有选择的选举**

在谈到民主时，西方学者赋予投票选举以极其重要的意义。熊彼特在《资本主义、社会主义与民主》一书中对民主做了如下定义："民主方法是为了达到政治决定的一种制度上的安排，在这种安排中，某些人通过竞取人民选票而得到做出决定的权力。"[1] 这一定义被西方学者广泛接受，亨廷顿称"选举是民主的本质"[2]。但是对于那些社会处于激烈转型阶段、民主体制尚未完全成熟、公民社会尚未完全形成的国家，将这种在美国和西方运行良好的选举体制引入的结果会是怎样呢？作为民主的重要形式的选举在俄罗斯独立以后得到了大力的推广，

[1]　熊彼特. 资本主义、社会主义与民主 [M]. 绛枫，译. 北京. 商务印书馆，1979：337.
[2]　亨廷顿. 第三波——二十世纪末的民主化浪潮 [M]. 刘军宁，译. 上海. 上海三联书店，1998：5—6.

俄罗斯全民投票直接选举总统和议会的做法甚至超过了西方，但俄罗斯的选举制度在叶利钦时期暴露出不少弊端。

叶利钦时期的几次总统和议会选举，其选举结果与民众意愿常常出现很大的差距。1993 年 10 月炮打白宫和 12 月全民公决之后，正当民主派跃跃满志，意欲完全掌控第一届国家杜马选举时，极端民族主义却横空出世，创造了名噪一时的"日里诺夫斯基现象"，自由民主党大败民主派。1995 年，俄共经过两年的重建，展现了自己第一大党的能量，久加诺夫也坚信自己将成为俄罗斯新的总统，然而，叶利钦在背负着经济下滑、腐败与犯罪上升、车臣战争的流血事件的种种罪名的同时，居然奇迹般地在最后赢得了 1996 年总统大选。同样的事情发生在 1999 年，仅仅在选举前几个月组建的两个选举联盟——"祖国—全俄罗斯"和"团结"——共取得了 37% 的选票。

俄罗斯的选举结果的戏剧性和不可选择性是多种原因造成的。首先，在俄罗斯及原苏联国家处于过渡和转型的剧变阶段时，全民选举和投票犹如一场"政治赌博"。一些党派和政治领袖往往不吝许诺，让普通百姓在政治制度、社会发展方向等问题上进行选择，其后果不仅普通百姓无法预料，就连那些政治家恐怕也无法知晓。与此相反，西方的选举都是在一些非常细小的问题上产生分歧，比如税收、枪支、堕胎，而这些分歧是在主要社会制度多数认同的情况下出现的细小分歧，这种选举不会造成社会分裂。因此，在俄罗斯及原苏联国家的这种"赌博式"的投票，不是选民真正意义上的投票，而是"没有选择的选举"。其次，俄罗斯政党体制的不完善，是选举结果不确定的另一重要原因。稳定的政党体系，如英美的两党制，对选举后果的预测相对清晰。而在俄罗斯，从 1993 年到 1999 年的议会选举中，平均每次选举都有 27 个政党或竞选联盟参选，多数政党缺乏社会基础，有的甚至只是少数政治家的一个招牌，他们很难代表大多数百姓的利益。在这种鱼龙混杂的情况下，百姓很难对之做出抉择，这也就增加了选举的不确定性。一项问卷调查显示，1993年的议会选举时，三分之一的选民在选举前一个月才决定支持哪个政党，二分之一的选民甚至在投票当天才做出决定。[①] 最后，由于俄罗斯私有化的极度不公正，以及由此产生的社会流动机制的极端不合理，俄罗斯新的社会分层结构并没有体现出现代意义上的社会结构特征，公民的政治分化也表现出不成熟的特征，这也增加了选举的不确定性。

除此之外，在实际的选举进程中也暴露出不少问题。俄罗斯在20世纪90年代进行的各类选举中，金钱政治、灰色政治交易、收买选票等现象屡见不鲜，各种媒体信息战、相互攻讦从未间断过。其结果往往是，谁掌握舆论、谁动用权力和金钱的能力越大，谁赢得选举的机会就越多。

票决选举并非建立民主社会的充分条件，更不是过渡时期决定社会发展方向的最佳方式。在西方国家，各政党之间的竞选纲领中很难发现有原则上的差别，不同之处往往集中在税收政策、就业政策等方面，其影响和实际执行的结果是普通选民可以感受到或预见到的。然而，在原苏联及东欧国家的剧变过程中，全民选举犹如一场"政治赌博"，公民投票时就像是在下"赌注"。许多选民已经厌烦了不良政客的空头许诺，选民投票不是用"脑"（理智），而是用"心"（情感），甚至是用"脚"（抗议）投票。因此，选民谈不上真正意义上的选举，有时对所有候选人均不满意，只能"几害之中取其轻"。俄罗斯报刊称之为"没有选择的选举"，是在进行"政治赌博"。

在原苏联的一些加盟共和国，选举类似赌博的例子很多。20世纪90年代初，高加索地区有的政治家先以98%的得票率被选为全民总统，一年之后又被95%

---

① 俄罗斯报，1999-1-16.

的人赶出首都，死无葬身之处。而中亚一些国家则出现民主选举的"终身总统"，或者总是赢得大选的"国父总统"等，然后时间不长又因"选举舞弊"被赶下台。因此，很难将类似的"选举"与民主联系起来。

**（五）民族冲突与地区分离**

苏联时期，国家按照民族区域原则建设联邦，从法律上建立了联邦国家，但是由于苏共领导下的高度集中的经济管理体制发挥着巨大的作用，因此，虽然在中央与地方关系之间存在不少问题，但并未涉及民族分裂和地区分离主义倾向问题。在戈尔巴乔夫执政时期，由于其推行政治民主化、多元化，引入多党制，打破了苏共一统天下的局面，激进的民族独立思潮在苏联各个民族地区泛起。在苏联的解体过程中，叶利钦领导的俄罗斯独立运动与其他共和国的民族独立运动形成合力，起了推波助澜的作用。然而，苏联解体之后，民族势力"谋主权、求独立"的矛头立即转向了俄罗斯自己。中央与地方的关系问题成为关系到俄罗斯国家统一、领土完整的重大问题。

1. 联邦中央权威的衰落。

在苏联瓦解过程中，各地的"宣誓主权""法律大战"此起彼伏。苏联解体的严重后果之一，就是中央权威的衰落，联邦中央对社会的控制能力迅速下降，社会一度出现失控现象。中央权威衰落的直接后果就是大大刺激了地区层级自治共和国对独立和主权地位的追求。俄罗斯少数民族地区利用苏联解体和国家改制的机会，将自治共和国升格为共和国，自治区升格为联邦主体。俄罗斯人为主的地区面对中央政权软弱的局面，开始自主的组织起来，争取自己在俄罗斯联邦中的权益和地位，反对少数民族地区享有特权，要求与民族共和国获得同样的权利和自主性。俄罗斯许多州和边疆区都掀起"主权化""共和国化"风潮。一时间，苏联时期除苏联总统外，一下子冒出近 30 位各级别的"总统"，沦为国际笑谈。

这种多位总统并存的局面一直延续到叶利钦后期，至今仍有几位"共和国总统"在位。叶利钦时期，克里姆林宫为了保住国家表面上的统一，被迫与40多个联邦主体进行谈判，分别给予他们不同程度的自治权。但这也未能有效地阻止各地区民族独立、政治分裂、经济分立的趋势。

2. 政治离心与地区分立。

在"主权化"和"共和国化"的过程中，地方势力逐渐成为俄罗斯政治格局中的重要一极。地方势力不仅对联邦中央的决策形成制约，且政治离心倾向日益增长。地方长官以民选产生，无视中央权威，我行我素，不少地方甚至动用立法权，与联邦法律相抗衡。地方政府拥有相当大的自主权来调节当地的经济社会发展，控制了地区一级的大部分权力资源和经济资源，逐渐形成能够与联邦中央抗衡的力量，形成越来越强的地区利益观念，要求重新界定中央和地区两级政府之间的财政关系。以莫斯科市长卢日科夫为首的"莫斯科集团"就拥有强大的金融和工业潜力，成为地区势力兴起中相当有代表性的一支力量。20世纪90年代中期，俄罗斯政府推行大规模的国有资产私有化政策，莫斯科地区集中的国家资产最为"肥厚"。当时的俄罗斯政府副总理、被称为俄罗斯"私有化之父"的阿·丘拜斯决意插手莫斯科市的私有化，但硬是被强势市长卢日科夫顶了回去。叶利钦总统只好让丘拜斯停手，放任莫斯科可以独立开展经济"私有化"。叶利钦时期，莫斯科的经济实力大增，在包括第二大城市圣彼得堡等地在内的外省一片萧条的背景下，莫斯科一度集中了全俄罗斯80%的金融资本，雄踞金字塔的顶尖，以至于叶利钦总统认为卢日科夫"实际上在摧毁国家的垂直管理体系"①。

3. 去中心化与民族分裂。

---

① 叶利钦. 午夜日记. 曹缦西，等，译. 南京. 译林出版社，2001：259.

俄罗斯联邦作为一个由一百多个民族组成的多民族国家，其民族问题一直是当局非常棘手的问题。戈尔巴乔夫时期，在"公开性"和"民主化"的刺激下，长期受到压制的民族矛盾开始表面化和尖锐化。苏联解体后，随着中央权威的不断下降和对地区控制能力的削弱，少数民族地区要求自治甚至是独立的呼声不断高涨。同时，过去被压制已久的民族冲突与矛盾增加了社会冲突的程度，中央权力机关之间的斗争和社会的无序混乱更放纵了民族分离主义势力的蔓延。车臣共和国是在独立道路上走得最远的一个共和国。自原苏军上校杜达耶夫 1991 年发生军事政变，宣布车臣—印古什为独立国家之后，叶利钦政府用和平谈判、军事手段解决车臣问题的尝试均见效不大。车臣共和国的民族分裂行动是俄罗斯民族分裂主义达到癫狂的代表，严重威胁到俄罗斯的国家统一与领土完整。

### （六）民主变质与精英蜕变

20 世纪 90 年代以来的俄罗斯政治转轨主要是围绕政治上层进行的，除一些虚幻的民主幻想外，大多数居民基本上没有参与到政治进程。一场场惊心动魄的"革命和反革命"过去后，迎来了一次次投票选举。然而，新政权中占多数的仍是旧时的权贵，这也使得人们对俄罗斯的民主抱怀疑态度。

20 世纪 90 年代初期，伴随着苏共的下台，俄罗斯政治发生了制度性的根本变化。按照政治的一般规律，社会精英阶层也应随之彻底更新。然而 10 年来社会动荡、政治更替并未出现政治精英的大换血，原政权的老权贵也未受到很大的冲击。俄罗斯政治制度改变后，真正掌权的政治精英大多数仍是苏共时期遗留下来的老权贵。

20 世纪 90 年代中期，俄罗斯科学院社会学所的专家进行了多次社会调研。调查结果表明，叶利钦时期俄罗斯社会中的当权者，60％以上的是改变了某种旗号的旧权贵。老权贵在地方政权中所占的比例更高，达 80％以上。

1991 年，"民主派"轻而易举地取得了权力，这只不过是打着"民主、自由、市场"招牌的反共、反苏势力的胜利。俄罗斯一些民主派所宣称的"自由民主"既不同于西方古典的自由主义，更区别于现代意义上的自由主义。俄罗斯科学院《社会科学与现时代》杂志主编弗·索戈林教授指出，"民主派"只不过是利用西方社会做样板，玩"自由牌"，他们关于民主以及市场的主张是对自由主义理论的简单化。

现实生活中的政治混乱，尤其是1993年10月的炮击议会事件，打碎了俄罗斯人心中的民主之梦。到1995年年底，相信俄罗斯建立了西式民主制度的居民由1991年的96%降到25%。借助自由民主的旗号上台的政治精英，不但在政治上掌握了比原共产党更大的权力，而且从私有化和经济改革中捞取了更大的经济好处，及时地将权力转化为资本，并使其合法化。而社会中绝大多数居民认为，普通居民的民主权利和社会福利得不到应有的保障，居民对政权机关的信任程度大幅度下降（见表12—3）。

表12—3　几年来俄罗斯百姓对权力机构的态度变化情况[1]

| 政权机构或组织 | 信任 | | | | | | 不信任 | | | | | |
|---|---|---|---|---|---|---|---|---|---|---|---|---|
| | 95.1 | 96.1 | 96.5 | 97.1 | 97.8 | 98.12 | 95.1 | 96.1 | 96.5 | 97.1 | 97.8 | 98.12 |
| 俄罗斯总统 | 9 | 12 | 20 | 17 | 14 | 6 | 74 | 73 | 65 | 73 | 67 | 85 |
| 俄罗斯政府 | 8 | 12 | 14 | 14 | 12 | 11 | 69 | 68 | 65 | 72 | 68 | 66 |
| 联邦委员会 | 7 | 7 | 11 | 10 | 9 | 8 | 60 | 66 | 59 | 65 | 56 | 67 |
| 国家杜马 | 10 | 14 | 15 | 14 | 13 | 13 | 61 | 60 | 61 | 64 | 61 | 69 |
| 总统办公厅 | | | | 9 | 7 | 3 | | | | 74 | 68 | 83 |
| 安全委员会 | | | | 10 | 8 | 9 | | | | 66 | 64 | 65 |
| 地方领导人 | 11 | 17 | 17 | 28 | 15 | 23 | 59 | 57 | 59 | 62 | 49 | 39 |

---

[1]　俄罗斯科学院社会政治研究所. 俄罗斯：克服民族灾难——1998年俄罗斯社会政治局势[M]. 莫斯科，1999：173.

| 政权机构或组织 | 信任 | | | | | | 不信任 | | | | | |
|---|---|---|---|---|---|---|---|---|---|---|---|---|
| | 95.1 | 96.1 | 96.5 | 97.1 | 97.8 | 98.12 | 95.1 | 96.1 | 96.5 | 97.1 | 97.8 | 98.12 |
| 警察、法院、检察院 | 16 | 15 | 14 | 10 | 13 | 11 | 59 | 58 | 59 | 66 | 74 | 74 |
| 军队 | 35 | 34 | 31 | 36 | 32 | 27 | 40 | 45 | 49 | 50 | 43 | 46 |
| 工会 | 18 | 15 | 17 | 11 | 13 | 17 | 52 | 61 | 56 | 62 | 64 | 62 |
| 教会 | — | 32 | 30 | 33 | 27 | 33 | — | 42 | 44 | 48 | 40 | 39 |
| 政党、运动 | 6 | 12 | 9 | 11 | 7 | 13 | 63 | 56 | 62 | 65 | 59 | 61 |
| 媒体 | 21 | 20 | 13 | 20 | 16 | 18 | 53 | 57 | 62 | 60 | 60 | 62 |
| 银行、企业家阶层 | 6 | 6 | 8 | 8 | 6 | 5 | 65 | 72 | 69 | 74 | 69 | 78 |
| 对谁也不信任 | — | | | | | | 25 | 33 | 30 | 35 | 28 | 27 |

资料来源：俄罗斯科学院社会政治研究所分析中心。

### （七）黑帮政治与寡头干政

叶利钦时期，俄罗斯的"私有化"过程以瓜分国有财产的方式造就了一批与国家政权有着千丝万缕联系的金融工业集团和金融寡头。金融寡头在私有化过程中巧取豪夺，通过"合法的抢劫"大肆侵吞国家财产、控制传媒、操纵社会舆论、与上层权力相互勾结，寡头干政现象出现，俄罗斯也由此获得了"寡头资本主义"的称号。俄罗斯寡头不是一个经济现象，而是一个政治现象。这些寡头通过从事商业活动接近政权或对国家决策施加影响。他们的行为是一种篡夺政权的行为。俄罗斯改革之所以走入寡头式资本主义这一误区，与激进的私有化改革、法律的欠缺与混乱、政权软弱，以及当权者为了增加自己的政治筹码而有意为之是分不开的。

叶利钦在改革初期，出于以下几方面的考虑，做出扶持俄罗斯金融工业集团的决定：一是希望通过扶持，试图培育一个与经济改革利益一致的社会阶层或群体来支持当时自由派所推行的经济私有化方针，以此保证社会制度转换的不可逆转性；二是当局希望新兴的金融工业集团能够凭借政府的支持和雄厚的经济实力，把资金投入到发展经济的优先领域，用金融资金保障工业和科技进步，带动经济走出危机，进而推动经济发展。[①] 1993—1996 年，俄罗斯通过总统令、政府条例和立法等手段大力促进金融工业集团的发展。

与俄罗斯传统的、按照行业类别划分的、具有官僚性质的利益集团（燃料和能源综合体、军工综合体、农工综合体等）不同，新兴的金融工业势力主要集中在商业、银行金融或进出口领域。在 20 世纪 90 年代中期，他们借助国家的财力，通过参与和操控私有化进程，利用改革政策和法律的漏洞，迅速完成了西方老牌资本主义国家的大财团用几十年、甚至上百年的时间才完成的资本原始积累过程。在这之后，金融工业寡头开始觊觎政治权力，院外游说成为他们获取政治支持和左右重大决策出台的主要手段。

当然，与传统的行业利益集团相比，政治上最为活跃的还属新兴的私人财阀。通过疾风暴雨式的私有化运动，暴富的私人财阀已经不再满足于拥有巨额财富，他们开始将触角延伸到社会生活的各个领域，开始渴望影响或直接掌握权力。1996 年 6 月 4 日，"尤科斯"石油公司总裁谢尔盖·穆拉夫连科在俄《独立报》撰文声称："在当今俄罗斯，企业家应该成为有政治影响的人物。除了企业家外谁都不可能准确地预测政府采取的政治决策会给经济带来什么样的后果。现在生活逼迫我参与政治。国家的未来取决于这一点。所以，在俄罗斯，大企业家必须是大政治家。"于是，在 20 世纪 90 年代中期，俄罗斯财阀积极在幕后操纵政府

---

① 董晓阳. 俄罗斯利益集团 [M]. 北京：当代世界出版社，1999：26.

的人事安排和国家的重大决策。在 1996 年的总统选举中，金融工业集团积极出资高达 5 亿美元，利用他们控制的新闻媒体肆意抹黑政治对手，阻止俄共领导人久加诺夫当选，保证维护他们利益的叶利钦以微弱的选票优势继续执政。而当选后的叶利钦则投桃报李，在第二个任期进一步加大银行和国有战略性垄断行业私有化的速度。1998 年 5 月底，当年轻的基里延科政府试图追缴财阀寡头拖欠的国家税款时，由犹太裔的大财阀别列佐夫斯基发起，这些金融寡头在新生寡头、当时最具财力的财阀波塔宁的私人游艇上召开会议，密谋去说服叶利钦总统，解散了基里延科政府。

鉴于私人财阀在总统大选中为叶利钦立下的汗马功劳，叶利钦再次当选后，作为回报，为他们继续侵吞资产和进军暴利行业大开方便之门。这些寡头很快得到了插手传媒事业和其他经营特许权的机会。英国俄罗斯问题专家指出，当时的这种回报是通过将俄罗斯最有价值的一些国有资产（包括能源、交通和通信）进一步私有化给"少数人"而实现的。①

除此之外，俄罗斯私人金融工业资本的代表开始直接进入俄罗斯政治经济领导核心层，1996 年 8 月 14 日，叶利钦总统任命只有 35 岁的私人银行家弗·波塔宁为俄罗斯第一副总理。波塔宁在俄罗斯 20 名富豪榜上排行第 4 名，拥有 15 000 万美元自有财产的金融资本，其领导的银行奥涅克西姆银行是俄罗斯五大银行之一。1996 年 10 月 29 日，叶利钦又任命俄罗斯金融工业资本的代表鲍·别列佐夫斯基为俄罗斯国家安全会议副秘书长，负责经济和战后车臣恢复建设等问题。不到 5 年时间，别列佐夫斯基由一位普通的数学家成为俄罗斯最具影响力的 10 大企业家之一。他在 1989 年创立了罗戈瓦斯汽车集团，1993 年创立了全俄汽车联合

---

① 卡瑟琳·丹克斯. 转型中的俄罗斯政治与社会 [M]. 欧阳景根，译. 北京：华夏出版社，2003：17.

公司，1992—1993 年曾任俄罗斯政府所属工业政策委员会成员，1994—1995 年开始任俄罗斯公共电视台股份公司副董事长、董事长。别列佐夫斯基与叶利钦家族及其亲信关系密切。他曾经与叶利钦的女婿一起出资控股原苏联遗留下来的、最大的国际航空公司。如日中天的别列佐夫斯基通过传媒公开声称，国家应该归官员和大资本"共同所有"。①

20 世纪 90 年代后期，俄罗斯官僚垄断和金融寡头一方面贪婪地吞食社会财富，另一方面极力插手政治，企图分享国家政权，将政府置于他们影响之下。七大财阀寡头控制了俄罗斯经济的 70%，公开要与政府分享权力。1997 年，俄罗斯政治经济社会中的寡头现象达到了登峰造极的地步。这一年也是财团、寡头之间争斗最为激烈的时期。围绕瓜分国有资产，爆发了一次次的"银行大战""股权大战"。俄罗斯寡头的贪婪，政府官员的贪污和渎职，导致俄罗斯经济濒于崩溃的边缘。1998 年，俄罗斯政府搭建的短期国债金融"金字塔"终于崩塌。随之而至的一场金融风暴宣告几年来俄罗斯式的资本主义试验遭到失败。

在叶利钦时期，寡头赤裸裸地参与政治，对俄罗斯的政治和经济产生了消极影响。各金融工业集团的政治游说和直接干政严重影响了政权的权威性，伴随寡头资本形成的权力"寻租"行为，造成了严重的腐败。除此之外，寡头的行为使得经济资源配置严重不合理，资本迅速向少数人手中积聚，经济上垄断盛行，缺乏自由竞争，中小企业受到长期的压制。由于贫富过于悬殊，社会的安定也得不到保证。

财阀、寡头肆意干预政治、要挟国家的行为严重扭曲了俄罗斯的政治进程，一个放权而松散的弱势政府并不是自由和民主的同义词，而是等同于无政府状态

---

① 阿·祖金. 寡头政治是后共产主义时期俄罗斯的政治问题 [J]. 社会科学与现时代，1999（1）.

和无法无天，为一小撮暴富强人为非作歹敞开大门，损害了国家的整体布局和广大公众的利益。

### （八）民粹政治与资本控制的传媒

新闻自由历来被西方政治学者视作实现民主的必备条件之一。美国政治学家科恩在他的《论民主》中说，在一个社会中把言论自由限制到什么程度，也就在同样程度上限制了民主。因为表达自由是民众参与社会管理工作上的需要。公民对社会关心的所有问题进行公开的讨论，是形成民意的基础条件，也就是实现民主的前提。[①]苏联解体后，俄罗斯为了控制舆论、整合社会意识形态，当局对前苏联的新闻体制进行了根本性的变革。在叶利钦执政时期，俄罗斯媒体进行了向私有化和自由化过渡的尝试，由单一的国家成分变为国家的、地方政府的、私人的多种成分并存的结构。但是，由于整个社会政治经济体制的改变，新闻传媒在相当程度上与国家和政府脱离了所属关系，失去了国家和政府的财政支持，被迫委身于资本和权势，从一个极端走向了另一个极端。

在叶利钦执政时期，俄罗斯媒体发展的一个显著特征就是寡头和各大财团广泛参与媒体运作。一方面，失去国家财政支持的媒体急需新的资金来源，另一方面，寡头们也热衷于通过向媒体渗透来操纵俄罗斯的政治进程，通过操控舆论来影响政府的改革政策和政治进程，并在这一过程中赢得政府给予的好处。寡头和大财团通过投资、融资等形式在短期内掌握、控制了大量的媒体。由于有雄厚的资金做后盾，这些媒体的规模急剧扩大，成为如俄罗斯人所说的"传媒帝国"。几乎俄罗斯所有重要传媒都被各大财团瓜分，与此同时，西方资本也乘虚而入。财阀和寡头操纵社会舆论，扰乱民心，成为政府施政的掣肘。在叶利钦时期，由

---

① 科恩.论民主 [M].聂崇信，等，译.北京：商务印书馆，1988：125—128.

俄罗斯传媒大亨古辛斯基的"桥"传媒集团控制的独立电视台曾播出过一个名为"玩偶"的节目,当时政界要人叶利钦、切尔诺梅尔金先后被该节目模仿和讽刺,令当局大为尴尬,但是当局迫于"舆论自由"对其也无可奈何。

几年后普京总统表示,如果(俄罗斯)新闻受控于"两三个"钱袋子,那么,新闻媒体本身就不会存在任何的自由,相反,媒体会成为利益集团的保护者。新闻媒体只有在确定自己角色之后,才能实现新闻自由。所谓自由就是公民可以表达自己的意见,公民同样受到用民主方式通过的法律的限制,否则历史就会重演,自由会变为处于失控状态的无政府主义。① 在一个民主传统和民主政治不十分成熟的社会,无节制地开放媒体言论,并非真正有利于人民的福祉,也不利于民主氛围和社会监督机制的真正构建。

### (九)贪腐盛行

20 世纪 90 年代初期以来,俄罗斯社会各种高层腐败的传闻层出不穷,各类经济犯罪大案时常见诸报端。而这些均是在政治民主化、经济私有化和舆论自由化背景下发生的。在灰色经济蔓延、权钱交易盛行的社会背景下,洗钱案、偷税案经常是财团之间相互瓜分市场、争夺利益的口实;而揭发贪污大案、暴露高层丑闻也常常是政治斗争、相互倾轧的工具。叶利钦时代的俄罗斯,贪污腐败已经成为"社会生活的有机组成部分",人们已经习以为常,甚至是见怪不怪。

俄罗斯学者认为,俄罗斯社会腐败丛生的根源在叶利钦时期,而源头则在戈尔巴乔夫时期。20 世纪 80 年代中后期,戈尔巴乔夫所谓的政治放松和经济重组,打开了犯罪的闸门,使得境内外黑社会势力公然与蜕化变质的苏共官员勾结,借解体混乱之机浑水摸鱼。而打着"反苏共特权"起家的叶利钦一旦掌权,黑手党、

---

① 普京与美国哥伦比亚大学学生谈新闻自由 [N/OL].2003-9-26. http://www.kremlin.ru.

财阀和腐败官员沆瀣一气，和总统"家族"的亲信势力一起，无法无天、为所欲为，其嚣张程度可谓登峰造极。乃至于叶利钦总统惊呼，"黑手党"已经掐住了国家的喉咙。

20世纪80年代末期，苏联解体在即，作为世界两个超级大国之一的苏联，在境外拥有大量财产，除分散在世界各地的不动产外，还有上百亿美元的巨额资金保存在驻外大使馆、商务代表处、驻外文化机构以及苏联对外银行、国营外贸公司和航空公司的账户上。在境内外，苏共中央有关部门也掌握有大量援外资金，克格勃系统也在一些外国银行网络中拥有户头，并联系着不少驻外公司。随着苏联解体，当时联盟中央一级的部委陷于瘫痪，当然没有谁去关心境外的财产。而后，俄罗斯新政权忙于政治斗争和权力分配，结果除外交部、科学院两个机构未遭大规模改组之外，其余所有部委机构，如国家计委、克格勃等或被取消或遭重组，巨额的境外资产来不及登记、注册和交接。据西方咨询机构推测，此时流失的财产有数百亿美金之巨。

以叶利钦为首的亲西方的民主自由派本是打着反腐败、反特权上台的。然而掌握大权后不久，便不断披露出新政权内部一些高官营私舞弊的事件。1992年，叶利钦的政治顾问、昔日的民主斗士，改革担任莫斯科市领导职务的谢·斯坦凯维奇贪污受贿，携带数十万美金逃往国外，现隐居波兰。他声称不再回俄罗斯，是因为害怕"政治迫害"。不久，叶利钦总统的左膀右臂——主管文化、新闻的副总理波尔达拉宁被迫辞职。据称是因为在处理原苏联在东德的财产时，犯有经济问题。与叶利钦同为战友的莫斯科、列宁格勒（后圣彼得堡）两大都市的市长波波夫、索布恰克掌权不久，便大肆聚敛财富。不同的是，前者及时出任与美国合资的莫斯科国际大学的校长，占据了原苏共党校的房产，每月领取几万美元的高薪。而后者在竞选连任失败后，不得不在亲友的帮助下仓惶逃亡法国，假借养病为由，逃避俄罗斯检察机关的调查。1999 年前后，他本想借与普京特殊的政治关系参加议会选举，重返政坛，但不久便神秘死亡。

20 世纪 90 年代中后期，掌权后的俄罗斯民主派和自由派极力推进国有资产私有化运动。私有化过程中，各级官员和黑势力相互勾结，贪腐行为更加肆无忌惮。1993 年，原俄共党员、参加过阿富汗战争的苏军大校，后来被邀担任叶利钦总统竞选搭档的副总统鲁茨科伊向媒体声称，他领导的调查小组在短时间里已经搜集了整整 11 箱政界高层人物的腐败犯罪材料，涉案 49 起！这位副总统鲁茨科伊因此也与总统叶利钦渐行渐远，最后分道扬镳。正当俄罗斯人等待其中的详细消息时，这位副总统却在十月总统与议会冲突的炮击声中成了阶下囚。鲁茨科伊在 1995 年议会大选中失利后，一度竞选州长成功，但 11 箱档案材料却不知去向。

俄罗斯私有化暴露出西方境外势力参与俄罗斯私有化进程，甚至内外勾结从事国际"洗钱"等不法行径。1999 年 8 月下旬，美国《纽约时报》披露，据美国执法官员调查，一些人内外勾结，利用纽约银行的账户进行非法"洗钱"活动。这些往来的巨额资金，均来自俄罗斯，但来历及涉案人员与当今俄罗斯最高层人物及某些黑社会势力有瓜葛。与此同时，欧洲中部的瑞士也接连传出消息，报道瑞士检察官发现了不少新线索，证明俄罗斯黑社会势力渗入欧洲商界。瑞士有约 500 家公司受俄罗斯黑社会势力控制，涉案资金达 400 亿美元。1999 年 8 月 19 日，瑞士检察官冻结了俄罗斯极具影响的金融寡头——别列佐夫斯基在 20 家瑞士银行中的账户。一些媒体开始透露，案件不仅与叶利钦总统周围的一些亲信有关，而且直接牵扯到叶利钦本人及其女儿、女婿。

苏联解体后，俄罗斯资金外流严重。俄罗斯每年外流的资金达几百亿美元，特别是以 1991—1996 年尤为严重。据 1997 年初俄罗斯联邦内务部提交叶利钦总统的一份关于反经济犯罪的报告中指出，这期间俄罗斯流失外汇 1500 亿—3000

亿美元。权钱勾结、大量资金境外循环。1998 年 8 月，俄罗斯爆发了严重的金融危机，期间，国际货币基金组织先后向俄罗斯政府提供约 48 亿美元的稳定资金援助。然而，这些资金并未用于真正的援助，而是分别由 27 家俄罗斯商业银行先后转移到美国的账户。而这些均与民主派掌权人物有关。

苏联解体后，叶利钦统治的八年是腐败的高峰期。这期间也是俄罗斯政治民主化和经济自由化狂飙猛进的时期。苏联瞬间解体、俄罗斯私有化快速地推进，其关键因素在于掌权的权贵阶层迅速改头换面、改旗易帜。接着通过分割社会财产，占尽先机，及时将权力转化为资本。俄罗斯特有的"共青团经济"现象、内部人私有化、权贵私有化都是明证。俄罗斯猖獗的腐败和犯罪现象引发了激烈的社会冲突和政治对立，这些也遭到了西方世界的"唾弃"。叶利钦宣称的"人民资本主义"蜕变成了"腐败的资本主义、野蛮的资本主义、犯罪的资本主义（索罗斯语）、权贵资本主义、寡头资本主义"。失败了的俄罗斯不仅没有被西方揽入怀抱，反而被逐步挤到国际舞台的边缘。

2007 年 11 月 21 日和 11 月 29 日，时任俄罗斯总统普京两次严词批判了 90 年代的当权者及其改革政策。普京在讲话中揭露当时的当权者结党营私、中饱私囊，导致了国家分裂和百姓贫困。普京指出，这些人出卖俄罗斯利益，不顾百姓的疾苦，他们厚颜无耻，疯狂敛财。他们用惯有的无耻手段塞满自己的口袋，他们想霸占和瓜分俄罗斯积累的巨大财富。普京称："10 年前，政治投机者控制了联邦会议和政府的关键席位。高官们为了迎合寡头而不惜损害俄罗斯的社会和国家的利益，把国家财产挥霍殆尽。腐败是他们进行政治和经济竞争的手段。这些人年复一年制订的预算既不平衡，也不负责任，导致我们负债累累，经济崩溃，人民生活水平大幅下降。"普京的支持者、俄罗斯国家杜马副议长、"统一俄罗斯党"领导人之一奥·莫洛佐夫称："90 年代的改革是失败的、无情的、残酷的，造成整个国家充斥着腐败和盗窃。"

贪腐难除，源自制度。过去苏共的"特权"表现为获取级别不同的"特供商品"。而如今大权在握的自由民主派已经抛弃了信仰，也没有任何党的纪律约束、况且，私有化使得他们手中的支配权变成了所有权，私有化使得瓜分得来的财富合法化。而且与苏共时期不同，这些经济和政治特权可以合法地传宗接代。

十多年来，在民主和自由的旗号下，贪腐在俄罗斯蔓延泛滥，愈演愈烈。本来肩负维护法律、打击腐败的一些部门如海关、税务、消防、缉毒、检察、内务公安、交管、法院、军队等也成了腐败的重灾区，且相互掣肘。更加严重的是，腐败的癌细胞已经浸透到了社会肌理，蔓延到社会的各个层面，严重恶化了社会道德风气。行贿受贿、金钱铺路甚至演变成了社会规则，成了一种社会常态。

根据国际组织"透明国际"每年评选出的"全球腐败指数排名"，2007年俄罗斯居第143位，与一些非洲国家的腐败程度不相上下。有许多数据都表明了俄罗斯社会的腐败程度有多严重：近一半的国家财政预算拨款被贪污转移，三分之一的军费流入不法之徒手里，企业约30%的成本用来行贿各级官员，等等。政府部长之间的年收入差距高达几十倍甚至是几百倍。权贵子女年纪轻轻便安排于银行、外贸等大企业，且担任高管。教育、医疗卫生等部门工作人员也由"灵魂"和"天使"变成了各类索贿的"蛀虫"。孩子入托、看病拿药都成了"贿赂"的门槛。俄罗斯一家著名的社会舆论调查中心对"当今俄罗斯高官代表谁的利益"问题的民意调查结果表明，回答"保障官员个人利益的占55%，认为是为国家利益的占20%，认为是为民众的利益只占12%"。

综上所述，虽然俄罗斯的政治转型是以西方的民主政治体制为目标，1993年俄联邦宪法还全盘照搬西方宪政制度的一些原则，如三权分立、普选制、联邦制、多党制等，作为宪法制度的基础，但正所谓"桔生于淮则为枳"，移植西方民主模式不仅无力解决大量复杂而棘手的社会问题，不能给人民带来民主和幸福，反而滋生了贪腐和寡头政治，使政治进程陷入深深的泥潭。

## 五、民主透支与治理赤字

20 世纪 90 年代俄罗斯民主化的实践表明，推翻苏共并不意味着自由的到来。高喊着"反共、民主"口号的民主派和自由独立派很快蜕变，也没能给俄罗斯带来制度性的民主和自由。在历史和文化中较少有民主传统的俄罗斯，在社会发生急剧转变的情况下，仅从制度上移植西方政治模式并不能药到病除。民主不是万能药，不仅没能解决转轨过程中出现的复杂问题，还触发了一系列社会问题，充分体现出"民主"无能，"自由"无力，社会为此付出了惨痛的代价。除上一节列举的九方面的政治乱象外，90 年代叶利钦统治下的俄罗斯政治民主化进程使国家险象环生。

民主化激发了民族自我意识，而一些政客则利用民族情绪，打着民主、自决的旗号，乘机搞分裂、分离，建立自己独立的政治王国。民族战争、民族冲突、移民、难民等问题成了社会拖而不决的棘手问题。对极权主义、"警察国家"的批判，对执法机关的多次改组，使得执法机关在日益严重的犯罪现象面前失去权威和监管权力，变得软弱无能，束手无策。各种刑事犯罪和经济犯罪已经公开化、集团化、恶性化。贪污受贿盛行，官员以权谋私现象严重，各种利益集团争权夺利、损公肥私。精神文化领域缺乏统一凝聚的力量，斗争激烈。俄罗斯文化人士惊呼，社会上文化艺术庸俗化，道德伦理水平下降，居民情绪低落，缺乏上进的精神，俄罗斯社会正在失去赖以重新振兴的精神因素和智力潜能。

政治混乱导致了俄罗斯陷入经济上的困境，在政治民主化浪潮的鼓舞下，"休克疗法"和私有化不仅没有培育出类似西方"民主社会"所需要的社会阶层——中产阶级，反而将大多数居民抛到了社会生活的"边缘"和底层，出现了为数众多的贫困阶层。俄罗斯科学院"过渡时期的社会变动和社会紧张状况"课题组在一项研究报告中指出，急速推进的国有财产私有化和经济自由化（指价格、金融、证券市场和物资交易自由化），只使得在社会政治经济生活中处于有利地位的极少数人获得了好处，而绝大多数居民却未能明白其中的"奥秘"，也没有心理和经济上的准备，更无能力参与其中。市场中缺乏平等自由的竞争环境，很难形成真正意义上的中产阶级，只能造成"灰色经济"现象盛行和产生特殊的"新俄罗斯人"。少数人的暴富和1/3以上人口的贫困，加剧了社会生活底层更容易接受"强权、铁腕"。西方学者指出，东欧国家贫困人口的增加给这些国家的民主造成了又一难题。普京在担任总统后回答记者提问时讲，要想在俄罗斯实行社会民主主义制度，俄罗斯还太穷。

戈尔巴乔夫实行的民主化，换来了苏联的解体和冷战的失败。随后便是"忧郁的、黑暗的、野蛮的、强盗的、彪悍的、狂妄的、肆无忌惮的叶利钦时期的90年代"。叶利钦时期既无民主、又失效率，政治贪腐、社会动荡，成为政治衰败的典型。2007年11月21日和11月29日，时任俄罗斯总统的普京先后两次严词批判20世纪90年代的当权者及其改革政策。普京在讲话中谴责当时的当权者结党营私、中饱私囊，导致国家分裂和百姓贫困。普京指出，90年代的那群当权者仍企图卷土重来，重新瓜分国家财富，搜刮百万无助的居民。

普京认为，俄罗斯的90年代是失败的。2007年11月21日晚，普京总统在莫斯科一个体育中心向5 000多名支持者发表了讲话。普京在讲话中对那时的当权者及其政策给予了严厉的抨击，并与戈尔巴乔夫时期、特别是叶利钦时期的"改革"彻底划清了界限。普京把20世纪末俄罗斯普遍的贫穷和贪腐盛行归罪于高层领导的失败。普京认为，以戈尔巴乔夫为首的当权者在"80 年代末期抛下人民不管，导致人们得不到最起码的服务和商品，人们没有糖、肉、盐、火柴，等等"。普京指出，"毫无疑问，正是他们的政策导致了苏联的解体"。

普京毫不留情地指责了以叶利钦为代表的那些在 20 世纪 90 年代身居高位的当权者："10 年前，政治投机者控制了联邦会议和政府的关键席位。高官们为了迎合寡头而不惜损害俄罗斯的社会和国家的利益，把国家财产挥霍殆尽。腐败是他们进行政治和经济竞争的手段。这些人年复一年制订的预算既不平衡，也不负责任，导致我们负债累累，经济崩溃，人民生活水平成倍地下降。"普京愤怒地讲，人们开始满怀幻想。可后来呢，情况更糟糕。一场场悲剧使人们大失所望：把胡作非为当成民主，把洗劫千百万人的血汗和一小撮人的暴富当成市场和市场关系，放纵瓜分和盗窃本属于全体人民的巨大资源财富。这就是 90 年代俄罗斯社会的真实写照。

普京把这些当权者称为"人民的敌人"。他说，这些人出卖了俄罗斯利益，不顾人民的疾苦，他们厚颜无耻，疯狂敛财。普京在讲话中称"这些先生们一旦掌权，将继续欺骗上百万的百姓，用他们惯有的无耻手段塞满自己的口袋……他们想霸占和瓜分俄罗斯积累的巨大财富，这种事他们干了不止第一次了"。

普京在讲话中提醒国民，当年的当权者虽然已经下野，但"他们并没有退出政治舞台，他们的名字出现在一些党派的候选人和赞助人之列"。普京称"正是这些人在 20 世纪末造成了俄罗斯的普遍贫穷和腐败蔓延，至今仍祸患未除"。普京向民众指出："正是他们不想退出政治舞台……他们想复仇，企图重掌大权，施加影响。并且逐步地复辟那种以腐败和谎言为基础的寡头制度……他们过去在不负责任地许诺和欺骗人民，而且到现在还在撒谎……正是这些人想教我们如何生活！"

　　普京指责这些人是西方的"走狗"。普京直截了当地批评叶利钦时期的当权者，也就是现在的一些政治反对派："这些人另有目的，另眼看待俄罗斯。他们需要一个虚弱病态的社会。他们希望俄罗斯社会混乱无序、迷失方向、分崩离析。这样他们就可以在背地里耍花招，拿我们的利益去换一点蝇头小利。遗憾的是，我们国家里有这么一些人，他们向外国使馆、外交代表机构摇尾乞怜，指望外国基金会和政府的扶持，而不是自己国民的支持。"普京在讲话中一针见血地指出，要吸取西方势力在格鲁吉亚、乌克兰利用选举、扶持代理人、煽动"颜色革命"的教训，揭露一些人"从西方专家那里学了两招，又在邻国接受了训练，现在他们要上街游行了，想要煽风点火和进行挑衅"。

　　普京对叶利钦时期的不点名式的批判，并非只是其个人意志的体现，而是代表目前俄罗斯社会主流的思想共识。刚刚赢得议会大选的俄罗斯影响最大的政党"统一俄罗斯"党声称，戈尔巴乔夫、叶利钦时期的15年是"混乱和失败"的15年。在2007年出版的全俄社会舆论研究中心编写的《从叶利钦到普京》一书中，叶利钦时代被冠以"混乱的90年代"之名。描述叶利钦改革时期的章节多被冠为"混乱"、"冲突"和"经济萧条"等字眼。而俄罗斯电视台播放反思叶利钦时期改革乱象的电视片也被冠以"彪悍而肆无忌惮的90年代"，揭露那时靠瓜分国有资产或浑水摸鱼而暴富的一些人的种种行径。

## 六、政治衰败与呼唤权威

　　俄罗斯10年的政治转轨表明，从西方移植的民主形式在俄罗斯并未开花结果：三权分立名不副实，政党制度不完善，选举制度弊端不少，法院司法尚待重建。在实际政治生活中，财团参与政治、寡头政治盛行，家族、帮派"暗箱"操作，黑金政治，新闻媒体被财团控制后，无法无天；腐败蔓延，行政效率低下，调控无力，令不行禁不止，政治动乱，政局不稳。上述事实表明，俄罗斯政治转轨以失败告终，政治"休克疗法"没有推动政治发展，反而造成严重的政治衰退，俄罗斯大多数居民不接受现行的政治制度。

随着俄罗斯民主化进程遭遇的波折，俄罗斯选民由"渴望民主"变为"厌倦民主"，进而"拒绝民主"。近几年的舆论调查显示，俄罗斯人的价值观在短短几年之内发生了戏剧性的变化。2005 年，俄罗斯科学院社会学研究所与德国艾伯特基金会联合推出了名为《今日俄罗斯公民：自我意识及社会理想》的报告。该报告以 1994—2004 年进行的数次大型名调为基础，对俄罗斯人十年间的价值观变化做出了权威性的调查。报告显示，与 90 年代初对苏联持全盘否定的态度相比，如今更多俄罗斯人对苏联的态度趋于理性化，认为经历苏联解体是"人生悲剧"的人数明显增多；仅有 25% 的俄罗斯人愿意生活在自由社会中，而有 54% 的人选择了平等社会；其中主张社会平等的大多数人认为强有力的国家比民主更会捍卫民众利益。[①] 调查显示，对过度自由化已经感到厌倦的俄罗斯人民开始怀念秩序和稳定。

2000 年 10 月，"全俄社会舆论调查中心"就俄罗斯对民主和市场的态度等问题，对俄罗斯 33 个地区、83 个居住地的 1600 个被调查者进行了一次抽样调查。在回答"你认为当今俄罗斯是民主社会吗？"时，有一半多（54%）的被调查者认为不是，只有 26% 的人做了肯定的回答。[②] 2008 年，由俄罗斯科学院社会学所进行的一项名为"俄罗斯自我认同的社会学维度"的调查显示，只有 5% 的被调查者认为，在最近 15 年俄罗斯所经历的民主完全符合他们自己对民主本来面

① 俄罗斯社会心态扫描 [N]. 参考消息，2004-11-17.
② 2000-11-9. http//www.polit.ru .

貌的设想，只有 29% 的人认为，尽管付出了巨大的代价，俄罗斯的民主已经接近最优，超过 43% 的受访者认为，今天俄罗斯离民主仍遥不可及。[①]

同样，经历了民主浪潮的起伏之后，俄罗斯民众对民主的理解也与西方传统民主国家有着明显的区别。俄罗斯人并不认为言论自由、政治竞争及反对派的存在等原则是当前俄罗斯最迫切需要解决的问题，相反，他们认为一个高效的民主制度首先应该保障法律目前人人平等、司法独立以及没有极端的社会财产两极分化。[②]很明显，秩序与稳定已经被视为俄罗斯社会最现实的问题。

除了经济和社会条件的制约外，90 年代后期俄罗斯政治思潮的变化还有其历史文化环境的制约。在分析俄罗斯民主化曲折艰难的原因时，许多人都谈到俄罗斯文化具有鲜明的双重性和两极性，并且常常引证俄国思想家尼·别尔嘉耶夫那段著名的论断："俄罗斯民族是最两极化的民族，它是对立面的融合……在俄罗斯人身上可以发现矛盾的特征：专制主义、国家至上和无政府主义、自由放任；残忍、倾向暴力和善良、人道、柔顺；信守宗教仪式和追求真理；个人主义、强烈的个人意识和无个性的集体主义；民族主义、自吹自擂和救世主义、全人类性……奴隶主义和造反行动。"[③]

俄罗斯文化中缺乏理性，过于情绪化。俄罗斯文化富于感情，但往往缺少法治观念和所有权意识，喜欢走极端。曾有人提出，俄罗斯人没有耐心，使俄罗斯不能经历酝酿过程，不能享受缓慢和自然的文化带来的益处。曾经在俄国游历，后任总统的捷克人马萨里克在 1913 年写道：与其说俄罗斯人倾向民主，不如说

---

① Рабочая группа Института социологии РАН，Российская идентичность в социологическом измерении //Полис,2008,№2.
② 同上。
③ 尼·别尔加耶夫.俄罗斯思想：十九世纪末至二十世纪初的俄罗斯思想的主要问题 [M].北京：三联出版社，1995：2—3.

他们更醉心于革命。法制缺位，模式上照搬照抄，行动上极端激烈，拒绝缓慢的酝酿，缺少相应的监督和制衡，这些是俄罗斯民主化失败的具体原因和现实表现。正如 19 世纪俄国的著名思想家别林斯基描述得那样：一个自由后的俄国知识分子不是去国会，而是赶紧去酒馆，砸碎玻璃，然后把上等人绞死。

俄罗斯文化崇尚道德与精神，常常遁入理想以寻求精神上的满足。俄罗斯人不是以因果逻辑去判断事件，而是通过"诺言"和"拯救"的道德——宗教前景来感受。[1] 俄罗斯人习惯上幻想的是道德公正，沉醉于宗教上的"惩罚"与"报应"，认定"善"将代替"恶"。俄罗斯人行动上习惯于"一下子"和"大规模"，至于这种极端做法的结果如何，他们常满足于回答：可能吧……或许吧……政治是发展，还是衰退？是民主的"单兵突进"，还是"稳定、效率与民主"的和谐共赢？1985 年以来，苏联—俄罗斯政治发展历程虽然没能对此给出满意的答案，却提供了许多值得思考的政治素材。

在这种背景下，我们注意到，自 1994 年之后，在俄罗斯国家内部，不同学科的一些学者从不同的角度探讨了过渡时期政治、经济改革及相互关系等问题，认为国家主义、政治权威主义是可行的、可操作的。

俄罗斯总统委员会成员、俄罗斯著名学者阿·米格拉尼扬从研究国际问题、特别是欧洲政治发展历史入手，认为世界上许多国家自传统社会向现化社会转变时都经过了一个长期痛苦的过程，其中不少国家在塑造民族性格，树立民主价值观和建立民主制度方面花费了几百年时间。因此，政治民主化是一个长期的历史过程，不可能一蹴而就。

俄罗斯科学院拉丁美洲研究所、世界经济与国际关系研究所的一些研究人

---

[1] А.А.卡拉—姆尔扎，А.С.帕纳林，И.К.潘金. 当代俄罗斯的精神和意识形态状况：发展的前景 [J]. 政治学研究，1995（4）.

员，结合战后世界各国政治发展和民主进程的经验教训提出，第二次世界大战以后，不少发展中国家都争相移植西方的民主制度。其中有的国家颁布了宪法，进行选举，然而结果却与他们的愿望相反，一系列的政变、内战打断了这些国家的民主进程。部分国家先后出现了"强硬政权"，如弗郎哥时期的西班牙，皮诺切特时期的智利以及土耳其和东亚一些国家及地区等。经过一个时期过后，这些国家的经济得到了发展，市场经济关系得以发育并成熟，社会结构日趋合理，最终使一些国家走上民主政治的轨道。

莫斯科大学的一些学者提出，社会发展的"目标模式"不能等同于社会发展的"过渡模式"；过渡时期经济改革需要强有力的政治保障；鉴于俄罗斯社会的教训，结合其他第三世界国家的发展经验，政治权威主义是可操作的、也是可行的。

米格拉尼扬等学者提出，极权主义制度和权威主义在政治、经济、意识形态以及社会生活方面存在着本质上的差异，不应将权威主义和极权主义混同起来。对俄罗斯社会来说，权威主义并不比庸俗的民主更可怕，它可能是一剂苦药，但却是通向民主的一座桥梁。

国际经验特别是战后第三世界一些国家的政治进程也证明，民主是复杂而艰辛的过程，不考虑民主、效率、秩序的协调，不兼顾政治与经济的互动，民主进程不会一帆风顺。

在政治体制与经济变革的相互关系问题的探讨中，俄罗斯学者提出，无论从逻辑上还是从制度的角度看，民主化都不能视为经济改革和经济发展的先决必要条件，在时间秩序上后者应先于民主。

1994 年之后的俄罗斯，无论是在议会讲坛，还是在媒体以及学者的文章中，中国改革和发展的成功经验经常成为不同意见争论或佐证的对象。1999 年在普京出任总理进而代任总统之际，俄罗斯安全情报部门为普京提供了一份有关中国经济、政治改革和发展情况的长篇报告。这篇旨在总结和吸取中国发展经验的内部报告先后有 200 多人参与研讨，目的是供俄罗斯的政治上层参阅。俄罗斯有关专家指出，完善的市场经济和经济民主是民主政治的基础，而从高度集中的计划经济向市场经济过渡需要强有力的政府。这不仅是一个战略选择的问题，而且是出于现实的考虑。因为在经济改革中，任何一项重大措施都会影响或触及部分阶层或集团的切身利益。为了使改革纲领不陷于无休止的争论，强有力的政府权威是非常必要的。

在俄罗斯民间意识中，呼唤权威的思潮也颇受欢迎。许多的社会舆论调查表明，俄罗斯民众渴望"权威"，希望"铁腕人物"出现。比起"民主、自由"来，72% 的俄罗斯百姓更希望"稳定和秩序"。有文章写道："民主是一个误区，俄罗斯社会还没有成熟，俄罗斯人缺少法治观念……俄罗斯人应像蜜蜂、蚂蚁一样组织起来，他们渴望领袖和训导。"[1]

俄罗斯有近一半意见认为，缺少社会方向共识，缺少政治凝聚力是造成社会危机的主要原因（见表 12—4）。

---

① 鲍·米罗诺夫. 人民期盼强权 [N]. 俄罗斯报，1993-11-9.

表 12—4　俄罗斯居民对国内局势及其前景的看法（%）[①]

| 评价内容 | 1999 年 | 2000 年 |
|---|---|---|
| 灾难性 | 21 | 26 |
| 危机状态，但若掌权者有意志和能力能够改变 | 62 | 47 |
| 认为局势可能稳定，出现了好转的迹象 | 9 | 14 |
| 认为局势不错，前景良好 | 0.3 | 2 |
| 其他回答 | 7.7 | 13 |

资料来源：俄罗斯科学院社会政治研究所政治进程社会分析中心。

（原调查者）注：1999 年的数据是在泰梅尔自治州进行的居民抽样调查所得，2000 年的数据则为在莫斯科进行的专家问卷所得。

对与未来的局势发展，多数莫斯科以外的地方居民希望看到掌权者表现出意志和能力，力挽狂澜，使俄罗斯社会摆脱多年的危机。俄罗斯政治学家纳伊舒里直言，俄罗斯应借鉴"皮诺切特的智利模式"，恢复稳定，整顿秩序，发展经济。俄罗斯国将不国，何谈民主与自由？

2000 年前后，俄罗斯社会强化国家治理、呼唤政治权威的声音越来越强，甚至可以说形成了"大合唱"。世纪之交，刚刚从叶利钦手里接过管理俄罗斯权杖的普京发表了《千年之交的俄罗斯》一文。普京在文中指出："俄罗斯不会成为美国或英国的翻版……在那两个国家里，自由主义价值观有着深刻的历史传统。而在我国，国家及其体制和机构在人民生活中一向起着极为重要的作用。具有强

---

[①] 俄罗斯科学院社会政治研究所 . 俄罗斯寻求战略：社会与权力——1999 年俄罗斯社会及政治形势 [G]. 莫斯科，2000：118.

大权力的国家对于俄罗斯人不是什么坏事……恰恰相反,它是秩序的源头和保障,是变革的倡导者和主要推动力。"[①] 2001 年 3 月初,普京总统通过互联网回答了来自不同国家的记者和网民的提问。他认为,俄罗斯过去的十年是政治上悲剧的十年。财团控制国家、新闻媒体被少数财团控制的状况是不能容许的。

俄罗斯学者认为,民主不能靠打碎和抛弃国家来建成,而是多年培养的结果。看来,经历了 10 年的转轨,俄罗斯社会开始对国家、民主、自由等问题进行反思,对稳定、秩序、效率等问题重新定义。2000 年以后,普京决意加强权威,恢复地方控制,整顿经济秩序,引导舆论声音,出击寡头势力……可以认定,普京整顿政治秩序的行动 意味着俄罗斯新一轮政治转轨的开端。

---

① 普京. 千年之交的俄罗斯 [N]. 独立报,1999-12-30.

# 第十三章　主权民主与威权稳定

1985 年至今，俄罗斯分别经历了戈尔巴乔夫、叶利钦和普京（含梅德韦杰夫 4 年过渡期）执政的三个不同的历史时期。西方主流舆论和一些政治学者认定，戈尔巴乔夫的 6 年是俄罗斯历史上最民主自由的时期；叶利钦的 9 年是俄罗斯与西方关系最为接近的时期；而普京执政的俄罗斯则背离了民主，与西方世界渐行渐远。

然而，俄罗斯民众的看法却截然相反。2005 年 10 月，俄罗斯一家名为"全俄民意调查中心"的社会舆论调查机构分别在 46 个州、边疆区和共和国的 153 个居民点进行了民意调查。调查结果显示，与其他历史时期相比，分别有 72% 和 80% 的俄罗斯人认为戈尔巴乔夫和叶利钦时期走了一条错误的道路，只有 1% 的人希望生活在叶利钦统治下的"自由民主时期"。该项调查结果表明，俄罗斯民众对普京的支持率最高，为 67%。而现实生活中，普京的政治支持率也一直保持在 70%—80% 的高位，特别是 2014 年乌克兰危机期间，俄罗斯收回了克里米亚和塞瓦斯托波尔，普京的政治支持率达到了 80% 以上的历史高点。

# 一、社会乱象与政治遗产

## （一）超级大国的衰落

2000 年，普京执掌国家大权之初，正值俄罗斯社会处于危机的历史关头。在经历了苏联的崩溃和此后的剧烈变革后，叶利钦留下的俄罗斯可谓是一个"烂摊子"。普京执掌大权反映了俄罗斯社会现实的要求，但普京接手的俄罗斯社会是一种什么样的状况呢？客观上看，俄罗斯地理面积广阔，自然资源极为丰富，无论是天然矿产资源的产量、储藏量，还是品种，俄罗斯在世界上都是独一无二的。俄罗斯人口约占世界总人口数的 2.4% 左右，却拥有全世界 10% 的领土。俄罗斯的森林资源居世界总量的 20%。俄罗斯的天然气储量占世界的 45%，石油储量占 13%，煤炭储量占 23%。俄罗斯人均农业可耕地大约 1 公顷，相当于芬兰的 1.8 倍、美国的 1.3 倍，是中国的 10 倍以上。俄罗斯土地资源仅次于澳大利亚和加拿大，居世界第三位。另外，俄罗斯拥有地球上 20% 的地表水和地下水资源，淡水资源极为丰富。俄罗斯渔业产量和水生资源占世界第七位。同时，俄罗斯继承了原苏联丰厚的科技潜力，俄罗斯每 10 万人就有 37 位学者或工程师，数量上几乎与美国相当，相当于德国的 1.5 倍。俄罗斯学者认为，从上述意义上看，可以说俄罗斯是世界上唯一的、真正能够自给自足的国度。

另外，应当指出，苏联解体之后，苏联也给新生的俄罗斯留下了雄厚的"家底"和完备的社会保障体系。除了良好的自然条件外，苏联社会主义七十多年的建设历史也留下了雄厚的物质基础，包括港口码头、工厂矿山、机场道路、宇航基地、电网、地铁、能源管网等基础设施。苏联时期有着令人羡慕的社会保障体系和教育文化体系。居民在住房、教育、医疗卫生等福利保障方面相比其他社会主义国家更有优势。有学者指出，正是这些七十多年形成的社会主义

"安全网"减缓了 10 年资本主义"激进改革"对百姓生活的破坏性冲击，使俄罗斯承受了照搬西方模式，进行"休克疗法"所导致的痛苦。但"激进改革"过去了，这些未加润滑和修理的"减振器"再也不能承受更多的"颠簸"和"折腾"，车体开始摇晃和熄火，甚至随时会出现倾覆和报废的危险。

与原苏联曾是世界第二经济大国相比，1998 年俄罗斯经济总量下降到世界第 16 位，到 1999 年，俄罗斯国内生产总值约合苏联时期的 25%，1990—1998 年，美国的经济增长达 27%，欧盟为 15%，日本为 9%，而同期俄罗斯却下降了 40%以上。普京上台时估算，俄罗斯的 GDP 只相当于美国的 1/10，中国的 1/5 左右。俄罗斯科学院美国和加拿大研究所所长谢·罗戈夫估计，当时俄罗斯在世界 GDP 的比重不足 2%，在世界贸易和金融领域的比例则更低。俄罗斯的国际影响大大降低，在某些方面失去了影响力，甚至不能通过独联体来有效地抑制离心的倾向。①

**（二）社会衰败**

叶利钦掌权期间，政府更换了七八次，总理更换如走马灯一样，国家实力一落千丈。10 年的改革失败造成俄罗斯国力下降、经济规模缩小。相关资料显示，20 世纪 90 年代以来，俄罗斯 GDP 下降了 56%，工业生产下降了 70%，农业生产下降 50%，投资减少了 75%，俄罗斯内外债积累一度达 2250 亿美元，相当于GDP 的 50%。绝大多数社会成员生活贫困化，居民实际收入减少 50%，俄罗斯人均食品消费从原来的世界第 7 位下降到第 40 位。据俄罗斯高层战略专家预测，俄罗斯如果要避免坠入"二流"国家，保持一极地位，那么按人均购买力计算，俄罗斯 GDP 应占世界总量的 4%—5%，只有这样，才能超过世界平均水平，接

---

① 谢·罗戈夫.地缘挑战和俄罗斯与世界接轨的问题 [G]// 第二届全俄"俄罗斯与 21 世纪"讨论会材料.莫斯科，1999：107—112.

近最发达国家。然而要实现此目标，按现在的发展速度，俄罗斯需要追赶 40—50 年，而且俄罗斯必须保持 5%—6% 的增长速度，即使是按 8%—10% 的高速度发展，俄罗斯实现自己的抱负也是 2030 年后的事情。

叶利钦掌权不到 10 年，上演了一场场"私有化"大戏，表面上声称是为了防止"苏共复辟社会主义"，实际上是一次空前的"财富大瓜分运动"。如今，俄罗斯绝大多数人认为，这是一场无法无天、空前绝后的"大骗局"。七十多年社会主义建设积累的巨大财富被瓜分殆尽，只有极少数人获利暴富。几年间，大规模、"闪电式"的私有化运动从根本上改变了整个俄罗斯社会的面貌，瓦解了社会主义制度的经济基础，改变了社会的阶层结构，催生了私人资本特别是大资本的形成，导致了"财团、寡头"参政的局面。[①]"私有化"运动激化了社会矛盾，导致严重的贫富分化，滋长了经济犯罪，威胁了国家经济和社会安全，贻害无穷。[②]

戈尔巴乔夫 6 年的"改组、重构"，在政治上导致了苏共败亡和苏联瓦解，在经济上中断了企业联系、破坏了经济布局、失去了统一的经济空间。叶利钦 9 年的"私有化和自由化改革"非但没能消除苏联后期的弊端，反而加重了社会经济生活的无序和混乱，将苏联遗留的经济、文化、卫生、教育、社会保障等体系拆得七零八落、四面透风。苏联昔日的辉煌正在暗淡，当今俄罗斯甚至不能承担也无力担当。普京上台之际，全社会 75% 的设备或房产疏于管理、年久失修，城乡到处是落魄、衰败的景象。当时资料显示，2003—2004 年，俄罗斯有 60%—80% 的生产设备老化，需要完全更新。俄罗斯专家预计，由于资金缺乏，电力、煤炭、运输等部门大部分设备也无力折旧更新，只能报废。俄罗斯紧急情况部的资料显示，在 21 世纪初，即使是利

---

① 弗·梅德韦杰夫.政府是怎样扶持寡头的，国家因此损失多大 [J]. 今日俄罗斯联邦，1998（8—9）.
② 论据与事实，1996（30）.

润丰厚的石油加工部门大多仍在使用 20 世纪 60—70 年代苏联时期的设备，设备老化率达 70%。苏联解体后的 10 年里，俄罗斯各种灾难事故频发，人祸和生产事故造成的损失超过了自然灾害的损失。其结果是，俄罗斯每年因天灾人祸损失掉 3%—5% 的国民生产总值。更令人悲观的是，这些灾害损失仍以每年 10%—15% 的速度增加。

在社会生活方面，"休克疗法"造成了经济衰退，引发了社会领域的衰退，"三角债"蔓延，工资拖欠严重，社会欠账太多，社会财富两极悬殊、贫富分化严重。多年来俄罗斯社会 10% 的最高收入阶层的收入是 10% 的最低收入阶层的收入的 14 倍。自 1992 年起，俄罗斯人口逐年开始减少，死亡率高于出生率，人口自然增长出现负数，若不是从原苏联加盟共和国移民补充，俄罗斯人口形势会更为严峻。在 2000 年的总统国情咨文中，普京不得不痛苦地承认，俄罗斯人口每年减少 75 万人，人口问题已成为重大政治挑战。而俄罗斯专家预计的情况更为可怕，如果不采取强有力的社会经济措施，15 年后俄罗斯人口将减少 2200 万，这相当于现在俄罗斯居民人数的 1/7。[①]

2001 年，刚刚接任总统大权的普京指出，过去这些年的内讧和不负责任的激进改革将俄罗斯折腾得"精疲力竭"，苏联留下的"家底"已经被戈尔巴乔夫的"改组"和叶利钦的"改革"折腾殆尽。2005 年，普京及俄罗斯政界高层公开讲话，一致认为过去的 15 年（即 1985—1999 年，也就是戈尔巴乔夫"改组"和叶利钦"改革"的年代）是"失败的、混乱的"15 年。

上任之初，普京承认，如果将俄罗斯社会比作一个家庭的话，俄罗斯的日子并不好过，社会中许多人在艰难度日、勉强糊口。20 世纪末，步入政治绝境的叶利钦将权柄交给普京。新世纪开局，俄罗斯灾祸便接连不断，2000 年因此

---

① 普京. 俄罗斯国家：强国之路 [R]. 俄新社，2000-7-8.

被称为"灾难年"。莫斯科市中心爆炸案，俄海军"库尔斯克"核潜艇沉没案，全俄最重要的电视塔发生大火，莫斯科广播发射中心被飓风破坏事件等，对此，普京深有感触道："一系列的灾难说明俄罗斯社会和经济状况已到了灾难性的境地。"这预示着 20 年积累的、潜伏多年的社会问题和生产事故随时都可能爆发。可见，普京接手的是"一个烂摊子"。普京面对的是一个昔日豪华、现在却摇摇欲坠的官殿，既要整修一新，又不能破坏其结构，以免造成坍塌。材料不足、资金短缺等无疑是摆在普京面前的一道道难题，但更为艰难的是，这间房屋内的居民的长期惰性和过度的自由精神。

### （三）思想溃败与精神失落

普京几次指出，俄罗斯"市民社会"刚刚起步，尚不发达。俄罗斯居民缺乏主动性和创新精神。而国家的发展在很大程度上取决于公民的责任心、政党和社团的成熟程度以及新闻媒体的社会作用。[①] 由于市民社会不发达，社会中表现出极强的依赖、等待和惰性心理。

在剖析俄罗斯社会消极沉闷、缺少主动创新的状况时，俄罗斯《专家》杂志描述道："目前俄罗斯社会的结构极为简单，没有进展。无产阶级有时候以矿工罢工的形式出现在现实社会中。农民、甚至连 80 年代末一度诱人的家庭农场主似乎也难以得见。工会是很乖顺的，没有人记得其领袖的姓名。知识分子更不用提了，他们在最近 10 年中并没有领悟，也没有学会什么。大商业资本的活动还比较引人注目，但它没有统一的立场，且隐瞒利润。官僚们团结得紧密，通过组建政权党团结在一起。但这是大部分官僚出自保住现有地位的局部的和策略上的考虑，而非出自发展的目的。如今已经出现了中产阶级，他们是经济发展的社

---

① 普京.俄罗斯国家：强国之路 [R].俄新社，2000-7-8.

会现实动力，但中产阶级并没有政治代表。"①

　　俄罗斯著名历史学家、政治评论家罗伊·麦德维杰夫指出，当今俄罗斯社会严重缺乏活力和创新精神，社会和居民变得惰性十足、萎靡不振。而如何改变这种状况是摆在普京总统面前、也是整个社会面前的一个难题。一些社会调查表明，俄罗斯人依赖心理严重，一种流行的说法突出地表现了这一点："既然我们把选票投给普京，选普京为总统，就让他对所有一切负责。"在问到"谁应担当起使俄罗斯摆脱危机的重任"时，45.4%的人认为普京应担当振兴俄罗斯的使命，只有35.3%的人认为是全体人民，认为政党承担此任的只有3.1%。②俄罗斯社会难觅道义和精神上的领袖，缺少有威信的政治反对派，当局缺少对话和竞争，在这种情况下，肩负振兴俄罗斯重任的普京显得孤独而悲壮。2001年6月12日，正值俄罗斯独立10周年，普京接见30位社会团体代表时强调："俄罗斯要建设强国家，也要建设强社会，社会也应承担起责任。"

　　在俄罗斯社会，惰性、缺乏责任感的另一面是过度的自由精神和放纵心理。变革中政府对百姓利益的藐视，造成俄罗斯百姓对国家机构不信任，轻视法律和法规。普京在2000年国情咨文中引用斯托雷平所形容的"放纵的自由"，要求令行禁止，规范行为，遵守法律。然而现实生活中，由于守法并不总能解决问题，所以俄罗斯许多情况下认为守法并不是社会中唯一准确的行为方式。抽样调查表明，俄罗斯只有30%—50%的居民认为以下行为是可以饶恕的：偷税、逃避服兵役、藏匿他人财物、不守信用等，有三分之二的人竟认为"有时行贿或受贿是正常的"。③

---

① 专家．2000-12-11（14）．
② 符·别图霍夫．社会与政权——相互关系的新特点 [J]．自由思想——21世纪，2001（4）．
③ 同②。

俄罗斯学者指出，与爆炸、火灾等显性的天灾人祸相比，俄罗斯还隐藏着更多的隐性危险，思想溃败、理论混乱、文化和科技潜力衰退才是更加危险而可怕的。1999 年 11 月 22 日，东正教大牧首阿列克赛二世在《劳动报》上刊登文章，提出比起其他领域的危机来，俄罗斯社会的"精神危机最可怕"。不少俄罗斯思想家认为，1985 年开始的"改革"使俄罗斯社会在精神上处于四分五裂、一盘散沙的状态，造成了思想上的"真空"。2000 年 5 月 16 日，诺贝尔文学奖获得者、苏联时期著名的"持不同政见者"索尔仁尼琴在与俄部分作家座谈时谈到，俄罗斯正面临着精神和领土的分裂，俄罗在精神和道德上衰落了，恢复起来需要150 年。

2010 年 1 月 26 日，汤姆森路透集团发布的一份科技评价报告指出，自苏联解体 20 年以来，俄罗斯的科研产出持续下滑，仅占全世界论文总量的 2.6%。苏联是曾经的科学与技术强国，俄罗斯如今却排在了中国、加拿大、澳大利亚和印度等国之后，仅仅略微领先于荷兰。这篇报告将俄罗斯科技教育衰退的原因归结为：俄罗斯政府长期以来对科学研究的资金投入有限；科研队伍严重老化；商业化造成公众缺乏对科学的尊重；苏联解体后有超过 8 万名科研人员外流等。

### （四）政治遗产

普京执掌国家大权之初，正值俄罗斯社会处于一个危机的历史关头。人们看到，普京接过了叶利钦的权棒，也继承了其沉重的政治遗产，这主要表现在政治制度和政治运行两个方面。在宪政制度层面，叶利钦照搬的西方政治制度在俄罗斯并不成功。正如许多俄罗斯学者所言，这是一种不伦不类的制度体系，表面上貌似民主的外壳，实际上保留了不少过去苏联时期的势力残余和官场作风。在实际政治运行层面则表现为，叶利钦在位近十年，其首要目的是保住权力，维护总统宝座，是像沙皇一样"统治"，而非领导和治理国家。其结果是，在"超级总统制"的形式下，实际上是大权旁落，家族势力和幕后政治盛行；财团寡头操纵媒体，要挟国家；地方势力乘机坐大，民族分裂分子武装恐怖，公开对抗联盟中央。国家统一受到威胁，权力机关分庭抗礼，秩序混乱，政令不一，令行不止，政局跌宕起伏，官场腐败丛生。

普京面临的是大国崩溃后的一场空前的政治灾难。2005 年 9 月初，俄罗斯发生了别斯兰人质事件，1200 多人被劫持为人质，人质死亡 300 多人。恐怖惨案发生之后，普京在向议会的国情咨文中沉痛地宣告，现行的俄罗斯政治经济体制不符合现实的要求，不能应付各种挑战。[1]

对于过去的十几年，普京在 2001 年 2 月 26 日对韩国电台记者说："戈尔巴乔夫、叶利钦工作在革命时期，而我认为革命对俄罗斯已经够了。现在应该开始一个稳定的、正常的、加强国家机构、发展公民社会和经济的时期。"2002 年 1 月中旬，普京在访问波兰和法国时，曾前后两次指出，需要拨乱反正，过去的那种"民主秩序"只是对极少数寡头有利，在经历了十多年激烈的变革之后，俄罗斯社会还处在"过渡阶段"，[2] 而这个过渡时期可能要长达 10—15 年。[3]

## 二、寡头干政与政治困境

回顾俄罗斯十几年的政治演化历程，总结戈尔巴乔夫和叶利钦留下的政治遗产，俄罗斯学者通常把这 15 年历史分为以下三个阶段：第一阶段是戈尔巴乔夫领导的改革失败、苏共垮台、苏联崩溃瓦解的阶段，时间为 1985 年 3 月至

---

[1] 普京.普京文集（2002—2008）[M].张树华，等，译.北京：中国社会科学出版社，2008：180.

[2] 参见俄罗斯国家新闻网站 www.nns.ru/archive/center/2002/01/16.

[3] 俄罗斯过渡时期概要 [R].独立报，2002-2-8.

1991 年 12 月。第二阶段是"改朝换代"和"你死我活"的权力争夺阶段，时间为 1991 年 12 月至 1993 年 10 月，标志性事件是 1993 年 10 月炮打"白宫"和制宪公投，主要表现为政权改变了颜色，政治失败者下台，胜利者开始分享或重新分配国家权力。第三阶段是"你争我夺"的财产私有化阶段，时间大体为 1993 年底至 1998 年末，代表性事件为大规模的"私有化"运动和 1998 年 8 月金融危机。在这段时间里，"自由民主派"政权内部政治争权仍在继续，但对财富和所有权的争抢更为激烈。其结果是社会财富的大分配、大转移，少数人瓜分并攫取了大量资产，进而操纵经济、影响政治。

可见，争夺政权、瓜分财产——"政治上抢、经济上夺"演示着十多年来俄罗斯社会演变的主题。而政局动荡不稳、官场腐败丛生、社会停滞不前、经济陷入危机则是其必然结果。俄罗斯舆论提出，普京执政后必须采取坚决的整顿措施，强化政治权威、整顿经济秩序，结束政治领域的"斗"和经济领域的"抢"，进入"治"的阶段。只有这样俄罗斯才有希望迎接新世纪，步入新时期。

2000 年 7 月 8 日，时任俄罗斯联邦委员会主席的叶戈尔·斯特罗耶夫形容说："普京总统就像是一位外科医生，开刀后发现病人肌体千疮百孔，几乎各个器官都有问题。"2000 年 7 月 13 日，法国《巴黎竞赛画报》刊登了普京总统与法国作家马克·阿尔泰的谈话，普京认为俄罗斯社会面临的最大难题有两个：贫穷和犯罪。俄《独立报》时任主编维·特列齐亚科夫在该报 1999 年最后一期撰文指出，普京执政将遭遇"三大对手"，这"三大敌对势力"分别是：地方封建势力、灰色经济势力、官僚腐败分子。

解散苏共之后，戈尔巴乔夫组建并任主席的俄罗斯统一社会民主党的副主席鲍·古谢列托夫认为，比起经济和社会遗产来，普京继承的政治遗产更为可怕，这其中之一就是分离主义和分裂主义甚嚣尘上。在叶利钦交权、普京上台之际，有俄罗斯报刊评论道，叶利钦打败了苏共，撕裂了苏联，赢得了政权，却没有进行政权建设和社会改革。由于叶利钦身体健康不佳，造成国家大权旁落，寡头通过"家族"操纵政局，地方势力乘机坐大。俄罗斯联邦内民族分裂势力膨胀，地方分离主义盛行。车臣公开独立，并武装拒合，一些民族共和国几乎成为独立王国。

20 世纪 90 年代，效仿戈尔巴乔夫和叶利钦的"总统"称谓，俄罗斯各地掌权者自命"总统"成风，一国之内有"总统"称号的人物竟达 30 位之多，这种政治反常现象一直持续到 2010 年底才有所收敛。20 世纪 90 年代初期，俄罗斯分离主义严重，各地政权各行其是，实施地方经济封锁，拒绝上缴财政税款，甚至威胁发行自己的货币。一些地方官员为所欲为，组织只服从自己的警察保安机构，阻挠法院的判决。普京强调，俄罗斯地方有 25% 的法律或法规不符合俄罗斯联邦宪法①。这些地方法规有 3500 多件。另外有一些共和国的宪法与俄罗斯联邦的宪法相抵触。缺乏统一的法律空间，宪法制度遭到破坏，俄罗斯几乎处于四分五裂、一盘散沙的政治状态。

俄罗斯政治经济生活中的另一个"怪胎"是寡头参政、财阀横行。新生的私人财团凭借强大的经济势力，控制着金融、能源以及一些原料生产部门，通过销售天然气、石油等掌握了巨额的外汇和收入。与日益削弱的国有经济相比，这些私人财团财大气粗，横行一时。更为严重的是，20 世纪 90 年代中期，当时的七大寡头一度控制了俄罗斯经济的一半以上。1996 年，他们动用手中的金钱，扶持政治上几乎奄奄一息的叶利钦重新赢得总统大选。之后，寡头们有恃无恐，变本加厉，要求政治回报，企图将国家政权"私有化"。掌握了巨大的财富和权力，

---

① 普京总统答俄罗斯记者问我们的俄罗斯正在寻找自己的位置 [N]. 红星报，2000-12-24.

寡头将手开始伸向传媒,以扩大社会影响力。叶利钦后期,寡头纷纷争抢新闻媒体,把新闻媒体视为"肥肉"。[①]于是俄罗斯媒体成为财团和寡头的"婢女",变成他们争夺财富和权力的工具。正如原"俄罗斯电视台"台长奥列格·波普佐夫所言:在俄罗斯金钱可以购买言论,舆论成了商品,媒体成为娼妓。[②]叶利钦当政时期,在金钱上受制于 7 大寡头,叶利钦的亲信甚至与寡头联姻,形成了叶利钦的"家族"统治。部分财阀或出任政府副总理,或出任安全委员会副秘书长,游走于官场和商场之间。正如叶利钦形容的那样:国家被寡头和黑手党掐住了喉咙,政府成了财阀的人质。叶利钦的寡头民主和"家族"政治已走到尽头。

## 三、普京的治国理念

普京上台前后,俄罗斯以及西方的媒体纷纷对普京及其思想进行猜测,一些分析家试图给普京贴上这样或那样颜色的标签:有人断言普京是"反共分子",有人认为他是要退回到苏联的"保守克格勃";俄罗斯有人认定普京"是对俄罗斯独特道路不感兴趣的西方派",西方有人则认为普京是"地地道道的民族主义者";有人说普京是"自由民主派",有人称普京是"铁腕专制主义者";俄共认为普京在经济上实行的是"自由主义",而右派则指责普京是企图恢复"警察式国家"的国家主义者;有的学者将普京比喻为"戴高乐主义",有的学者则把普京与"皮诺切特"模式联系在一起,有的历史学家认为普京像亚历山大三世,有的历史学家则认为普京更崇拜彼得大帝。对于上述议论,一些人认为有些合理

① 普京.俄罗斯国家:强国之路 [R]. 俄新社,2000-7-8.
② 俄"中心电视台"总裁奥·波普佐夫答《共同报》记者问,转引自 http://www/nns/ru/chronicle/center/03 08 2001.

的成分，但形容得并不完全准确，一些标签显得牵强。于是有的分析家采取了"排他法"，提出普京既不属于右派，也不属于左派，政治上非白，也非红。普京支持民主，但有别于自由派，经济上主张放松和自由，但又强调国家和控制，等等。因此，可以认定普京在政治上倾向权威主义，在经济上推行国家主义，在思想和道德上属于保守主义，在外交政策上实行现实主义。

我们认为，将普京及新时期俄罗斯将选择的道路用某种"主义"来概括未免失于简单。普京思想最大的特点就是务实的精神，不以任何"主义"为目标，而以解决问题为目的，以俄罗斯实际为坐标，对各种思想兼收并蓄，因此其思想呈现出一种多彩的、混杂的、交叉的景象。应当说普京的历史观和社会价值观集中反映在普京初期的治国理念里面，而普京的治国之道则具体体现在其对时代、阶段、战略、目标、方向、任务、手段、策略等问题的认识上。

时代观。普京认为，有两种因素决定着未来发展的趋势：一是过去百年的历史证明，苏联共产主义的尝试遭到失败，以市场经济、民主、尊重人权和自由为原则的体制在全球扎根；二是后工业化社会的形成，要求现代化必须推广高新技术，增加知识密集型产品的生产，转变生产结构，大力发展信息、公共设施、科学和教育体系。

历史观。普京认为应该尊重历史和传统，不应"数典忘祖"，刚刚过去的七十多年的苏联历史，与父辈们的生活命运紧密相连。2007 年 12 月 12 日，普京在回答美国《时代》周刊记者提问时指出，苏联解体是一场悲剧。这场悲剧在于，（后来）人们失望了，因为有人打着民主的旗号肆意妄为，有人借市场和市场关系之名洗劫了数百万民众，一小撮人大发横财，侵占和瓜分本该属于全体人民的无数资源。普京对《时代》周刊记者讲：

　　苏联解体意味着什么？ 2500 万俄罗斯裔的苏联公民被抛在新俄罗斯境外，连想都没想。2500 万，这相当于一个欧洲大国的人口。他们陷入什么样的境地——变成了外国人？有谁过问吗？苏联解体到底是怎么发生的？在任何一个民主国家——例如比利时此时的艰难抉择，其他国家也有类似的情况——在出台某项决议之前，会征询民众意见："您是否愿意脱离你们目前共同生活的国家？"我相信，如果当年在原苏联加盟共和国进行了全民公决，绝大多数公民未必会说："是的，我们愿意脱离苏联。"可是谁也没有问过他们。难道这就是解决这类问题的民主方式吗？我们不想揭这个伤疤，也不想谈这些。但事情就是这样。

　　这样，2500 万人被抛弃在国外，他们缺乏生活资料，面对着当地不断高涨的民族主义，他们却不能来到新俄罗斯——他们历史上的祖国，他们不能来看望亲友，因为没钱坐火车和坐飞机。他们在俄罗斯没有一席之地。居无定所，无处工作。这难道不是悲剧吗？我指的就是这个。我指的不是苏联解体在政治层面上的，而是人道的悲剧。这难道不是悲剧吗？当然是悲剧，还能有比这更惨的悲剧吗？[①]

　　价值观。普京认为，在一个四分五裂、一盘散沙的社会里是不可能有建设成就的，应当寻找能够凝聚全社会的"俄罗斯思想"。俄罗斯新思想是一个合成体，它把全人类共同的价值观与经过时间考验的俄罗斯传统价值观，尤其是与经过 20 世纪波澜壮阔的 100 年考验的价值观有机地结合在一起。普京认为，俄罗

---

① 　普京.答美国《时代周刊》记者问 [M]// 普京.普京文集（2002—2008）.北京：中国社会科学出版社，2008：657—658.

斯思想应当包含以下核心价值内容：爱国主义、强国意识、国家概念、社会团结。普京提出，当今俄罗斯社会应当重新弘扬"爱国主义的传统"；俄罗斯必将成为"一个伟大的国家"；在俄罗斯强有力的国家是"秩序的源泉和保障，是变革的倡导者和主要推动力"；俄罗斯应发扬互助精神，保持稳定和社会和谐，防止重新陷入"政治内讧"。因此，可以将普京的价值观概括为"爱国主义是旗帜，强国意识是核心和支柱，国家主义是手段和动力，社会团结和稳定是基石"。

社会发展观。普京在《千年之交的俄罗斯》一文中指出：俄罗斯社会"绝大多数人反对激进主义和极端主义"，希望维持来之不易的稳定和妥协。2001年2月26日，普京在出访韩国之前对韩国电台记者说："叶利钦工作在革命时期，而我认为革命对俄罗斯已经够了。现在应该开始一个稳定、正常的、加强国家机构、发展公民社会和经济的时期。"可见，冻结革命、拒绝极端、保持稳定是普京思想的重要组成部分。2007年9月，普京在与境外俄罗斯问题研究专家和记者对话时谈道："至于2012年以后会怎样？你们知道，很难预料。我的任务是保证这个大方向：政权要稳定、正常运转和有效。"[①]

普京认为，俄罗斯"你死我活"的革命性阶段已经过去，俄罗斯应当转入日常的建设时期，"强国富民"是根本任务。2001年4月3日，普京在向议会两院宣布国情咨文时明确指出，过去的10年，毫不夸张地说是轰轰烈烈的革命。现在可以坚定地宣布，这个时期结束了，不会再有革命和反革命，坚实的、有经济基础的国家稳定是俄罗斯和百姓的幸福所在。普京认为，这是人们正常的生活逻辑。人们应当意识到将面临长期艰苦的劳作。俄罗斯面临的难题是如此之盘根错节，不能采取"强攻"战略，而是需要专业性的、日常性的劳作。

---

① 普京.与"瓦尔代"国际俱乐部代表的见面会[M]//普京.普京文集（2002—2008）.张树华，等，译.北京：中国社会科学出版社，2008：564.

对于执政的目标和任务，基于对俄罗斯社会灾难性处境的领悟和丧失大国地位危险性的深刻认识，普京上台后明确提出了"强国富民"的口号，维护国家主权统一，解决社会贫困，提高人民的生活水平。2005 年，普京在国情咨文中指出：苏联解体后，俄罗斯百姓的储蓄贬值，原有的理想破灭，很多机构被匆忙地解散或改组。国家的完整性由于恐怖主义的入侵而遭到破坏。少数寡头当道，多数民众赤贫，经济严重衰退，财政不稳定，社会领域瘫痪。解决这些难题是一项十分艰巨和繁重的任务。俄罗斯的目标是，保住自己有价值的东西，不丢掉肯定的成就，证明俄罗斯民主制度的生命力，找到俄罗斯自己建设民主、自由、公正的社会和国家的道路。

俄罗斯的道路和模式选择。普京提出：一方面，20 世纪的历史证明了"共产主义的失败"，苏维埃政权没有使国家繁荣，反而使俄罗斯偏离了人类康庄道路，走进了一条死胡同，俄罗斯决不能简单地回到过去；另一方面，普京对 10 年来俄罗斯所进行的激进改革提出批评，认为社会已经"精疲力竭"，再也无法忍受激进改革，俄罗斯必须寻找一条符合自己国情的渐进改革道路，不能照搬别国的经验，更不应照抄外国教科书上的模式和公式。

## 四、政治整顿与经济治理

2008 年 2 月 8 日，在国务委员会扩大会议上，即将离任总统之职的普京满怀深情地回忆：

> 你们都很清楚，八年前国家的形势是极其严重的。国家凋零衰败，
> 公民的货币储蓄变得一文不值。恐怖分子在我们眼皮下发动了大规模

的内战，粗暴地入侵塔吉斯坦，在一些俄罗斯城市中爆炸楼房。但是我们的人民没有绝望，没有被吓倒。相反，我们的人民挺起了腰杆，加强了团结，以此进行了回答。起来捍卫俄罗斯及其领土完整的不仅有军人，而且是整个社会。许多个月没有得到工资的医生和教师们忠实地履行了自己的职责。工人、工程师和企业家们辛勤地在自己的岗位上劳动，力图使我们的经济摆脱停滞和崩溃。①

正如俄罗斯学者指出，进入 21 世纪，普京接管俄罗斯大权。经历了 15 年的风风雨雨，历史证明了激进革命与反革命行动已经成为过去，追求西方的"赶超模式"也行不通。俄罗斯社会应当探索符合俄罗斯传统与现实需求的政治形式，这种政权应当适应俄罗斯特有的社会基础和社会心理。②普京统治下的俄罗斯政治可以称为是"有控制的民主"或者是"能管理的民主"，但绝不应当是过去道路或西方模式的翻版。

2004 年 3 月，普京高票赢得大选，蝉联俄罗斯总统。在执政的 5 年中，他先后出台了一系列果断而强硬的政治举措：出兵打击分裂势力、维护国家统一；整顿联邦秩序、恢复和加强中央权威；出台相关法律，强化政党管理；打击寡头势力，规范和控制传媒；提倡爱国主义，凝聚国民意志等。这些拨乱反正的政策和治理整顿的措施，符合俄罗斯多数居民的愿望，适应了俄罗斯社会摆脱危机的现实要求，得到了上层政治势力特别是军队及强力部门的大力支持，逐渐形成了独具特色的治国理念和执政风格。借助近年来较好的国际市场环境和国内经济形

---

① 普京. 关于俄罗斯到 2020 年的发展战略 [M]// 普京. 普京文集（2002—2008）. 北京：中国社会科学出版社，2008：670—671.
② 列·格·贝佐夫."后过渡时期"的轮廓 [J]. 社会学调研，2001（4）.

势，普京表现出坚定的政治意志和独一无二的政治魅力，通过灵活而有效的政治手段和斗争策略，在稳定大局和恢复秩序方面赢得了民心，取得了政治优势。

普京上任之初，俄罗斯著名政论家、政治基金会会长维·尼科诺夫认为，普京为自己提出了"一个目标和三大任务"：以振兴俄罗斯为最高目标，三大任务则是横向摆脱财团寡头影响，纵向理顺中央地方关系，全面建立正常市场经济秩序。

普京认识到，今日俄罗斯社会的症结与其说是在经济领域，不如说是在政治领域。因此普京首先从政治领域入手，恢复宪法秩序、整顿联邦体制，拉开了普京"新政"的大幕。普京在政治领域的改革主要表现在以下几个方面：

**（一）出兵车臣、打击分裂势力、维护国家统一**

出兵车臣，打击恐怖主义、分裂势力和极端分子，拉开了他一系列政治战役的序幕。加强政治控制、打击地方分裂势力也是普京恢复政治秩序的重要行动。普京多次强调，俄罗斯不应四分五裂，要"统一法律空间"，各地区权力一律平等，不能搞特殊化。他就职不久便决定在 89 个地方行政主体基础上成立七大联邦区，由总统亲自任命并派遣代表。值得注意的是，七个联邦辖区与俄大军区区划相似。据称，从内务部独立出来的武装警察——"内务部队"也将在七个联邦区总统代表所在地设立分部。普京的同乡、原政府总理、现任杜马"审计委员会"主席的谢·斯捷帕申声明将在七个联邦区派驻审计代表，以监督和审查各地执行中央预算和财政情况。看来，普京决意结束地方势力各自为政的局面，削弱地方政治势力，确保政令畅通。

加强国家政权建设的另一个重要内容是有关联邦委员会的改组，这也是涉及地方官员命运的问题。2000 年 5 月 17 日，普京向俄议会下院提交了三项法案，即《联邦委员会（上院）组成法法案》《联邦主体国家立法和行政机构组织原则修正案》和《联邦地区自治设置原则修正案》。目的是使总统有权罢免"违法"的地方长官和解散地方议会，改组上院，使地方首脑不再自动成为上院议员。根据此项法案，到 2002 年联邦委员会组成应该更换完毕，届时地方行政和立法首脑不再兼任联邦委员会委员。

普京强调以上所有联邦中央与地方等关系的改革是在俄罗斯 1993 年联邦宪法的范围内进行的，上述行动不但完全符合宪法，而且正是为了贯彻和实施宪法。经过一年多的努力，3 500 多项与联邦法律不符的地方法规 80% 已经得以纠正。对于社会中修改宪法的呼声，普京坚决予以回绝。他认为，俄罗斯宪法是世界上最好的宪法之一，许多人为之付出了劳动，修改宪法只能引起政治纠纷和政治动荡。

### （二）出击寡头、整合传媒秩序

普京上台伊始，曾宣布将与各财团、寡头"保持同等距离"。几个月之后，普京开始巧妙地分别出击寡头势力，迫使别列佐夫斯基、古辛斯基等财阀寡头流亡境外，消除了百姓对普京的疑虑，赢得了俄罗斯社会多数人的赞誉。2002 年，在普京的授意下，俄罗斯最大的国有控股公司天然气工业公司出资将原来由古辛斯基私人控制的"桥传媒"（Медиа-Мост）公司改组，实现控股。2004 年 10 月，在普京指示下，俄罗斯政府冒着巨大的政治风险和西方的压力，由几个强力部门联合对俄罗斯首富霍多尔科夫斯基掌控的"尤科斯"（ЮКОС）石油公司进行查处，并在外地逮捕了霍多尔科夫斯基。之后，经过几轮的法庭审判，将嚣张一时的霍多尔科夫斯基等人投入监狱，并且以偷税、洗钱、诈骗等罪名几次延长刑期。2010 年底，不顾美国政府的一再施压，普京总理公开表态，强调"非法盗窃和强盗式的掠夺者应该坐牢"。

在对寡头出手的同时，2001 年，普京敦促政府和有关方面，开始对俄罗斯的老大难问题——自然资源垄断行业进行改组。着手改组天然气、电力、铁路运输等传统垄断部门，目的是增强上述公司的效益和透明度。在这些复杂利益争夺和政治较量中，普京表现得十分稳重，步步为营，强调"行业改组要以社会利益为主，而不是以公司或公司领导人的意愿为主"。2001 年夏天，俄罗斯宣布成立国家统一的价格和收费委员会，防止垄断部门自行定价。

苏联解体后，俄罗斯传媒业在"自由化、商业化"的洪流中陷入混乱。1993年以后，少数暴富的财阀、寡头开始将触角伸向传媒业，不久，一些国家级的报刊甚至电视频道被寡头占据。凭借对社会舆论的影响力，寡头一方面参政、胁持政府，继续争抢剩余的国有财富；另一方面，与境外资本特别是西方传媒大鳄相互勾结，企图掌控俄罗斯传媒市场。普京深知掌握舆论阵地的重要性，2001 年 4月 26 日，俄罗斯国家杜马一读通过了《新闻媒体法修正案》，规定媒体中外资的股份不能超过 50%。

普京多次强调政府对舆论的引导，加强政府对媒体的管控。早在普京当政伊始，俄罗斯政府吸取上次车臣战争的教训，加强了政府对媒体报道的引导和控制。在向议会发表的国情咨文中，普京公开表示，他对俄报刊媒体受制于私人财团或少数政客表示担忧。"在 90 年代，涌到俄罗斯正在成长的媒体市场的有各种各样的资金，其中一些资金很难说是透明的。那些资金的主人追求的利益与俄罗斯的社会需求相去甚远……在俄罗斯发展的那个时间段，威胁新闻自由的已不再是以前垄断的国家意识形态，而是寡头资本的棍棒。"[①]之后不久，在"电视一台"和"中心电视台"两家媒体许可证到期之际，俄罗斯政府借机施加影响，增强了国家的管控。对于与官方不和谐的声音，当局开始采取行动，并迫使个别财阀寡头放弃了对包括电视台在内的媒体的控制。

---

① 普京.新闻业是推动世界进步、保障社会公正发展的重要条件 [M]// 普京.普京文集（2002—2008）.北京：中国社会科学出版社，2008：331.

2004 年以后，在遭受一系列恐怖袭击之后，普京进一步强化了对境内传媒和记者的管控。2005 年，普京在向议会发表的国情咨文中指出："我再说一下，我们的现实情况不能让我们满意，因为大的媒体在摆脱寡头集团的控制以后，没有能保护它不受个别主管人员不健康思想情绪的影响。"①普京接着讲，今后"我们应当做出保证，保证国家电视广播将不受国内任何集团的影响，最大限度客观地反映国内所有社会政治力量的情况"②。

**（三）规范政党政治、加强国家权威和统合**

在政党制度方面，普京多次呼吁建立成熟的政党体制，消除"党派众多、实际上是无党"的局面，通过制定并实施新《政党法》，逐步使俄罗斯形成三个或四个大党的体制，改变政党数量繁多、政客见风使舵的政治局面。普京认为，正常的政党制度能够使群众明确方向，为国家准备后备干部队伍。2007 年前后，俄罗斯修改了《选举法》和《政党法》，将政党通过选举进入国家杜马的门槛提高到 7% 的得票率。2007 年，普京在向议会发表国情咨文中指出："新的选举办法不仅会加强政党对建立民主政权的影响，而且还会促进政党之间的竞争，从而增强和改善俄罗斯政治体制的素质。一些政党将根据选举的结果有权去要国家的拨款。俄罗斯的纳税人有权利希望，他们的钱将不被用于空洞的平民主义承诺，或用来动摇国家制度的基础。"③

**（四）推进行政改革、增强政治效率和执行力**

普京认识到，不进行行政体制改革，俄罗斯就不能建立有效的权力执行体系，

---

① 普京.2005 年致联邦会议的国情咨文 [M]// 普京.普京文集（2002—2008）.北京：中国社会科学出版社，2008：183.
② 同上 191.
③ 普京.2007 年致联邦会议的国情咨文 [M]// 普京.普京文集（2002—2008）.北京：中国社会科学出版社，2008：441.

不能形成一个廉洁、高效的官员队伍。普京认为行政改革不仅包括中央政府，还包括地方整个行政体系。他强调，这里不需要革命，不是要开除或解职某些官员，而是要对每个改革方案进行认真研究和论证，目的是加强行政效率。[①]

减少行政干预、促进经营便利是上任初期普京大力推进的又一项重要举措。普京支持由经济部长格列夫提出的"经济活动非官僚化"的主张，减少政府和官员对企业的无端干预。2001 年上半年，由俄罗斯政府经济部向国家杜马提出 14 项法律修正案，宗旨是防止官员干涉企业活动，简化手续，减少各种检查和批复。经济部的提案受到了众多政府主管部门的反对和抵制，包括文化、体育、卫生等部门在内的官员不愿减少手中的控制权。普京几次打电话到杜马，坚决支持经济部的倡议和法案，其结果是俄罗斯需要审批的项目由原来的 500 多个减少为 102 个。与此同时，俄罗斯新《税法典》获得通过，俄罗斯统一实行 13% 的所得税。普京坚持未来俄罗斯企业的利润税下降为 24%，取消或合并过多的税种。普京声明，其他国家的公民可以享受正常的经济自由，俄罗斯人在自己的国度也应如此。经营活动应当自由化，官员应当放松管制和无谓的监督，让资本自由流动。但几年的实践表明，时至今日，俄罗斯在改善经营环境和放松经营限制方面还有很长的路要走。

**（五）推进司法改革及社会领域的改革**

在立法方面，普京强调首先要理顺立法关系，清理各部门与法律不符的规章；在司法改革方面，要提高法院的作用，加强法院审判效率，大幅度提高法官的工资，以增加法官的权威性，防止权力或黑社会拉拢和影响法官的决定。10 年过去了，俄罗斯司法环境仍有待改善。俄罗斯司法透明度和独

---

① 普京在克里姆林宫记者招待会 [EB/OL].http://www.strana. ru/state/kremlin/2001/07/19/.

立性仍是遭受诟病最多的领域，也常常是西方批评俄罗斯的借口。

多年来，俄罗斯政治运动轰轰烈烈，但社会领域的改革却一直未动。俄罗斯劳动法典是 1972 年通过的，居民的房屋修缮、水、电、煤气等仍基本沿袭着苏联时期的管理体制和方法。普京出任总统的第二年便开始对土地、税收、海关、预算体制、劳动领域、公用事业、教育、养老金等领域进行改革。2005年普京本想凭借连任总统的余威，推进带有自由主义色彩的社会福利改革，但由于各地民众的反对而无果而终。俄罗斯分析家指出，普京能做到这一点，就已经难能可贵了。因为相对于过去俄罗斯善于提出宏大纲领和计划来说，社会领域的改革触及多数人的切身利益，通常不受人们的欢迎，会遭到抵制。轰轰烈烈的大革命往往给俄罗斯带来的不是灾难，就是做表面文章。这样看来，"水滴石穿"策略可能更适用于积重难返的俄罗斯社会。

2001 年 7 月 18 日，普京在克里姆林宫举行新闻发布会。一位最先在西方媒体上提出 "Who is Mr. Putin？" 问题的美国记者，又向普京提出了"普京先生是什么样的人？"的问题。普京笑着答道："最好不要让我回答这个问题，其实像您这样聪明的记者自己心里清楚。首先我自己不愿给自己做评语，更不喜欢贴上这样或那样的标签。况且谈论一个人，不应看他自己的言辞，而应观察他的行动。"在回答"当 3 年半后总统任职期满时希望建立一种什么样的制度"时，普京说道："我希望，我们今天开始的，并积极努力地实施的这一切，到那时能够实现，并带来实际成效，让每个公民都能通过自己的口袋切实感受到的成效。希望我们的人民感觉更安全、生活更幸福、更富有，每时每刻为自己的祖国而感到骄傲。"①

①　普京总统克里姆林宫记者招待会 [EB/OL].(2001–07–19).http://www.strana.ru.

## 五、普京的民主观

普京担任俄罗斯总统之后，面临着来自国内外巨大的政治压力。特别是随着普京出台一系列加强国家权威和治理整顿的政治措施之后，批判普京压制民主、限制自由的声音愈来愈强烈。普京是如何认识民主问题的，是怎样就民主自由问题与西方国家开展政治对话的？下面是普京执政前 5 年在民主问题的上一些论述。

（一）关于苏联解体后俄罗斯社会的"民主性质"

苏联解体后俄罗斯成为民主社会了吗？戈尔巴乔夫、叶利钦的"民主化改革"是否是真正意义上的民主改革？他们留下的是政治遗产，还是烂摊子？对于俄罗斯在 20 世纪 90 年代初进行的民主化改革，普京认为是"偏激"的和"年幼"的，[①]超越了俄罗斯的社会现实。2002 年普京在一次讲话时指出：

> 俄罗斯的民主事实上是从上面来的，这是一。在历史范围最短的时期内我们根本改变了整个政治和社会经济制度，这是二。我们所以能迅速地做到这一点仅仅是因为首先用法律甚至是命令实行了自由和民主。在这样做的时候，我们有时急剧地超越了社会适应这些自由的能力……[②]

纵观 20 世纪 90 年代的俄罗斯政治进程，打倒苏共、瓦解苏联、照搬西方政治民主模式并没有使俄罗斯成为真正的民主国家，反而造成少数财团寡头干政，

---

① 早在 2000 年就任俄罗斯联邦总统的招待会上，普京就说过"我们政治开端的偏激性和我们民主的年幼性都已成为过去"。参见普京. 普京文集 [M]. 北京：中国社会科学出版社，2002：66.

② 普京. 俄罗斯不应该也不会成为警察国家 [M]// 普京文集. 北京：中国社会科学出版社，2002：100.

地区、民族冲突不断，犯罪猖獗，社会秩序混乱，分裂活动甚至威胁着国家的完整和统一。对于 20 世纪 90 年代俄罗斯社会民主的阶级性质，普京认为，90 年代末期俄罗斯所谓的"自由"，只是极少数掌握金钱和财富的上层人物的自由。在 2000 年，普京指出，"政权因内部矛盾而陷于瘫痪状态，无疑我们得到的是一个最自由的社会，但遗憾的是，甚至自由到不要法律、秩序和道德的约束……但'不受限制的自由'最终既压制国家，又压制公民，而使自由和民主的社会消失殆尽"。2004 年 9 月，别斯兰严重恐怖事件发生后，普京在全国电视讲话上再次强调："我们现在生活在伟大国家——苏联解体之后形成的环境中……我们生活在经济过度不符合现状和政治体制不符合社会发展水平的条件下。"[1]

与戈尔巴乔夫时期的民主幼稚病和叶利钦时期的假民主和伪革命不同，普京决定探索俄罗斯自己的政治发展道路。

### （二）推进民主化应符合俄罗斯现实、历史和文化传统

普京认为，俄罗斯的民主制度应符合俄罗斯的现实，能够解决国家所面临的问题。普京在 2005 年与美国总统布什在斯洛伐克首都布拉迪斯拉发的会面中说道："14 年前，俄罗斯已经做出了赞成民主的选择……这是我们最终的选择……但是我认为，很多人将同意我的观点，民主原则和标准的贯彻不应该让国家解体或让人民受穷。我们认为，而且我个人认为，在俄罗斯土地上实施并加强民主不应危及民主理念。它应当使国家更加安定团结并提高人民的生活水平。"[2] 面对来自西方"民主教师爷"的种种说教，普京强调说，俄罗斯只能自主地确定民主原则和方式，民主必须从本国的历史、地缘政治及国情出发。俄罗斯是一个主权国家，俄罗斯能够也将自主地决定民主道路上的时间期限以

---

[1]　http://www.kremlin.ru/appears/2004/09/04/1752_type63374type82634_76320.shtml.

[2]　参考资料，2005-2-28(27886).

及推进民主的条件。①

（三）关于民主与稳定、国家与社会等相互关系问题

普京认为，现阶段只有强有力的国家才能保护俄罗斯人民的自由和民主，国家的软弱只会阻碍民主进程。在 2000 年的国情咨文中，普京说道：

> 我们极为重要的任务是学会利用国家的工具来保证各种自由：个人自由、经营自由、发展公民社会机构的自由。有关权利与自由之间的相互关系的争论由来已久。但至今在这场争论中还有人利用专制和独裁的题目搞投机。我们的立场十分明确。只有强有力的、有效的（如果有人不喜欢强有力这个词，我们就使用有效的），和民主的国家才能保护公民的政治和经济自由，能够为人们的幸福生活，为我们祖国的繁荣昌盛创造条件。②

> 国家的软弱无力对自由和民主的威胁，与独裁政权对自由和民主的威胁同样严重。没有国家的有效工作，就不会有人和公民的权利，也不会有人和公民的自由，说实在的，也就不会有公民社会本身。③

普京认为，在当今俄罗斯加强国家权威与维护民主、保障自由并行不悖。2000 年 2 月 25 日，普京在致俄罗斯选民的公开信中指出：

---

① 2005 年 国 情 咨 文 [R/OL].http://www.kremlin.ru/appears/2005/04/25/1223_type63372.type82634_87049.shtml.
② 普京 . 向俄罗斯联邦会议提交的 2000 年国情咨文 [M]// 普京文集 . 北京：中国社会科学出版社，2002：81.
③ 普京 . 发挥非政治性社会组织在社会经济和政治进程中的作用 [M].// 普京 . 普京文集 . 北京：中国社会科学出版社，2002：316.

我知道，许多人现在害怕秩序。但秩序也是规则。一些人至今错误地坚持，说不要秩序才是真正的民主。别再耍花样了，别再拿过去来吓唬我们了。多数俄罗斯人都在说，"俄罗斯土地富饶，只是缺乏秩序"。①

**（四）关于政治发展的目的、趋向以及民主与经济基础之间的关系**

普京指出，民主应当建立在一定的经济条件之上。在 2000 年的国情咨文中普京说道："俄罗斯需要一种有竞争力的、有效益的、社会公正的、能够保证政治稳定发展的经济体制。稳定的经济——这是民主社会的主要保障，是世界上受尊敬的强国的基础。"② 2004 年 3 月，普京向法国记者表示："绝对的民主概念是不存在的。当然，有一些不能不遵从的民主基本原则。但是如果没有达到一定的经济发展水平，要想保障这些民主原则是不可能的"。③

**（五）关于民主、法制与秩序的关系**

普京认为法治是民主的基础，推进民主不能以牺牲法治和稳定为代价，"学会按照宪法生活，这是民主的高等学校，是我们大家必须掌握的一门学问。"④在 2005 年的国情咨文中普京又强调，"在俄罗斯发展民主的必要条件是建立有效的法律及政治体系。法治、来之不易的稳定、平稳推行现有经济方针，发展民主不能以牺牲上述一切作为代价"。⑤

---

① 消息报，2000-2-25.
② 普京.向俄罗斯联邦会议提交的 2000 年国情咨文 [M]// 普京文集.北京：中国社会科学出版社，2002：80.
③ 2004 年 3 月普京答法国《巴黎竞赛画报》记者问。
④ 普京.学会按照宪法生活,这是民主的高等学校[M]// 普京文集.北京: 中国社会科学出版社，2002：521.
⑤ 2005 年普京致联邦议会的国情咨文 [R/OL]. http://www.kremlin.ru/appears/2005/04/25/1223_type63372type82634_87049.shtml.

### （六）关于民主与新闻自由问题

早在 2000 年普京执政之初，他就认为经济上不独立的大众传媒不能算是拥有真正的言论自由：

> 法律禁止检查和干预媒体的活动，当局严格地遵循着这一原则。但检查可能不仅仅局限于国家检察，干预也不可能仅仅是行政干预。因为有相当一部分媒体经济效益不好，只好屈从于其主人或赞助者的商业和政治利益。媒体被用于打击竞争对手，有时甚至变成了搞歪曲报道的媒体，变成了与国家斗争的工具……我们必须确保新闻工作者享有真正的而非装饰门面的自由，为文明的新闻业创造法律和经济条件。[①]

2005 年 5 月，普京在接受美国哥伦比亚广播公司记者采访时表示：

> 如果我们想要保证大众传媒的真正独立，最重要的是要为他们建立起独立的经济条件，使他们既独立于国家，又独立于那些只保护自己集团利益而不是人民利益的寡头集团。[②]

### （七）关于民主与选举形式等问题

2004 年，别斯兰人质事件之后，普京采取了一系列加强中央垂直权利体系的措施，其中包括取消联邦主体行政长官的直选，西方政界批评这是"民主的倒

---

[①] 普京 . 向俄罗斯联邦会议提交的 2000 年国情咨文 [M]// 普京文集 . 北京：中国社会科学出版社，2002：83—84.

[②] http://www.kremlin.ru/appears/2005/05/09/0800_type63379_87802.shtml.

退"。普京在 2004 年 12 月的记者招待会上表示：

当地方立法机关的合法代表由该地区全体居民不记名选举直接产生时，当代表们投票支持由总统提名的州长时，这种权利体系无论是从地区的角度，还是从多民族的角度考虑都将是最优选择，它并不会破坏民主原则，也不会损害俄罗斯联邦宪法规定的民主原则的基础。①

2005 年 5 月，在接受美国哥伦比亚广播公司记者采访时，普京进一步表示：

在其他国家包括欧洲，地方领导人曾经一直是被任命的。因此地方领导人任命原则不是一国民主与否的标志。国家总统向地方议会代表提议州行政长官的人选，然后地方议会投票表决，而地方议会的代表是由公民不记名投票选举产生的。美国总统是由人民选出来的，只不过是通过复选人。在俄罗斯，俄联邦总统是由全国人民直接不记名投票选举出来的，而在美国是先选出复选人，然后再选出总统。本质上，我们把这种复选机制引入了俄罗斯联邦州长的产生。这种在美国运用于全国的机制被认为是民主的，而在俄罗斯复选机制被用于地方水平上反而成了非民主的。总统由全民直接不记名投票产生应该是更民主一些，但是你们并不准备改变自己的体制。②

## （八）剖析西式民主、反驳西方的无端指责

普京认为，美国的民主制度也不是尽善尽美。2005 年初，普京对法国记者称，

---

① http://www.kremlin.ru/appears/2004/12/23/1414_type63380type82634_81691.shtml.
② http://www.kremlin.ru/appears/2005/05/09/0800_type63379_87802.shtml.

如果认为在所谓西方民主制度中没有腐败，是会被人笑掉大牙的。2005 年 5 月，普京通过美国哥伦比亚广播公司《60 分钟》节目对记者说道：

> （2000 年美国总统选举）选举的结果最后要通过法院来确定，说明选举体制本身并未有效运作，只能求助于法院体系。这意味着，选举体制内部本身存在着矛盾。但是我们并不准备插手，因为只有美国人民自己才能决定好坏。但是当我们对美国伙伴说"你们也存在这样的问题"时，我们听到的回答是什么？"我们已经习惯了，我们看到问题了，但是人民已经习惯了，还将这样继续下去。"我认为这是一个站不住脚的理由。②

2005 年以来，布什、赖斯在民主问题上加紧了对俄罗斯的指责，认为俄罗斯应当保持"民主的发展轨道"，俄罗斯的民主应符合"自由竞争、法制、新闻自由、选举"四项标准。普京对美国《60 分钟》节目记者说，美国在经历了 2000 年总统大选的尴尬之后，已经没有资格再来给俄罗斯上民主课。

### （九）关于"颜色革命"

在格鲁吉亚、乌克兰和吉尔吉斯斯坦发生的政权更迭事件被西方鼓吹为民主制度的胜利。而普京在 2004 年 12 月的记者招待会上表示，这些地区

> 最让我担忧的是以非法律手段解决政治问题的倾向，这才是最危险

---

① http://www.kremlin.ru/appears/2005/05/09/0800_type63379_87802.shtml.

的。持续不断的革命秩序正在建立，时而是玫瑰色的，时而又是什么蓝色的。我们应该习惯按照法律来生活，而不是按照其他地方的政治目的性，这是我最担忧的。应在社会内部发展一定的法规和秩序，当然，也需要维护民主。但是，如果走上一条持续不断的革命之路，这些国家和人民不会得到任何好处，后苏联地区都将陷入无尽的冲突中去，后果严重。①

普京对西方在民主选举问题上的双重态度颇有微词。在 2004 年 12 月举行的记者招待会上，普京表示：

> 伊拉克就要进行选举了，欧洲安全与合作组织将从约旦监督这次选举。这简直就是一场闹剧！但当我们提议监督车臣共和国的选举时，得到的回答是——不行，不可以，因为那里条件不允许！尽管那里军事冲突早已结束，且组建了政府机构。而在伊拉克全境百分之百被占领的情况下就可以进行选举！②

乌克兰发生"橙色革命"期间，普京在印度访问，他说，西方人拒不承认选举结果，非要选举出自己合适的人不可，为此他们可以选举第三次、第四次！

（十）关于输出民主问题

2005 年 5 月，普京在接受美国哥伦比亚广播公司记者的采访时认为，"第一，民主是不能输出的，民主是一个国家社会内部发展的产物。第二，在当今，对国际法的遵守是至关重要的问题，只有如此，我们才能建立起民主的世界秩序"。③

---

① http://www.kremlin.ru/appears/2004/12/23/1414_type63380type82634_81691.shtml.
② 同上。
③ http://www.kremlin.ru/appears/2005/05/09/0800_type63379_87802.shtml.

同时，普京认为，不应当把民主问题作为外交手段，以此来干涉别国的内部事务和政策，特别是不容许利用民主问题，企图从外部操纵作为一个大国的俄罗斯。2004 年 12 月，在记者招待会上，普京表示，"民主不应成为外部势力支持本国反对派颠覆现政权的手段。如果别国的批评是积极的，俄罗斯将洗耳恭听，但如果那只不过是为了混淆视听的话，则置之不理"①。

2005 年以来，以美国为首的西方国家加紧出钱、出人、出力，策划"颜色革命"，极力用"民主化"手段来包围、挤压俄罗斯。面对西方咄咄逼人的态势，2005 年 7 月 20 日，就在美国国会讨论拨款问题的同一天，普京会见俄罗斯社会团体和人权委员会的代表。普京在会上严肃地表示，俄罗斯坚决反对国外势力资助俄境内社会组织。普京指出，谁出钱，谁点歌，任何一个有尊严的国家都不会允许这种事情发生，俄罗斯的事情只能靠自己来解决。

## 六、西方的政治围剿

2000—2008 年，普京执政整整 8 年。在这期间，普京坚决打击分裂势力，削弱寡头影响，整顿经济秩序，规范大众传媒，改组权力结构，积聚社会资源，强化中央权威，力图走一条俄罗斯式的政治发展道路。8 年来，俄罗斯强化政治稳定以及控制经济资源的政策得到多数民众的支持，政府的调控能力进一步增强，对外政策更加灵活主动。

然而，以美国为首的西方国家显然不喜欢俄罗斯的特立独行甚至离经叛道。他们既害怕俄罗斯的重新"崛起"，又不满俄罗斯"脱离西式自由民主模式"。

---

① http://www.kremlin.ru/appears/2004/12/23/1414_type63380type82634_81691.shtml.

因此，这些年来，特别是普京执政以后，西方政要和媒体对俄罗斯进行了连篇累牍的批判。他们指责俄罗斯政府"压制民主、控制传媒、强化警察军队等国家机器、损害人权、打压反对派、破坏司法独立、压制非政府组织、阻碍他国的民主化进程……"认定俄罗斯"在民主上退步，在恢复苏联传统，倒退回苏联"，甚至不惜给普京扣上"独裁、专制"的帽子。2006 年 7 月，随着八国峰会在圣彼得堡的召开，西方社会批判俄罗斯"压制民主"的声浪达到高潮，西方政界人物和一些主流媒体甚至公开宣称，应将俄罗斯开除出"八国集团"。面对西方的"民主攻势"，俄罗斯不甘示弱，一方面在外交场合积极对话，一方面内部采取措施、主动应对。

1989 年柏林墙倒塌以后，西方阵营自觉赢得了对苏联阵营的冷战，以自由市场和自由民主为主要模式的西方阵营取得了意识形态上和政治上的全胜，西方民主自由是永恒的、普世的，西方政治模式光芒四射，闪耀山巅；俄罗斯只配得上失败者的角色，只能全盘接受西方的政治指教，匍匐在西方自由民主的旗帜下。在国际政治舞台上，西方世界占领了思想和道德的制高点，西方政治模式不容许任何质疑和挑战。因此，面对普京掌权的俄罗斯，一开始西方世界便报以怀疑和不信任的态度，傲慢地观察着俄罗斯所发生的一切。

西方认为，普京加强中央集权，对新闻媒体严加管控，是在背离"市场和民主的轨道"。在西方智囊和政治谋士眼里，俄罗斯因其独特的地缘政治地位和核武库，仍然是西方世界的重大威胁。俄罗斯仍在试图挑战西方世界的领导地位，即使是在政治上"改弦易辙"和"改朝换代"之后也是如此。西方认为普京时期借助巨额的石油外汇收入，正在谋求"恢复苏联"，而这将构成对西方世界的严重挑战，使西方失去冷战后获得的政治、经济和思想"红利"。

普京担任俄罗斯总统后不久，2001 年 10 月 4 日，美国白宫国家安全顾问赖斯在美俄商会上发言称，虽然俄罗斯在"9·11"事件后与美国进行了密切的合作，但美俄双方的一些严重分歧依旧存在，特别是在武器扩散和人权问题上的分歧。赖斯警告说，"简单地掩盖我们仍存在一些分歧的事实，对我们任何一方都是不好的"，"我们将继续关注车臣的人权问题，继续就此问题进行会谈。"此后不久，美国政府发表的 2002 年度国家安全战略报告中提出，俄罗斯正处在充满希望的转型时期，正在争取民主的未来，并成为反恐战争中的伙伴。报告说，俄罗斯迟早会认识到，社会和政治自由是国家强大的唯一途径。美国将鼓励俄罗斯发展民主和开放经济，因为这些是国内稳定和国际秩序的最坚实基础。只要俄罗斯不受有效的民主政府的管理，稳定仍将是难以实现的。美国政府努力劝说俄罗斯政府，俄罗斯及其所在地区的民主进程对生活在那里的人民有好处，并能改善俄罗斯与美国、与西方国家之间的关系。相反，阻止俄罗斯国内和国外民主发展的行动将妨碍俄罗斯与美国、欧洲以及邻国关系的发展。

随着普京政府治理整顿的步伐加快，来自西方特别是美国政府的"警告和威胁"也愈发频繁。2004 年以来，在民主问题上美国官方进一步提高了对俄罗斯指责的调门。美国政府认为俄罗斯已经偏离了"民主的发展轨道"，俄罗斯的民主已经不符合"自由竞争、法制、新闻自由、选举"四项标准。2004 年初，美国众议院国际关系委员会甚至通过议案，要求布什政府说服其他西方盟友把俄罗斯赶出八国集团，因为俄罗斯当前的政治体制正朝着"违反民主的"方向发展。针对别斯兰事件后普京总统进行的旨在加强中央政府权力的政治改革，美国指其为"民主的倒退"。

2005 年 7 月，欧洲议会提交了 300 多页的报告，对俄罗斯民主状况提出严厉批评，认为俄罗斯已经"很难称得上是一个民主国家"。

2005 年 2 月，美国国务院正式表态，将停止对俄罗斯经济改革的援助。

2006 年将是美国对促进俄罗斯经济改革实施援助的最后一年。与此同时，美国计划大量增加对俄罗斯民主发展的资助，更确切说是对独立于当局的非政府组织的资助，首先资助的是反对党。美国政府声称，"俄罗斯民主和人权方面的消极趋势要求我们在 2006 年给予更多的援助……特别是对非政府组织、独立的媒体和司法机关改革的援助"[①]。

2006 年 3 月 5 日，美国外交关系委员会发表了一份题为《俄罗斯正在朝错误的方向前进：美国能做些什么？》的报告。起草报告的两党专家小组由两名前副总统候选人负责，包括布热津斯基、塔尔博特、奥尔布赖特在内的多名前美国政要参加了撰写。报告称，俄罗斯继续背离民主准则，苏联崩溃后的 15 年，美俄关系明显在向错误的方向发展；美俄之间的分歧大于共识，短期内美与俄建立战略伙伴关系已不现实；美国应奉行新的对俄政策，即"有选择的合作""有选择的对抗"。

同年 3 月 8 日，美国国务院在其发表的《2005 年度国别人权报告》中严厉批评了俄罗斯政府，并列出了俄罗斯"打压非政府组织""控制新闻舆论""使民众的民主选举权利丧失"等 17 条罪状。3 月 16 日，美国政府公布了《国家安全战略报告》，报告对俄罗斯政府"迷失民主之路"深表担忧，指责俄罗斯的自由市场经济改革和民主化进程不够彻底。报告称："最近的种种趋势说明，俄罗斯正在偏离自由与民主之路，美俄两国未来的关系取决于俄如何调整其政治、外交和国内政策。"同一天，美国国务卿赖斯在澳大利亚发表讲话，批评"克里姆林宫的中央集权"，并且公然煽动说，她希望俄罗斯人民"发表自己的意见，要求建立负责的、透明的制度，要求能够自我组织起来向政府请愿，必要时采取行

---

[①] 参见 CШАвыделят на"развитие демократии"около ＄32 млрд（美国拨款 320 亿美元用于推广"民主"）[N/OL].（2005–7–21）http://www.strana.ru.

动更迭政府"。5 月 4 日，美国副总统切尼在立陶宛出席黑海及波罗的海地区领导人会议时说道，"在当今的俄罗斯，反对改革的人们正在伺机颠覆过去十年取得的成果。俄罗斯政府限制了人民的权利，这是不公正也是不恰当的"，公开批评俄罗斯压制民主、恢复苏联体制、利用能源手段阻碍独联体国家的民主化进程。

2006—2008 年，面对中国、俄罗斯等新兴国家的复兴与发展，部分西方保守派人士认为这是对西方自由世界的"最大挑战"。西方一些政治人物或学术精英极力鼓吹西方应结成"民主国家同盟"，打造"自由之弧"，推行"价值观外交"，挑起一股股"新冷战"的阴风。2007 年前后，美国国防部长盖茨在新加坡亚洲安全会议上公开宣称，美国要在国际上开辟"意识形态战线"，对付思想上的敌人。

2007 年 6 月 6—28 日，八国集团峰会将在德国举行。2007 年 5 月 31 日，当时的美国总统布什在访欧前夕接受了 5 家欧洲媒体的采访。布什谈到与俄罗斯的分歧时指出："弗拉基米尔·普京告诉我们，在他的国家民主发展一切正常，但我们对事态的评价正好相反。"同一天，美国国务院著名的俄罗斯问题专家戴维·克拉默指责莫斯科"镇压真正的反对派、限制抗议权、打压公民社会、对记者施加更大压力"。他认为，"对俄外交'挥舞拳头、批评欧安组织的民主倡议'等需要予以应有的还击"。

2007 年 6 月 6 日，美国国务院和国际开发署又一次发布《联合战略计划》，声称俄罗斯正日益中央集权化，对非政府组织和公民社会不断进行打压，同时，政府日益介入经济活动并且限制媒体，这一切都是令人忧虑的趋势。俄罗斯对伊朗、叙利亚和委内瑞拉等国的武器销售，也在整个国际社会引发了深切担忧。俄罗斯对邻国的政策也是另一个重大挑战，尤其严重的是，莫斯科支持格鲁吉亚与摩尔多瓦的分裂势力，向格鲁吉亚施加政治和经济压力，并且借助其垄断地位，利用能源向邻国施加压力，借此获得对基础设施和战略资产的控制。美国认为实现能源来源多样化、增加透明度和提高能源使用的效率将提升该地区能源安全的系数。虽然有着这些挑战，但美国政府对于在任何可能的地区推动积极趋势，都有着浓厚的兴趣，其措施包括促成俄罗斯加入一些以法规为运作基础的组织，促使它融入全球经济，同时在这个国家催生支持民主和法治的中产阶级。美国希望看到俄罗斯成为一个开放、民主和稳定的地缘政治伙伴。美国政府将在能够取得成果的领域与俄罗斯进行接触，同时在欧洲和其他地区盟友的支持下，继续坚定地捍卫民主、人权和自由的价值观，同时抵制俄罗斯的负面行动。

为配合对俄罗斯的思想攻势，美国还不时祭起屡试不爽的"自由、人权"大旗，或有目的地向某些政治人物颁发由西方把持和操纵的国际奖项，或象征性地树立"专制受难者纪念碑"，给他国制造政治压力。这其中，所谓"被奴役国家"的概念便是一例。

"被奴役国家"的概念始于冷战时期，当时美国力图把社会主义国家丑化为"被奴役国家"。冷战结束后，美国并未放弃此项每年一度的活动。2008 年 7 月，美国总统布什签署并公布了年度《被奴役国家》报告，竟然将德国法西斯主义和苏联共产主义相提并论，并称之为"二十世纪的罪恶事件"。几年来，设在美国纽约的"自由之家"组织在每年发布的所谓自由民主国家"排行榜"上，多次把俄罗斯列为"非自由国家"。美国国务院每年发表的《推进自由和民主》报告多次严厉批评俄罗斯"不民主"。

近年来，伴随着西方政界不时出现的"新冷战"声音，西方一些保守主义色彩浓厚的智库也纷纷发表报告和言论。2006 年 4 月 30 日，《历史的回归与梦想的终结》一书的作者、供职于美国卡内基国际和平基金会的罗伯特·卡根，在《华盛顿邮报》上发表题为《独裁者联盟？——为何中国和俄罗斯将继续支持独裁政权》的文章，宣称"当前这个时代或许正演变成自由主义与独裁制度之间的新一轮冲突。独裁制度的主要拥护者不会是布什主义理论上所针对的中东独裁小国，而是中国和俄罗斯这两个大国，它们构成了'反恐战争'新模式下未能料想到的旧挑战。"①美国北卡罗来纳大学的政治学家格拉姆·罗伯逊断言，普京统治下的俄罗斯形成了"新的家长式监督技术的 21 世纪专制新模式"。哈佛大学的蒂莫西·科尔顿和华盛顿大学的亨利·海尔在两人共同撰写的一篇题为《普京式投票：杂交体制下的总统选举》的文章中，将俄罗斯政治比喻为"杂交"体制，是非西方的异类。②2008 年 1 月 5 日，法国评论家蒂埃里·沃尔顿也在《费加罗报》发表题为《要知俄罗斯向何处去，请看看中国》的文章，称西方世界要警惕，要团结起来应对中国和俄罗斯在思想和道路上的挑战。他写到，克里姆林宫的当政者想要对西方国家进行报复，因为他们把苏联解体和后来俄罗斯衰败的责任归咎于西方国家。沃尔顿甚至危言耸听地声称，西方世界要警惕正在形成的莫斯科—北京轴心。③

2008 年 9 月 18 日，时任美国国务卿赖斯在美国智囊机构德国马歇尔基金会演讲时称，俄罗斯"走上了一条孤立道路"，越来越变得"在国内独裁和在国外好斗"。美国政府要在俄罗斯国内及其周边国家扶持和支持"自由民主势力"。赖斯的讲话暴露了美国大肆兜售民主背后的战略考量。正如有位亚洲学者指出的那样，美国标准的"民主国家"首先是要符合美国战略利益的国家，即使同样是选举产生的领导人，如果不跟着美国的战略利益走，就可能被视为非民主的制度。

---

① http://express.cetin.net.cn:8080/cetin2/servlet/cetin/action/HtmlDocumentAction?baseid=1&docno=270008.

② http://express.cetin.net.cn:8080/cetin2/servlet/cetin/action/HtmlDocumentAction?baseid=1&docno=394592.

③ http://www.cetin.net.cn/cetin2/servlet/cetin/action/HtmlDocumentAction;jsessionid=1ED2178D62AB9452BB9861E0E9E524B3?baseid=1&docno=333143.

成为"民主国家"必须是美国的"乖孩子"。在美国或西方的公共舆论中，真正的民主已经不关乎制度和程序的问题了，制度和程序的标准固然需要，但更心照不宣的标准是看对方的力量是否强大。美国眼中的"民主国家"应该是一个听从美国领导的、不对美国构成威胁的国家。

在西方向俄罗斯发起一波又一波的思想攻势，极力向俄罗斯兜售自由民主的同时，美国在民主问题上惯于使用"双重标准"的手法也暴露无遗。经历了国家解体和民族分裂之后的俄罗斯的有识之士开始怀疑，美国是真心关心俄罗斯的民主政治进程，还是关心自己的地缘政治优势和思想霸权。亲美的、美国扶持的国家轻易地被美国贴上"自由民主"的标签，甚至被美国视为民主的"灯塔"。格鲁吉亚便是例证。这个苏联解体后刚刚独立的高加索地区的小国，总统是年轻的在美国留学和工作过的萨卡什维利。这几年，在西方主导的市场自由度、腐败透明度、自由民主指数等排行榜上，格鲁吉亚均名列原苏联地区国家之前。而同样是全民选举出任总统的普京却被美国媒体视为"异端"，是自由民主的对立物。人们知道，自由的格鲁吉亚一直依靠美国的军援，美国军事教官一直在帮助格鲁吉亚军队。而格鲁吉亚政府宣布外部的主要敌人便是俄罗斯。

可见，美国与俄罗斯的民主之争，其内涵更多的是意识形态领域的斗争，反映了国际上思想压制与反压制的矛盾。2007年7月13日，俄罗斯《独立报·军事评论》专刊刊载军事观察家维克托·利托夫金对俄罗斯科学院美国和加拿大研究所所长谢尔盖·罗戈夫的访谈。其中提出，俄美在双边关系及国际政治领域一些关键问题上出现严重分歧，这种新的俄美对峙模式涵盖了经济、能源及地缘政治等各领域。种种迹象表明，双边关系的冲突模式正在形成，两国的确面临着滑向"新冷战"的前景。在地缘政治领域，正在回归零和游戏。尤其令人不安的是，双方在意识形态领域出现对抗。这是让人始料未及的。在过去的时代一切都可以理解，因为一方是共产主义，另一方是非共产主义。可如今的俄罗斯不再是一个共产主义国家，但不论是在美国还是在俄罗斯，人们都说两国的价值观不一致，指的就是意识形态观念不同。在美国，无论是共和党人还是民主党人，都公开呼吁要重新对俄罗斯进行遏制，就像当年美国遏制苏联那样。双方都发起大规模宣传战。

与此同时，一些西方智囊也为如何应对俄罗斯的"不民主"出谋划策。例如，2009 年 6 月，美国哈佛大学约翰·肯尼迪政治学院下属的贝尔弗科学和国际问题研究中心，发表了美国海军军事学院国家安全事务专业教授、贝尔弗中心国际安全计划和原子能控制项目研究员托马斯·尼科尔斯的文章《改善俄美关系：今后的步骤》，提出美国政府要继续施压俄罗斯完善民主发展进程，并以此作为俄罗斯成为大西洋共同体成员国应付的代价。俄罗斯要想与西方站在一起，就必须在民主问题上就范。美国对此不能迁就。不与美国站在一起，就是美国的敌人，就是不民主的国家。在此文中，政治大西洋中心主义昭然若揭。一切以美国利益为准绳，以美国好恶来划线。民主标准也不再是一个标尺和信仰，而是变成了随意变换的旗号，成了可以弯曲和造型的橡皮泥和橡胶棒。

特别应当指出的是，在西方吹起的对俄"新冷战"的阴风中，某些原东欧国家积极充当西方反俄阵营的"马前卒"。这些原东欧和原苏联国家在脱离原社会主义阵营后，一头倒向西方阵营的怀抱。在国内，他们极力推行政治清算，力图"去共产党"和"去苏联化"。为表明对西方"新宗主国"的忠心，一些国家多次带头在欧洲委员会等机构提出议案，要求"共产主义与纳粹一样应遭到谴责"，要求俄罗斯"赔偿苏联时期的占领"。2003 年 12 月开始，原苏联地区先后爆发"颜色革命"，不时看到东欧国家的政治身影。此后，一些国家还不时挖俄罗斯的墙脚，暗中支持原苏联地区一些国家的政治反对派，兴风作浪，给俄罗斯制造种种政治难题。

## 七、对西方的政治反击

2012 年 3 月 16 日，俄罗斯《观点报》刊登署名叶·罗曼诺夫的文章，题为《堵漏洞的工作》，副标题为《美国务院汇报在俄罗斯发展民主的花费情况》，文章详细披露了美国近年来支持俄罗斯发展民主的开支情况。在奥巴马执政后，美国为在俄罗斯发展民主拨款 2 亿美元。据前一天美国国务院负责欧洲和欧亚事务的助理国务卿菲利普·戈登的特别报告称，"维护人权和支持民主仍是我们的工作方向。2009 年在奥巴马入主白宫之后美国为支持俄罗斯的民主和人权花了 2 亿美元"。美国将继续资助俄罗斯的非政府组织，为此，在国会的支持下政府投入 5000 万美元成立了一个专项基金。除此之外，美国对俄罗斯的"民主渗透"还通过以下渠道披露出来：美国国家民主基金会网站上有 2009—2010 年俄罗斯得到资助组织的名单，其中常常看见俄罗斯的"士兵母亲"的各地区组织，如普斯科夫分支得到 2.16 万美元，受资助最多的是"圣彼得堡士兵母亲"，收到 9.4 万美元。俄罗斯拿到美国资金的其他组织有社会信息通讯社（6.7 万美元）、极端新闻中心（5 万美元）、下诺夫哥罗德反酷刑委员会（8.5 万美元）、列瓦达民调中心（3.3 万美元）等。在这个名单中还见到了轰动一时的保卫选民权利组织"戈洛斯（选票）"协会的身影。

### （一）外交针锋相对

面对西方的批评和指责，在提出主权民主思想，积极进行思想和理论应对的同时，俄罗斯也针锋相对，在政治和外交上积极开展与西方面对面的交锋。普京多次与布什在不同的场合就民主话题直接交锋。俄罗斯政府也利用各种机会，通过国际传媒阐明俄罗斯对民主问题的看法。普京讲到，俄罗斯在追求适合自己国情的民主模式时，并没有否认民主的基本原则。2006 年 7 月 12 日，在接受美国、加拿大和法国三国媒体采访时普京表示，俄罗斯的民主模式秉承了民主的基本原则和价值观，并强调俄罗斯选择民主道路是"自愿的，并没有外界的强制力量"。①普京认为，当今俄罗斯并不像西方社会描述的那样是"在民主进程中倒退"。他认为，20 世纪 90 年代初期，俄罗斯建立的所谓的"民主"并不是真正的民主，是"偏激"的和"年幼"的民主，②那种所谓的自由只是极少数掌握金钱和财富的上层人物的自由。针对西方社会宣传"戈尔巴乔夫时期最民主"的说法，普京说到，戈尔巴乔夫和叶利钦先生生活在革命的时期，现在革命和反革命都已经成为过去，现在的俄罗斯需要建设。

面对来自西方愈来愈强的政治压力，普京在 2005 年的国情咨文中掷地有声地强调，俄罗斯作为一个独立主权国家，有权根据自己的历史和国情，决定自己的民主道路。③普京提出，俄罗斯不去照搬西方的民主模式，但这并不意味着，俄罗斯的民主化之路陷入了停滞。他不止一次地对西方记者直言，与通过选举人选出总统的美国选举制度相比，俄罗斯通过不记名的全民直接投票选举总统的办法参与性更加广泛、更加民主。

2006 年 7 月，在八国峰会期间的记者招待会上，布什与普京就民主问题的交锋成为国际舆论的焦点。背负着国内舆论压力，布什不得不对普京提起"民主"话题。事后，在布什与普京共同出席的记者招待会上，布什言道："我渴望促进世界上部分地区的制度变革，像伊拉克那样，那里有新闻自由和信仰自由，我告诉他，我们国家许多人希望俄罗斯能做同样的事情。"对此，普京立即明确地回

---

① 普京接受美国、加拿大和法国三国媒体采访 [EB/OL].(2006-7-12).http://www.kremlin.ru.
② 早在 2000 年就任俄罗斯联邦总统的招待会上，普京就说到"我们政治开端的偏激性和我们民主的年幼性都已成为过去"。参见普京·普京文集 [M].北京：中国社会科学出版社，2002：66.
③ 2005 年国情咨文 [R/OL].(2005-4-25).http://www.kremlin.ru.

答："我要坦诚地告诉你，我们绝对不需要伊拉克式的民主。"在众多媒体面前，布什显得十分尴尬。

2007年2月10日，在世界政要和媒体云集的慕尼黑安全会议上，普京直言不讳，一针见血地反驳了西方霸权思想，回击了对俄罗斯民主和外交的指责。在这篇名为《打破单极世界幻想，构建全球国际安全新结构》的讲话中，普京比喻美国像是森林里为所欲为的"狼同志"，提出某些国家在破坏世界秩序，企图主宰整个世界。普京谈道："今天我们看到的几乎全是在国际事务中毫无节制地肆意使用武力，世界因此陷入了冲突不断的深渊，最终无力解决任何一个冲突，反而使政治问题的解决变得无望。"[①] 普京指出："当然，这与民主没有任何共同之处。众所周知，民主是顾及少数人利益和意见的大多数人的政权。顺便说一句，经常有人给我们俄罗斯上民主课。但是，那些给我们上课的人，不知出于什么原因，自己却不愿学习。"[②]

### （二）抵制"颜色革命"、反对民主输出

西方国家在对俄罗斯施加思想压力的同时，在外交和安全上也积极挤压俄罗斯的政治空间。一些西方国家认为，普京执政的俄罗斯正在背离民主化的道路，改变过去全盘西化路线的俄罗斯和西方"渐行渐远"。西方国家一方面通过支持原苏联地区的"颜色革命"来挤压俄罗斯的活动空间；另一方面也通过树立民主样板来影响俄罗斯，使其内部发生改变。美国积极拉拢波罗的海国家作为攻击俄罗斯破坏人权和民主的桥头堡，同时极力扶持格鲁吉亚、乌克兰等国家组成"民主选择共同体"，把这些国家称为"民主改造"的榜样和先锋。对于俄罗斯内部，

---

① 普京.打破单极世界幻想，构建全球国际安全新结构——在慕尼黑安全问题会议上的讲话[M]// 普京文集（2002—2008）.北京：中国社会科学出版社，2008：372.
② 同上。

美国继续加大"美元攻势"，通过金钱利诱，寻找代理人，达到分化和内部瓦解俄罗斯政权的目的。乌兹别克斯坦安集延暴乱之后，乔治·索罗斯撰文宣称，俄罗斯暗地支持乌兹别克斯坦现政权，普京应对乌兹别克斯坦"屠杀"事件负责。

普京明确反对西方国家任意推行民主的做法，称民主是不能输出的，民主是一个国家社会内部发展的产物，要严格遵守国际法。普京反对将民主作为外交手段，借以干涉别国内政。对于西方把"颜色革命"称为是西方民主扩张和胜利的说法，普京反驳说，这些地区"最让我担忧的是以非法律手段解决政治问题的倾向，这才是最危险的。持续不断的革命，时而是玫瑰色的，时而又是什么蓝色的。应该习惯按照法律来生活，而不是屈从于外部的政治意愿，对此我深感忧虑。应在社会内部发展一定的法规和秩序，当然，也需要维护民主。但是，如果走上一条持续不断的革命之路，这些国家和人民不会得到任何好处，后苏联地区都将陷入无尽的冲突中去，后果严重"。①

普京对西方大肆宣传民主改造，借民主的旗号在原苏联地区推行"颜色革命"的做法十分反感。2006 年 9 月，普京向一些西方政治学者直言，乌克兰问题实际上是西方在原苏联地区玩地缘政治游戏，②他多次警告，这不仅会威胁该地区的稳定，还会严重影响他们与俄罗斯的关系。

（三）内部防范外来干预

为推销"民主"，美国政府不仅出钱、出力资助和支持他国的非政府组织，而且设立专门机构，加大在世界范围内推行"民主化"的力度。2005 年 5 月 18 日，美国总统布什在国际共和研究所（IRI）的晚宴上宣布将建立一支旨在支持世界范围内"民主发展"的"民主别动队"。美国国务院则将增设一个"重建和稳定办公室"。

---

① http://www.kremlin.ru/appears/2004/12/23/1414_type63380type82634_81691.shtml.
② 参见 2006 年 9 月 13 日，http://www.strana.ru.

据称，该办公室的主要职能是"帮助世界上最年轻的民主国家向和平、自由和市场经济过渡"。新建的"民主别动队"将在该机构的指导下活动。根据美国政府设想，"民主别动队"将由外交人员和众多文职人员组成，一旦国际上出现"民主形势"的机会，其成员能够以民间救助者的身份迅速前往目的地。布什总统强调，有了这个部队就可以像军队一样将需要的专家派遣到国外，并在"几天或几个星期而不是像现在的几个月甚至几年"之内充分开展"政治民主援助计划"。

2005年7月20日，美国国会两院分别批准在2006财政年度拨款5.6亿多美元，专门用于支持包括俄罗斯在内的原苏联地区"民主化"进程。其中用于促进俄罗斯的民主和经济变革的资金拨款达8500万美元，比2005年度4340万美元的拨款多出近一倍。这些资金主要用于资助俄罗斯反对党和独立律师制度。

2006年7月13日，在八国首脑峰会即将召开之际，在西方势力的支持下，俄罗斯"公民阵线"领导人、国际象棋冠军卡斯帕罗夫及前政府总理卡西亚诺夫等人举行"另一个俄罗斯"的集会，宣称"莫斯科已经成为全世界专制力量的大本营"。除美国、英国、加拿大驻俄大使外，美国两位副国务卿也不顾俄罗斯政府的劝阻和反对，执意参加集会并表示支持。对此，俄罗斯议会和当局一方面表示抗议，另一方面组织亲政府的青年组织"我们"在会场外示威。同时，在莫斯科召开了由政界、学者以及传媒等代表人物参加的"我们与西方"的会议。在会上，莫斯科市市长、俄罗斯最具影响的政党"统一俄罗斯"执委之一的卢日科夫撰文激烈抨击西方以"老大哥"的样子对俄罗斯内政"指手画脚"。原俄罗斯政府总理普里马科夫也指出，西方国家想"强加某种特定的民主模式是不可能的，这不可避免地会导致矛盾与冲突"。

2006年，在接受美国、加拿大和法国三国媒体采访时，普京谈到民主的"另一面"，即某些国家利用俄罗斯的民主问题作为借口，以达到其对外政策的目的。

普京认为，这对俄罗斯来说是"不能容许的"，"我们准备与任何伙伴在平等的条件下合作，接受善意的批评，但是我们坚决反对利用可能的杠杆，其中包括民主问题来干涉俄罗斯的内部事务"。

2007 年 2 月，普京在慕尼黑国家安全会议上演讲时谈到，他对俄罗斯非政府组织实际上受到外国政府的资助表示担心。普京指出："我们就认为它们是其他国家实行针对俄罗斯的某种政策的工具，这是第一。第二，所有国家都对竞选活动的资助进行明文规定。来自其他国家的资金对非政府组织进行资助，难道这是正常的吗？难道这是正常的民主制？这是对社会隐瞒的资助，有什么民主可言？没有！你们不能这样做，因为这不是民主，只不过是一国对另一国施加影响。"①

俄罗斯总统办公厅副主任弗·苏尔科夫说："有人认为民主比主权重要，我们不这样看。我们认为，这两者都重要。"他批评西方某些国家在民主问题上推行"双重标准"，不是以民主而是以利益或关系亲疏来划分所谓"民主阵营"，这种做法十分危险。

面对美国和西方愈演愈烈的"民主化"攻势，俄罗斯内部积极部署、采取一系列实际措施，避免在俄罗斯内部发生类似"颜色革命"的"白桦革命"。例如：挖掘和迅速打击潜在的政治反对派人物和西方的政治代理人，利用查税或丑闻等手段削弱前总理卡西亚诺夫等政治对手，限制政治反对派的活动空间；扩大安全部门权力，整顿外国背景的各种基金会；采取法律、行政、经济等手段管制传媒；成立金融信息监测署，构筑金融安全网；公开透明包括高官在内的收支及个人和家庭账户；规范政党秩序，改革选举制度；加强青少年工作，支持成立亲政府的青年政治组织，培养后备干部队伍；强调历史传统、强化爱国主义教育；

---

① 普京.打破单极世界幻想，构建全球国际安全新结构——在慕尼黑安全问题会议上的讲话[M]// 普京文集（2002—2008）.北京：社会科学出版社，2008：380、391.

利用经济特别是能源手段转移话题，引诱或分化西方阵营；利用反恐等其他问题避开在民主人权上的分歧，躲过西方批评的锋芒；成立对外文化交流和宣传机构，加强俄罗斯包装宣传，改善俄罗斯国家形象等。

经过公开交锋和暗地较量，俄罗斯在与西方的民主之争中逐渐由被动变主动，初步赢得了"有建设俄罗斯式民主的权利"。但俄罗斯学者认为，虽然西方国家承认俄罗斯争得了俄式民主的权利，但这并不意味着俄罗斯与西方的民主较量到此罢休。实际上，俄罗斯与西方的分歧有着更深的战略考虑和文化根源。遏制俄罗斯的战略空间一直是西方特别是美国始终不变的"战略考虑"。俄罗斯在经历了十五年的内部纷争与支离破碎之后重新回到国际社会，但西方国家并不愿看到俄罗斯的复兴，因此他们千方百计地妖魔化俄罗斯，指责俄罗斯在压制民主、回到过去，恢复令西方害怕的"邪恶帝国"。莫斯科市长卢日科夫认为，"西方国家更喜欢一个软弱的俄罗斯，他们把俄罗斯维护自身安全视为一种威胁"[1]。

## 八、主权民主论

普京时期在政治思想上最重要的成果便是"主权民主论"。"主权民主论"既是对西方兜售民主、发动"颜色革命"的回应，同时也表明要与戈尔巴乔夫时期的"西化、民主化"和叶利钦时期的"寡头式的自由"划清界限。主权民主的思想体现了以普京为代表的俄罗斯政治精英的思想共识：这就是消除政治混乱，实现政治稳定；通过政治治理，完善体制，巩固国家；民主化要有序地、自主地实行。

2005 年以后，在西方某些国家大肆"推销民主"和一些国家先后爆发"颜

---

[1]　国家的职责 [R/OL].(2006–7–14). www.strana.ru.

色革命"的背景下，西方世界与俄罗斯围绕"民主问题"的斗争更加激烈。面对普京政府加强中央权威、整顿政治秩序的一系列举措，西方政要和媒体进行了连篇累牍的批评。他们指责普京压制民主、控制传媒、强化警察军队等国家机器，指责普京损害人权、打压反对派、破坏司法独立、压制非政府组织、阻碍他国的民主化进程，等等。一些研究俄罗斯问题的西方专家认定俄罗斯是在"民主退步，回归苏联"，甚至给普京扣上"独裁、专制"的帽子。

面对西方的"民主攻势"，以普京为首的俄罗斯当局针锋相对、毫不示弱。除在外交和内政方面采取措施积极应对以外，俄罗斯政界和学界也在积极探索，在汲取教训、总结经验的基础上提出相应的理论构想。"主权民主论"便是思想探索的结果之一。普京总统的政治顾问、总统办公厅副主任苏尔科夫被认为是最早提出"主权民主论"的人。他提出，"主权民主"是俄罗斯式的政治民主模式，代表着俄罗斯未来的政治发展方向。当今俄罗斯政坛最具影响的政党"统一俄罗斯"党则宣称，"主权民主"将是该党的思想指针。而俄罗斯第一副总理兼国防部长谢·伊万诺夫则将"主权民主与强盛的经济和军事实力"一起并称为当今俄罗斯全民价值观的三大支柱。在 2006 年 7 月"八国峰会"召开前后，俄罗斯境内外围绕"主权民主"的争论一度达到高潮。

（一）政治背景

"主权民主"的提法出自克里姆林宫，最早出现是在 2005 年 5 月俄罗斯总统办公厅负责政治事务的副主任苏尔科夫的一次秘密报告中。在这次对俄罗斯商界高层人士的讲话中，被称为"俄罗斯政治设计师"的苏尔科夫严厉批驳了自由派的"西方式的自由民主理论"，提出了"有民主，但更要主权"的观点，并号召俄罗斯政治和商界精英要在政治民主方面达成共识，尽快形成俄罗斯式的民主发展观。2006 年 2 月 7 日，苏尔科夫在"统一俄罗斯党"骨干分子大会上详细阐述了主权民主的思想。7月份，在圣彼得堡进行的"八国峰会"期间，俄罗斯与西方的"民主之争"到达顶峰。8月底，在莫斯科举行的一次高层政治研讨会上，"主权民主"正式成为"统一俄罗斯"党的政治指导思想。

俄罗斯提出"主权民主"有着深层的文化背景和现实的政治考虑。随着2007年议会选举的临近，俄罗斯政治重组和党派斗争日趋激烈，围绕选举制度改革、民主化、政治模式与政治道路等问题的争论十分激烈。一方面，普京多次明确表示不再谋求第三个总统任期，而这需要为政治交接、未来政治走向等做出思想准备和前景规划；另一方面，近年来，西方加大了对俄罗斯内政的批评和民主化的压力，俄罗斯当局迫切需要国内达成共识，对外做出回应。在此背景下，如何应对西方的外交和舆论压力、寻找俄罗斯式的民主化道路就迫切地摆在俄罗斯当局面前。因此，2006年初以来，围绕"主权民主"的阐释和讨论越来越丰富和密集，"主权民主"几乎成了当今俄罗斯的政治宣言。

普京支持有关"主权民主"提法的讨论。2007年9月，普京在与参加"瓦尔代"俱乐部会议的境外俄罗斯问题研究专家和记者对话时指出，将主权与民主两个概念结合在一起，引发了争论。普京认为：

> 在现代社会，无论是精密科学，还是人文学科有很多东西处于各学科领域的边缘和交叉地带。一些人认定这个概念站得住，可以为之所用，在逻辑上也有一定的道理。也许您注意到了，我一直避免加入这场辩论。不是认为这种辩论会带来坏处。相反，这是一件好事，当人们开始思考如何从外部维护我们的国家利益，如何建立起一个有效的、对国际事务敏感的，能让本国公民生活得很舒心的社会，我感觉，探索这一理论是有好处的。因此我不干涉，也不会单方面站在某个立场上，因为我喜欢这样的辩论。

普京指出，在当今世界还存在集团势力和单极霸权的情况下，主权概念非常重要。普京讲道：

> 坦白地说，当今世界上有幸宣称自己拥有主权的国家屈指可数，也就是中国、印度、俄罗斯，还有几个国家。其余国家在一定程度或很大程度上要么互相受制，要么受制于某个集团的首要国家。这听起来让人不太舒服，但我个人坚信这就是事实。据了解，也很遗憾，在某些东欧国家中，不仅国防部长，甚至级别更低的官员的人选都要和美国大使协商。好还是不好？我认为，这对上述国家不好，对美国也不利，因为它迟早会重蹈当年苏联霸权在这些国家的覆辙。今天也许还皆大欢喜，明天就可能是个麻烦。连老欧洲国家也不得不在自己的政策中考虑到北约的利益。你们知道都是怎么做决定的吧？大概不需要给你们挑明了吧？因此，主权是当今最宝贵的东西，可以说是无可替代的。没有主权，俄罗斯无法生存。它要么成为一个独立的主权国家，要么就什么都不是。①

普京提出，为应对西方大国的政治压力，俄罗斯必须勇敢地拿起自己的理论武器，进行针锋相对的思想斗争。2007 年 4 月 26 日，普京在向议会发表的国情咨文中指出："从国外流入的用于干涉我们内部事务的资金也在源源不断地增长。如果看看很久以前发生的事情，我们就会发现，甚至殖民主义时代所谓的殖民国家传播文明所做的陈词滥调还在重复。现在有人拿传播民主的口号来当作武

---

① 普京 . 与"瓦尔代"国际俱乐部代表的见面会 [M]// 普京文集（2002—2008）. 北京：中国社会科学出版社，2008：532—533.

器,但目的是一样的,那就是要获得单方面的优势和好处,保证他们自己的利益。"①
因此,普京号召俄罗斯政党领导人和有识之士团结起来,保持警惕,积极应对。

**（二）政治目的**

综合俄罗斯政治领导人和学者专家的言论,可以看出,俄罗斯提出"主权民主"的概念主要是出自以下几方面的考虑:

一是质疑西方自由民主模式,拒绝外部无礼的指责。俄罗斯学者认为,20世纪80年代后期,戈尔巴乔夫提倡和发起的"民主化、公开性和新思维"运动,是出于对西方民主模式的盲目追求。戈尔巴乔夫、叶利钦等人借鼓吹民主模式的普遍性之名,将"民主化"当作政治夺权、推动民族分裂和搞垮苏共的工具和手段。"民主化"实际上被模式化、简单化、庸俗化。"民主化"被简单地等同于西方化、自由化和反共主义和分裂主义。当今多数俄罗斯政界和知识界代表人士认为,1985—1999年这15年是俄罗斯灾难性的15年,是政治混乱和社会倒退的15年。②在这期间,苏共异己分子和自由西化政治势力狂热地崇拜西方的民主样板,照搬西方的自由民主价值观,造成国家分裂、民族冲突,至今后患难消。他们认为,在这方面西方"战略家"罪责难逃。20世纪末期,西方战略家有意识地向苏联等其他国家输出"软弱的自由民主思潮",却为自己保留了极端保守和富有进攻性的"保守主义"思想。而戈尔巴乔夫等人落入西方的圈套,盲目进口西方的"民主价值",导致"民主、自由"泛滥,国家解体,人民丧失了尊严。

苏尔科夫批评西方某些国家在民主问题上推行"双重标准",不是真正以民主,而是以利益或关系亲疏来划分所谓"民主阵营",这种做法十分危险。2006

---

① 普京.2007年致联邦会议的国情咨文[M]// 普京文集（2002—2008）.北京：中国社会科学出版社,2008：442.

② 维·沃洛金.俄罗斯有比西方更多的民主[EB/OL].(2006-09-13).http://www.edinros.ru; 德·梅德维杰夫访谈[EB/OL].(200-09-15).http://www.strana.ru/stories/02/03/19/2607/.

年 9 月 20 日，俄罗斯著名政治评论家亚·杜金在俄罗斯《新闻时报》上撰文指出，在当今世界，"民主"这个词具有双重标准：对美国人有利的一切都是"民主"，对美国人不利的一切都是"独裁"。一些国家的主权常常在"民主化"的幌子下被剥夺。他认为，"主权民主"这个术语就是要强调它不同于声名狼藉的"民主"。

普京提出，东西方国家可以就民主问题展开平等的对话，但不能动不动就以教师爷的口气训斥他国。普京严词回绝了西方政治势力借"人权、自由、民主"等问题批评和干涉俄罗斯内政的企图。普京指出："如果要解决科索沃问题，那我们就谈科索沃；如果要谈伊朗核问题，那就谈伊朗核问题，不要扯到俄罗斯的民主问题上。这于事无补。如果真的想关心俄罗斯目前的局势，那就直截了当。不要闪烁其词，别有用心……有人企图借民主之名来影响我们的对内和对外政策。顺便说一下，我认为这是有害的，也是错误的。这反而会损害对民主制度及其原则的信任。"[1]

俄罗斯《消息报》著名政治评论员安·科列斯尼科夫撰文指出，目前俄罗斯提出"主权民主"的概念，目的是向西方国家表明两点：首先，俄罗斯是一个民主国家；其次，俄罗斯有权走自己的道路，别人无权干涉。[2]

二是与叶利钦时期的"寡头式民主自由体制"划清界限。俄罗斯政治学者叶利谢耶夫写道，俄罗斯文化历史上缺少民主思想的浸淫，过去"民主"常常被用来作为政治斗争的工具，并非叶利钦等"民主自由派"的理想和追求。叶利钦时期的自由民主派表面上打着西方民主的旗号，实际上是将"民主、民族自决"等口号作为他们打败苏共的手段。苏共失败后，自由民主派曾幻想"这种民主体制"

---

[1] 普京. 与"瓦尔代"国际俱乐部代表的见面会 [M]// 普京文集（2002—2008）. 北京：中国社会科学出版社，2008：532—534.

[2] 安·科列斯尼科夫."主权民主"：国家的还是"执政党"的意识形态 [EB/OL]. (2006–07–19). http://www.rian.ru.

能够比苏共模式更有效，但 20 世纪 90 年代近 10 年的政治结果却表明事实完全相反。他们并不了解民主的真谛，也不是发自内心的向往民主。① 打垮了苏联、拆毁了苏共之后，俄罗斯没有实现真正的民主，出现的是极少数人的"寡头式的民主"：个人专权、寡头政治、犯罪猖獗、黑手党为非作歹、腐败贪污盛行。② 普京认为叶利钦时期所谓的"民主"并不是真正的民主，是"偏激"的和"幼稚"的民主，那种所谓的自由只是掌握金钱和财富一小撮上层人物的自由。

2007 年 11 月，普京一针见血地指出，在当今，不是所有人都喜欢俄罗斯稳定地向前发展的。有一些人，他们狡猾地利用假民主和华丽辞藻，想让俄罗斯返回到不久前的过去，使他们能像过去那样不受惩罚地窃取国家的公共财富、掠夺人民和国家，还有些人则想使俄罗斯在经济和政治上失去独立性。

2010 年 12 月 16 日，在评价西方支持的俄罗斯自由派人物时，普京义正词严地说，这些人想要的只是金钱和权力，90 年代，他们与别列佐夫斯基以及那些当下正被关在牢里的人一起窃取了数十亿的资产。现在他们被从能捞到油水的地方赶走了，钱也花得差不多了，自然想回来填满自己的口袋。可是，如果允许他们这样干，几十亿已经难以满足他们的胃口，他们会将整个俄罗斯都卖光。

俄罗斯学者写道，西方对俄罗斯怀有恶意，在莫斯科掌权的哪怕是食人鬼，只要西方国家能够获得利益，那么也会被承认是民主政府。③ 苏尔科夫指出，20 世纪 90 年代初，西方媒体的一些文章充斥着"俄罗斯黑势力的猖獗、甚至渗透到国家内部"的言论。他认为，如果把那种情形称为民主的话，现在"我们

---

① 亚·叶利谢耶夫."主权民主"成为"民族的" [EB/OL]. (2006–09–05).http:// www. prognosis.ru.

② 安·科列斯尼科夫.主权民主对抗民主 [EB/OL]. (2006–09–08). http://www.gazeta.ru.

③ 谢·菲林.俄罗斯的"主权式"民主与乌克兰"被控制的"民主 [EB/OL].(2006–07–03). http://www.km.ru/maagzin/.

要远离的正是这种民主，而且越远越好"。苏尔科夫几次强调，当今俄罗斯政治精英特别是州级以上的高级官员一定要对 20 世纪最后 15 年的政治混乱和政治谎言有清醒的认识。①

三是对近期爆发的"颜色革命"现象的回应。"统一俄罗斯"党最高理事会主席团书记维·沃洛金提出："俄罗斯提出主权民主的构想就是要回应'颜色革命'的挑战。一些原苏联加盟共和国爆发的颜色革命实际上是在民主化的旗号下，达到外部控制的目的。"②

俄罗斯学者菲林认为，原苏联的一些加盟共和国发生的"颜色革命"实际上是苏联解体后遗症，是上层争权夺利的结果，是一种扭曲和变质的体制，与民主毫无共同之处。那些打着民族的旗号、搞"非苏、脱俄"运动的，并非真心想要民主，只不过是妄图捞取投入西方怀抱的资本。

苏尔科夫认为，那些爆发"颜色革命"的国家实际上是十多年前俄罗斯的翻版，这些国家将陷入政治泥潭，而走出这种泥潭也得需要十年左右的时间。他拒绝将俄罗斯民主称为"可控的民主"。过去西方媒体常讲俄罗斯实行的是一种"有控制的民主""可控的民主"。苏尔科夫认为这种提法倒是可以使用于那些发生"颜色革命"的国家。那是一种异化了的民主，成为改朝换代、少数人私有化和谋求西方赏识的手段和工具。"可控的民主"是被操纵的、是外部强加的、是一种无效的政治经济制度。③

俄罗斯政治调研所所长谢·马尔科夫也认为，主权民主论是对西方推行民

---

① 弗·苏尔科夫. 主权民主的构想依靠的是俄罗斯民族的尊严 [EB/OL].(2006-09-08). http://www.edinros.ru.
② 维·沃洛金. 俄罗斯有比西方更多的民主 [EB/OL].(2006-09-13). http://www.edinros.ru.
③ 谢·菲林. 俄罗斯的"主权式"民主与乌克兰"被控制的"民主 [EB/OL].(2006-07-03). http://www.km.ru/maagzin/.

主输出、鼓动"颜色革命"的回应。"颜色革命"实际上是在民主化的旗号下建立外部傀儡政权。普京对西方大肆宣传民主改造，借民主的旗号推行"颜色革命"的做法十分反感。2006 年 9 月，普京向一些西方政治学者直言，乌克兰问题实际上是西方在原苏联地区玩地缘政治游戏，[①] 他多次警告，这不仅会威胁该地区的稳定，还会严重影响他们与俄罗斯的关系。

四是强调要寻找俄式的民主之路。俄罗斯宪法法院院长、俄罗斯当今最具影响的法学家瓦·佐尔金提出，"主权民主"应当称为是"自主发展着的民主"。俄罗斯的民主之路应当很好地将自由、民主、权威等因素结合起来。[②] 俄罗斯著名政治学家格·巴甫洛夫斯基写到，俄罗斯在 20 年前丧失了一次机会，20 年前就应当认真讨论民主问题。实际上这么多年来俄罗斯还没有明白什么是民主、怎样建设民主等问题，20 年里的多数时间就是一味地要融入西方、向西方学习。针对俄罗斯境内外一些人对主权民主概念的批评和民主不需要任何定语等说法，巴甫洛夫斯基反驳道，世界上有"代表制民主、社会民主"等不同的概念。欧盟国家官方承认的"社会民主"概念在美国却不得不到承认，而美国却提"市场民主"。他认为，国际上对民主理解和民主模式等不同需要宽容和包容。[③]

值得注意的是，俄罗斯讨论主权民主的同时，一些人强调俄罗斯是一个有自己的历史文化传统的民族是一个独立、自主的民族。他们提出，可以借鉴俄国历史的民主传统如市民大会、村社集会等形式。对于苏联时期，也不应割断这段历史。俄罗斯著名政治分析家、原《独立报》主编特列齐亚科夫写到，普京的政治哲学中包含了以下重要思想，即苏联时期不是什么"历史的黑洞"，

---

① 参见 2006 年 9 月 13 日，http://www.strana.ru.

② 瓦·佐尔金.讲"主权民主"是有法律依据的 [EB/OL].(2006-9- 8).http://www.edinros.ru.

③ 格·巴甫洛夫斯基.主权民主需要像通用的概念一样研究 [EB/OL].(2006-9-8).http://www.kleml.org.

苏联也不是邪恶帝国。俄罗斯要保持思想和道德的继承性，历史的不间断性。[①]普京公开指出，谁不为苏联解体而惋惜，谁就没有良心。苏联解体，绝大多数老百姓是一无所获。普京认为，卫国战争中的苏联红军是为自由而献身的反法西斯战士。

对于如何看待"主权民主"问题，有俄罗斯专家认为，"主权民主"追求的不是一种特殊的民主形式，而是提出未来的政治发展方向，是保证长远的发展条件。苏尔科夫提出，概念本身不重要，重要的是实现"主权民主"的政治经济基础。只要存在着对社会稳定和国家独立的威胁，"主权民主"的价值观就不会过时。[②]

俄罗斯舆论认为，"主权民主"的思想体现了普京总统的政治哲学，就是在混乱后首先实现政治稳定，通过政治治理，完善体制，巩固国家，而民主化要有序地进行。在普京时期，俄罗斯民主没有倒退，而是为更好地实现民主创造了条件。亚·杜金写到，普京保留了国内主要的民主架构，但是给其增添了爱国主义、强国主义和民族主义的新内容。"主权民主"是一种政治制度，在这种制度下，民主程序和准则服从于加强大国主义和国家体制的标准。他认为，"主权民主"这个术语相当准确地描绘了普京当政时期的真实情况。"主权民主"这个概念在 2007—2008 年议会和总统大选之前提出来，是因为当时俄罗斯面临着政治继承和路线交接的问题。普京要求未来的接班人不仅要忠于他，而且要继续他的事业。"主权民主"这种提法的出现正是为了明确地指出普京政权的政治内涵。当前，为应对国际上政治经济等领域的竞争，维护俄罗斯民族利益，迫切要求俄罗斯政治精英行动起来，在民主和政治发展等问题上达成共识。[③]

---

① 维·特列齐亚科夫. 主权民主 [EB/OL].(2006–9–8). http:// www.archipelag.ru.

② 参见 2006 年 9 月 13 日，http://www.strana.ru.

③ 马·戈利高利耶夫. 俄式与美式的"主权民主" [EB/OL].(2006–08–30).http://www.russ.ru.

当然，主权民主的提法还是遭到了俄罗斯不少人的批评，一些政治精英也不接受这种概念。例如，"主权民主"的提法一经出台，俄罗斯政府原总理普里马科夫就表示，他不接受"主权民主、主权民主的经济"等概念。他认为，这是在否定全人类的价值，如三权分立、选举自由等。时任政府第一副总理，2008年之后继任总统的德·梅德维杰夫也对此持怀疑态度。他认为，"民主"就是民主，前面不能有任何形容词。梅德韦杰夫怀疑俄罗斯不能把"主权"和"民主"两者结合起来，怀疑有没有一条独特的俄罗斯之路。而俄罗斯右翼势力的代表人物丘拜斯则公开撰文，指责主权民主是一个伪命题，是庸俗专制的代名词。他认为，主张"主权民主"只能带来民族主义、孤立主义，引发与西方国家新一轮的对抗，重新回到冷战时期。丘拜斯反对"树敌"的做法，认为这是一种弱国心态的表现。他认为，俄罗斯最大的威胁是自己，是法西斯主义。

### （三）政治追求：寻找俄罗斯政治发展的新思想

围绕"主权民主"的讨论反映了俄罗斯社会对未来政治发展的探索。有分析家指出，主权民主的思想反映了普京总统的政治哲学。虽然对此俄罗斯政界和理论界还有一些不同的看法，甚至普京也没有正式认可此概念，但普京承认，这类讨论和探索是有益的，应当继续下去。

2006年8月30日，在莫斯科举行的"全球化条件下的主权国家：全球化与民族认知"讨论会上，作为俄罗斯最具影响和实力的执政党"统一俄罗斯"党已经公开接过"主权民主"的旗帜。该党领导人明确表示，"主权民主"构想将成为党的思想主线，成为党的意识形态支柱。他们将努力争取使这一提法成为多数政治精英的共识，最终成为反映全民利益的思想。对于这种做法，普京总统在对统一俄罗斯议会党团的一次讲话中对此给予了表扬。普京认为该党已经开始重视意识形态工作，有了自己的理论和形象，形成了党对俄罗斯政治未来的看法。同

时，普京指出，俄罗斯是一个主权的、民主的国家。<sup>①</sup>

"主权民主"概念的提出使得俄罗斯政界和理论界异常兴奋，一些人认为俄罗斯终于有了自己的政治思想。苏联解体、苏共垮台后，俄罗斯一些自由西化派政治人物极力叫嚷，称"意识形态终结、意识形态统治的时代一去不复返了"。然而，在结束苏共"思想专制"之后，极端的自由主义并没能掌握俄罗斯人的头脑。90 年代中期，叶利钦突然下令，用行政命令的方式在全俄范围内寻找"俄罗斯思想"，结果半途而废、无果而终。一个时期里，俄罗斯犹如一盘散沙，社会成员迷失方向，几乎变成没有思想和灵魂的"泥足巨人"。一些媒体认为，在经过了长达近 20 年的社会思想真空之后，俄罗斯终于在 2006 年找到了全民思想。

当前，俄罗斯一些重要政治人物和理论界人士已经将主权民主的构想提高到全民思想和今后俄罗斯政治发展道路的高度。俄罗斯第一副总理、国防部长谢·伊万诺夫在《消息报》上撰文指出《全民价值观的三大支柱》，把"主权的民主、强大的经济、强盛的军力"作为俄罗斯思想和建设的三大支柱。有的俄罗斯政治精英认为，俄罗斯未来的主导战略是"能源超级大国加主权民主"的思想。<sup>②</sup>其中，他们认为，主权的民主是重中之重，而主权又应放在上述提法的首位。一些报刊还经常以"主权民主的经济"为题举办大型研讨会。

俄罗斯学者认为，"主权民主"的概念在苏联解体后 20 年间，首次明确回答了一直困扰俄罗斯社会的问题，即"我们是谁？从哪里来？到哪里去？需要建设一个什么样的社会"等。一些媒体提出，这是俄罗斯首次没有和无须别人的教导，实现真正的思想上的独立。

---

① 安·科列斯尼科夫."主权民主"：国家的还是"执政党"的意识形态？[EB/OL].(2006-7-19). http://www.rian.ru.
② 亚·叶利谢耶夫."主权民主"成为"民族的"[EB/OL].(2006-09-05).http://www. prognosis.ru.

### （四）化解西方的思想政治压力

俄罗斯围绕主权民主的讨论在很大程度上也反映了俄罗斯的"国际观"和"时代观"，反映了俄罗斯精英层对国际局势和对俄罗斯与西方关系的看法。时任俄罗斯第一副总理、国防部长谢·伊万诺夫撰文，论述俄罗斯思想和未来俄罗斯的国际定位。他认为，当前世界重要的特征就是竞争。竞争不仅表现在政治、经济等领域，而且表现在包含各种价值观在内的意识形态领域。当今世界大国不仅有边境、经济、军队，还有着自己特殊的意识形态和思想体系，并且借此影响或决定世界主题和人类社会的发展方向。伊万诺夫写到，俄罗斯应当提出自己的意识形态方案，迎接挑战，参与到严酷而不妥协的斗争之中。俄罗斯不能躲避必然的对抗，应当彻底和充分地维护自己的立场，与公开或隐蔽的敌人做斗争。在民主问题上，谢·伊万诺夫的看法是，实验室试管中培育的民主是没有任何生命力的，所有的民主国家都具有自己的民族特色。民主价值观的首要价值之一就是要人民自主地、没有外来压力地决定事情。世界中不能只有一种超级的力量，依靠其军事和经济实力来强加规则于他人。更不能打着民主的旗号，干涉别国内政，推翻他国合法政府，追求自己的私利。伊万诺夫指出，俄罗斯反对将世界划分为"自由国家"和"流氓国家"，反对在民主等问题上实行"双重标准"，主张任何一个国家不能自我授权，利用反恐来将民主模式强加于别人。谢·伊万诺夫提出，俄罗斯要进行思想斗争和意识形态领域的竞赛。俄罗斯不仅应当明白，拿什么来保卫，也要知道保卫什么。俄罗斯只能是"主权民主"，否则便会既失去民主，也失去俄罗斯。[①]

"主权民主"的提法反映了俄罗斯力争俄式民主的权利和要求，也反映了俄

---

[①]　谢·伊万诺夫. 民族价值观的三大支柱 [EB/OL].http://www.old.mil.ru/articles/article14358.shtml）。

罗斯与西方在民主问题上的差异和较量。这种争论与较量有着很深的战略考虑和文化根源。

首先，遏制俄罗斯战略空间和政治空间一直是西方，特别是美国始终不变的"战略考虑"。俄罗斯在经历了十五年的内部纷争与支离破碎之后重新回到国际社会，但西方国家并不愿看到俄罗斯的复兴。因此，他们千方百计地妖魔化俄罗斯，指责俄罗斯在恢复苏联，恢复西方所想象的"邪恶帝国"。2006 年 7 月13 日，俄罗斯政坛实力派人物、"统一俄罗斯党"领导人之一、莫斯科市市长尤·卢日科夫在《俄罗斯报》发表题为《我们与西方》的文章指出，历史上西方与俄罗斯长期存在着文化对立与相互猜疑。西方害怕布尔什维克革命，害怕"世界革命"和苏联，为戈尔巴乔夫的改革和后来的苏联解体而欢呼。之后的俄罗斯无政府主义为求得西方一笑而自我趴下。过去的俄罗斯国家衰弱，对外敞开资源的大门，几乎处于半解体状态，肆意盗窃和无耻贪污横行。现在，俄罗斯醒过来了，苏联解体后，俄罗斯在出局后又重新回到国际赛场。卢日科夫的文章还引用中国古代哲人孔子"名不正则言不顺"之语，反驳西方强加给俄罗斯的种种罪名。[1]

其次，除战略和道路上的差异外，无疑西方和俄罗斯在民主问题上的争论还是意识形态和思想上的差异所致。而思想和理论上的差异除源于社会道路和制度的不同外，俄罗斯与西方在文化上的差异更是不容忽视。正如俄国著名的哲学家伊万·伊利因所言："西方不能理解和容忍俄罗斯的独特性，他们把一个统一的俄罗斯视为其贸易、语言和扩张侵略的障碍。他们欲将俄罗斯分解为无数细小的树枝，以此点燃自己日渐衰落的文明。"[2]谈到西方与俄罗斯的民主之争，卢日科夫强调，西方特别是美国多次企图强行推行民主化，认定自己具有在世界上推广

---

① 国家的职责 [N/OL]. 俄罗斯报，2006–07–14.http://www.strana.ru.

② 同上。

民主的使命。他希望美国自己成为正常的国家，西方要学会从天上回到地上。世界上没有通行的民主标准，需要历史和文化的结合。卢日科夫认为，俄罗斯过去15年的民主化历史史无前例，留下了惨痛的教训，当今俄罗斯需要保留合理的保守主义。俄罗斯要重新定位，要有自信，不应躲躲闪闪，应主动提出"主权民主"之路，参与到与西方的竞争中去。

# 第十四章　民主标准与发展困境

2008 年 3 月，在普京的安排和支持下，梅德韦杰夫当选俄罗斯总统。梅德韦杰夫上台之际多次声称，将沿着普京既定方针，保持大局稳定，保证大政方针的延续。梅德韦杰夫盛赞前任普京的功绩，称在俄罗斯处于危难之际，普京拯救国家于深渊。在普京的正确领导下，俄罗斯实现了稳定和发展。梅德韦杰夫表示今后在总统的职位上要竭尽全力，实施由普京领导的"统一俄罗斯"党提出的到 2020 年的"普京计划"。

## 一、政治现代化：稳定还是竞争？

执政初期，梅德韦杰夫提出了两个重点问题即制度创新和反腐败。2008 年之后，受到国际金融危机的影响，国际市场上石油等能源原材料价格大幅度下跌，重创了刚刚步入上升势头的俄罗斯经济。2009 年前后，梅德韦杰夫的言辞中开始表露对俄罗斯现状特别是政治生态的不满。梅德韦杰夫公开批评，执政的"统一俄罗斯"党官僚化严重，垄断了过多的政治资源，压制了其他在野党的政治空间。梅德韦杰大担心，由于俄罗斯政治生态中缺少活力和竞争，这将导致政治发展出现停滞。梅德韦杰夫进而提出，国际金融危机的教训是，俄罗斯应当彻底改变过去的生产方式和经济发展模式，要走向现代化，而现代化的内容也要包括政治现代化。

**（一）继承？求变？**

其实早在 2008 年 7 月，由梅德韦杰夫亲自担任监事会主席的智囊机构——现代发展研究所就出台了一份政治报告。这份长达 80 页的未来政治发展计划是由该所理事长伊·尤·尤尔根斯牵头，委托政治运作中心基金会联合俄罗斯一些自由派政治学者完成的。报告的题目为《民主：发展俄罗斯模式》①。

这份名为《民主：发展俄罗斯模式》的报告于 2008 年 6 月正式出炉，7 月 2 日首次提交相关政治学者讨论。据该所俄文网站上透露的内容，报告的开篇引用梅德韦杰夫总统的就职仪式上的讲话，称俄罗斯需要创新，需要制度、机构、规制、环境、投资等领域的创新。报告指出，应当承认，"民主"一词在当今俄罗斯不是最流行和受欢迎的口号。俄罗斯没有对民主的迫切需求。俄罗斯政治精英阶层对民主的看法是，不看好俄罗斯民主的前景。俄罗斯多数人认为，对于现代化方案来讲，民主只是一个"手段"。他们认为，在俄罗斯，发展民主有许多限制性的条件，只能是长远的任务。

报告分析了俄罗斯社会环境和民主条件，认为从 20 世纪 90 年代以来俄罗斯已经具备了基本的市场经济框架，具备了发展民主所需的基本政治制度和宪法。但是，俄罗斯发展民主所需要的中产阶级还不够发达，中产阶级的力量还不够壮大。报告对普京留下的俄罗斯政治运行机制表示不满，指出普京的政治模式是"手动挡式的管理模式"，不利于调动社会的积极性。在普京治理期间，俄罗斯民主

---

① 　http://www.riocenter.ru/ru/events/index.php?id4=226.

发展进程缓慢，这表现在俄罗斯的经济潜力和经济竞争力远远高于其民主制度和实践指数。

报告的撰写人甚至批评普京时期的政治运行机制"只是依靠自上而下的官僚体系，缺少横向的联系"。报告中指出，俄罗斯公民社会弱小，社会封闭，这是这些年"手动挡式的管理模式"的结果。报告中提出，如果一个社会只依靠独裁、权威领袖的眼光，那么这个社会就会暗含极大的危险。这类社会压制政治和社会主体的独立性，割断社会联系，其民主前景暗淡。报告认为，照此下去，俄罗斯式的民主还有很长的路要走。

梅德韦杰夫政治智囊团的报告提出，今后俄罗斯必须改变社会的发展方向和模式。俄罗斯要实现全面的现代化。为此，报告用很大的篇幅阐述了现代化与民主的联系。报告分析了现代化与民主化的一般规律，指出了现代化的普遍性与俄罗斯的特殊性。报告提出，民主化是俄罗斯现代化的必然要求。民主化与经济增长一样，是现代化内容的组成部分，民主化是经济社会发展的要求和条件，是新的现代化领导班子的要求。报告中提出，传统的现代化模式开始并不需要民主化，反而需要权威统治。但俄罗斯不走中国的发展路子，俄罗斯在地理上属于欧洲，具有欧洲历史文化传统。

该报告提出，民主是现代化的前提。俄罗斯必须发展民主，否则难以实现现代化。报告建议，今后俄罗斯要确定俄罗斯式民主，走发展民主之路。而如何发展民主呢？梅德韦杰夫总统依赖的这个政治智囊团开出的药方是：在俄罗斯发展民主，只能是靠"上层的脉动"，而且只能用这种脉动激活绝大多数的俄罗斯公民的积极性。俄罗斯需要法治，需要公民自由，需要强调权力对社会的责任。

2009 年 9 月，梅德韦杰夫发表了题为《俄罗斯，向前！》的文章。俄罗斯媒体认为，与 1999 年 12 月底普京接任叶利钦代理总统之职之际发表的《千年之交的俄罗斯》类似，这是梅德韦杰夫当选总统以来首次发表纲领性的言论。梅德韦杰夫在《俄罗斯，向前！》一文中提出，今后俄罗斯要改革政治体制，提高公民的积极性，增加政治活力和竞争性，发展民主和自由。

梅德韦杰夫写道："俄罗斯政治体制也应极为开放和灵活，具有更加复杂的内部结构，以适应快速发展、灵活多变、透明而又多维的社会结构，满足自由、富足、富有批判精神和自信的人民的政治文化需求。"梅德韦杰夫拿西方国家的例子，来论证俄罗斯也应实行西方国家那样的政党政治："正如大多数民主国家一样，议会政党将成为政治斗争的主导者，轮流上台执政，将由党派及其联盟来组建联邦和地区执行权力机关，提出国家总统候选人、地区及地方自治领导人。这些人拥有丰富的经验，懂得如何开展文明的政治竞争，如何同选民负责任地、卓有成效地合作，如何与党派合作，寻找解决最尖锐的社会问题的协商性方案。他们将能够把社会的各个部分、各民族的公民、各种不同的团体以及享有广泛权限的俄罗斯各地区都团结为一个政治整体。"①

鉴于过去俄罗斯政党发育不足，议会作用不大，选举效果不实的弊端，梅德韦杰夫建议，未来俄罗斯政治体制将在开放的政治团体自由竞争的过程中得到更新和改善。俄罗斯各政党将就外交政策、社会稳定、国家安全、宪法制度基础、国家主权、公民权利及自由的保护、财产权的保护、反对极端主义、支持公民社会机构以及各种形式的自我组织和自治等战略问题达成共识。当今所有民主体制都采取这种协商原则。梅德韦杰夫称，俄罗斯已经开始着手建立这种政治体制。在此之后，梅德韦杰夫提名自由派政党的别雷赫为州长候选人。梅德韦杰夫许诺，今后俄罗斯政党将获得更多的影响联邦主体和市政行政机关组建的能力；对政党

---

① Дмитрий Медведев: Россия，вперёд! 10 сентября 2009 года，http://www.kremlin.ru/news/5413 .

建设一系列问题的形式上的要求有所降低；提名国家杜马代表候选人的条件放宽；将从立法上规定议会政党平等使用国家媒体的权利。

近两年来，随着经济危机的加深，俄罗斯各阶层的社会不满情绪也在增长。得到西方舆论支持的自由反对派势力频频举行游行示威活动，他们喊出了"不要普京"的口号，矛头直指普京。梅德韦杰夫周围的自由派智囊也接连出台报告或发表文章。2010 年 2 月，现代发展研究所又发布一篇报告，标题为《21 世纪的俄罗斯形象》。报告指出在现行的执政模式下，梅德韦杰夫的现代化战略和创新计划只是徒有虚名。就任总统两年来，梅德韦杰夫未能推出有效的具体政策措施，俄罗斯仍然是沿着普京制定的"管制型"政治模式行走。俄罗斯很难摆脱"原料和能源出口型"的经济发展道路。

报告中提出，前任总统普京实行的是强权政治，对于平息 20 世纪 90 年代俄罗斯的混乱局面起到了很大作用，不过，2008 年以来的国际金融危机以及国际石油价格的下跌暴露了这种政策的局限性。2009 年，俄罗斯的国内生产总值比上年下降了 8%，俄罗斯在"金砖四国"中处于垫底的位置，远远落后于其他国家。现代发展研究所的专家在报告中指出，现代化和技术革新需要的是个人的自由、创造性和自尊心。这也是梅德韦杰夫总统的观点和看法。

梅德韦杰夫的智囊撰写的这份报告对普京时期形成的"垂直"的强权体制提出了批评，指出只有"政治自由"才是实现现代化的前提条件。报告呼吁重建议会和司法等国家政治制度；完善投资环境；保护私有财产等。

报告提出，历史上有两次俄罗斯快速向现代化迈进的时期，就是彼得大帝和斯大林时代。这两次都是"自上而下的现代化"，社会付出了巨大的代价。梅德韦杰夫的智囊为俄罗斯描绘了一条欧洲式的发展路线，提出俄罗斯要改变发展方式和道路，面向西方走欧洲的现代化之路。

**（二）稳定抑或竞争？**

2009 年 9 月 10 日，俄罗斯许多报刊都刊载了梅德韦杰夫那篇题为《俄罗斯，向前！》的纲领性文章。梅德韦杰夫提出要推进政治领域的改革，但改革要谨慎地进行。他写道：

有人提出必须加快改革政治体制，有时还有人表示要重新回到"民主的"20 世纪 90 年代。但回到一个瘫痪的国家是不能容忍的。因此，我要使支持不断革命的人伤心了。我们不会仓促行事的。政治改革方面的仓促和考虑不周在历史上已不止一次导致悲惨后果，使俄罗斯濒于解体的边缘。我们无权拿社会稳定来冒险，并为了某些抽象理论而使我们公民的安全受到威胁。我们无权哪怕为最崇高的目标而牺牲稳定的生活。孔夫子就曾说过：小不忍则乱大谋。我们在这方面吃了太多的亏。改革是为了人，而不是人为了改革。那些主张完全维持现状的人，那些害怕并且不希望变革的人也会对我的话感到难过。将会发生变革，不过，这些变革将是逐步的，周密的，分阶段的，但会是坚定不移的，始终一贯的。

1. 放松政治限制

梅德韦杰夫提出改革，矛头指向普京留下的、俄罗斯现行的政治机制。而在此之前，观察俄罗斯政局的人士注意到，稳定是普京时期的代名词。2007 年年底，在即将离任之际，普京曾说过，他喜欢稳定。

梅德韦杰夫对普京时期加强中央权威、防止过多纷争的一些政策进行软化或纠正。在普京时期，普京加强了政治调控，规定州长不能进入联邦委员会。取消了州长和市长的直选。提高了党员人数最低限额和进入议会政党得票比例的门槛。这样，俄罗斯政党数量几年间减少了 80%，由原来的 36 个减少到 7 个。

近两年过去了，梅德韦杰夫显然开始不满意这种稳定。梅德韦杰夫认为需要放松控制、推动政治竞争。梅德韦杰夫决定要在政治生活中有所改变。2009年11月12日，梅德韦杰夫在致联邦会议上下两院的国情咨文提出，政党进入国家杜马的门槛实际上已降到5%。政党获得了提名联邦主体领导人候选者的权利。在此基础上，他提出了十方面的政治改革措施：第一，对俄联邦主体立法权力机关代表人数的规定实行统一标准。按人口平衡代表人数。第二，地区议会中的所有党派都可以建立议会党团。所有政党都有权用自己的代表去填补空缺的常设代表席位及领导岗位。第三，在尚无此项规定的地方，在地区选举中支持率超过5%的政党应有权在联邦主体的立法机构中拥有代表席位。第四，在国家杜马中没有代表，但在联邦主体立法机关有党团的政党无须为参加相应地区的选举征集签名。市镇选举也可以规定这种原则。未来应完全废除征集签名这种政党参加选举的准入方式。第五，各级立法权力机关最好每年至少能专门举行一场会议，听取在立法机关中没有代表的政党的意见和建议。还应该保证非议会政党有经常参与中央和地区选举委员会工作的机会。第六，应该彻底整顿地方选举的提前投票制度，防止非法操纵。第七，在所有联邦主体通过保障地区议会政党活动得到大众新闻媒体平等报道的法律。第八，仿照俄罗斯宪法，把地方执行权力机关向地区议会作年度总结报告的条款写入俄联邦主体的章程和宪法。第九，2009年各政党对完全通过党派名单来选举各级代表权力机关的必要性展开了讨论。第十，加强政治竞争"技术保障"方面的工作。

针对普京时期政治制度上一些严格的限制，梅德韦杰夫做出了一些实际的调整。在选举制度方面，2009年和2010年他先后向国家杜马提交了一揽子法案，旨在使各政党能够有同等机会接触国家和地方媒体。在政党政治方面，修改法律，使得在地方议会拥有多数席位的政党获得了向总统提名州长人选的优先权。反对派政党也可以确保在地方议会获得领导职位。降低了参加选举所需的联名数量和政党进入各级议会的比例门槛。

2. 执政党内部清党

为防止执政的大党失去活力、队伍退化，2008年之后普京领导的"统一俄罗斯党"开始了内部清理行动。前些年，普京和梅德韦杰夫并未加入该党。2008年，普京即将卸任总统之职，才受邀成为该党的领袖。近些年来，俄罗斯执政的"统一俄罗斯党"一直把持着从中央到地方的权力，吸引了各级官员纷纷加入，被民众称为是"官僚党"。成立不到十年，"统一俄罗斯党"队伍急剧膨胀，号称几百万党员之众，人数大大超过了组织严谨的俄罗斯共产党。该党除在议会、政府中把持着重要职位外，还有近70位地方行政长官，在60多个地方议会中占据多数议席。而随着普京声望高居不下，"入党""与熊为伍"（"统一俄罗斯"党的标志和别称为"熊"）成为政治时髦用语，各色谋求仕途或追逐利益之徒纷纷进入该党。

2008年4月，普京接手该党主席职务时表示，由于统一俄罗斯党与权利走得太近，很可能会被骗子利用。而这种隐忧是存在的：各类骗子都会不遗余力地挤进来，并且经常能够得手。这些人并非是为百姓谋福祉，而是为了个人发财。他们的这种行为只会败坏政府和党的声誉。普京要求，统一俄罗斯党应该进行改组，要摆脱那些唯利是图和言行不一的投机分子，并把他们清除出党，这样才能保证将党的领先地位至少保持到2020年。

2008年5月底，"统一俄罗斯党"在莫斯科市原苏共中央办公大楼内召开了为期两天的会议，深入讨论党内的"党员审查、核定及干部任期制"等问题。据透露，由于前些年大张旗鼓地扩张党员队伍，造成党内"死魂灵"数量增加，3.8%的党员、也就是约7.6万的党员与党没有联系。常常是整个单位一起入党，其中许多人根本没有党的意识。当然更多的情况是，许多党员根本没有信仰和价值追求，只是看到统一俄罗斯党大权在握才申请加入。资料显示，在 2001 年到 2008 年间，该党已经清理了 3.4 万余人。统一俄罗斯党的领导层声称，2008 年开展新一轮的"清党"，被开除的党员人数可能达到 15 万人。今后要求地方党的领导主要负责党员的质量，改变过去重数量，不重质量的做法，严格入党条件。一方面在审查过程中将那些追求个人目的的投机分子清除出党；另一方面，改变官僚、政要、富豪和社会名流占党内多数的结构，与各种社会团体积极配合，在青年、知识分子、企业家、工人和农村劳动者中开展工作，吸收他们入党，以改变党内过于官僚化的倾向。

2010 年，在政党关系方面，被称为俄罗斯"政党政治设计师"的总统办公厅副主任苏尔科夫开始向统一俄罗斯党施加压力。他提出，今后"统俄党"在议会获得宪法大多数（2/3 席位）的难度将大大增加，要他们准备好与其他政党合作。苏尔科夫认为，只有增进政党竞争，才能激发政治活力，预防在野党出现退化，防止执政党失去活力。

3. 除恶反腐

近些年，俄罗斯腐败现象更加严重。腐败形式也由过去的行贿受贿，衍生出变相的高官厚禄、内幕交易或子女的升迁。

2008 年，刚刚执掌俄罗斯总统大权的梅德韦杰夫立即重组总统反腐败委员会，并亲自担任委员会主席。法律专业出身的梅德韦杰夫首先力推多年酝酿的《反腐败法》的出台。2008 年 5 月 19 日，梅德韦杰夫总统主持召开反腐专题会议，提出了今后俄罗斯反腐计划的三大重点和步骤：第一，出台《反腐败法》，同时完善相关立法工作，弥补现行法律中的漏洞；第二，要加大在经济和社会领域打击和预防腐败的力度，从根本上减少滋生腐败的条件；第三，要在全社会宣扬反腐败的意识，使人民树立相应的法律观念。

近期俄罗斯社会种种迹象表明，梅德韦杰夫的反腐计划正在紧锣密鼓地实施。但反腐败工作不可能借助几次哪怕是大规模的"运动"完成。出台反腐计划或相关法律也许并不难，而解决反腐的制度、体制问题和培养清廉的社会文化却不是一朝一夕的事。所以，梅德韦杰夫的反腐大业和俄罗斯重新振兴仍任重而道远。

时至今日，俄罗斯仍是国际上腐败现象最为严重的国家。这使得部分俄罗斯人甚至失去了信心。2010年梅德韦杰夫也公开承认，反腐败行动一直原地踏步，毫无效果。

4. 以竞争打破停滞

2010年11月，梅德韦杰夫指出俄罗斯国家政治生活有陷入停滞的迹象。[①]在此之前，普京更多倾向使用"稳定"这个词。现在，梅德韦杰夫开始谈到这种稳定变成了使国家政治生活陷入停滞的因素。他认为，这对执政党和反对派同样有害。[②]如果反对党根本没有机会在公平的选举中获胜，它就会衰弱和边缘化。失去活力的执政党最终也会退化。

2011年1月26日，俄罗斯《导报》刊登了对梅德韦杰夫的访谈录，标题为《梅德韦杰夫：政治竞争是必要的》。在此次访谈中，梅德韦杰夫向俄罗斯社会提出，俄罗斯的现代化要全面进行，现代化也包括政治领域。

梅德韦杰夫称："我不是说，我国的整个政治体制应当改变。不管怎么说，它还很年轻，有不足，也有一定的长处。这意味着，我们应当在进行经济改革的同时关注政治体制。但我不认为，只要改变政治制度，使其走上正轨，我国的经

---

① http://www.rian.ru/politics/20101124/300458422.html.
② http://www.rian.ru/analytics/20101124/300470907.html.

济就会改变。认为会有不受贿的好官员、会有不干预经济生活的国家、会有绝对公正的司法，将建立起全面幸福的社会，这是幻想。这里没有直接的因果关系，是种种成就的拼凑。有一些国家管理非常严厉，甚至是专制的社会，但在经济上非常成功，很少腐败，一切都按十分理想的经济版本得到发展，而这些国家政治体制并不发达。"[1] 梅德韦杰夫进而提出，竞争是预防出现极权主义和权威主义倾向的疫苗，是解决矛盾的方法。

人们看到，普京执政 8 年间平定了分裂和动乱问题，但俄罗斯的官僚机构增加了一倍，行政效率降低，司法进步甚微，腐败现象蔓延。俄罗斯自由派知识分子断言，普京时期形成的政治阶层和官僚才是现代化的障碍，能否打破这种局面是一个问题。如果梅德韦杰夫在进入第三个执政年头仍没有实质性的动作，那么他可能会一事无成。

2009 年，俄罗斯政府下达 1 753 条命令，只有 1 084 条得到执行，执行率下降了 15%。2010 年春天，梅德韦杰夫趁着普京出访的机会，在一次会议上斥责政府和地方政府的官员，称"不服从命令的就请他滚蛋"。随着 4 年任期已经到了关键时刻，梅德韦杰夫总统内心的焦虑也逐渐暴露出来。梅德韦杰夫的民主梦想能否冲破俄罗斯官僚的阻隔，能否实现效率与自由，俄罗斯民众对此存有极大的疑虑。

### （三）政治选择的困境

1. 自由派的压力

梅德韦杰夫的政治现代化面临着多方面的羁绊、制约与压力。首先是来自右翼自由反对派的政治压力。自由派在西方舆论的支持下，利用金融危机后俄罗

---

[1] http://www.vedomosti.ru/newspaper/article/253776/politicheskaya_konkurenciya_neobhodima_dmitrij_medvedev#ixzz1CE5lAIee.

斯经济的困境，不时在俄罗斯各地发起抗议活动。自由反对派认为，俄罗斯建成的是"蛮横的警察国家"，普京必须下台，俄罗斯必须实行彻底的西方式的自由市场和政治民主。

2009年9月16日，《莫斯科共青团员报》刊登俄罗斯前国家杜马议员、自由派人士弗·雷日科夫的一篇访谈录。雷日科夫直言，俄罗斯专制统治逐渐走向成熟，民主渐行渐远。俄没有独立的议会和法院，没有真正的多党制。专制体制在俄罗斯彻底建成。梅德韦杰夫执政一年半以来，他没有一块自己的菜园，他在哪里种下一个土豆，普京就会到哪里种胡萝卜。总统手里只有一些总理不感兴趣的旷地：纳米技术、发展网络……普京重申，俄罗斯的权力更迭按钮有两个按键。普京暗示，梅德韦杰夫不能自由决定是否第二次参选总统，他的权力受到限制。普京仍然大权在握，并将重返总统职位。

雷日科夫称，在俄罗斯做生意的人都知道，他们中的任何一个都可能成为暴力机关的打击对象。因此，大量资本外流，没有投资和正常的发展态势。所有人都厌倦了这一切，但大家都很害怕。2011年后俄经济将陷入困境，当局要同时为国家杜马和总统选举做准备，俄将经历经济政治上十分困难的年份。未来5年，俄罗斯可能实现民主或面临动荡，但最大可能是普京在未来十多年继续主政，与俄罗斯一同走向衰败。

雷日科夫透露，一年前梅德韦杰夫的智囊伊·尤尔根斯曾表示，应组建由梅德韦杰夫领导的改革者联盟。也就是说，公开呼吁普京放弃权力，由梅德韦杰夫成为改革派领导人和自由旗帜。但这会出现因梅普组合解体而造成的危机。况且只有5%—7%的人支持梅德韦杰夫表现出独立性。

与梅德韦杰夫认为右翼自由派队伍中也有优秀的政治家的言论不同，普京总理对自由派的批评毫不留情。他几次强调，自由派的目的就是借机重新掌权，企图在混乱之中大肆盗取和瓜分钱财。普京表示，绝不会让这些人得逞。

俄罗斯自由派人士声称，只要俄罗斯的专制政权不被民主政权所取代，现代化就无从谈起；而俄罗斯要想确立真正的民主政权仍然"道路漫漫"，因而俄罗斯的现代化前景自然也就不会令人乐观。

2. 官僚行政机器的制约

梅德韦杰夫提出了走向现代化的口号，但找不到推进现代化进程可以依靠的力量。各级官员只是口头应付，实际却是推诿怠工。俄罗斯学者分析，官僚阶层已经习惯了依靠出口高价的原材料和石油天然气轻松获利，他们的眼光只盯着油井和输气管，内心和行动缺少创新的愿望和动力。

经济学博士、俄罗斯后工业化社会研究中心主任、《自由思想》杂志主编弗·伊诺杰姆采夫认为，在国际上一些成功实现现代化的国家里，现代化是当政者保持权力的手段。而在俄罗斯，权力和财富结合得太紧密，人们从事政治仅仅是为了金钱，掌权变成了盗窃掠夺的手段。官僚阶层看重的不是政权，而是眼前的财富。梅德韦杰夫承认，俄罗斯政治机制不能令人满意，政治体制不完善，不能满足他所理解的民主的要求。

2010 年 7 月 19 日，俄罗斯《导报》刊登美国华盛顿世界安全研究所俄罗斯和亚洲项目主任、俄罗斯问题专家尼·兹洛宾的一篇文章，题为《选择的需求》。兹洛宾写到，俄罗斯的政治很像是苏联时期的商店，货物单一，选择有限。由于强大的行政机器掌控着社会利益分配，限制了人们的政治需求，滋长了政治黑市。在官僚机器的挤压下，社会缺乏力量的多样性。俄罗斯社会机制萎靡不振。统治集团的政治胃口无耻膨胀，就像苏联时期的精英那样，只着眼于自己的既得利益，全然不顾国家的需求。其结果是，统治阶层脱离社会，抗议情绪与日俱增，控制力逐渐消失。梅德韦杰夫自己承认，国家官员包括警察和司法人员，对民主机制熟视无睹，视而不见。因此，梅德韦杰夫现代化的口号很难依靠各级官员去落实，很可能成为水中月、镜中花。

3. 目标与途径的矛盾

除了目标与途径的矛盾之外，梅德韦杰夫的现代化构想能否顺利实现，还需解决经济目标与政治目标的矛盾、竞争性改革与维护稳定的矛盾、国有经济与自由市场的矛盾、利益集团的矛盾等。

2010 年 12 月 6 日，梅德韦杰夫在出访波兰前回答了波兰媒体的提问。在访谈中，梅德韦杰夫向记者强调，民主与经济状况密切相关。贫穷则没有民主。他认为，在民主建设方面，俄罗斯才刚开始打基础，俄罗斯应当拥有强大的现代化经济，不能只依赖石油和天然气，尽管这是俄罗斯经济福祉的重要组成部分。俄罗斯的经济应当以创新和新技术为基础。同时，为了建设现代化经济，俄罗斯需要一套现代化的政治制度来确保基本的权利和自由。因此，建立高效的现代化经济和建立高效的法治国家应同时推进。

梅德韦杰夫称，穷国无民主，对此他深信不疑。梅德韦杰夫认为，一个从不谈论民主话题的专制国家将无法建立现代化的发达经济。对于 "你最好不要做任何事情，只有等经济状况彻底改变之后，才能完善政治制度和保障自由" 这样的建议，梅德韦杰夫称这是谬论。他认为，俄罗斯不可能在不改变政治制度的情况下实施经济改革。也许对某些国家来说这是可行的，但在俄罗斯则行不通。为什么？因为俄罗斯大部分人把自己看成欧洲人，认同来自欧洲的价值观——无论是宗教、道德还是政治观念。因此，建立现代化的经济制度和建立先进的政治制度应当是同步的。

2011 年 1 月 26 日，梅德韦杰夫在达沃斯世界经济论坛年会演讲时称，民主将因为经济现代化而发展。原始的原料经济不能保证改善人们的生活质量，特别是在未来，这意味着它也不能保证俄罗斯民主的稳定。为了不受民粹主义的威胁，民主应当建立在发达经济和独立社会的基础上。俄罗斯将摆脱原料和能源出口型的经济模式，走创新科技发展之路。而政治的自由民主模式是保障俄罗斯现代化的条件，也是现代化的内容。

谈到改革与民主的关系时，梅德韦杰夫称，政治改革不能引起混乱和民主制度的瘫痪。我们的任务是巩固民主，而不是破坏民主。俄罗斯媒体认为，梅德韦杰夫很像二十多年前的戈尔巴乔夫，夸夸其谈，提出的目标与现实进程相差甚远，并不符合事物发展的实际逻辑与顺序。这些构想推行的结果是，不但很难解决俄罗斯面临的难题，而且很可能制造出新的问题。

4. 不确定的西方因素

对于梅德韦杰夫的现代化目标，西方政界做了多个"两手准备"：施压与拉拢相结合；鼓励政治现代化与冻结经济现代化相联系；官方与民间相配合等。首先，西方国家在外交和政治上拉拢梅德韦杰夫。奥巴马在就任总统后首次访问俄罗斯，在与梅德韦杰夫会谈时，不忘挑拨"梅德韦杰夫和普京之间的关系"。奥巴马对梅德韦杰夫称，普京的一只脚还留在过去的苏联。

2010 年 10 月 1 日，美国《国家利益》周刊（网络版）发表基辛格同仁公司高级研究员、曾在 2004 年至 2007 年担任美国国家安全委员会俄罗斯事务高级主任的托马斯·E.格雷厄姆的文章，题目为《俄罗斯：2012 问题》。这位美国有名的俄罗斯问题专家提出，美国应当支持自由化的梅德韦杰夫。因为梅德韦杰夫当选有利于美国。如果梅德韦杰夫再次当选，那么即使普京仍担任总理一职，也将预示着一个政治体系开放进程更加迅速、鼓励个人进取心、营造与美欧良好关系的未来。相较而言，普京的回归则将带来不同的前景，政治讨论更加受限、国家在经济中扮演更大的角色、与美欧关系也将更疏远。不管双头政治存在与否，梅德韦杰夫就任总统都将最终与普京就任带来不同的结果，而梅德韦杰夫就任的前景可能更符合美国的利益。

前些年，来自美国民主党党派的克林顿总统就车臣战争多次炮轰俄罗斯，来自共和党党派的布什总统也将普京时期的民主倒退作为抨击的把柄。2008 年以后，奥巴马决定不再当面批评俄罗斯领导人的民主退步。2009 年 10 月 13 日，俄罗斯《生意人报》刊登一篇题为《获美国人肯定的民主》的文章，透露奥巴马的俄罗斯问题特使迈克尔·麦克福尔在与俄总统办公厅副主任苏尔科夫会晤后表示，美俄关系"重启"后，华盛顿不会公开批评俄罗斯的"民主"。麦克福尔对苏尔科夫讲，美国不打算再给俄罗斯上民主课，而将专注于与非政府组织有关的切实工作。

虽然美俄领导人当面示好，但并不妨碍两国就民主人权问题远隔重洋继续论战。2010 年 5 月，美国国务院又一次发表民主人权问题年度国别报告。报告声称，将继续批评俄罗斯的民主自由状况，并称美国每年通过非政府组织向俄罗斯提供资助，以巩固俄罗斯公民社会的发展、促进普通公民参与社会生活。此外，美国当局还支持遭到迫害的俄罗斯商人推动立法改革等。

与此同时，西方主流媒体和克里姆林宫问题专家继续批评俄罗斯的不民主。美国加利福尼亚大学伯克利分校教授菲什（Steven Fish）称，造成俄罗斯独裁专制的原因有三个：石油太多、经济放权太少和立法机构太弱。2008 年，德国的贝塔斯曼出版集团下属的同名基金会，与委内瑞拉等国一起，将俄罗斯列为世界上民主有缺陷的 10 个国家之一，民主水平排在科索沃之后。2010 年 1 月，号称非政府组织的自由之家组织又发布《世界自由国家》报告，指出俄罗斯由于迫害记者和压制人权等原因，与哈萨克斯坦、吉尔吉斯斯坦等原苏联国家仍属于不自由国家。自由之家的报告称，俄罗斯的选举民主水平处于自 1995 年以来的最低水平。

可见，西方惯用的在民主和在政治问题上的"双重标准"能否对"梅德韦杰夫和普京"政治组合产生作用，西方能否如愿让比普京更年轻的梅德韦杰夫像戈尔巴乔夫一样提出"新思维"，在政治和外交上完全倒向西方，这不仅关系到俄罗斯的政治走向，关系到俄罗斯现代化能否成功，也关系到国际政治格局的重要变化。

## 二、民主标准与法治幻想

2006 年 7 月，正当俄罗斯政治精英层热议普京政治智囊提出的"主权民主"概念之时，时任政府第一副总理的梅德韦杰夫就公开发表意见，称他不同意"主权民主"的提法。梅德韦杰夫认为，"民主"不应有任何的限制词和形容词。民主是普世的，在国际上民主应该有统一的标准。梅德韦杰夫称，民主只能是"有"，或者是"无"。梅德韦杰夫这种说法，不由得让人联想到 20 世纪 90 年代初期俄罗斯"市场原教旨主义"代表人物盖达尔的言论，市场或者有，或者无，就像女人怀孕一样，没有半怀孕。盖达尔还提出，实行市场，就像跳过悬崖，只能一次跳过，不能中间停顿。2008 年 5 月继任普京的总统之职后，梅德韦杰夫更是多次谈及政治改革和民主自由等问题。

### （一）民主价值

梅德韦杰夫多次强调民主普遍价值。2009 年 9 月 10 日，梅德韦杰夫在其纲领性的《俄罗斯，向前！》一文中大谈民主的必要性。梅德韦杰夫写道："我之所以认为技术发展是社会和国家的优先任务，还因为科技进步与政治体制的进步有着不可分割的关系。通常认为，民主诞生于古希腊，但那时民主并不是所有人的民主，自由只是少数人的特权。确立了普选权和法律面前人人平等原则的真正民主，适用于每个人的民主出现的时间没有多久，也就 80 至 100 年前。只有在最必需商品和服务的生产具有大众性，在西方文明的技术发展水平保证人们能够获得最必需的财富、教育、医疗服务及信息交流的情况下，民主才成为了大众的民主。每项能够改善生活质量的新发明都能给人以更大程度的自由，使人的生存条件更加舒适，社会关系也更加公正。我们的经济越'聪明'，越智慧，越有效，我们公民的富裕程度就会越高，我们的政治体制就会更加自由，更加公正，更加人道，整个社会也将如此。"

2009 年 9 月 14 日，梅德韦杰夫在由他亲自发起的世界政治论坛"现代国家和全球安全"国际会议上又讲道："对于我来讲，一个现代国家应首先是一个民主国家。现代民主机制理应以这样一种方式建立，即社会发展目标应优先通过非暴力途径来实现，而不是靠强迫、压制、恐吓或彼此对立。解决问题的方式的核心应是宽容、平和、对话，个人创造力的发挥，个人、社会及国家利益的接近，以及各个社会与国家利益的接近。现代的政治体制应是开放的、灵活的，也是相当复杂的，这样才能符合当前的需要，与不断变化的社会和文化进程的性质与速度相适应。它们应能保护个人，保护国家主权，并维护公民社会的各个机构。"梅德韦杰夫认为，以上是民主应当遵守的共同的、可能也是最基本的原则，这些正是制定民主政策标准时所应遵循的原则。

2010 年 9 月 9 日至 10 日，梅德韦杰夫又亲自出席在离莫斯科不远的俄罗斯古城雅罗斯拉夫尔举行的第二届世界政治论坛。此次论坛的主题是"现代国家：民主标准和效率准则"。梅德韦杰夫在演讲中指出："我不仅坚信作为管理形式的民主，不仅坚信作为政治制度形式的民主，而且坚信民主在实际应用中能够使俄罗斯数以百万计的人和世界上数以亿万计的人摆脱屈辱和贫困。"

### （二）民主的迫切性

梅德韦杰夫的智囊机构——现代社会发展研究所在 2008 年 7 月出炉的那份

名为《民主：发展俄罗斯模式》的报告中详尽地论述了民主对于当今俄罗斯社会的必要性和现实性。报告指出，国际上的民主化进程，有典型性民主，有西方经典的民主模式，也存在着非典型性的东亚模式。非典型性的民主化模式是首先经过社会自由化阶段。通过社会生活的开放性、言论自由、公民社会的发展，达到自由化的制度化阶段。在实行非典型性民主化的东亚国家和地区，民主不仅是价值观，而且是"选择小恶"的政治考虑，是为了防止国家的效率降低和保持创新的激励机制的政治需要。但是这些国家在发展过程中，民主程序与自己的历史文化等社会传统较好地结合了起来。

该报告提出，俄罗斯社会应当实现三重的转变：中央计划经济转向市场，极权主义转向民主，统一意识形态的多民族国家转向民族国家。而俄罗斯的这些转向必须是现代化与民主化、经济与政治同时进行。

梅德韦杰夫的自由派政治智囊还引证西方经典著作来说明，没有资产阶级就没有民主。而俄罗斯社会既缺少市场，更缺乏资产阶级。但是俄罗斯必须要实行民主，这是因为，一是受苏联制度的影响，俄罗斯市场经济发育不良，市场关系薄弱；二是俄罗斯在地理上属于欧洲，在经济和文化上与欧洲联系密切，不民主要受到严峻的外部压力；三是俄罗斯面临着实现后工业化现代化任务，但俄罗斯社会缺乏创新，社会多数成员趋于保守。

### （三）民主标准

在 2010 年 9 月 9 日至 10 日的第二届世界政治论坛上，梅德韦杰夫在演讲中提出，与人权一样，民主标准（实际上民主标准包括人权在内）也应该是国际公认的，只有这样，它才能成为有效的。重要的是，共同制定的标准不应是模糊不清和虚假的。因此，每一个参与制定标准的国家，都应该把这些标准运用到自己的国家，使所有国家都遵循这些标准，而不必担心它们会被用来限制主权和干涉内政，或者被用来作为一种欺骗的、施加压力的手段，为某些国家的经济利益和地缘政治利益服务，有时甚至只不过为某些领导人的陈腐偏见和野心服务。

梅德韦杰夫还详细地向与会者介绍了他所理解的民主的普遍标准：第一，从法律上体现人道主义价值和理想。第二，国家拥有保障和继续保持科技高水平发展的能力，促进科学活动，促进创新，最终生产充足的社会财富，使公民能够获得体面的生活水平。贫困是民主的主要威胁之一。显然，贫困者不可能是自由的人。把国外的民主形式移植到贫困社会的尝试往往会导致混乱，或者导致专政。俄罗斯在 20 世纪 90 年代发生的事情就是这样。改革导致了大规模的贫困，"民主"这个词在俄罗斯获得了消极的意义，在某种程度上甚至变成一种骂人的话。现在，经过一些年的持续经济增长，俄罗斯获得了较高的生活水平，在这一背景下，民主在俄罗斯变得较易理解了，或者成为有效益的了。民主证明了自己的合理性，俄罗斯相当多的民众现在不再拒绝民主，也不再把民主当作别人的东西了。第三，民主国家有能力保卫本国公民不受犯罪集团的侵犯。例如，恐怖主义、腐败、毒品交易、非法移民以及其他威胁人们的生活方式、价值观和无视俄罗斯法律的犯罪活动。第四，高水平的文化、教育、交流手段和信息沟通工具。第五，公民们确信自己生活在民主社会。这也许是主观的、但却是极其重要的事情。只有当公民本身认为自己是自由的，那时才开始有民主。

**（四）梅德韦杰夫眼中的俄罗斯民主状况**

1. 包括苏联时期在内，俄罗斯历史上没有民主

梅德韦杰夫多次宣称，俄罗斯在过去 1000 年包括苏联七十年历史上从未有过民主。2010 年 9 月 9 日至 10 日的第二届世界政治论坛上，梅德韦杰夫在演讲中提出，俄罗斯在很多世纪中，在千百年间，走的是非民主的发展道路。2010 年 12 月 6 日，梅德韦杰夫在出访波兰前对波兰媒体记者说，"我们没有民主传统，

这是实话。民主不是几年就能建立的。在 1991 年当代俄罗斯诞生之前，我们国家从未有过民主。我强调的是'从未有过'——无论是沙皇还是苏联时期都没有。这是一个艰难的过程"。

2. 俄罗斯民主历史不足 20 年

梅德韦杰夫认为，俄罗斯有民主，但民主的历史很短，还不足 20 年。2010 年 9 月 9 日至 10 日，在第二届世界政治论坛上梅德韦杰夫说过，他坚决不同意那些说什么在俄国没有民主、独裁主义传统在俄国仍然占统治地位的言论。这些说法是不正确的。毫无疑问，俄罗斯是民主国家。在俄罗斯存在民主。诚然，这种民主是年轻的、不成熟的、不完善的、缺乏经验的，但它终究是民主。俄罗斯正处在道路的起点，在这方面还有许多事情要做。毕竟，俄罗斯实行民主还不足 20 年。

3. 现在俄罗斯民主好于 12 年前

梅德韦杰夫认为俄罗斯还很年轻, 还处于刚刚起步的阶段。梅德韦杰夫认为，俄罗斯现在的民主要"比 5 年前民主要好"。这是一个值得注意的判断。这是否意味着，梅德韦杰夫时期政治成果或民主成就要高于 5 年前普京时期的成就？值得回味。

4. 俄罗斯要向西方学习民主

梅德韦杰夫认为俄罗斯民主是和西方的民主一脉相承的，而且俄罗斯的民主应当刚刚处于"小学阶段"，俄罗斯要像"小学生"一样虚心向西方成熟、老道的民主学习。2009 年 9 月 15 日，梅德韦杰夫在接受美国有线电视新闻网（CNN）的采访时称，俄罗斯的民主毕竟还很年轻。在新俄罗斯作为一个国家出现之前，俄罗斯还从未有过一个民主的社会。无论沙皇时期，还是苏联时期，都从来未曾有过民主。民主在俄罗斯总共只存在了 18 年。如果同美国经验相比的话，这不算很多。

2009 年 11 月 7 日，梅德韦杰夫在接受德国《明镜》周刊记者采访时说道，我们的价值观与西方相同。我不认为，我们与你们在自由和人权问题上存在重大分歧，尤其是与欧盟新成员相比……欧洲国家不能认为，俄罗斯是黑暗的、没教养，目前还不能让它进入欧洲——这样说并不正确。

2010 年 4 月，梅德韦杰夫在访问北欧国家挪威期间，对众多媒体说道，俄罗斯的民主还很年轻，不足 20 岁，你们都有 1000 年了，我们要向你们学习。梅德韦杰夫向西方记者讲道，坦率地说，由于各种原因，民主在一个规模和领土不大的国家更容易实现。而在像俄罗斯这样的国家，这个过程难度大增。因此，我们还有很长的路要走。但这并不意味着我们在这 20 年中什么也没做，特别是最近 10 年。

### （五）民主与新闻自由

2009 年 9 月 15 日，梅德韦杰夫在接受美国有线电视新闻网（CNN）的采访时，谈到新闻自由：

当然，对此会一直存在着各种考量。我已经不止一次地不得不同我的美国同行谈起俄罗斯新闻业现状。有人认为，俄罗斯媒体少，但并非如此，媒体非常多，其中包括电子媒体，印刷媒体，互联网就更不用说了。还有人认为，媒体受到了压制。我认为，这种看法是不公正的，因为记者几乎可以在媒体上提出任何问题。我也不否认，有时是有压制媒体的情况，这往往发生在地区，比如地区领导人不太喜欢针对自己的批评性报道。这种情况是有的，对此应该做出反应，媒体应有自我保护能力。不管领导是否喜欢，但在当今全球信息领域无法掩藏什么秘密。电视可以对某件事保持沉默，不在电视节目中作任何透露，但我们还有近 4000 万互联网用户，任何事情 5 分钟后全世界就知道了。所以，压制新闻自由，这绝对是无法得逞的。但从另一方面来说，我们当然应该明白新闻业的变化。您本人对这一行一清二楚。90 年代我们的新闻业有所不同，该行业属于五大寡头之一，他们借助大众传媒互相报复，并不时地向国家领导施压。这也是不对的。新闻业应该明白自己的尊严，自己在世界的地位以及在民主分工中的作用。新闻业不仅不应该受到国家压制，还应不存在资金的压力，理应具有稳固的储备。我觉得，从这一意义上说，我们的方向是正确的。但我不认为，我们现在的情况是理想的，我向来愿意就此进行对话。因此，从总的情况来看，近年来我们的政治体制已变得更加成熟。我在自己的文章中写到，这一体制还远不理想，这是实话，它确实远不理想。目前我们有许多民主机制还停留于纸面。人们不懂利用自己的政治权利提出各种要求。法院的工作未能达到应有的效果。为保护自己的利益，人们通常是去找各个领导，而不是诉诸法院。当然，作为一个法律工作者，我觉得这是绝对不正确的。需要一种不同的法律文化，需要一个受尊重的法院以及有效的护法机构。这方面还有工作要做，我们会去做的。

2010 年 4 月 12 日，梅德韦杰夫访美前夕，接受了美国广播公司对其的访谈，称冷战是无聊乏味的东西。他说：

俄罗斯像美国一样是一个正常的现代国家，这是指，我们有着相

近的价值观。俄罗斯人所希望的同普通美国人所希望的差不多。我们
在尽一切可能的手段确保国人过上安全、舒适的生活，但很遗憾，并
不总能做到这一点。我们也正面临着一系列威胁，我们正努力应对。
我们有一整套的经济和社会发展目标，我们正向其迈进。作为几乎 20
年前才成立的一个独立、民主的国家，我们也有了一定的发展经验。

### （六）民主与自由

2010 年 9 月 9 至 10 日，梅德韦杰夫在第二届世界政治论坛上提出，人的教
育和文化程度越高，在做出判断时就越自由，表达观点时就越独立。自由民主的
社会是受过良好教育、有教养、有文化的人的社会。过去那种由"领袖们"向"普
通老百姓"指示应当如何生活以及为什么而生活的时代已经结束了。正是在 20
世纪，在所谓帮助"普通老百姓"的旗号下建立了最恶劣的专政。21 世纪是有
教养的、聪明的、也可以说"复杂的"人的时代，他们自己掌握自己的才能，他
们不需要那些代替他们做出决定的领袖、保护人。当然，这应当是聪明的国家、
聪明的社会、聪明的政策。现在，政治和法制文明、社会行为文明、公民对话文
明具有特别重要的意义。公民们获得了更多的机会和更多的自由，应承担更多的
责任。每个现代人都知道，民主与责任是不可分割的。民主国家减少对社会的调
节和镇压职能，把维持社会秩序和稳定的部分职能转交给社会本身。而文明程度
的低下以及与此相联系的不能宽容、不负责任和攻击性都对民主起着破坏作用。
因此，言论自由、集会自由在实践中是在明确规定的法律框架下实现的。将来也
应如此。

梅德韦杰夫认为，民主制度不是民众处理事务时遵循的惯例，尽管这也很
重要。它是一系列严格规定的准则和规章的目录清单。只有严格执行这些准则和

规章才能保证民主的效率。因此，民主不仅是自由，而且是自我克制。由于获得知识和交往达到了前所未有的程度，我们正在转向民主的新水平。显然，我们以后不仅要实行间接的或代议制的民主，而且要实行非间接的、直接的民主。在这种民主的条件下，人们可以立即表达自己的意志，表明他们希望达到哪些具体结果。现在通过公开辩论和非正式表决就可以了解社会上对所有重要问题的意见。

梅德韦杰夫讲道，自由和公正不仅仅是政治口号，而且是哲学、社会学范畴，但最主要的——这是人的感情。可以把这些词写进宪法和其他法律，在学术讨论会上进行辩论，但是假如人们自己感觉不自由、不公正，那就是没有民主，或者是民主出了问题。在这一方面，任何社会都存在缺陷，任何民主都有缺陷，俄罗斯民主当然在一定程度上也是这样。政府可以不断地对自己的公民说，你们是自由的。但是，只有当公民本身认为自己是自由的，那时才开始有民主。

2011 年 1 月 26 日，在刚刚经历了莫斯科东部机场恐怖爆炸之后，梅德韦杰夫飞往瑞士达沃斯，参加世界经济论坛年会。他在开幕式上的讲话中又讲到民主与自由的关系。梅德韦杰夫认为，人们的感受、对社会的评价和自我感觉可能是衡量国家发展程度的重要指标。公民坚信自己生活在民主国家，政府与民众开诚布公的对话——这是现代民主的重要特征。这种民主的质量和效率不仅取决于政治程序和制度，还取决于政府和社会能在多大程度上彼此倾听。光自己拥有自由是不够的，还必须尊重别人的自由。这个原则也适用于民主国家间的关系。

**（七）民主形式**

2009 年 9 月 10 日，梅德韦杰夫在《俄罗斯，向前！》一文中提出，他鼓励和看好直接民主，特别是在网络信息技术迅速发展的条件下，要善于利用网络民主等形式。梅德韦杰夫提出，现代化信息技术的普及为保障言论和集会自由这类基本的政治自由，为发现和消除腐败源头，直接到达几乎任何事件现场，为全世界人们直接交流意见和知识提供了前所未有的机会。社会正在变得前所未有的开放和透明，即使统治阶级对此未必喜欢。

梅德韦杰夫在一次国情咨文中提出，俄罗斯政府将加强政治竞争“技术保障”方面的工作。这在当今世界是非常重要的东西。他还认同一位俄罗斯地方记者的意见，称现代选举制的建设是俄罗斯国家基础设施建设的一部分，就像通信、公路、电网及邮政一样，国家基础设施缺少了这种成分，就意味着俄罗斯人的生活存在着一种缺失。

为推行直接民主和扩大民主参与，梅德韦杰夫号召俄罗斯政府要推广宽带网的计划，以促进就各种问题展开自由的社会讨论及获得全面信息。积极采用电子手段计票和处理各选区信息将有助于打击竞选中的腐败行为。为使地区竞选体制更加透明，责成政府会同中央选举委员会及各地方加快选举系统技术改造。

### （八）民主与法治

梅德韦杰夫多次谈到俄罗斯历史上的法律虚无主义。2009 年 9 月 10 日，梅德韦杰夫在《俄罗斯，向前！》一文中提出，“民主制度需要维护，就像我国公民的基本权利和自由需要维护一样。首先是不能让人民受到恣意妄为、不自由和不公平所造成的腐败的伤害。梅德韦杰夫称，我们刚刚着手建立这样的保护机制。这种机制的核心应该是法院。我们将建立现代化的高效法院，按照审级制度的新法规并依靠对法律的最新理解开展工作。我们还要避免轻视权利和司法制度的做法，我多次说过，这是我国可悲的‘传统’。在建立新的司法权力机关时，不能赶任务，搞冒进，可有人空谈说，这个制度已经腐朽，营造新的司法和护法机构比改造它们更容易。我们没有‘新的’法官，就像我们没有‘新的’检察官、警察、情报人员、官员、企业家一样。要为现有的护法机构创造正常的工作条件，坚决把无赖清除出去。要让护法人员学会维护权利和自由，公平、明确而有效地解决法律纠纷。必须排除对法律工作的非法律影响，无论是谁的主张。总之，司法系统本身要搞清，什么是为了国家利益，什么是为了腐败官员或企业家的私利。必须培养对法律文化的兴趣，引导人们奉公守法，尊重他人的权利，包括所有权这种重要权利。法院要依靠广泛的社会支持消除我国的腐败现象。这个任务很艰巨，但是能够完成，其他国家就做到了。"

2010 年 12 月 6 日，梅德韦杰夫在接受波兰媒体采访时称，俄罗斯处于法治建设的初始阶段。"我们不是唯一在建设现代法治国家中遇到困难的国家。我已经多次说过，我对俄罗斯建立法治国家所面临困难的认识。问题不仅在于我们的经济或政治现状，还在于我们的历史和早在一两百年前就在我国根深蒂固的法律虚无主义。"

梅德韦杰夫认为，最近 10 年，俄罗斯巩固了国家和法律制度。他认为，为了确保法律的统治地位，它应当以国家为支柱。梅德韦杰夫讲到，从一个律师的角度来看，法律系统是通过国家机构起作用的。如果这些国家机构像 20 世纪 90 年代那样垮台，那么法律就不可能拥有统治地位。所以说，弱国无强法。在治理像俄罗斯这样的大国时更需谨记这一点。

2011 年 1 月 26 日，梅德韦杰夫在达沃斯世界经济论坛年会演讲时称，"俄罗斯常常受到批评，有时是公正的，有时则是完全不公正的，比如指责我们缺乏民主，有独裁倾向，司法系统疲弱。我们现在就是我们自己。我想说，俄罗斯确实在建设法治国家和有效的现代化经济中面临很多困难。俄罗斯遇到了恐怖主义和极端主义最严峻的挑战。俄罗斯有很多社会问题，尽管近年来它们有所减少。最后，俄罗斯所有做决定的人不保证不犯通常的错误。但应当明白一件显而易见的事：我们确实在发生重大变化，重大的社会变化，我们的发展和进步是实实在在的。特别是打击腐败，司法和执法领域的现代化，尽管我们在这方面可能还没有取得令人印象深刻的成绩，但这是我们改善国内投资环境和生活质量的实际尝试。我重申，我们暂时没有取得杰出的成绩，但我们有决心继续做下去。我们在自学，也愿意接受友好的建议。但不要教训我们，应当合作。"

如果俄罗斯立法进程缓慢，跟不上社会的需求，梅德韦杰夫建议直接采用欧盟的法律。2011 年 1 月 26 日，俄罗斯《导报》发表了梅德韦杰夫去达沃斯之前的一篇访谈录。梅德韦杰夫提出，"我们能够改变立法，使它服务于现代化。这里指的是什么呢？三年前谁都不会注意技术标准、技术管理问题。这妨碍了所有人的工作，过时的条条框框束缚住所有人的手脚，而这却没有引起重视。我不得不相当严厉地要求政府和企业家组织来做这项工作。于是出现了现代化的技术管理法。此外，我还督促着做出一项有关俄罗斯可以实行欧盟立法的决定。是的，这证明，我国立法不发达。"

### （九）国际范围内民主问题

2009 年 9 月，梅德韦杰夫在那篇名为《俄罗斯，向前！》的文章中提出，"俄罗斯不会机械地照搬西方的民主模式。公民社会不是外国赞助就能收买的。政治文化也不是简单模仿先进社会的政治习惯就能改变的。有效的司法制度不能靠输入。自由不可能来自书本上描绘的东西，哪怕是深奥的书本。毫无疑问，我们必须向其他国家的人民学习，吸取它们的经验，思考其民主机制发展过程中的成功和失败。但是，任何人也不能替我们感受我们的生活，任何人也不可能让我们自由、成功和具有强烈责任感。只有我们自己有了民主建设的经验，我们才有权确信：我们是自由和成功的，我们有强烈的责任感。"

虽然，梅德韦杰夫也谈发展俄罗斯式的民主，但与普京时期强调民主的"主权性"和"民族性"不同，梅德韦杰夫认为在民主问题上不要设更多的防线，俄罗斯要与国际特别是西方合作。2010 年 7 月 12 日，梅德韦杰夫在俄罗斯驻外使节及国际组织常驻代表会议上讲话中称，"两年以来，世界发生了极大的变化。我们应该促使全世界，首先是本国的社会制度更人道，当然不能放弃国家利益，必要时要力保国家利益。遵守多数国家的民主标准基本上也符合俄罗斯民主的利益。当然，不能干涉任何国家的内政。不能把民主标准单方面强加于人，我们有亲身经历，对此太清楚了，有人也试图强加于我们。要共同制定民主标准，考虑到各有关国家的意见，包括前不久才建立民主制度的国家，这指的是我们这些国家或者目前尚未建立民主制度的国家，大家知道，这指的是哪些国家。要遵循共同制定的标准，关键是不虚情假意、不强加于人，因为这是我们一起商定的。"梅德韦杰夫指示，俄罗斯使馆、代表处应广泛吸收国际智囊和非政府组织在论坛上讨论民主问题，更积极地与之合作。

## 三、民主迷思与道路之争

2012 年 10 月 16 日，俄罗斯《观点报》刊登了亚·米申的一篇文章，题为《民主不是主要问题》，副题为《社会学家分析反对派在地方选举中失败的原因》。米申引用俄罗斯权威的民意调查机构——全俄舆论调查中心发布的社会调查结果之后指出，在当今俄罗斯社会，民主和人权的话题在很大程度上是反对派空想出来的，它们并不关心民众的实际想法。当今俄罗斯人更关心日常生活等问题。调查结果显示，俄罗斯首要关心的问题是住房公用服务，此后依次为通胀（50%），酗酒、吸毒和腐败（均为 48%），低质量的生活（47%）。有 41% 的受访者担心医疗保健，36% 的人担心失业和退休保障，30% 的人关心青年状况和犯罪率。只有 26% 的受访者关心道义和道德问题，关注教育状况的人占 23%，担心寡头影响国家的人占 21%，担心生态的人占 20%，担心经济的人占 19%。俄罗斯人关注度排在最后几位的是：人口状况（16%）、恐怖主义威胁（15%）、军队状况（14%）、民主和人权（11%）、拖欠工资（9%）。

对此，国家战略研究所所长米·列米佐夫解释到，调查显示的俄罗斯老百姓对民主与人权关注度之低，丝毫不值得大惊小怪，这"并不表明人们不关心公民权利，只是因为这些词汇通常被看作是口号，政治反对派或外国的媒体常常利用它们来大做文章"。他认为，在俄罗斯社会，"人权往往被看作是意识形态的陈词滥调……体制外反对派的政治影响力不足，它们往往抓住这一点不放，把民主看作是开启所有大门的金钥匙，从而失去社会的好感……按照正常思维，民主不是建立发达社会的机制，更像是发达社会的专利，也就是说这是在经济、社会和文化达到一定的发达程度后所具有的一种社会关系模式"。

俄罗斯高等经济学院应用政治学系副主任列昂尼德·波利亚科夫说，"中产阶层的俄罗斯人关心的不是如何选择自己的政党、在市议会中的代表和州长，他们关心的是家庭的保障、身体健康、子女的前途。可以把这说成是对政治漠不关心，但我不这样看。人们首先应当明白生活中什么最重要"。他认为，人们对俄罗斯的民主尺度感到满意，尽管对民主的关注度略有提高。波利亚科夫说，令他惊讶的是，激进的反对派政治家认定主要任务是解决俄罗斯没有民主的问题，却不关注人们的实际想法。

据此，米申在《观点》报上指出，结合过去不久的民调表明，俄罗斯人认为强大的经济比民主更重要。有 3/4 的人更看重有强大的经济（75%），只有 19% 的人认为民主更重要，有 7% 的人无法回答这个问题。总的来说情况变化不大，2011 年有 73% 的人认为，经济更重要。这 10 年来，持这种观点的人数几乎没有变，尽管自 2002 年以来认为民主更重要的人（11%）有所增长。

### （一）近 30 年来俄罗斯曲折的历史与教训

20 年前，1991 年，戈尔巴乔夫推行了 6 年的国内"民主化"和外交"新思维"最终导致了苏共垮台和苏联解体。苏联之后的俄罗斯，不仅失去了全球性"超级大国"和社会主义阵营"首领"的地位，而且被西方大国视为冷战后失败的国家。为迎合西方，叶利钦推行"倒向西方"的政策，不但没有得到回报，反而受到西方大国的轻蔑和进一步挤压。20 世纪 90 年代叶利钦掌权的 9 年间，西方阵营抛弃自己的承诺，坚持"北约东扩"、轰炸南斯拉夫、在苏联地区策动"颜色革命"，大大压缩了俄罗斯的地缘政治空间。直到 2000 年前后，普京掌管俄罗斯，政治上整顿治理，经济上强化国家掌控，逐渐稳定了社会秩序。依靠几年间巨额的石油收入，俄罗斯终于在 15 年后恢复了元气，站稳了脚跟。犹如对西方世界多年压制的"反弹"，普京不时挑战西方主导的国际政治和经济秩序，在国际事务中俄罗斯重新树立了政治大国、军事强国和能源大国的形象。

2008 年，连任两届 8 年期满的普京婉拒"民族领袖"的称号，安排"年轻、正派、有修养"的梅德韦杰夫竞选总统，自己则出任总理和执政党的主席，以保证政局稳定和政策延续。期间，执政党制订了未来 20 年的、旨在强国富民的"普京计划"，而"梅普搭档"组合正是为了使此计划得以贯彻实施。

然而 2008 年以来，国际金融危机的爆发重创了俄罗斯，严重依赖外部市场的俄罗斯经济急速下滑。俄罗斯内政外交政策不得不重新面临重大调整，社会又一次走到了选择的十字路口："俄罗斯是谁？""怎么办？""俄罗斯向何处去？"近期，俄罗斯社会和政治精英在有关"国家定位和发展道路"等问题上举棋不定，在"民主观、历史观和价值观"等问题上各持己见。

### （二）当今俄罗斯内政外交：要自主还是开放，向东还是向西

如今，俄罗斯社会又好像进入一个新的历史周期，处在一个社会发展的关

节点上。普京执政 8 年，结束了戈尔巴乔夫和叶利钦"混乱、失败的 15 年"，实现了政局稳定、恢复了秩序、确定了未来的大政方针。然而，突如其来的世界性的金融危机又一次击倒刚刚站立起来的俄罗斯，一时间新旧问题叠加，各种社会矛盾凸显。俄罗斯政治高层不得不苦苦思索：今后的路该怎么走？

在思想和方向上，是继续像普京时期那样，坚持国家主义或开明的保守主义，强调俄罗斯历史文化的"独特性"和连续性，秉持欧亚定位，宣扬爱国主义和强国思想？还是接受西方的思想理念和价值标准，"切割"苏联这段历史，宣扬个人自由，试图靠近欧洲？

在外交战略上，是强硬地反击西方，敢于说"不"，坚决维护自身利益和势力范围，敢于挑战美国和与其对抗？还是将外交重点转向西方，避免与美国正面为敌，努力寻求与欧洲的合作？

在政治领域，是强调"主权民主"，继续加强中央权威，重视国家机器的作用，约束反对派，规范媒体？还是要"政治改革和现代化"，结束"政治停滞"，鼓励反对派政党的竞争，给予自由派势力以政治空间，引进欧洲的法制环境，认同西方的政治标准和民主理念？

在经济生活中，是保持俄罗斯作为传统的原材料和能源大国的优势，加强国家对经济的战略掌控？还是面向欧洲国家的技术和产业标准，突出技术创新和智能经济，争取在核能、纳米等产业或技术上有所突破和领先，进而向"现代化"目标迈进？

**（三）未来发展道路选择：要自主性发展，还是期望西式现代化**

当今俄罗斯社会在政治、经济和思想领域的争论和分歧，部分源于"双头政治"。不能否认，相差 13 岁的普京和梅德韦杰夫两人，在人生履历、经验、知识禀赋和世界观等方面均存在较大的差异。但这只是主观的、个人方面的因素。实际上，不能不看到，思想差异和道路分歧，实际上反映了社会现实矛盾和历史文化传统惯性的两极性张力。在争论和分歧的背后，更有着当今俄罗斯不同政治派别的尖锐斗争和利益集团的激烈较量。

以美国为首的西方世界倾向梅德韦杰夫。这样，俄罗斯可能更倾向西方，更容易接受自由主义和西方价值观，主动与西方交好。奥巴马首次访俄，别有用心地对梅德韦杰夫讲"普京一只脚踩在现在，一只脚还踩在过去冷战时期的苏联"。俄罗斯媒体比喻美俄两位"60 后"总统的做派像是"新戈尔巴乔夫"，更容易找到共同语言。1965 年出生的梅德韦杰夫步入社会时，正值苏共败亡之际，他曾在高校教授法学，世界观中具有浓厚的理想色彩和西方情节。梅德韦杰夫担任总统初期，有关"政治改革和现代化"的言行受到了部分知识分子和自由派媒体的欢迎。普京倚重的是政治实权派，掌握着国家经济大权。两者虽然都提出"现代化"的目标，但在途径、模式及紧迫性上都存在差异。总体来讲，普京希望国强民富的现代化结果，强调国家的权威和作用，希望走一条俄式的国家资本主义的道路。而梅德韦杰夫的目标则是自由资本主义，现代化的设想多停留在"口号"和"想法"上，企图借用一套全新的欧洲式的现代化系统，走西方国家的现代化道路。

然而，与 20 世纪 30 年代斯大林时期的苏联工业化相比，今后俄罗斯的现代化之路注定不会一帆风顺。苏联解体后，俄罗斯失去了原有的经济空间和产业链，苏联留下的技术潜能和工业老底折腾殆尽。20 年来，先后有 20 多万科技人才流失海外，致使俄罗斯科技教育整体水平下滑。再加上当今俄罗斯司法烦琐、低效，官员腐败盛行，行政障碍重重，这些都严重制约着经济活力和社会创造力。俄罗斯社会陷入了"社会混乱—权力膨胀—行政低效—经济下滑—官员腐败—犯罪猖獗—经营困难—增长乏力"的怪圈。当今俄罗斯丢了苏联时期的好东西，留下了缺点；没学到西方的好东西，拿来了唯利是图等弊端；非东非西，不伦不类。可以断定，未来很长一个时期里，俄罗斯社会难以形成良好的法治环境和社会治理机制。自由派人士、经济学家亚辛也认为，俄罗斯缺少机制和技术，难以走欧洲现代化的道路；俄罗斯缺乏"细致和勤劳"，也不能照搬中国、日本等亚洲模式。俄罗斯只能像加拿大和澳大利亚一样，利用能源和原材料优势，参与世界分工。① 当然，俄罗斯与澳大利亚和加拿大不同的是，俄罗斯还可以保持自己在政治和军事上的国际影响力。

### （四）又一次处在十字路口的俄罗斯

每逢大选的临近，俄罗斯不同政治主张和政治思潮纷纷出炉，各种利益集团在台前幕后的活动更加活跃。除右翼政治势力和俄罗斯共产党之外，"统一俄罗斯党"内部以及梅德韦杰夫和普京的思想差异也值得关注。是举起开明的保守主义大旗，走一条自主的、依靠自身力量的国家资本主义发展道路，还是接受西方自由民主的价值理念，重复欧洲的成功之路，是摆在俄罗斯执政精英面前的艰难选择。

一方面，2000 年以来，俄罗斯最具影响力的政党——统一俄罗斯党曾经宣称该党的意识形态是"合理的保守主义"。2010 年秋天，在梅德韦杰夫提出要西方式自由现代化的口号之后不久，与普京关系密切的俄罗斯著名导演尼·米哈尔科夫发表署名文章，声称俄罗斯要遵循"开明保守主义"，号召要尊重俄罗斯历史传统，探索符合俄罗斯特色的发展道路。

另一方面，执政阶层内部自由思想的涌动也值得关注。金融危机后，普京的政治威望有所下降。值得注意的是，2011 年 2 月 1 日，在叶利钦诞辰 80 周年之际，梅德韦杰夫前往叶利钦的老家乌拉尔地区，出席叶利钦纪念碑的揭幕仪式。梅德韦杰夫在讲话中宣称，是叶利钦使得改革得以延续，使俄罗斯走出绝境。同

---

① 2020 年前俄罗斯经济增长的新模式 [R/OL].http://ru. Exrus.eu/.id4fa38f016ccc1929–17 0001d1.

日，叶利钦的亲信、原叶利钦总统办公厅主任、叶利钦的女婿尤马舍夫在接受记者采访时称，若叶利钦在世的话，对国家和高加索问题可能比普京要解决得好。尤马舍夫承认，普京执政期间，叶利钦的确有些对普京不满意。与此同时，自由派人物也在为"驱赶普京"摇旗呐喊。2011 年 2 月 1 日，也就是在叶利钦 80 诞辰纪念日的当天，俄罗斯《独立报》发表一篇文章，题为《主权民主：名词已死，但模式留存》，认为时至今日，由于普京的存在，俄罗斯建设民主制度架构仍是不可实现的幻想。①

1999 年前后，普京接手俄罗斯之际，200 多名俄罗斯安全和情报部门的专家向普京提交报告，建议俄罗斯借鉴中国重视国家作用的发展经验。梅德韦杰夫几次公开表态，称中国模式不适合俄罗斯，俄罗斯不会照搬中国做法。2010 年 9 月在雅罗斯拉夫尔第二届世界政治论坛上，面对与会者和记者的提问，梅德韦杰夫断言，中国体制不适合俄罗斯。梅德韦杰夫强调，俄罗斯政治改革目标既不是美国模式，更不是类似于中国的政治体制。俄罗斯不能选择中国的发展道路，因为中国人有自己的发展方式，这种方式对俄罗斯是行不通的。未来俄罗斯会怎样发展？选择什么样的道路？梅德韦杰夫提出的"政治现代化"和发展民主的目标会一帆风顺吗？

1985 年上台后，戈尔巴乔夫打着"民主化、新思维"旗号开始推行"人道的、民主的社会主义"路线。此后 6 年的时间，戈尔巴乔夫非但没有革新苏共、给苏联带来"民主和人权"，反而彻底搞垮了苏共和苏联，葬送了七十多年的社会主义成果，输掉了冷战，成就了西方资本主义的世界霸权。戈尔巴乔夫"新思维和民主化"之后，开始了叶利钦 9 年的"全盘西化、自由化改革"，带来

---

① Николай Гульбинский"Сувереннаядемократия": термин умер，модель осталась. Независимая Газета от 01.02.2011, http://www.ng.ru/ng_politics/2011-02-01/9_democracy.html.

的不是叶利钦许诺的"人民资本主义的幸福天堂"，而是"野蛮资本主义""犯罪的资本主义""寡头资本主义"，俄罗斯社会从此陷入泥潭。俄罗斯当代历史学家罗伊·麦德韦杰夫称赞普京8年的治国之道，认为普京实施的是"国家资本主义"。

梅德韦杰夫曾宣称，俄罗斯应遵循"自由资本主义"的价值理念，公开承认"民主价值的普遍性"，认为西方民主有几百年的悠久历史，刚刚开始民主的俄罗斯"要向西方学习"，俄罗斯社会政治经济各领域都要实现欧洲式的现代化，要向西方主要国家看齐。然而，幅员辽阔、民族众多的俄罗斯能够穿上欧洲模特的多年缝制的华丽外衣吗？应然的目标与实然的现实差距有多大？梅德韦杰夫现代化的目标是否符合俄罗斯政治发展的逻辑与顺序？现代化的理想与追求民主的愿望，能够解决俄罗斯迫切的反恐、防止四分五裂的政治任务吗？

2006年普京提出主权民主论以后，西方加大了对俄罗斯的批评，认为普京与西方民主世界渐行渐远。美国政要不时指责普京压制国内民主，阻止"颜色革命"，向其他邻国施压，企图恢复苏联。然而俄罗斯在普京的领导下，仍然我行我素，坚持走符合俄罗斯实际的政治道路。随着政权的又一轮回，普京将义无反顾地把既定的政治方针坚决贯彻下去。

2011年11月27日，"统一俄罗斯党"举行代表大会，普京作为"统俄党"候选人参加2012年总统大选提名获得全票通过。普京欣然接受提名并发表演说，阐释其施政思路，并表示俄罗斯民主还年轻，需要稳定的政治机制以确保未来数十年的长期稳定发展。普京指出，20年来，俄罗斯不止一次遭受沉重的社会、经济冲击。对于曾经历过历史动荡和变革失败的俄罗斯来说，民主原则是重要的任务，但任何政治改革都必须是渐进、稳定、连贯的，因此，应以谨慎并高度负责任的态度来对待俄罗斯的政治体制发展。就俄罗斯的政治体制，普京说："我们必须冷静并负责任地发展我们的政治体制，我们的民主还年轻，[①]我们需要一个不仅能够有效服务于我们今天，还能服务于我们子孙的政治体制。"普京强调，俄罗斯需要一个"稳定的政治机制"，以确保俄罗斯在未来数十年内保持长期稳定的发展。2012 年 3 月，普京顺利地第三次出任俄罗斯总统之职，随即提名梅德韦杰夫转任总理之职。这样，普京领导下的俄罗斯将在新保守主义价值观的指导下，保持政治稳定，力求社会团结，打击寡头和激进势力，维护社会稳定，探索符合自身实际的俄罗斯之路。2012 年 12 月 12 日，普京向议会发表第三次就任总统以来的首份国情咨文。普京宣称，俄罗斯应当发展成为一个现代的、具有影响力的国家，并保留自身的特点。他说："21 世纪在全球经济、文明和军事力量的格局重新配置的背景下，俄罗斯应当成为一个具有影响力的主权国家。我们不仅应当坚定不移地发展，同时也应当保留自己民族和精神的特点，俄罗斯民族不能迷失自己，俄罗斯永远依旧是俄罗斯。"[②]

2013 年年底，围绕乌克兰"向东还是向西"，西方与俄罗斯更是不顾一切地打起了一场争夺战。2014 年 3 月，乌克兰形势骤变，普京带领俄罗斯社会同仇敌忾，面对西方的制裁和打压，普京义无反顾，坚决果敢，维护俄罗斯利益，全力反击西方的制裁。之后在俄罗斯国内，普京多次指示，在政治和安全领域未雨绸缪，完善立法，强化对自由反对派和互联网基金势力的监管，进一步压缩政治反对派的声音和生存空间。这几年，在普京的强权治理下，西方政界几乎丧失了对"西化、民主化"俄罗斯的信心。2014 年 6 月，北约会议已经将俄罗斯视为政治和军事上的"对手"。鉴于此，以美国为首的西方世界一方面将俄罗斯视为"政治异类"，掀起"新冷战"，另一方面加紧外交围剿和军事准备，准备与

---

① 意为"稚嫩、不成熟之意"——作者注。

② http://www.chinadaily.com.cn/hqzx/2012-12/12/content_16011140.htm.

俄罗斯对抗。

　　面对新的境内外政治形势，面对制度性的缺欠和社会中显见或隐含的各种危险，俄罗斯将走一条什么样的道路？如何实现现代化？通过什么途径实现现代化，依靠谁来实现现代化？实现什么样的现代化？对上述问题，至今俄罗斯当局和精英层仍在苦苦探索。俄罗斯又一次步入道路选择的十字路口。民主与经济发展、自由与现代化，稳定与廉洁、效率与民主，谁是因？谁是果？谁是条件？谁是结果？经历了十多年的磨难，看来普京心里已经有了自己的答案。2013年，美国《福布斯》杂志将普京选为世界上最有权势的人，排在美国总统奥巴马之前。2014年，由于普京果断应对乌克兰危机，敢于与西方较量，顺利收回了克里米亚，普京在俄罗斯社会的支持率也达到历史高峰。但是面临着复杂多变的国内局势和西方世界的围追堵截，俄罗斯能够顺利地走上普京画出的政治坦途吗？

# 第十五章　政治大国之梦

早在 2013 年年初，就曾有德国媒体指出，2013 年世界历史将出现一个重要的转折点——西方发达国家的经济总量将首次降至世界经济总量的一半。为此德国舆论充满忧伤地哀叹，"西方黄金时代已经过去"。随着一系列政治事件的发生，西方世界光彩不再。斯诺登事件、叙利亚化学武器危机，以及最近的美国政府"停摆"等，这些都表明，昔日在世界上风光一时、一呼百应的美国，此时却缺少了克服政策堵塞与执政困境的政治底气。美国这个自诩为上帝宠爱的"山巅之城"，不得不脱下了"皇帝的新装"。世人发现，以美国为代表的西方模式已从神坛上跌落下来。

与此形成鲜明对比的是，在 2013 年世界政治的赛场上，俄罗斯总统普京无疑成了一颗耀眼的明星。不同于戈尔巴乔夫的软弱妥协与叶利钦的鲁莽暴躁，普京秉承着"稳、准、狠"的一贯作风，在决策效率和领导能力上显然更胜一筹。"普京道路"也正成为新时期俄罗斯立足于世界舞台最大的"政治品牌"。然而，当今世界格局仍由西方主导，复兴之路面临诸多难题的俄罗斯能否再度实现政治上的大国梦，这不仅取决于"普京道路"的政治道义与核心价值能否真正转化为促进俄罗斯内部团结与社会政治整合的动力，而且取决于"普京道路"特有的政治发展力与竞争力能否带领俄罗斯顺利通过新时期的重重考验。

## 一、转型陷阱与政治衰退

二十多年前,戈尔巴乔夫的"民主化"与"新思维"使苏共失去了"灵魂",最终导致了苏联在西方阵营的攻势面前败下阵来。解体之后的俄罗斯,不仅失去了全球性"超级大国"和社会主义阵营"首领"的地位,而且被西方大国视为冷战失败的国家,沦落到"被排挤、被边缘化的境地"。

此后,为了迎合西方,叶利钦政权一度推行彻底"倒向西方"的政策。这不但没有得到应有的回报,反而受到了西方大国的蔑视和进一步挤压。在 20 世纪 90 年代叶利钦掌权的 9 年间,西方阵营抛弃自己的承诺、坚持"北约东扩"、轰炸南斯拉夫、在苏联地区策动"颜色革命",大大压缩了俄罗斯的地缘政治空间。

事实上,与外交失势、经济大幅度衰退相比,更可怕的是持续的政治衰败。在"忧郁的、黑暗的、野蛮的、强盗的、彪悍的、狂妄的与肆无忌惮"的叶利钦时期,试穿"西式民主"的外衣换来的只是徒有其表的民主假象。一方面,三权分立名不副实,政党制度极端混乱,选举制度弊端丛生,司法系统尚待重建;另一方面,在实际政治生活中,财团政治、寡头政治盛行,家族、帮派"暗箱"操作屡见不鲜,行政效率低下、调控不力、令不行禁不止。上述政治乱象充分说明,俄罗斯的政治转轨并不成功,从西方移植的民主形式在俄罗斯并未开花结果。戈尔巴乔夫的民主化和西方化导致了苏联的解体,叶利钦对西方的一味迎合与妥协,换来的反而是西方的继续打压。政治"休克疗法"没有导致政治发展,反而造成严重的政治衰退。

十多年前,世纪之交,普京接过了叶利钦手中的权棒,也继承了俄罗斯沉重的政治遗产。在经历了戈尔巴乔夫和叶利钦"混乱的、失败的"15 年之后，正如普京所言："俄罗斯正处于其数百年来最困难的一个历史时期。大概这是俄罗斯近 200—300 年来首次真正面临沦为世界二流国家，抑或三流国家的危险。"经过 8 年、两个总统任期的拨乱反正和励精图治，普京由一个勇猛果敢的政治"救火队员"，逐渐成长为政治的中坚和全民的领袖。

普京通过铁腕式的治理整顿，实现了俄罗斯社会的政治稳定，又通过提出"主权民主"，回击了西方的政治打压。如今，经过了梅德韦杰夫"短暂的过门儿"，普京重新唱响振兴俄罗斯的大戏，以全俄"民族领袖"的政治抱负，希望名垂青史。普京多次表示，他要效仿"二战"前后连任 4 届的美国总统富兰克林·罗斯福，争取 20 年的稳定发展期，富国强兵，最终将俄罗斯打造成世界一流强国。

当然，俄罗斯未来发展的内外环境并不太平，掣肘因素很多，面临一些积重难返的社会问题。此外，振兴俄罗斯仅靠宏大的计划和美好的目标是不够的，齐心合力的团队和精干向上的官员干部队伍是普京成功必不可少的条件，否则俄罗斯的振兴无疑将是普京一个人的独舞。

## 二、反思照搬西式民主

自 1985 年戈尔巴乔夫发动改革以来的近 30 年间，俄罗斯分别经历了戈尔巴乔夫、叶利钦和普京执政的三个不同的历史时期。西方政要和舆论普遍认为，戈尔巴乔夫的 6 年是最民主自由的时期，叶利钦的 9 年是与西方关系最为接近的时期，而普京执政的时期则背离了民主，与西方世界渐行渐远。近些年，在西方政要和主流媒体眼里，普京治下的俄罗斯成了"民主之敌"，西方媒体对普京本人竭力妖魔化，将其描述为西方世界的"公敌"，是西方"自由世界"的最大威胁。

然而，俄罗斯，包括中国在内的一些非西方国家的人们却不这么认为。2017年2月14日，据俄罗斯《观点报》网站2月14日报道，俄罗斯舆情调查机构——列瓦达中心公布了一项民调结果。调查的问题是："最近100年来，我国经历了不同的国家管理体制，您认为，哪个时期俄罗斯的生活最好？"

结果显示，俄罗斯人选择现阶段即普京执政时期的公民最多（占32%）；勃列日涅夫时期的支持者略微少一些（占29%）；认为1917年革命前和斯大林执政时期生活最好的公民均为6%；选择戈尔巴乔夫改革和叶利钦时代的公民分别仅占2%和1%。

俄社会经济和政治研究所专家理事会成员阿列克谢·祖金指出："这是自苏联解体后，公民首次认为当下好于过去。从社会认知的角度来看，这一转折非常重要。尤其是人们对当前生活质量给出正面评价时，经济其实没有处在最佳状态。相关统计数据和社会调查表明，当前俄公民的实际收入和消费水平均出现明显下滑。"

2017年2月14日，美国作家莉萨·迪基在美国沃克斯网站刊登文章称，数周来，特朗普总统不懈地赞扬普京，令世界各国领导人感到不安。他时常称赞这位俄罗斯领导人聪明机智、强大坚定且深得民心。2015年迪基以自己的亲身经历证明，普京在俄罗斯拥有强大的支持率。他写到，在俄罗斯的三个月期间，他目睹了普京拥有的巨大的公众支持。迪基得到的印象是：很多普通俄罗斯人坚信普京已经让俄罗斯变得再次伟大。他们因此爱戴他。虽然西方观察家批评普京的人权记录、残酷镇压"持不同政见者"、吞并克里米亚以及希望颠覆地缘政治秩序，然而这些问题丝毫无损普京在国内的公众支持度。迪基分别于1995年、2005年和2015年三次前往俄罗斯。每次他都去了同样的11座城市，采访了同一批俄罗斯人。

回顾历史，戈尔巴乔夫"民主化""新思维"式的改革不仅未能解决既有的社会弊病，反而使苏联在短短数年间就陷入全面的社会动荡与发展停滞，并最终导致整个国家走上了解体的厄运。戈尔巴乔夫政治改革的失败，换来的是叶利钦时期野蛮资本主义和"鲍利斯沙皇"的独裁。叶利钦近十年的"民主化"试验的结果表明，改革最终的受益方只是极少数的财阀、寡头，而绝大多数百姓只能是被愚弄和抛弃。

俄政治学家认为，俄罗斯人更加尊重普京的执政经验，这与普京有能力保持俄罗斯的稳定局势有关。当今多数俄罗斯政界和知识界代表人士认为，1985—1999 年这 15 年是俄罗斯灾难性的 15 年，是政治混乱和社会倒退的 15 年。他们认为，在这些方面，西方的所谓的"战略谋士"罪责难逃。20 世纪末期，西方战略家在有意识地向苏联等其他国家输出"软弱的自由民主思潮"的同时，却为自己保留了极端保守和富有进攻性的"保守主义"思想。而戈尔巴乔夫等人最终落入了西方的圈套，盲目进口西方的"民主价值"，从而导致"民主"与"自由"的泛滥和国家的解体。例如，普京的亲信批评西方某些国家在民主问题上推行"双重标准"，认为这种以利益或关系亲疏来划分所谓"民主阵营"的做法是十分危险的。在当今世界，"民主"这个词具有双重标准：对美国人有利的一切都是"民主"，对美国人不利的一切都是"独裁"。

曾经梦想一步迈入西方式民主天堂的俄罗斯，在短暂的"自由民主之梦"后蓦然惊醒。曾经长期作为西式民主"小学生"的俄罗斯，在付出了苏共垮台与苏联解体等沉重"学费"之后，并没有实现对大多数人的民主，结果只是"财阀当政和寡头式的自由"：个人专权、寡头政治、犯罪猖獗、黑手党为非作歹、腐败贪污盛行。因此，普京当政后，俄罗斯当局痛定思痛、改弦易辙，力图探求一条符合俄罗斯实际的"普京之路"。

## 三、俄罗斯向何处去

俄语中，"普京"这一姓氏，与"道路"一词有着同样的词根。普京领导下的俄罗斯决定探索一条属于自己的"俄罗斯发展道路"。执政初期，普京在政治上整顿治理，经济上强化国家掌控，逐渐稳定了社会秩序。依靠几年间巨额的石油收入，俄罗斯终于在戈尔巴乔夫和叶利钦"混乱与失败"的15年后恢复了元气，站稳了脚跟。犹如对西方世界多年压制的"反弹"，普京敢于挑战西方主导的国际政治和经济秩序，在国际事务中重新树立了俄罗斯政治大国、军事强国和能源大国的形象。

普京的治国理念首先体现在其对俄罗斯新时期发展阶段的判断之上。他认为，"你死我活"的革命性阶段已经过去，俄罗斯应当转入日常的建设时期，"强国富民"是根本任务。对于执政的目标和任务，普京明确提出要维护国家主权统一，解决社会贫困，提高人民的生活水平。俄罗斯的目标是，保住自己有价值的东西，找到俄罗斯自己建设民主、自由、公正的社会和国家的道路。

其次，普京从国家民族的层面出发，高度强调政治稳定与"新俄罗斯思想"对于国家复兴的重要性。普京提出，俄罗斯社会"绝大多数人反对激进主义和极端主义"，希望维持来之不易的政治稳定。因此，俄罗斯的政治大方向是："政权要稳定、正常运转和有效"。此外，普京还认为，在一个四分五裂、一盘散沙似的社会里是不可能有建设成就的，应当寻找能够凝聚全社会的"俄罗斯思想"。普京主张，俄罗斯思想应当包含以下核心价值内容：爱国主义、强国意识、国家理念、社会团结。与自由主义思潮不同，普京推崇国家的作用，认为强有力的国家是"秩序的源泉和保障，是变革的倡导者和主要推动力"。普京号召，俄罗斯人应发扬互助精神，保持稳定和社会和谐，防止重新陷入"政治内讧"。由此，普京的价值观可大致概括为"爱国主义是旗帜，强国意识是核心和支柱，国家主义是手段和动力，社会团结和稳定是基石"。

## 四、政治领袖与政治大国

2012 年 3 月，普京第三次当选俄罗斯总统。面对外界尤其是一些西方大国的指责，俄罗斯用她的民意有力地进行了回应。为什么俄罗斯人需要普京？俄罗斯有着自己的回答：俄罗斯人需要普京，因为他给俄罗斯人带来了民族复兴的梦想和自豪感，并使国人振奋精神，重新燃起对大国地位的强烈渴望。

俄罗斯人不会忘记，正是普京结束了叶利钦时代的内政混乱、经济衰退及国际地位的下降，开辟了"普京道路"，在这一过程中粉碎了车臣非法武装，实现了政治稳定和经济复兴。俄罗斯人不会忘记叶利钦"迷失的时代"以及西方所给予的惨痛教训。

普京面对西方国家显得更加强硬，风格果敢，带有一种不可动摇的自信和淡定，这些都让俄罗斯人钦佩不已。俄罗斯人知道，普京之所以敢强硬地同西方国家抗衡，是因为他内心充满重塑国家大国地位，重返先进国家之列的决心。俄罗斯人希望拥有一个强大的国家，一位有才华的领袖以及永不熄灭的造福人类的渴望。他们希望享有尊严和荣耀，他们拒绝平淡、毫无色彩的生活。普京就像一面镜子，他让俄罗斯人看到了内心的渴望，因此他成了人民心目中的英雄。

俄罗斯人需要普京。他之所以能征服俄罗斯人的心，还有一个原因是他的无私无畏，他敢于代表人民利益。在普京当总统期间，俄罗斯收获了政治稳定、经济繁荣、国力增强以及人民的富裕。普京还打击了靠国家大发横财的寡头，平息了民愤。

西方指责普京推行"可控民主"，但在俄罗斯人看来，普京象征着稳定、发展和秩序。他们认为，没有"秩序"就谈不上"稳定的民主社会"和"繁荣的市场经济"。民主社会离不开国家实力，民主是一种建设性力量，不应该与国家精神背道而驰。俄罗斯人相信，在普京的领导下，拥有健康民族和高素质专业人才的俄罗斯将稳定发展，并向世界展示奇迹。

2013 年，特别是在俄罗斯高超地处理斯诺登过境与逗留事件和叙利亚问题之后，普京高超的外交手腕和卓越的外交表现力大大增强了俄罗斯的国际影响力，冲击了西方世界的道德神坛与话语权，提高了俄罗斯在国际上尤其是在非西方世界中的威望。在当今的国际赛场上，作为一个国家的俄罗斯队可能综合实力已大不如苏联，但她的总领队兼主教练——普京却魅力超群，凭借出神入化的指挥，敏锐而机智地找准对手的软肋和破绽，勇敢地搏击，提高了俄罗斯在国际上的政治竞争力和影响力，为俄罗斯加分，赢得国际上的喝彩！

## 五、道路之争关乎国家存亡

2016 年见证了一个个西方政治领导人黯然下台，普京则成了最耀眼的政治明星之一。1985 年至今的三十多年间，俄罗斯先后经历了戈尔巴乔夫、叶利钦和普京掌权的三个历史阶段。多年来俄罗斯主流社会普遍认为，戈尔巴乔夫和叶利钦掌权的 15 年是"混乱、失败的 15 年"，普京在随后这 15 年中则始终保持了较高支持率。不过，西方主流舆论的看法与此截然相反，它们批评普京"独裁""强权""蛮横"，把普京领导下的俄罗斯比作冰天雪地里凶猛而可怕的北极熊。

### （一）政治道路之争是场生死较量

路线关乎命运，道路关乎存亡。近年来普京领导的俄罗斯与西方围绕政治道路和民主问题而发生的激烈斗争，突出反映了国际政治领域思想和政治较量的险恶程度。

普京陷入西方大国政治围攻和舆论围剿并非源自个人恩怨，这乃是冷战后俄罗斯与西方关系的折射和写照。历史上的俄罗斯与西方关系充满曲折和纠葛，现如今西方世界囿于结构性矛盾和地缘利益又将俄罗斯视为最大的对手甚至敌人。回顾历史，戈尔巴乔夫"民主化""新思维"式的改革不仅未能解决既有社会弊病，反使苏联在短短 6 年内陷入全面社会动荡与民族危机，最终导致亡党亡国。继戈尔巴乔夫人道的、民主的社会主义改革试验失败后，俄罗斯赢来叶利钦时期原始而野蛮的资本主义以及"私人财阀和寡头政治"。其 9 年多的"经济私有化和外交西方化"试验结果表明，改革最终的受益方只是极少数财阀、寡头，绝大多数百姓只能是被愚弄和抛弃。

普京当政后的俄罗斯当局痛定思痛、改弦易辙。2003 年以后，普京坚决打击分裂势力，削弱寡头影响，整顿经济秩序，掌控大众传媒，改组权力结构，积聚社会资源，强化中央权威，力图走一条俄罗斯式的政治发展道路。然而，以美国为首的西方国家显然不喜欢俄罗斯的特立独行甚至离经叛道，它们既害怕俄罗斯的重新"崛起"，又不满俄罗斯"脱离西式自由民主模式"。因此，西方政要和媒体多年来对普京进行了连篇累牍的批判，而批评和丑化普京的目的，显然在于妖魔化和瓦解俄罗斯。西方更愿意看到一个衰弱、破碎的俄罗斯，他们极不希望俄罗斯重新崛起。

**（二）俄罗斯不再充当西方世界的政治小学生**

面对西方的政治压力和频频发起的"民主攻势"，普京领导的俄罗斯不甘示弱，一方面在外交场合积极对话，另一方面内部采取措施、主动应对西方民主"教师爷"的攻击。俄罗斯专家认为，30 年来俄罗斯之所以不断遭遇灾难和打击，西方所谓的战略谋士以及民主化和市场化"教师爷"们难辞其咎。20 世纪 80 年代和 90 年代，西方战略家一方面有意识地向原苏联等国家输出"软弱的自由民主思潮"，另一方面却为自己保留了极端排外和富有进攻性的"保守主义"思想。

在当今世界，"民主"这个词具有双重标准：对美国人有利的一切都是"民主"，对美国人不利的一切都是"独裁"。痛定思痛的俄罗斯不再充当西方世界的小学生，开始批评西方大国在民主问题上推行"双重标准"。俄罗斯政治精英们终于意识到，即使俄罗斯继续对西方笑脸相迎、妥协退让，西方大国也不会让俄罗斯再一次站起来，而是希望俄罗斯永远匍匐在西方脚下，进一步衰弱下去，瓦解成更小的碎片。

曾梦想一步迈入西方式民主天堂的俄罗斯，在短暂的"自由民主之梦"后蓦然惊醒。在付出了国家解体、民族分裂等沉重"学费"后，俄罗斯并未实现大多数人的民主，得到的却是"财阀当政和寡头式的自由"。对此，普京曾痛苦地回忆到，苏联解体后 90 年代初期，西方大国认为俄罗斯也很快将不复存在。西方阵营将俄罗斯视为一个失败的国家，根本配不上西方的平等相待和尊重。

**（三）突破西方围剿、塑造政治大国形象**

不畏西方霸权，勇敢维护俄罗斯主权、安全和利益是普京政治的最大亮点，而这也是西方世界围剿普京的国际政治根源。这些年来，面对西方大国绕开联合国、践踏国际法、肆意武装干涉他国内政的行径，普京领导的俄罗斯善于依据国际准则，巧妙出击，勇敢回击，有效地维护了自身利益和国际公理。

比如，继"阿拉伯之春"后，以美国为首的西方大国继续谋求推翻叙利亚总统巴沙尔。2013 年 9 月 12 日，普京在美国《纽约时报》上发表《俄罗斯恳请谨慎》一文，警告军事打击叙利亚只会带来混乱和伤亡，指出很多国家已不把美国视为民主典范，而是视为只懂得耍蛮动粗的国家，并批评了美国的"例外主义"。

普京巧妙地利用美国的主流媒体发声，加倍放大了俄罗斯的声音和外交议程设置的能力，起到了"四两拨千斤"之功效。就连美英媒体也不得不承认，围绕叙利亚等问题，近两年俄罗斯在国际舆论中抢得了道德制高点。

经过十多年磨炼，普京已经成为国际政治中的"柔道高手"，他以鲜明性格和独特领导风格征服了俄罗斯，也常常成为世界舆论的聚焦点。无论是处理斯诺登事件，还是出兵解决叙利亚危机，普京高超的外交手腕大大提升了俄罗斯的国际影响力，有力地冲击了西方阵营的道德神坛与话语权，提高了俄罗斯国际上尤其是在非西方世界中的威望。

过去和现在，国际上尤其西方国家一些人总在声称，俄罗斯在政治和国际影响力上已经沦为"二流国家"，在经济上更是无足轻重。但普京领导着俄罗斯以突破西方重重围剿的方式，努力塑造着自身政治大国形象，彰显出强大的政治影响力。